적천수 강의

滴天髓
講義 적천수 강의

CHŎKCHŎNSOO, the Classic of Myungri

낭월 ★ 박주현

3

동학사

책머리에

　이 책에서 다루는 내용에는 주로 실제로 임상을 하는 과정에서 대입해야 할 내용이 포함된다고 하겠다. 육친에 대한 장이 그렇고, 부귀빈천에 대한 구분이나 성품, 질병 또는 출신과 지위 등에 대한 내용도 그렇다고 하겠다. 여기에서 출신이나 지위에 대한 부분은 크게 흥미를 끌지는 못하리라고 보는데, 실로 낭월 역시 이 부분은 없어도 될 내용이라고 생각한다. 그러나 육친과 부귀빈천의 항목은 매우 의미심장하다고 봐야 하겠기에 이 부분에서는 낭월의 사견이 많이 첨가된다.
　그리고 육친에 대한 부분에서는 철초 선생의 견해와 좀 다른 점이 있어서 말이 길어질 모양이다. 특히 편인이 부친이라거나 남자에게도 식상이 자식이라는 등의 논리는 일단 이 시대와 현실에 맞는 방향으로 수정되어야 할 것이며, 실로 『적천수징의』내용 중에서 가장 큰 문제점을 안고 있는 부분이기도 하다. 게다가 혹 세간에서 『적천수』에도 큰 문제가 있다는 지적을 받는다면 이 부분이 될 가능성이 가장 크다고 하겠기에 문제가 있는 부분은 후학이 첨삭을 해서 올바르게 발전시키면 되는 것을 너무 침소봉대해서 소란을 피울 일이 아니라는 생각을 늘 하고 있기도 하여, 이 부분에 대한 설명은 평소에 수정이 필요하다고 여긴 대로 소견을 피력할 요량이다.

그리고 예전에 부귀빈천에 대해서 별도로 언급해 보겠다고 어디에선가 말씀드린 적이 있는데, 이 부분에서는 그 동안의 임상 경험을 살려서 이해를 돕도록 추가의 말씀을 드리려고 한다. 이 부분에서 시간이 많이 걸릴 것으로 보고 있지만, 그렇더라도 벗님께서 이 책의 가치를 여기에서 평가해 주시기를 바라는 마음으로 노력할 작정이다.

성정(性情)은 그대로 심리편에 해당한다고 보겠다. 마음의 구조에 대해서 사주로 해석한 내용이 되겠는데, 이 부분 역시 낭월이 가장 관심을 두는 내용이 언급되므로 또한 중간중간에 생각이 첨가되는 것으로 봐야 하겠다. 아울러 질병에 대해서는 책에 있는 그대로 설명을 드리는 수밖에 없다고 생각하는데, 실로 자평명리를 통해서 질병에 접근한다는 것은 자칫 득보다 실이 더 많을 수도 있으므로 질병을 사주로 논하기는 어려운 문제이다. 실은 질병의 부분은 사주에서 기인한다기보다는 유전적인 요소가 더욱 많은 비중을 차지한다고 보기 때문에 이 부분에 대해서도 낭월의 생각이 많이 추가될 것이다.

여명이나 소아에 대해서는 특별히 별도의 장이 필요한 것은 아니라고 생각되는데, 다만 내용을 보면 여성의 명식에 대해서는 이 부분에서 집중적으로 다루고 있기 때문에 그대로 취급하면서도 타당성이 있는 것은 수용하고 수정이 필요한 것은 추가 의견을 드리도록 할 참이다. 그래서 『적천수』공부는 여기에서 마침표를 찍게 하고 싶지만, 역시 또 모를 일이다. 얼마나 충실하게 내용을 전달하고 일부 이견이 있는 부분은 수정을 해서 털끝만큼이라도 보탬이 될지는 천상 벗님의 판단을 기다려야 할 모양이다. 여하튼 이러한 낭월의 노력에 대하여 현명한 평가를 내려 주시기 바란다.

　일러두기에 대한 언급은 『적천수강의』 1권과 2권을 그대로 준수할 것이니, 참고하시기 바란다.

庚辰年 10월
계룡산 甘露寺에서 朗月 두손 모음

차례 3권

책머리에 5

제9부 육친

제1장 부처(夫妻) 15
제2장 자녀(子女) 36
제3장 부모(父母) 68
제4장 형제(兄弟) 80

제10부 부귀빈천

제1장 부(富) 96
제2장 귀(貴) 126
제3장 빈(貧) 153
제4장 천(賤) 203
제5장 길흉(吉凶) 220
제6장 수요(壽夭) 235

제11부 성정질병

제1장 성정(性情) 265
제2장 질병(疾病) 355

제12부 출신지위

제1장 출신(出身) 451
제2장 지위(地位) 501

제13부 여명소아

제1장 여명(女命) 539
제2장 소아(小兒) 606

3권을 마치며 623

차례 1권

강의를 시작하기에 앞서
1. 『적천수』 저자 유백온 선생에 대해서
2. 『적천수징의』 저자 임철초 선생에 대해서
3. 『적천수징의』를 편집한 서낙오 선생에 대해서
4. 『적천수』 관련 책과 저자들

제1부 적천수 원문
원문
부연 설명

제2부 통신송
제1장 천지(天地)
제2장 인도(人道)
제3장 이기(理氣)
제4장 배합(配合)

제3부 간지총론
제1장 논천간(論天干)
제2장 논지지(論地支)
제3장 간지총론(干支總論)

제4부 형상격국
제1장 형상(形象)
제2장 방국(方局)
제3장 팔격(八格)
제4장 관살(官殺)
제5장 상관(傷官)

차례 2권

제5부 종화순역
- 제1장 종상(從象)
- 제2장 화상(化象)
- 제3장 가종(假從)
- 제4장 가화(假化)
- 제5장 순국(順局)
- 제6장 반국(反局)

제6부 체용정신
- 제1장 체용(體用)
- 제2장 정신(精神)
- 제3장 월령(月令)
- 제4장 생시(生時)
- 제5장 쇠왕(衰旺)
- 제6장 중화(中和)
- 제7장 원류(源流)
- 제8장 통관(通關)
- 제9장 청탁(淸濁)
- 제10장 진가(眞假)
- 제11장 은원(恩怨)
- 제12장 한신(閑神)
- 제13장 기반(羈絆)

제7부 사주총론
- 제1장 한난(寒煖)
- 제2장 조습(燥濕)
- 제3장 재덕(才德)
- 제4장 분울(奮鬱)
- 제5장 은현(隱顯)
- 제6장 진태(震兌)
- 제7장 감리(坎離)
- 제8장 강과(强寡)
- 제9장 순역(順逆)
- 제10장 운세(運勢)

제8부 운세해석
- 제1장 대운(大運)
- 제2장 세운(歲運)
- 제3장 월운(月運)
- 제4장 일운(日運)
- 제5장 시운(時運)
- 제6장 연주운(年柱運)
- 제7장 월주운(月柱運)
- 제8장 일주운(日柱運)
- 제9장 시주운(時柱運)
- 제10장 용신운(用神運)
- 제11장 기신운(忌神運)
- 제12장 한신운(閑神運)
- 제13장 개운(開運)
- 제14장 인고(因果)
- 제15장 변수(變數)
- 제16장 결론(結論)

제9부 육친

제1장 부처(夫妻)

【滴天髓】

夫妻姻緣宿世來. 喜神有意傍天財.
부 처 인 연 숙 세 래. 희 신 유 의 방 천 재.

▶ 부부의 인연은 전생에서 온 것인데, 희신 역할을 한다면 처의 복을 타고났다.

【滴天髓徵義】

六親之法. 生我者爲父母. 偏正印綬是也. 我生者爲子女. 食神傷官是也. 我剋者爲妻妾. 偏正財星是也. 剋我者爲官煞. 祖與父是也. 同我者爲兄弟. 比肩劫財是也. 此理正名順不易之法. 夫財以妻論. 財神淸, 則中饋賢能. 財神濁, 則河東獅吼. 淸者, 喜神卽是財星. 不爭不妒是也. 濁者, 生殺壞印. 爭妒無情是也. 舊說不問日主衰旺. 總以陽刃劫才爲剋妻. 究其理則實非. 須分日主衰旺喜忌之別. 四柱配合活看爲是.

如財神輕而無官. 比劫多. 主剋妻. 財神重而身弱. 無比劫. 主剋妻. 官殺旺而用印. 見財星. 主妻陋而剋. 官殺輕而身旺. 見財星. 遇比劫. 主妻美而剋. 劫刃重. 財星輕. 有食傷. 逢梟印. 主妻遭凶死. 財星微. 官殺旺. 無食傷. 有印綬. 主妻弱有病. 劫刃旺而無財. 有食傷. 妻賢必剋. 妻陋不傷. 劫刃旺而財輕. 有食傷. 妻賢不剋. 妻陋必亡. 官星弱. 遇食傷. 有財星. 妻賢不剋. 官星輕. 食傷重. 有印綬. 遇財星. 妻陋不剋. 身強殺淺. 財星滋殺. 官輕傷重. 財星化傷. 印綬重疊. 財星得氣者. 主妻賢而美. 或得妻財致富. 殺重身輕. 財星黨殺. 官多用印. 財星壞印. 傷官佩印. 財星得局. 主妻不賢而陋. 或因妻招禍傷身. 日主坐財. 財爲喜用者. 必得妻財. 日主喜財. 財合閑神而化財者. 必得妻力. 日主喜財. 財合閑神而化忌神者. 主妻有外情. 日主忌財. 財合閑神而化財者. 主琴瑟不和. 以上皆以四柱情勢. 日主喜忌而論. 若財星浮泛. 宜財庫以收藏. 財星深伏. 宜沖動而引助. 須細究之.

　육친지법. 생아자위부모. 편정인수시야. 아생자위자녀. 식신상관시야. 아극자위처첩. 편정재성시야. 극아자위관살. 조여부시야. 동아자위형제. 비견겁재시야. 차리정명순불역지법. 부재이처론. 재신청. 즉중궤현능. 재신탁. 즉하동사후. 청자. 희신즉시재성. 부쟁불투시야. 탁자. 생살괴인. 쟁투무정시야. 구설불문일주쇠왕. 총이양인겁재위극처. 구기리즉실비. 수분일주쇠왕희기지별. 사주배합활간위시.

　여재신경이무관. 비겁다. 주극처. 재신중이신약. 무비겁. 주극처. 관살왕이용인. 견재성. 주처루이극. 관살경이신왕. 견재성. 우비겁. 주처미이극. 겁인중. 재성경. 유식상. 봉효인. 주처조흉사. 재성미. 관살왕. 무식상. 유인수. 주처약유병. 겁인왕이무재. 유식상. 처현필극. 처루불상. 겁인왕이재경. 유식상. 처현불극. 처루필망. 관성약. 우식상. 유재성. 처현불극. 관성경. 식상중. 유인수. 우재성. 처루불극. 신강살천. 재성자살. 관경상중. 재성화상. 인수중첩. 재성득기자. 즉처현이미. 혹득처재치부. 살중신경. 재성당살. 관다용인. 재성괴인. 상관패인. 재성득국. 주처불현이루. 혹인처초화상신. 일주좌재. 재위희용자. 필득처재. 일주희재. 재합한신이화재자. 필득처력. 일주희재. 재합한신이화기신자. 주처유외정. 일주기재. 재합한신이화재자. 주금슬불화. 이상개이사주정세, 일주희기이론. 약재성부범. 의재고이수장. 재성심복. 의충동이인조. 수세구지.

▶ 육친의 법에는 나를 생하는 것은 부모가 되니 正印과 偏印이다. 내가 생하는 것은 자녀가 되니 食神과 傷官이 해당하며, 내가 극하는 것은 처첩이 되니 正財와 偏財가 해당하고, 나를 극하는 것은 할아버지와 아버지가 되니 正官과 偏官이 여기에 해당하며, 나와 같은 것은 형제가 되니 比肩과 劫財가 이것이다.

이 이치는 바른 이름으로서 이치에 따르니 바꿀 수가 없는 법이다. 대저 財星으로써 아내를 논하니 재성이 맑으면 아내가 어질고 능력이 있으며, 재성이 탁하다면 하동의 사자 울음 소리(하동사후란 소동파가 친구 진조의 집에 놀러 갔는데, 그의 아내 유씨가 어찌나 사나운지 마치 사자의 울음 소리가 나는 듯해서 조롱하여 비꼰 데서 유래된 말로 악처를 일컫는 말이다.)를 듣게 될 것이다. 맑다고 하는 것은 재성이 희신이 되는 것을 말하는데, 싸우지도 질투하지도 않는다. 탁하다는 것은 (재성이 희신 역할을 하는 것은 그만두고라도) 살을 생하고 인성을 극하거나 해서 싸우고 질투하며 무정한 것이니 기신인 셈이다.

　예전에는 일주의 강약은 살피지도 않고 뭉뚱그려서 양인이나 겁재는 처를 극한다고 하였는데 실은 도움이 되지 않는 이론이다. 모름지기 일주의 쇠하고 왕한 것을 살펴서 희기를 나눈 다음에 분별해야 하는 것이 당연하니 사주의 배합을 잘 봐서 능동적으로 해석하라〔活看〕고 한 것은 이를 두고 한 말이다.

　만약 재성이 약하고 관성이 없는데 비겁이 많다면 그 사람은 처를 극할 것이고, 재성이 많고 신약한데 비겁이 없다면 그 역시 처를 극할 것이다. 관성이 왕하여 인성을 용하는데 재성을 본다면 그 사람은 처가 누추하면서 극할 것이고, 관살이 약하고 일주는 왕한데 재성을 보고서 다시 비겁을 만난다면 처가 미인이면서도 극하게 된다.

　겁재가 많고 재성이 약한데 식상이 있으면서 다시 편인을 만났다면 그의 처는 반드시 흉사할 것이며, 재성이 약하고 관살이 왕한데 식상이 없고 인성이 있다면 처가 병약할 것이다. 겁인이 왕하고 재성이 없고 식상이 있는데 처가 어질다면 반드시 극하고 누추하다면 상하지 않을 것이며, 겁인이 왕하고 재성이 약한데 식상이 있다면 처가 어질면 극하지 않고 처가 누추하면 반드시 죽게 될 것이다.

　약한 관성이 식상을 만났는데 재성이 있다면 처가 어질면서도 극하지 않을 것이고, 관성이 약하고 식상이 중한데 인성이 있고 다시 재성을 만난다면 처가 누추하고 극하지 않을 것이다.

　신강하고 살이 약한데 재성이 살을 돕거나, 관이 약하고 상관이 왕한데 재성이 상관을 화해 주는 상황이거나, 인성이 중첩되어 있는 상황에서 재성이 기운을 얻었다면 그는 처가 어질면서도 미인이거나 혹은 처로 인해서 재물을 얻어 부자가 된다.

　살이 왕하고 일주가 약한데 재성이 살과 하나가 되거나, 관이 많아서 인성을 용하는데 재성이 인성을 극하거나. 상관이 인성을 만났는데 재성이 국을 이루면 그의 처는 어질지 않고 누추하며 혹은 처로 인해서 재앙을 받아 자신이 상하게 된다.

일주가 재에 앉아 있고 재성이 희용신이라면 반드시 처로 인해서 재물을 얻고, 일주가 재를 기뻐하는데 재가 한신과 합해서 재로 화한다면 반드시 처의 힘을 얻는다.

일주가 재를 기뻐하는데 재성이 한신과 합해서 기신으로 화한다면 그의 처는 남편을 두고 애인이 있을 것이며, 일주가 재를 꺼리는데 재가 한신과 합해서 재로 화한다면 부부의 금실이 불화하게 된다.

이상은 모두 사주의 정세를 봐서 일주의 희기로 논하거니와, 만약 재성이 둥둥 떠 있다면 지지에 거둬 둬야 하고 재성이 깊이 숨어 있다면 마땅히 충으로 동하게 해서 이끌어 내야 하는데 모름지기 잘 연구해야 할 것이다.

【 강의 】

위 내용의 앞부분에 나오는 말은 기본적인 공식이라고 생각하면 되겠으나 사실 구체적인 대입에서는 달리 이해해야 한다는 부연 설명을 할 수밖에 없는 것이 늘 부담이다. 즉 '生我者爲父母' '我生者爲子女' 등이 그 내용인데, 이것은 고전에 그렇게 적혀 있어서 그대로 수용하라는 의미라고 생각되지만 실제로 현실적인 대입에서는 상당한 문제가 있다는 것을 생각지 않을 수 없다. 그러니까 나를 생하는 것은 부모라는 말인데, 그래서 정인은 어머니이고 편인은 아버지라는 이야기는 좀 황당하다는 생각을 해야 할 것이다. 다만 이 부분에 대해서는 부모의 장에서 구체적으로 언급하기로 하고 여기에서는 우선 부부의 인연이 어떻게 되는가를 설명하는 것이 목적이므로 넘어가도록 하겠다.

내용을 보면 처성이 희용신이면 처의 도움이 크겠고, 기구신이 된다면 도움을 바라기는 고사하고 오히려 처로 말미암아 재앙을 당할 수도 있다는 말인데, 근래에 처로 인해서 직장까지 잃은 고위 공무원을 떠올리면 과연 틀린 말도 아니라는 생각이 든다. 다만 철초 선생이 염려하시는 바는 재성이 있으면 무조건 돈이 많을 것이라고 해석하는 당시의 풍토에 대해서 일침을 가하는 의미가 포함된다고 하겠다. 그러니까 재성이 있으면 일주가 강한지 약한지는 묻지도 않고 양인이나 겁재가 보이면 그 사람은 처를 극한다는 식으로 해석하는 것은 참 어리석은 판단이라는 말씀이 보약이라고 해야 하겠다. 이렇게 살아 있는 생각으로 관찰을 하지 않는다면 결국 올바른 육친의 길흉에 대해서 해석하기 어려울 것으로 봐야 하겠기 때문이다.

즉 결과적으로는 사주의 정세를 미루어 보아 부인이나 남편의 역할이 어떻게 나타나고 있는지를 살펴서 해석하라는 이야기인데, 아쉬운 점은 처에 대해서만 언급하고 남편에 대해서는 생략했다는 것이다. 물론 남성 위주의 당시 상황에서는 여인의 입장에서 남편을 대입하는 것이 별 의미가 없었을지도 모르겠으나 요즘에는 당연히 이것은 불공평하다고 항의가 나올 법하여 염려가 된다. 다시 말해 이 항목은 夫妻에 관한 내용이므로 남편의 상황에 대해서도 몇 마디 언급해야 하는 것이 당연하다고 하겠는데, 이름만 바꿔서 이해한다면 처의 상황을 바꿔서 남편의 상황으로 이해할 수가 있겠다는 생각도 든다. 그러니까 이 부분에 대해서 다소 섭섭하신 여성 독자는 이미 본문이 그렇게 되어 있는 것을 탓하시지 말고 '妻星'이라고 되어 있는 것은 '夫星'으로 바꾸고, '財星'이라고 된 부분은 '官星'으로 이해하여 해석한다면 그대로 답이 된다는 말씀을 드리고 줄이도록 한다.

• 희신이 처성이라는 견해

철초 선생의 놀라운 견해는 이러한 말씀도 서슴없이 하시는 데서 발견된다고 하겠다. 즉 희신이 처라고 하는 견해를 피력하고 다시 다음에 이어지는 자녀의 항목에서는 용신이 자식이라는 견해까지 등장한다. 일단 여기는 처에 대해서 생각해 보는 자리이므로 좀더 관찰을 해보는데, 실제로 희신이 처성이라는 논리가 전혀 근거 없다고 할 수는 없다는 것이다. 그래서 과연 일리가 있는 말씀이라는 생각을 한다. 다만 대입에서는 다소 문제가 있음을 확인하면서 다음과 같이 수정판을 대안으로 제시하는 것이다.

> 대안
> 기본적으로는 당연히 재성이 처성이다. 다만 사주에서 지장간을 포함해서 재성이 전혀 없을 경우에는 희신이 처성이다.

간혹 사주에서 재성이 전혀 없는 사람이 과연 결혼을 하겠느냐는 질문을 받는다. 그리고 실제로 그러한 사주라고 하더라도 당연히 결혼을 할 것이고, 또 처의 도움도 얼마든지 받을 수가 있음도 많이 보고 있는 상황이다. 그래서 처성이 전혀 없는 경우를 놓고서 결혼할 인연이 없다는 단편적인 해석을 하는 학자는 너무 생각이 없는 판단임을 알아야 하겠다. 다만 철초 선생의 생각처럼 사주에 재성이 있음에도 무시하고 오로지 처성을 희신으로 삼는 것 또한 깊은 집착이라고 해야 하지 않겠느냐는 생각을 하게 된다. 그러니까 사주 내에서 재성이 전혀 보이지 않을 경우에만 철초 선생의 주장대로 희신을 처로 놓고 대입시키면 된다는 말씀을 드린다. 아마도 이러한 주장은 낭월이 처음 해보는 것이 아닌가 싶은데 그 이면에는 철초 선생의 이 힌트가 바탕에 깔려 있음은 두말할 나위도 없다고 하겠다.

아울러 참고로 드릴 말씀은 남편 역시 사주에 어떤 형태로든지 관살이 있다면 남편의 형상을 의미하는 것으로 봐야 한다는 것이다. 철초 선생은 여명에서는 용신을 남편으로 봐야 한다는 주장을 강력하게 피력하시지만, 낭월의 경험으로는 전혀 그렇지 않고 관살이 남편인 것이 분명하다고 보는 것이다. 다만 사주에 지장간을 포함해서 관살이 전혀 없을 경우에는 용신이 남편이 되는 것이 타당하다고 해석하였다. 실제로 임상을 해보면서 그대로 적용이 됨을 느끼는데, 이 점도 참고로 알아 두고 다음과 같은 표를 추가한다.

> **대안**
> 여명에서 기본적으로는 당연히 관성이 夫星이다. 다만 사주에서 지장간을 포함해서 관살이 전혀 없을 경우에는 용신이 男便星이다.

다시 말해서 남편에 대해서도 마찬가지로 여자의 사주 명식에서 관살이 전혀 보이지 않을 경우에 한해서만, 즉 무관(無官) 사주에서는 용신이 남편이 되는 것이 타당하다고 이해하면 되겠다. 이 부분에 대해서는 뒤의 「여명」편에서 다시 거론되므로 참고하기 바란다.

1. 시대의 변화에 대하여

여기에서 다시 한 번 생각해 볼 점은 과연 남편은 만고불변의 정관이 되고 아내는 영원히 정재가 되느냐는 의문을 제기해 보는 것도 의미가 있으리라는 것이다. 즉 언제부터 남편은 정관이고 아내는 정재인가에 대해서 되짚어 보자는 것이고, 이로 말미암아 앞으로 변화할 가능성은 전혀 없는지를 살펴보자는 것이다.

1) 아득한 옛날

남녀의 역할이 뚜렷하게 구분되지 않아서 동물과 사람이 별반 차이가 없을 경우를 생각해 보자는 것이다. 당시의 상황으로서는 여자가 주인이 되었을 것이다. 지금도 남아 있는 일부 오지의 원주민들 세계에서는 여존남비의 상황을 목격할 수 있는데 거기서 어떤 원형의 가능성을 떠올려 보았다. 그러니까 여자가 그 사회의 주축이 되어 있다는 것이다. 현재 대부분의 인간 세계는 힘세고 정복욕이 강한 남성들 위주로 꾸며져 있지만 이처럼 수컷이 큰 힘을 발휘하기 전에는 아마도 암컷의 위력으로 조직이 가꿔졌을 것으로 보는 것이다. 현재로서는 개미나 벌의 사회에서는 여전히 존재하는 현실이라고 봐서 별 무리 없는 전개라고 하겠다.

여기에서 과연 이러한 시대에는 육친의 대입을 어떻게 하는 것이 타당하겠느냐는 의문을 던져 본다. 벗님의 생각은 어떠실까? 여전히 정관을 남편이라고 하겠는가? 아무래도 그렇게 장담할 일은 아니라는 생각이 든다. 대부분의 남자들은 여인의 눈치를 봐야 할 것이고, 그렇지 않으면 무리에서 쫓겨나 약육강식의 세상에서 홀로 생명을 담보로 싸움을 벌여야 할 것이다. 이와 같이 너무도 위험한 이러한 상황은 남편의 보살핌을 상실하고 홀로 세상과 맞서 싸워야 하는 여성의 입장과 흡사하다고 하겠다.

그렇게 된다면 이 상황에서는 반드시 남자는 재성이 되어야 하는 것이다. 그래서 남자의 운명은 순전히 여인이 어떻게 생각하느냐에 따라서 결정된다고 봐야 하므로 여인은 정관이 되는 것으로 해석해야 할 것이다. 그렇다면 지금의 상식은 다시 뒤바뀌어 대입이 되어야 하겠고, 여기에서 생각해 볼 것은 남관여재(男官女財)의 법칙이 절대적인 것은 아니라는 점이다. 즉 경우에 따라서는 여관남재(女官男財)의 대입도 가능할 것이다. 만약 지금 이 순간에 벗님이 어느 오지에서 사주를 감정할 일이 있고, 그곳은 여인이 주인 역할을 하는 사회라면 그래도 여전히 남자를 관으로 보고 여자를 재로 볼 것인가에 대해서 어떻게 생각할 참인지 잠시나마 판단해 보시기 바란다.

결국 '남자는 하늘' 이라는 말도 인간의 삶에서 만들어진 가상의 상황일 뿐이라는 것이 명백해진다. 그러니까 때로는 '여자는 하늘이다' 라는 말도 얼마든지 가능하고, 남자를 乾命, 여자를 坤命이라고 하는 것은 중국이나 한국에서의 습관이라고 할 수 있겠다. 그리고 현재의 지구 상황으로는 대체로 남자가 관살의 역할을 수행하고 여자는 재성의 일을 한다는 것에 대해서 특별한 경우를 제외하고는 거의 통용되는 경우라고 이해하면 되겠다.

2) 그리 멀지 않은 미래

이 이야기는 『알기 쉬운 합충변화』의 「십성론—인간 주변의 십성」에서 '만약에 말이야……' 라는 제목으로 언급하기도 했으니 참고하기 바란다. 어쨌든 중요한 것은 앞으로 시대가 변화함으로써 다시 남성이 재성 역할을 하고 여성은 사회의 지배층으로 위세를 떨치면서 관살의 역할을 회복(?)할 날도 오지 말라는 보장이 없다는 것을 생각하게 만드는 여러 가지 조짐이 보인다는 것이다. 실제로 어느 나라에서는 정치인 중 여성들이 남성을 거의 따라잡고 있다고 하는데, 스웨덴의 경우가 그렇다는 뉴스를 얼마 전에 본 기억도 있다. 여성들의 경쟁력은 나날이 높아져 갈 가능성이 있는데, 이것이 남의 나라 이야기만도 아닌 것이 우리나라에서도 벌써 남자에게 불리하게 작용하는 부분이 발생하고 있다는 것이다. '군복무 가산점'이 폐지된 것이 그 예인데, 이렇게 됨으로써 교사 채용 시험에서 남자는 현저하게 낙제를 당하고 상대적으로 여성이 우세한 점수를 얻었다는 보도를 접하면서 과연 먼 미래의 일만도 아니라는 생각을 하게 된다. 그렇다면 어째서 이러한 현상이 생기는 것일까?

가장 큰 원인은 이제 힘을 이용해서 하는 일이 그리 많지 않다는 것이고 모든 일은 머리를 사용해서 처리되는 시대가 다가오고 있다는 점에서 충분히 가능성이 있다고 보는 것이다. 더구나 남성은 술과 담배로 머리와 신경 조직이 갈수록 망가져 시험에서는 늘 불리하게 작용할 것이고, 오히려 컴퓨터와 연관된 정보화 사회에서는 정밀하게 실수를 줄이면서 착실히 자신의 업무를 잘 처리하는 여성이 그 자체로 대단한 경쟁력이 될 것은 분명하다. 그리고 직장에서도 담배를 피우는 사람에게 나날이 제재를 가하여 스트레스를 받고 있고 또 술과 여자에게 망가지는 남성들을 보면서 역시 세상은 여성이 주인이 되는 방향으로 진행되고 있다는 것이 낭월의 생각이다.

2. 주역의 암시

아닌게아니라 '乾命들께 고함'이라는 제목을 달아서 신문에 광고를 하고 싶은 생각도 든다. 이대로 가다가는 남성이 세계를 이끌어 간다는 사고는 그리 오래 버티지 못할 것이기 때문이다. 이제 '乾命' 이라는 타이틀(?)을 유지하기 위해서는 무사안일하게 처신할 일이 아니라는 말씀을 드리고 싶다. 즉 그야말로 그에 대한 본격적인 노력을 다하지 않고서는 도저히 장담할 수가 없을 날이 머지않았다고 해야 할 모양이다. 대학을 마치고서도 일자리를 찾지 못해서 방황하고 있다면 과연 그 남자에게 어떤 여인이 찾아올 것인가. 실제로도 이미 20대에 세상에서 패배감을 맛보고 있는 젊은이들이 적지 않다는 말을 들었는데, 이제 무엇을 갖고서 '그래도 남자가 말이야……'라는 말을 자신 있게 할 수 있을지 다시 생각해야 할 순간이 다가올 것이다. 그리고 현실적으로 적응하기 위해서는 그야말로 특단의 노력이 필요할 수도 있을 것이다.

이러한 현상은 시대의 탓으로 해석하기보다는 인과응보로 해석해야 하지 않을까 싶은 생각이 든다. 이미 수십 년 전에 입적하신 월정사의 탄허 스님께서는 생전에 시대가 바뀌어 간다는 말씀을 하셨다. 그 바뀌어 가는 것은 바로 남자의 세계에서 여자의 세계로 바뀐다는 설명이었는데, 이미 주역 분야에 정통한 스님께서 하신 말씀이므로 그대로 감정을 전달한 것이 아니라 뭔가 통찰을 통해서 하신 예언성 말씀이라고 해석된다. 그리고 그후로 전개되는 세상의 풍경을 보면서 과연 옳으신 말씀이라고 판단되기도 하는데, 주역의 과정에서는 앞으로는 여성이 주인 되는 시대가 도래하는 의미로 해석을 하기 때문이다. 여기에 대한 힌트가 어딘가에 있을 법해서 이리저리

문헌을 뒤적거려 보니 놀랍게도 앞으로의 세상에 대한 그림이 이미 조선 시대에 그려졌다는 사실을 발견하였다. 이게 이 흐름은 막을 수가 없을 정도의 강력한 파동으로 우리에게 다가올 것으로 보인다. 참고로 그 부분에 대해서 언급하도록 한다.

1) 복희(伏羲)의 선천팔괘도

여기에서 언급할 것은 전체적인 괘상이 아니라 그 중심이 되는 부분에 대한 낭월의 어쭙잖은 생각이라는 점이다. 이 분야의 전문가시라면 웃고 말겠지만, 명리학자의 알량한 상식을 언급해 드리는 것도 역의 이해에 해롭지만은 않으리라 생각해서 약간의 의미를 부여해 보고 싶은 것이므로 이 점 미리 헤아려 주기 바란다.

☰ 乾
☷ 坤

흔히 선천팔괘도라고 하는 형상이다. 여기에서 이해해야 할 점은 子午의 축을 하늘에는 乾과 땅에는 坤이 서로 마주보면서 이루고 있다는 것이다. 이것은 어쩌면 기본이라고 할 수도 있겠다. 그리고 이 지구의 아득한 옛모습이 아닐까 하는 생각도 해본다. 즉 하늘에는 하늘, 땅에는 땅이 있는 모양이며 그 중간에는 별반 변화가 없는 상태일 것이라고 이해되고 이것을 음양오행에서는 體라고도 말한다.

2) 문왕(文王)의 후천팔괘도

☵ 坎
☲ 離

　지금 사용하는 괘상의 중심에 해당하는 부분으로서 위는 水가 담당하고 아래는 火가 담당하게 되는데, 여기에서 생각할 수 있는 것은 물은 아래로 내려오려 하고 불은 위로 올라가려는 과정에서 무수히 많은 변화가 발생한다는 점이다. 그래서 지금의 시대는 내일을 예측할 수 없을 정도로 변화무쌍한 후천 시대라고 말하는 것과도 무관하지 않다.
　현재 우리가 연구하는 자평명리도 그 변화를 찾아서 움직임을 추구하는 학문이라고 본다면 이 시대에 잘 어울리는 학문이라고 할 수 있겠다. 이 시대가 언제 마무리될지는 아무도 모를 일이다. 아마도 水火가 서로 부딪치는 곳까지 가지 않겠느냐는 생각을 해보는데, 여기에서 남자와 여자를 본다면 서로의 역할에 대단한 혼란이 일어나는 시절이 될 것이고 지금 그러한 현상들이 곳곳에서 발생하고 있는 것이라는 생각을 하게 된다.

3) 일부(一夫)의 정역팔괘도

☷ 坤
☰ 乾

　실은 이 그림을 보여 드리려고 했는데, 그 과정이 중요할 것 같아 앞의 선천괘와 후천괘를 보여 드리게 되었다. 여기에서 보면 놀랍게도 坤命이 위로 가고 乾命은 아래로 되어 있다. 앞으로의 미래상을 예측한 그림으로서는 참 대단하다는 생각을 하지 않을 수 없는데, 낭월도 이 그림이 타당성이 있다고 생각하는 입장이다.

여기에서 참고로 정역팔괘도를 최초로 제시한 一夫 金恒 선생에 대해서 약간 언급해 드리도록 한다. 일부 선생은 1826년에 태어나서 1898년에 돌아가신 것으로 되어 있다. 그리고 1881년에 정역도(正易圖)를 계시받았다고 하므로 연세는 55세 무렵이다. 전해지는 이야기를 보면, 어느 날 눈앞에 이상한 현상이 어른거려서 눈병이 났나 하고 지냈는데 사흘간이나 그 어른거림이 계속되자 이상히 여겨 그 모습을 그림으로 자세히 그려 보니 놀랍게도 팔괘도였다. 그런데 배치가 달라져 있는 것을 발견하였고 원래가 주역의 학자였던 선생은 그 의미를 분석하여 정역을 완성하였다고 한다.

그리고 그 정역의 해석을 통해서 앞으로는 태평성대가 열린다는 의미까지 부여하셨는데, 과연 그렇다면 앞으로 이 세상을 지배하는 주체 세력은 여성이 되지 않겠느냐는 생각을 쉽사리 할 수 있겠다. 즉 坤命이 위로 가고 乾命이 아래로 이동한 그림을 보면 능히 짐작이 될 것이다. 물론 그 속에 들어 있는 복잡한 사정은 자평학자로서는 몰라도 되는 부분이다. 자평학은 오로지 지금 현재에 대해서만 해석하면 될 것이기 때문이다. 앞으로 시대가 바뀌어 정역이 되면 적중되지 않을 것이라는 말에도 일리가 있지만 그때에는 또 그때로서의 자평학이 존재할 것이므로 지금부터 그 문제를 고민할 필요는 없다고 보는 것이다. 문득 이런 생각이 든다.

어느 모임에 나갔는데, 모처럼 만난 어떤 교수님이 낭월에게 "요즘은 시대가 달라져서 자평명리학의 적중에도 변화가 생기지 않았을까 싶은데 어떤 변화를 읽으셨는지요?"라고 질문하시기에 금시초문이며 아무런 변화를 느끼지 못한다고만 말씀드렸다. 그 교수님은 아마도 정역 시대가 시작되지 않았느냐는 질문인 듯싶었으나, 낭월이 생각하기에는 아직은 전혀 그러한 조짐이 보이지 않기에 이렇게 말씀드릴 수밖에 없었던 기억이 난다.

미래에 대해서 너무들 성급하게 생각하지 않나 싶다. 오늘 여기에 살면서 미래를 생각하는 것은 어쩌면 성급한 편재의 현상인지는 모르겠지만, 늘 구세주를 기다리는 사람도 있는 것을 보면 각자의 생각은 많은 차이가 있음을 느낀다. 여하튼 언젠가 변화의 시대가 열릴 가능성이 있으리라고 보고 그 시대의 현상이 남자와 여자의 활동에서 서서히 읽혀지고 있음을 생각하는 것은 낭월식 정역 시대의 보기이다. 중요한 것은 이미 100여 년 전에 이러한 그림이 그려졌다는 것이다. 그리고 벗님이 남자라면 지금 그 변화의 소용돌이 주변에서 배회하고 있는 역사의 증인이 될지도 모른다는 점이다. 낭월을 포함해서 말이다.

여기에서 건명께 드릴 말씀은 과연 시대의 흐름을 거부할 수가 있겠느냐는 점이다. 따라서 시대 흐름에 순응하여 아내를 많이 돕고 협조해서 화목한 가정을 이끌고 가시는 것이 가장 현명한 방법이라는 말씀인데, 아무래도 앞으로의 상황에서는 가부장적인 의식으로 가정을 꾸려 가는 것은 적지 않은 갈등과 손상을 가져올 것이라는 생각이 든다. 그러므로 아내의 능력을 잘 살펴서 정재로서 부려먹을 생각만 할 것이 아니라 서로 보완해서 함께 살아가는 방향을 모색하는 것이 좀더 앞서 삶을 꾸려 가는 지혜로운 건명이 아닐까 한다.

강조하건대 현재까지는 그럭저럭 아내가 재성이 되는 것으로 봐도 문제가 없겠는데, 앞으로는 과연 언제까지 이 방법이 통할 것인지 장담할 수가 없다는 말씀을 드리는 것이다. 이러한 변화를 잘 살피면서 자평명리를 연구한다면 크게 문제가 발생하지는 않겠지만, 사실 세상에는 의외로 고지식한 선생님도 많아서 언제까지나 옛 그림자에 매달려 있는 사람도 당연히 있을 것이라는 생각이 든다. 그렇거나 말거나 벗님은 자평학의 관점을 너무 고정적으로 보지 말고 유연하게 현실을 관찰하면서 대입하시는 지혜로움을 갖고 있기를 바란다. 철초 선생도 그랬고 낭월의 생각 또한 그렇다. 늘 변화를 읽어 가면서 현실을 살피는 것이 진정한 易學(변화하는 학문)의 의미라고 생각하고 있기 때문이다. 이해에 약간의 도움이 되기를 바란다.

丁	庚	乙	癸
丑	申	丑	卯

丁	戊	己	庚	辛	壬	癸	甲
巳	午	未	申	酉	戌	亥	子

此造寒金坐祿. 印綬當權. 足以用火敵寒. 所忌者年干癸水. 剋丁爲病. 全賴月干乙木通根. 洩水生火. 此喜神卽是財星也. 更喜財星逢合. 謂財來就我. 其妻賢淑勤能. 生三子. 皆就書香.

차조한금좌록. 인수당권. 족이용화적한. 소기자년간계수. 극정위병. 전뢰월간을목통근. 설수생화. 차희신즉시재성야. 갱희

재성봉합. 위재래취아. 기처현숙근능. 생삼자. 개취서향.

➡ 이 사주는 겨울 금이 녹지에 앉아 있고 인수가 월령을 잡았으니 화를 용해서 추위와 대적하기에 족하다. 꺼리는 것은 연간의 癸水인데 丁火를 극하는 것이 병이다. 그래서 오로지 월간의 乙木을 의지하여 통근하게 되는데, 수를 설하고 화를 생하니 이것은 희신이 재성이라는 이야기이다. 다시 재성이 합을 만난 것이 반가운데 이를 일러서 '재가 나를 향해서 온다.'고 하는 것이니, 그 처가 어질고 정숙했으며 부지런하고 능력도 많았는데 아들 셋을 낳아서 모두 공부시켰다.

【 강의 】

처의 덕이 태산 같다고 해도 되겠다. 남자 입장에서야 처가 다 알아서 해준다면 더 바랄 것이 없을 것이다. 처가 아이도 가르치고 성실했으니 행복한 남자였다고 하겠다. 참고로 원국에서의 재성이 희신일 경우에 운의 작용은 고려하지 않고 그대로 처의 덕이 있는 것으로 해석해도 된다. 그러니까 처는 원국의 상황으로 살피고 재물의 출입은 운의 상황으로 살피면 될 것이라고 구분해 본다. 이 사람의 경우를 보면 운이 금으로 흘러가서 상당히 불리한 상황이라 아마도 자신은 별로 되는 일이 없었을 것으로 봐도 되겠다. 그럼에도 처는 오히려 희신으로서 역할을 다했으니 이렇게 대입해도 되지 않겠느냐는 생각을 해보는 것이다.

```
癸 丁 乙 丁
卯 酉 巳 未
丁 戊 己 庚 辛 壬 癸 甲
酉 戌 亥 子 丑 寅 卯 辰
```

丁火生於孟夏. 柱中梟劫當權. 一點癸水. 不足相制. 最喜坐下酉, 沖去卯木. 生起癸水. 出身貧寒. 癸運入學. 又得妻財. 壬運登科. 辛丑選知縣. 仕至郡守. 此造若無酉金. 不但無妻財. 而且名亦不成矣.

정화생어맹하. 주중효겁당권. 일점계수. 브족상제. 최희좌하유, 충거묘목. 생기계수. 출신빈한. 계운입학. 우득처재. 임운등과. 신축선지현. 사지군수. 차조약무유금. 부단무처재. 이차명역불성의.

➡ 丁火가 巳月의 초여름에 나서 사주에는 인성과 비겁이 권세를 잡았으니 일점의 癸水는 화를 제어하기에 부족하다. 가장 반가운 것은 앉은 日支의 偏財인데 卯木을 충으로 제거하고 계수를 살려 준다. 출신이 비록 가난했지만 癸水대운에서 공부를 하고 또 처와 재물의 도움을 얻었으며, 壬水운에서 등과하여 辛丑대운에는 지현으로 뽑혔고 다시 벼슬이 군수에 이르렀다. 이 사주에서 만약 酉金의 재성이 아니었더라면 처와 재물을 얻지 못했을 뿐만 아니라 이름도 얻지 못했을 것이다.

【강의】

　지당하신 말씀이다. 희신이 재성이 되었기 때문이라고 말하고 싶으셨는데, 당연히 재성이니 처의 도움이 컸다고 해석이 되겠다. 그리고 처궁이 희용신이 될 경우에는 혹 처성이 기신의 암시가 되더라도 처가 그리 나쁘지 않음을 많이 보게 된다. 그렇다면 처성도 중요하지만 처궁의 동태에도 비중을 둬야 한다는 해석이 되는데, 현재 낭월은 처성이 기신이고 처궁이 용신이면 처의 도움이 크다고 해석하고 있음을 참고하는 것도 좋겠다. 그렇다면 남편궁에 용신이 있는 여인이라면 관살이 기신이라도 좋겠느냐는 질문도 하실 법하나 사실 여기까지는 자신 있게 말씀드리지 못하겠다. 아직은 미확인이라고만 해둬야 하겠으나 그럴 가능성은 있다고 하겠다.

壬	丙	庚	乙
辰	申	辰	亥

壬	癸	甲	乙	丙	丁	戊	己
申	酉	戌	亥	子	丑	寅	卯

　丙火生於季春. 印綬通根生旺. 日主坐財. 時干又透壬水. 必以乙木爲用. 可嫌者, 乙庚化金. 生殺壞印. 其妻不賢. 妒悍異常. 無子而絶. 財之爲害可畏哉.
　병화생어계춘. 인수통근생왕. 일주좌재. 시간우투임수. 필이을목위용. 가혐자, 을경화금. 생살괴인. 기처불현. 투한이상. 무자이절. 재지위해가외재.

➡ 丙火가 辰月의 늦봄에 나서 인수에 통근을 하니 신왕하다. 일주는 재성에 앉아 있고 시간에는 또 壬水가 투출되어 있으니 반드시 乙木을 용신으로 삼는 구조이다. 싫어하는 바는 乙庚으로 化金이 된 것인데, 살을 생하고 인성을 극하니 그 처는 어질지 못하고 질투에 사나운 성품인데다 정상이 아니었으며 아들도 없어 대가 끊겼으니 재성의 해로움이 이렇게 두렵더란 말인가.

【 강의 】

앞의 사주와 비교해서 언급되는 사주라고 하겠다. 극히 신약한 사주에서 재성이 하는 일이 용신을 묶어 두는 일이 되니 좋을 리가 없다. 여기에서 기신이 재라고 한다면 을목을 구제할 작전을 짜야 할 것이므로 화가 희신이 되겠는데, 사주에서 화가 없으니 역시 처의 도움이 없다고 해도 말이 된다는 결론은 나온다. 여기에 대해서 언급이 없으신 것을 보면 철초 선생도 제안만 했을 뿐 실제로 대입하는 과정에서는 재성을 처로 보고 있다는 것을 알 수 있다. 그래서 늘 본인의 말만 들을 것이 아니라 행동도 주시할 필요가 있다고 하겠는데, 대운을 나눠서 보지 말라고 하시면서도 나눠서 대입하는 것도 같은 맥락에서 이해하면 되겠다. 어찌 보면 철초 선생 자신도 이론과 현실 사이에서 다소 방황하셨는지 모를 일이다. 물론 학자라면 당연히 그러한 고민을 해야 할 것이니 탓하는 것이 아니고, 우리가 그러한 점을 이해하자는 말씀이다.

제2장 자녀(子女)

【滴天髓】

子女根枝一世傳. 喜神看與殺相連.
자녀근지일세전. 희신간여살상련.

◯ 자녀는 뿌리와 가지로써 한 대를 전하니 희신과 관살이 서로 연결됨을 볼지니라.

【滴天髓徵義】

　食神傷官爲子女. 書云食神有壽妻多子. 時逢七殺本無兒. 食神有制定多兒. 此可爲食傷爲子之確證. 然此亦死法. 總要變通爲是. 先將食傷認定. 然後再看日主之衰旺. 四柱之喜忌而用之. 喜神看與殺相連者. 乃通變之至論也.
　如日主旺. 無印綬. 有食傷. 子必多. 日主旺. 印綬重. 食傷輕. 子必少. 日主旺. 印綬重. 食傷輕. 有財星. 子多而賢. 日主旺. 印綬多. 無食傷. 有財星. 子多而能. 日主弱. 有印綬. 無食傷. 子必

多. 日主弱. 印綬輕. 食傷重. 子必少. 日主弱. 印綬輕. 有財星. 子必無. 日主弱. 食傷重. 印綬無. 亦無子. 日主弱. 食傷輕. 無比劫. 有官星. 子必無. 日主弱. 官煞重. 印綬輕. 微伏財. 必多女. 日主弱. 七煞重. 食傷輕. 有比劫. 女多子少. 日主弱. 官煞重. 無印比. 子必無. 日主旺. 食傷輕. 逢印綬. 遇財星. 子少孫多. 日主旺. 印綬重. 官煞輕. 有財星. 子雖剋而有孫. 日主弱. 食傷旺. 有印綬. 遇財星. 子雖有若無. 日主弱. 官煞旺. 有印綬. 遇財星. 有子必逆.

又有日主旺. 無印綬. 食傷伏. 有官殺. 子必多者. 又有日主旺. 比劫多. 無印綬. 食傷伏. 子必多者. 蓋母多滅子之意也. 故木多火熄. 金剋木則生火. 火多土焦. 水剋火則生土. 土重金埋. 木剋土則生金. 金多水滲. 火剋金則生水. 水多木浮. 土剋水則生木. 以官殺爲子者. 此之謂也. 明雖以官殺爲子. 暗仍以食傷爲子. 此逆局反剋相生之法. 非竟以官殺爲子也. 大率身旺財爲子. 身衰印作兒. 此皆確有徵驗者. 仔細推之. 無不應也.

식신상관위자녀. 서운식신유수처다자. 시봉칠살본무아. 식신유제정다아. 차가위식상위자지확증. 연차역사법. 총요변통위시. 선장식상인정. 연후재간일주지쇠왕. 사주지희기이용지. 희신간여살상련자. 내통변지지론야.

여일주왕. 무인수. 유식상. 자필다. 일주왕. 인수중. 식상경. 자필소. 일주왕. 인수중. 식상경. 유재성. 자다이현. 일주왕. 인수다. 무식상. 유재성. 자다이능. 일주약. 유인수. 무식상. 자필다. 일주약. 인수경. 식상중. 자필소. 일주약. 인수경. 유재성. 자필무. 일주약. 식상중. 인수무. 역두자. 일주약. 식상경. 무비겁. 유관성. 자필무. 일주약. 관살중. 인수경. 미복재. 필다녀.

일주약. 칠살중. 식상경. 유비겁. 여다자소. 일주약. 관살중. 무인비. 자필무. 일주왕. 식상경. 봉인수. 우재성. 자소손다. 일주왕. 인수중. 관살경. 유재성. 자수극이유손. 일주약. 식상왕. 유인수. 우재성. 자수유약무. 일주약. 관살왕. 유인수. 우재성. 유자필역.

우유일주왕. 무인수. 식상복. 유관살. 자필다자. 우유일주왕. 비겁다. 무인수. 식상복. 자필다자. 개모다멸자지의야. 고목다화식. 금극목즉생화. 화다토초. 수극화즉생토. 토중금매. 목극토즉생금. 금다수삼. 화극금즉생수. 수다목부. 토극수즉생목. 이관살위자자. 차지위야. 명수이관살위자. 암잉이식상위자. 차역국반극상생지법. 비경이관살위자야. 대솔신왕재위자. 신쇠인작아. 차개확유징험자. 자세추지. 무불응야.

▶식신과 상관은 자녀가 된다. 서에 이르기를 '식신은 장수하고 처와 아들이 많지만 時에 편관을 만나면 본래 아이가 없으나, 식신의 제어를 만난다면 아이가 많다.'라고 했는데, 이것은 식상이 아이가 된다는 확증이라고 하겠다. 그러나 이것은 죽은 법이다. 한마디로 중요한 것은 그 변화에 통해야 옳은 것이다. 먼저 식상으로 인정을 하겠지만 그 다음에는 다시 일주의 쇠왕을 보고 사주의 희용신과 기구신을 봐서 쓸 일이니 희신과 살이 서로 연결되어 있는 것을 봐야 한다. 이것은 변화에 통하는 지극한 이론인 것이다.

만약 일주가 왕하고 인수가 없으며 식상이 있다면 아들이 반드시 많다. 일주가 왕하고 인수가 많은데 식상이 약하다면 아들은 적다. 일주가 왕하고 인수가 많은데 식상이 약하고 재성이 있다면 아들이 많고 또 어질다. 일주가 왕하고 인수도 많은데 식상이 없고 재성이 있다면 아들이 많고 또 능력이 있다.

　일주가 약하고 인수가 있는데 식상이 없다면 아들이 반드시 많다. 일주가 약하고 인수도 약한데 식상이 많다면 아들은 반드시 적다. 일주가 약하고 인수도 약한데 재성이 있다면 아들은 절대로 없다. 일주가 약하고 식상은 중한데 인수가 없으면 또한 아들이 없다. 일주가 약하고 식상도 약한데 비겁은 없고 관성이 있다면 반드시 아들이 없다.

　일주가 약하고 관살은 중한데 인수가 약한 상황에서 다시 재성이 숨어 있다면 반드시 딸이 많다. 일주가 약하고 편관은 많고 식상은 약하며 비겁이 있다면 딸은 많고 아들은 적다. 일주가 약하고 관살이 중한데 비겁이나 인수가 없다면 아들이 반드시 없다. 일주가 왕하고 식상이 약한데 인수를 만났다가 다시 재성도 봤다면 아들은 적고 손자는 많다.

　일주가 왕하고 인수가 중한데 관살이 약하며 재성이 있으면 아들은 비록 극하나 손자가 있다. 일주가 약하고 식상이 왕한데 인수가 있고 재성을 만났다면 비록 자식은 있으나 없는 것과 같다. 일주가 약하고 관살이 왕한데 인수가 있고 재성을 만났다면 아들이 있으나 반드시 부모를 거역한다.

　또 일주가 왕한데 인수가 없고 식상이 숨어 있으며 관살이 있는 경우에는 아들이 반드시 많은 자이고, 일주가 왕하고 비겁도 많은데 인수도 없고 식상이 숨어 있다면 아들이 반드시 많은 사람이니 대개 어머니가 많아서 자식을 멸하는〔母多滅子〕의미가 된다.

　그래서 목이 많아서 불이 꺼질 경우에는 금이 목을 극하여 화를 생조하고, 불이 많아서 토가 갈라 터지면 수로 화를 극해서 토를 살린다. 토가 너무 많아서 금이 묻힐 지경이면 목으로 토를 극해서 금을 생조하고, 금이 많아서 물이 배어들면 화로 금을 극해서 수를 생조하며, 물이 많아서 목이 뜨면 토로 수를 극해서 목이 살아나게 되니 이것은 관살을 아들로 삼는다는 말을 일컫는 것이다.

겉으로는 비록 관살로 아들이 된다고 해도 속으로는 오히려 식상이 아들이 되니, 이렇게 거꾸로 된 국에서 도리어 극을 하는 것에서 생해 주는 법이 나오는 것이기 때문에 마침내는 관살이 아들이 되는 것이 아닌 것이다. 대체로 신왕하면 재성이 아들이 되고, 신약하면 인성이 아이가 되니 이것이 확실하게 잘 맞는 이야기이다. 자세히 추리해 보면 맞지 않음이 없더라.

【 강의 】

아마도 『적천수징의』에서 가장 논란의 여지를 갖고 있는 부분이 이 대목일 것이다. 낭월도 처음에 이 대목을 보면서 과연 남자에게 아들은 관살이 아니라 식상일 수도 있겠다는 생각으로 이리저리 대입을 해봤는데, 표현이 어색하고 구체적인 대입에서 별로 신통한 점을 발견하지 못했다. 그래서 다시 그 이유를 살피면서 어째서 아들을 식상이라 하고 아버지를 편인이라고 했는지를 주시하고 자료를 뒤지다가 마침내 진소암 선생이 쓴 『명리약언(命理約言)』에서 발견하게 되었다. 다음은 『명리약언』에서 발췌한 내용을 참고로 실어 드린다. 원문은 별로 반갑지 않을 듯싶어서 생략하고 풀어서 적어 보도록 하겠다. 원문이 궁금하시면 책을 구해서 보는 것이 좋겠다.

『명리약언』「육친을 보는 법」중에서

　예전에 전해지는 자평의 법을 보면 정인은 나를 생하니 어머니가 되고, 편재는 정인을 극하니 아버지가 된다고 했다. 또한 재는 극하는 것이니 처가 되고 재가 생하는 것은 관살이니 이것이 자식이라고 하여 명리학자들이 정해진 법으로 받들어 모시는데, 실은 그 허물이 참으로 대단히 많다는 것을 알아야 한다. 그래서 일일이 논리적으로 설명을 해본다면 다음과 같다.
　사람은 모두 부모가 함께 낳은 것인데 정인만 어머니에 속한다면 어찌 어머니 혼자서 아이를 낳았단 말인가? 그 도리의 일그러짐의 첫번째이다.
　편재가 구태여 정인의 짝이라고 하는데, 그렇다면 재성은 내가 극하는 성분이니 어찌 능히 나를 생하겠는가? 그 도리의 일그러짐의 두번째이다.
　대저 남편이 있어 처를 제어하는 이치는 있어도 아들이 아비를 제어하는 이치는 없다. 편재는 내가 극하는 성분이니 능히 극을 하는데, 그렇다면 아들이 아버지를 극하는 셈이니 그 도리의 일그러짐의 세번째이다.
　재성은 처첩이 되는데 또 어떻게 아버지가 되랴. 이것은 시아버지와 며느리가 같은 것이라고 하는 셈이니 그 도리의 일그러짐의 네번째이다.
　아들 또한 부부와 같음이 있어서 재를 취해서 관살을 생조하는데, 장차 처가 (자식을) 능히 혼자 낳는단 말인가? 그 도리의 일그러짐의 다섯번째이다.
　관살은 나를 극하는 성분인데 어찌 그렇게 내 자식이 된단 말인가? 그 도리의 일그러짐의 여섯번째이다.

  사람이 되어서 자식이 아비를 극한다니, 사람이 되어서 아버지가 또 아들에게 극제를 받는단 말인가? 참 못된 놈들만 모여 있는 꼴이다. 이것이 도리의 일그러짐의 일곱번째이다.

  아버지가 어머니를 이미 극으로 취했는데, 아이는 며느리를 또한 극한다고 해야 할 모양이다. 관살은 나를 극하는 것이니 이것은 또 며느리와 시아버지가 같은 셈이니 그 패려의 여덟번째이다.

  일간의 부친은 즉 일간을 생조한 조상인데 일간의 자식은 즉 일간이 생한 자손이다. 편재는 실로 관살을 생조하는데, 이 손자가 할아버지로부터 나왔단 말인가? 그 패려의 아홉번째이다.

  가만히 그 믿을 만한 근거를 보면 부부가 있고 그 다음에 부자가 있다는 말에 불과하다. 만약 부부를 의지해서 아버지와 아들이 존재한다면 이렇게 추리한 결과 세 무리의 남녀는 엉망으로 엉키게 되어 끝도 없을 것이니 이것이 열번째의 패려가 된다.(이하 생략)

  이 부분의 내용을 살펴보면 진소암 선생은 철초 선생의 의견에 100퍼센트 동의하는 의미이다. 그런데 연배를 보면 철초 선생이 진소암 선생의 후학이 되는 셈이라고 한다. 이 이야기는『명학신의(命學新義)』속에 포함된「수화집(水火集)」에서 언급되어 알게 된 내용이다. 참고로『명학신의』는「수화집」과「적천수신주(滴天髓新註)」와「명학습령(命學拾零)」,「신명학사자경(新命學四字經)」을 함께 수록한 책인데, 지은 분은 수요화제관주라는 필명을 사용하는 반자단(潘子端) 선생이다. 서낙오 선생과 원수산 선생과는 같은 시대를 보냈던 분으로 생각된다. 비록 책의 분량은 적지만 내용을 보면 상당히 해박한 상식을 갖고 계신 분으로 여겨져 앞으로 시간이 된다면 이

책도 한번 풀이해 보고 싶은 생각이 들 정도이다. 상당히 합리적인 관점으로 설명하고 있는 중에 철초 선생이 진소암 선생의 영향을 받아서 육친론을 그대로 수용하고 있는 것이라고 하는 대목이 있어서 눈여겨보았다.

그렇다면 철초 선생이 진소암 선생의 영향을 받아서 이렇게 특이한(?) 육친론을 전개했다는 이야기가 되는데, 주로 삼강오륜의 관점에서 육친론을 설하고 있다는 것을 알 수 있으나 문제는 과연 현실적으로 어떻게 작용하느냐는 것이다. 실제로도 그렇게만 작용해 준다면 달리 뭐라고 할 말이 없겠기 때문이다. 그런데 우선 논리적으로도 타당성이 없고 현실적으로도 부합이 되지 않는다면 볼 것도 없이 수정해야 하는 것은 늘 현실적인 문제와 논리적인 면을 궁리하는 학자의 목적이 분명해서이다.

진소암 선생의 『명리약언』을 보면 다소 억지를 쓰시는 듯한 느낌도 없지 않은데, 삼강오륜의 시각으로 관찰한다면 혹 그러한 식의 설명이 타당할지도 모르겠다. 다만 자평명리는 삼강오륜이 아니고 자연의 법칙을 이해하는 공부임을 잠시 망각하지 않았나 생각하면서 좀 억지를 쓰는 꼬장꼬장한 노인의 모습이 떠오른다. 참고로 진소암 선생은 재상까지 지냈다고 하는데, 공인의 입장으로 이러한 발언을 하셨다면 백성들이 혹 패륜을 저지르고 아비를 두들겨 패는 일이 생기는 것을 방지하려고 애쓰고 있다는 쪽으로 이해할 수도 있겠다. 그러나 그런 내용이라면 간단하게 수필 정도로 언급했어야지 이렇게 명리 교과서의 형태를 띠고 있는 책에서 다루는 것은 너무 심하셨다는 생각을 하지 않을 수가 없다.

비록 철초 선생의 주장이 일리가 있다고는 하더라도 이렇게 추종을 한다면 곤란하지 않은가? 낭월은 철초 선생을 존경하고 스승으로 모시기에 부끄럼이 없지만 추종하지는 않아야 한다고 본다. 즉 이치적으로 타당한 것은 수용하고 타당하지 못한 점은 수정해야 하는 것이 후학의 올바른 길이 아닌가 싶은 생각을 하는 것이다. 이 말씀은 물론 낭월의 책을 통해서 공부하시는 벗님 역시 처음에는 낭월을 통하여 자평을 궁구(窮究)하더라도 후에는 그 잘된 부분은 따라서 배우시면 되겠지만, 혹시라도 오류가 있다면 과감하게 수정해야 하는 것과 같다고 하겠다. 그렇지 않고 마치 교주에 미친 신도들처럼 무조건 따르기만 하는 것은 참으로 난감한 문제이다. 물론 무조건 반대하는 무리에게는 달리 할 말이 없지만······.

참고로 드릴 말씀은 원문은 아들과 딸을 구분했지만 낭월은 그냥 묶어서 생각을 하겠다. 이유는 자식이 모두 관살이기 때문이다. 더욱 중요한 것은 지금은 딸도 아들 노릇을 한다고 봐야 할 것이다.

아무튼 내용적으로 살피자면 식상이 자식이라는 말도 전혀 무근하다고만 할 수는 없는 것이 혹 관살이 전혀 없을 경우라면 가능하다는 얘기이다. 만약 사주에서 관살이 지장간에도 전혀 없는 상황이라면 용신이 자식이 되는 것으로 봐야 하겠기 때문이다. 아마도 철초 선생의 주장은 여기에 있지 않았는가 싶다. 다시 말해 사주에 관살이 전혀 없는 상태에서 용신이 식상이라고 할 경우에는 자식은 식상이 될 수가 있다는 것으로 해석되는데, 이것은 재성이 없는 무재(無財) 사주에서 희신을 처성으로 삼는 것과 완전히 같은 의미라고 하겠다.

이러한 경우에는 용신을 자식이라고 하게 되므로 반드시 식상이 자식이 될 필요는 없다. 그러니까 어찌 생각해 보면 관살이 전혀 없는 상태에서 신왕하면 식상이 자식이고 신약하면 인성이 자식이라고 한다면 이치에 타당하다고 하겠다. 이것은 앞서 『적천수징의』 본문 끝부분에서 '身旺財爲子. 身衰印作兒.'라고 언급한 내용대로 신왕하면 재성이 자식이고 신약하면 인성이 자식이라고 한 의미는 식상도 얼마든지 자식이 될 수가 있다고 보아 무리가 없겠고, 그런 의미에서 신왕하면 관살이 자식이 되는 이치를 생각해 보고 철초 선생이 진소암 선생의 이러한 주장을 수용했을 가능성이 높은 것으로 이해해 보았다. 그러나 중요한 것은 사주에 관살이 있으면 그 관살이 자식을 의미하는 것으로 봐야 명확해진다는 점이다.

이 점도 반드시 이해하고 넘어가야겠다고 보는 것은 천하의 철초 선생께서 이러한 비합리적이라고 할 수 있는 논리를 수용한 데에는 그만한 이유가 있으리라는 생각으로 관찰해 본 끝에 얻은 결론이다. 다시 정리를 한다면 '무재 사주에서는 희신이 처성이고 무관 사주에서는 용신이 子星'이라는 점을 이해하고 넘어간다면 아무런 문제가 없을 것이다.

이제 낭월이 진소암 선생의 논리에 대해서 생각해 본 내용을 언급해야겠다. 그래서 식상이 자식이 된다는 말이 이치적으로 합당하지 않음을 정리해 보도록 하겠다. 그러면 함께 살펴보면서 생각해 보자.

"사람은 모두 부모가 함께 낳은 것인데 정인만 어머니에 속한다면 어찌 어머니 혼자서 아이를 낳았단 말인가? 그 도리의 일그러짐의 첫번째이다."

말씀은 옳으신 말씀이지만 대입이 잘못되었다는 것을 말하지 않을 수가 없겠다. 아이는 어머니가 낳지 아버지가 낳은 것이 아니기 때문이다. 그럼 아버지는 뭘 했느냐고 한다면 아버지는 씨를 뿌린 것이고 그 다음에 낳은 후 기른 것으로 자신의 소임을 다했다고 해석하면 되겠다.

자연의 상태를 살펴보면 동물의 세계는 본능에 대한 적나라한 내용을 가장 잘 보여 주는데, 그중에서 새끼를 낳는 것은 온전히 어미의 몫이라는 것을 생각케 한다. 즉 수컷의 역할이라는 것은 별로 하는 것이 없고, 특히 사자나 호랑이를 보면 그 상황은 더욱 뚜렷해진다. 씨만 받으면 수컷을 별로 대접하지 않는 모습을 많이 볼 수 있는데, 이러한 점에서 부모가 자식을 낳았다고 하는 것은 구태여 꼬집을 현상이 아니라고 할 수 있다.

그리고 사람도 그렇다. 낳은 자는 어머니이고 먹여 살리는 자는 아버지가 되는 것으로 해석해야 한다는 것이다. 실제로 아이를 낳으면 아비는 새끼를 먹여 살리기 위해서 직장이든 장사든 뭔가 되는 대로 해야 한다는 것은 우리 주변에서 너무도 흔히 접하는 모습이다. 실제로 남자가 자식이 없다면 방종할 가능성이 훨씬 더 많을 것으로 짐작되기도 한다. 마음대로 놀고 싶어도 자식이 무서워서 그렇게 하지 못한다면 분명 자식은 아버지를 극하는 의미가 있다고 해도 되지 않을까 싶다.

이러한 점으로 미루어 과연 자식으로 인해서 아비는 극을 받고 있다는 말을 할 수 있다고 생각되고, 그러한 현상으로 인해서 편재는 아버지가 되는 것이 타당하다고 보는 것이다. 이것을 그대로 아들이 아버지를 주먹으로 패는 듯한 식의 설명을 한다면 너무 얕은 소견으로 해석한 것이 아닌가 싶다는 것을 말씀드린다. 그러면 다시 반자단 선생의 『명학신의』 중 「육친론」을 참고하면 이해에 도움이 되리라고 본다.

……소암 선생의 오점은 사람에게 있어서 부모가 함께 아이를 낳았다고 보는 것이 분명하지 않다는 점이다. 이른바 生이라고 하는 것은 즉 아이가 어머니의 몸으로부터 분열해서 나온 것으로 정확히 어떻게 구성된 것인지에 대해서 생각해 볼 필요가 있겠다.
옛사람의 견해로는 아버지의 精과 어머니의 血로써〔父精母血〕만들어진 것이라고 했지만, 실은 인체의 구성에는 父精과 母血만이 아니라 공기와 햇빛과 토양과 수분도 절대 빠질 수 없는 성분들이다. 그러니까 과학적인 해석을 알지 못하고 단지 아버지의 정액과 어머니의 혈액으로만 만들어졌다고 알고 있었을 뿐이다.
음의 성분이 자식을 낳는 것으로 보는 것은 생물의 세계에서는 보편적인 현상이다. 하등 동물은 아메바와 같이 자신의 돈에 음양을 모두 갖고서 그 자식을 생하는 것이어서 어머니의 몸이 분열하는 것이고, 고등 동물은 가령 닭과 같은 동물의 경우나 우리들 또한 마찬가지이겠지만 절대로 암수가 함께 알을 낳는 것이 아니라는 점이다. 알을 낳는 것은 거의가 암컷이고 아이는 어머니의 몸으로부터 나오는 것이니 예나 지금이나 일체의 모든 동물의 일반적인 현상인 것이다. 자평의 법에서도 正印을 어머니로 삼는데, 실로 인체와 과학적인 상식을 동원해서 생각해 봐도 서로 부합이 되는 것이니 이렇게 알고 있는 것이 마땅한 이치이다.

이와 같이 『명학신의』에 언급된 부분을 대략 살펴봤는데, 그 속에서도 의미는 분명하다고 하겠다. 그러니까 옛날에는 당연히 관살을 자식으로 봤는데, 중간에 소암 선생이 엉뚱하게도 식상이 자식이라

고 하는 바람에 철초 선생도 여기에 동조하면서 자평학의 흐름에 한
바탕 소용돌이를 일으키는 것이라고 이해한 것이 틀림없다. 이 부분
에 대해서 반자단 선생도 상당히 분발하셔서 길게 설명이 되어 있는
데, 내용은 대략 소암 선생이 틀렸다고 하는 의미임을 헤아리면 되
겠다. 다시 두번째의 내용을 살펴보도록 하자.

"편재가 구태여 정인의 짝이라고 하는데, 그렇다면 재성은 내가
극하는 성분이니 어찌 능히 나를 생하겠는가? 그 도리의 일그러짐
의 두번째이다."

『명학신의』에서는 이 부분에 대해 다음과 같이 언급하고 있다.

   소암 선생의 두번째 오해는 재성은 내가 극하는 것이지 어떻게 나를
낳았다고 하느냐는 말씀인데, 이것은 '生'이라는 글자와 '養'이라는
글자를 서로 혼동해서 일어난 오해이다. 명리서에서 어떻게 일찍이 재가
나를 생하는 것이라고 했단 말인가? '生我'라는 말은 소암 선생이 스스
로 의문을 만들어 놓고 또 스스로 반대한 셈이 되는 것이다.
   명리서에서는 말하기를 "인성은 나를 잡아 주는 근본이요, 재성은 목
숨을 길러 주는 근원이다."라고 했는데, 이것은 재의 기능을 명쾌하게
설명한 것이다. 그러니까 생산(生産)의 책임은 어머니에게 있고, 양육
(養育)의 책임은 아버지에게 있는 것이다. 그래서 우리는 항상 '기르기
만 하고 가르치지 않는 것은 아버지의 허물이요, 따르기만 하고 알지 못
하는 것은 어머니의 허물이다.'라는 말을 하니, 즉 부인은 한가지로 따
르면서도 마침내는 옛날의 예절을 사회 속에서 가르쳐야 할 경우에는 남
편을 불러서 자식을 가르치게 했던 것으로 일반인들은 알고 있었던 것이

다. 그러니 족히 아버지는 양명의 근원이라고 할 만했으며 자평술에서도 재성은 아버지가 되는 것으로 알았던 것이니 실로 지극한 이치이다.(이하 생략)

편재가 정인의 짝인 것은 틀림없는 오행의 원리이다. 특히 양간에서는 더욱 그렇게 나타나는데, 甲木일간에서 어머니는 癸水가 되고 아버지는 戊土가 되니 서로 합이 되어서 타당하다고 하겠다. 다만 음간에게는 다소 무리가 되는데, 乙木에게는 어머니가 壬水가 되고 편재는 己土이기 때문에 기토와 임수가 짝을 이룬다고 하기에는 다소 어색하다고 해야 하겠다. 다만 중요한 것은 반드시 합이 되어야 짝이 되는 것은 아니라는 점이다. 그래서 합에 대한 것은 접어 두도록 하고 오로지 일간의 기준으로 정인을 어머니로, 편재를 아버지로만 대입하는 것이 옳다.

재성은 내가 극하는 성분인데 어찌 나를 생하겠느냐고 하는 말씀에는 다분히 감정적인 의미가 포함되지 않았는가 싶다. 실로 진소암 선생께 물어야겠다. 과연 선생의 육신은 재물이 먹여 살리는 것이 아니냐고 말이다. 그러니까 몸을 길러 주는 것은 재물이고 몸을 낳아 주는 것은 어머니라는 것을 생각하면 간단하게 해결될 문제인데, 즉 내가 극하는 재물의 목적은 결국 나를 살리는 이치가 있다는 말씀으로 충분히 답변이 되겠다. 다만 생(生)하는 것과 양(養)하는 것에는 차이가 있는데, '재성이 나를 생한다'고 하는 것은 엄밀히 논한다면 틀린 말이고 '재성은 나를 양한다'고 해야 한다. 그도 납득하기 어렵다면 처가 남편을 먹여 살리는 이치도 있다고 설명해 보자. 여하튼 인간계에서는 재물은 재성이 되고 그 재물로 인해서 이 몸을 먹여 살리니 과연 내가 극하는 것이 어찌 나를 생하는 이치가 없겠느냐는 반론을 제기할 수 있는 것이다.

"대저 남편이 있어 처를 제어하는 이치는 있어도 아들이 아비를 제어하는 이치는 없다. 편재는 내가 극하는 성분이니 능히 극을 하는데, 그렇다면 아들이 아버지를 극하는 셈이니 그 도리의 일그러짐의 세번째이다."

남편이 처를 제어한다면 이미 부부는 동격이 아님을 스스로 말씀하시는 셈이다. 당연한 말씀이고, 그래서 역시 부모는 같은 레벨이 될 수 없다고 한다면 말이 된다고 하실지 모르겠다. 다만 이것은 남존여비의 사상과도 무관하지 않으므로 이러한 논리를 이치라고 대입하기에는 좀 낯이 간지럽다고 해야 하겠다. 남편이 처를 제어하는 이치도 실은 자연이 아닌 것이다. 이미 인위적인 대입을 시도하고 있다는 것을 스스로 생각하셔야 하겠다. 아들이 아비를 제어하는 것은 직접적인 물리적 제어가 아니라 심리적인 제어라고 봐야 한다는 것을 놓치고 있는 것은 너무 직선적으로 이해한 소치라고 생각된다. 어쩌면 이미 삼강오륜에 패륜을 저지르려는 무리들에게 강력한 반론을 펴기 위해서 시도하시는 것은 아닌가 하는 기분도 든다. 실로 낭월은 부친을 패본 적이 없다. 생각도 해본 적이 없을 것이다. 그러나 부친은 새끼들을 위해서 고향을 등지고 먹거리를 찾아서 전국을 유람한 사실을 너무도 잘 알고 있으며 자식들 때문에 자신은 굶는 것도 가끔 눈여겨본 낭월이다. 과연 자식이 부친을 극하는 이치가 왜 없다고만 해야 할 것이냐는 생각을 하게 된다. 아마도 진소암 선생은 부유한 가정에서 엄격한 교육을 받으신 것으로 생각되는데, 이렇게 자신의 환경에 기대어 진리를 이해하려고 하는 것은 자칫 자기오류에 빠질 가능성이 많다는 점도 고려해 봐야 할 것이다. 결국은 자식으로 인해서 아비는 극을 받는 것이라고 믿고 있는 낭월이다.

그리고 만약 인성이 부모라면 아내는 겁재가 되어야 할 것이라는 억지도 한 번쯤은 부려 보고 싶어진다. 그래야 앞뒤가 서로 맞지 않겠느냐는 생각이 들어서 한마디 해본다. 당연히 정인이 어머니이고 편인이 아버지라면 비견은 자신이고 겁재는 아내가 되어야 하는 것이 오히려 더욱 합리적이라고 해야 하겠기에 드리는 말씀이다.

"재성은 처첩이 되는데 또 어떻게 아버지가 되랴. 이것은 시아버지와 며느리가 같은 것이라고 하는 셈이니 그 도리의 일그러짐의 네 번째이다."

우선 처첩(妻妾)이라는 말은 당시에는 타당할지 몰라도 지금으로서는 해당되지 않는다고 해야겠다. 그냥 처라고만 해야 할 것이다. 여하튼 처와 부친을 같은 성분으로 대입했다는 것이 또한 너무 경솔한 대입이다. 실로 처는 정재이고 부친은 편재라는 점을 간과하면 이렇게 해답을 놓치게 될 가능성도 있다. 즉 아내는 정이 있는 극이고 부친은 무정한 극이 되는 셈이다. 결국 자식은 아비에게 '아버지가 자식에게 해준 것이 뭐요?'라고 따질 수도 있는 것이므로 기본적으로 무정한 극이라는 말이 가능하지 않은가 하는 생각을 해본다. 또한 아버지가 남긴 유산을 자식은 물쓰듯 뿌리고 다니는 경우도 늘 접하고 있는 터이다. 요즘 말로 재벌 2세라고 하는 사람들과 연관되어서 가끔 언급이 되는데, 비싼 승용차를 타고 다니면서 돈을 뿌린다고 해서 지탄을 받지만 실은 이것이 바로 아버지는 편재라는 것을 보여 주는 증거라고 한다면 과연 말이 되지 않는다고 하실지 궁금하다.

그리고 시아버지와 며느리가 같은 재에 해당하므로 동격이라고 한다면 말이 되는 것으로 보기는 해야 하겠으나, 실은 이미 한 단계 다른 대입이 되어야 할 것이고 그렇게 따진다면 다시 앞으로 가서 남편이 아내를 극하는 이치는 왜 성립되느냐고 물어야 할 참이다. 이렇게 말씀드리는 것은 부모가 인성으로 동격이라고 하면서도 다시 다른 곳에서는 남편이 아내를 극하는 이치는 있다고 하신 말에서 앞뒤가 맞지 않음을 볼 수 있기 때문이다. 과연 시아버지와 며느리가 같은 격이라고 볼 사람은 세상에서 진소암 선생뿐이 아닐까 싶다. 아무도 그렇게 생각하지 않는 것을 혼자 떠드는 것은 억지를 쓰고 있는 것이라고 해도 되겠다.

"아들 또한 부부와 같음이 있어서 재를 취해서 관살을 생조하는데, 장차 처가 (자식을) 능히 혼자 낳는단 말인가? 그 도리의 일그러짐의 다섯번째이다."

이번에는 하나마나 한 말씀을 하고 계신다. 다시 원점으로 돌아간 셈인데, 그만 이 정도에서 줄이도록 해야 할 모양이다. 내용은 앞에서 원문의 해석을 했으므로 살펴보고 의미를 이해하면 되겠다. 실제로 열 가지를 만들어서 무례하다고 공격하시는 의미는 이해가 되지만, 자연적인 해석에 대해서는 무시를 한 분위기여서 과히 산뜻하지 않은 내용이라고 느껴져 길게 설명은 하지 않아도 되겠다는 생각이 든다.

이와 같이 진소암 선생의 논리를 살펴보면 과연 합당하지 않음을 발견하게 된다. 실로 진소암 선생의 의도를 따라서 『적천수징의』에서도 철초 선생이 그대로 수용했다고 봐야 하겠는데, 이러한 점에서는 참으로 많은 아쉬움이 남는다. 비록『적천수징의』가 세상에 둘도 없는 보물임에는 틀림없지만 그렇다고 해서 온전한 내용이라고 볼 수는 없다는 것을 알고 벗님도 잘 생각해 보시기 바란다. 그리고 이러한 오류를 바로잡지 않으면 두고두고 명리학자를 골탕먹일 것을 염려하신 반자단 선생도 여기에서 바로잡아야겠다고 생각하고 구체적으로 조목조목 오류를 지적하셨는데, 그 마음도 당연히 이해가 된다.

다만 달리 생각해 보면, 이렇게 논란의 여지를 만든 것을 반드시 나쁘다고만 할 것은 아닌지도 모르겠다. 그 바람에 과연 인성이 부친인지 또는 남자에게 식상이 자식인지 다시 한 번 생각해 보는 기회가 되기도 했다고 봐서이다. 그래도 혹 이러한 말을 의지해서 많은 학자들이 시간을 낭비하게 된다면 그 책임을 묻지 않을 수도 없는 상황이다. 그래서 새로운 이론은 늘 이러한 부담도 포함하고 있음을 생각하게 된다. 그러면 식상이 자식이라고 하는 것에 대해서는 이 정도로 줄이고 다시 사주의 해석으로 넘어가도록 한다.

癸	戊	辛	辛
丑	戌	丑	丑

癸	甲	乙	丙	丁	戊	己	庚
巳	午	未	申	酉	戌	亥	子

此造日主旺. 比劫多. 年月傷官. 竝透通根. 丑爲濕土. 能生金蓄水. 戌爲火庫. 日主臨之. 不致寒凍也. 是以家業富厚. 更喜運

走西方. 不悖. 自十六歲生子. 每年得一. 連生十六子. 並無損傷. 此因命之美. 印星不現. 辛金明潤. 不雜木火之妙也.

차조일주왕. 비겁다. 연월상관. 병투통근. 축위습토. 능생금축수. 술위화고. 일주림지. 불치한동야. 시이가업부후. 갱희운주서방. 불패. 자십륙세생자. 매년득일. 연생십륙자. 병무손상. 차인명지미. 인성불현. 신금명윤. 부잡목화지묘야.

➜ 이 사주는 일주가 왕하고 비겁이 많은데 연월의 상관은 함께 투출되어서 통근도 되었으며, 丑土는 습토라 능히 금을 생하고 물을 저장한다. 戌土는 불의 창고이며 일주가 앉아 있으니 겨울이라고는 해도 얼지는 않는다. 이로써 가업은 부유했으며 다시 운이 서방으로 가서 일그러지지 않으니 나이 16세부터 매년 아들 하나씩을 얻어 연달아 열여섯 명의 아들을 두었고 아울러 손상도 보지 않았다. 이것은 사주의 아름다움으로 인해서이다. 인성이 보이지 않았으니 辛金은 밝고도 윤택함이 돋보여 木火가 혼잡하게 섞이지 않은 것이 묘하다고 하겠다.

【 강의 】

이 사주를 보면 과연 철초 선생이 어째서 이러한 논리를 수용하셨는지 대충 짐작이 된다. 무관 사주이기 때문이다. 이 사주를 놓고 스스로 많은 고민을 하셨을 것이 틀림없고, 그래서 그 답을 찾아서 이리저리 헤매다가 『명리약언』을 접하고서야 비로소 그 의미를 깨달은 나머지 『명리약언』의 내용을 너무 큰 비중을 두어 받아들이지 않았겠느냐는 생각을 하는 것이 낭월의 지나친 상상이라고만은 할 수 없겠다.

　관성이 지장간 속에도 전혀 없으니 용신이 자식인 사주의 구조가 틀림없다. 그렇다면 용신이 용신의 운을 만나니 자식도 잘되고 자신도 잘되어서 신나게 살아 봤을 것이고, 이러한 상황을 보면서 관살이 자식이라면 어째서 사주에 자식이 하나도 없는데 실제로는 열여섯이나 두고 잘살고 있느냐는 점에서 많은 고민을 하셨을 모습이 그대로 떠오르고도 남는다. 철초 선생 역시 한번 벽에 부딪히면 잠도 달아나 버려서 고민이 해결되기 전에는 무슨 일이든 진행시킬 수가 없었으리라고 짐작해 본다.

　상상하건대 아마도 철초 선생은 이 사주를 수백 번도 더 써먹었을 것이다. 보는 사람들이 관살이 자식이라고 할 때마다 자식이 그렇게 많았던 것을 설명해 보라고 다그쳤을 것이고, 따라서 실은 용신이 자식이라는 말(사실 상관을 자식으로 봐야 한다고 하셨겠지)을 하면서 스스로 신명이 나셨을 것 같은 기분이 절로 든다. 丙午일주가 자신의 논리를 결합시킬 내용을 발견했을 적에 얼마나 반가웠겠는지를 잠시 생각해 보았다.

　실로 이러한 자료에 대해서 고민하다가는 어느 날 이 소식을 발견하였다면 덩실덩실 춤이라도 추었을 것이라는 생각이 든다. 고민을 하다가 진리를 발견한 다음의 쾌감은 경험해 보지 않은 벗님으로서는 막연한 추측만 가능하겠지만 경험을 해본 벗님은 빙그레 웃으실 것이다. 낭월은 이러한 장면이 충분히 이해가 된다. 그렇다면 많은 시간을 명리학의 연구 속에서 고민한 대가를 얻었다고 해도 될지 모르겠다.

癸	丁	甲	癸
卯	酉	子	亥

丙	丁	戊	己	庚	辛	壬	癸
辰	巳	午	未	申	酉	戌	亥

　　此造官殺當令. 嫌其甲木透干. 不能棄命從殺. 只得殺重用印. 則忌卯酉逢冲. 去甲木之旺地. 雖天干有情. 家業頗豊. 而地支不協. 所以妻生八女. 妾生八女. 所謂身衰印作兒. 此財星壞印之故也.

　　차조관살당령. 혐기갑목투간. 불능기명종살. 지득살중용인. 즉기묘유봉충. 거갑목지왕지. 수천간유정. 가업파풍. 이지지불협. 소이처생팔녀. 첩생팔녀. 소위신쇠인작아. 차재성괴인지고야.

➡ 이 사주는 관살이 당령을 하였는데, 싫은 것은 甲木이 천간에 투출한 것이다. 그래서 종살격이 되기는 불가능하고 다만 살이 많아서 인성을 용하는 구조가 되었으니 즉 卯酉의 충으로 인해서 갑목의 왕지가 손상을 받는 것은 꺼리게 되니, 비록 천간은 유정하여 가업이 자못 풍성했지만 지지가 협력을 하지 않으니 처에게서 여덟 딸을 얻고 첩에게서도 여덟 딸을 얻었다. 이른바 '신약하면 인성이 자식'이라고 해야 하겠는데, 재성이 인성을 무너뜨린 까닭이었던 것이다.

【 강의 】

 인성이 자식인데 왜 아들이 없었겠느냐고 반문을 해보고 싶어진다. 월간에 분명히 갑목이 있는데 아들이 없다고 하는 것은 좀 납득하기가 어렵기 때문이다. 물론 앞에서 부분별로 말씀하실 적에는 '日主弱. 印綬輕. 有財星. 子必無.'라고 했지만, 설마 이 말씀이 바로 이 사주를 놓고 한 말씀은 아닐 것으로 보고 과연 그래서였겠느냐고 질문을 드리고 싶은 것이다. 이 사주에서 인성이 약하다는 말을 할 수가 있을까? 子月 갑목이라면 약하다고 하기는 어렵다고 봐야 하는데 혹 수가 너무 많아서 浮木이 되었다고 하신다면 일리는 있다고 하겠다. 다만 그보다는 지나치게 습해서 아들은 어렵고 딸이 많았다고 하면 오히려 더 명확한 해석이 되지 않겠는가 하는 질문도 넌지시 드려 본다.

 그리고 학자적인 견해라고는 할 수 없겠지만 아들이 없는 것에 대해서는 사주도 사주지만 유전적인 영향으로 아들이 귀한 집안도 있다는 점을 고려해 봐야 할 것 같다. 7대 독자니 9대 독자니 하는 이야기를 들으면 과연 대대로 아들이 귀할 팔자만 타고나서 그렇겠느냐는 생각도 드는 것이다. 이러한 점도 고려한다면 해석이 훨씬 쉽지 않을까 싶다. 다음의 참고 사주를 살펴보도록 하자.

참고 사주 1

庚	壬	丁	丁
戌	子	未	亥

이 사주를 보면 앞의 예에서 신약에 인성이 약하고 재성이 있는 경우에 해당한다. 그렇다면 자식이 없어야 한다는 말이 되는데, 아들 하나와 딸 하나를 두고 있는 가장이다. 따라서 철초 선생의 설명대로 아들이 반드시 없다고 한 말은 신빙성이 떨어지게 되는 것이다. 이러한 자료가 어찌 한둘이겠는가. 그래서 늘 예외도 있고 단정할 수도 없다는 생각을 하는데, 남의 가정으로서는 어쩌면 상당히 소중할 수도 있는 상황에 '그대 팔자에는 절대로 아들이 없다'고 하는 말씀은 조심해서 해야 할 말씀이다.

참고 사주 2

甲	癸	己	甲
寅	未	巳	申

혹 앞의 사주는 戌土가 있어서 庚金이 생조를 받고 있으니 인성이 약하지 않다고 하실 수도 있을까 싶어서 또 하나의 자료를 살펴본다. 이 경우에는 年支의 인성이 아예 月支의 巳火에게 제어를 당하고 있으니 아무리 좋게 보려고 해도 약하다고 해야 할 모양인데, 이 남자는 아들이 둘이나 있으니 역시 자식이 반드시 없다는 말은 이치에 타당하지 않고, 오히려 관살이 월령에 통근을 했으니 자식은 활발하다고 해야 할 것이라는 생각을 해본다.

```
丁 戊 辛 乙
巳 戌 巳 未
癸 甲 乙 丙 丁 戊 己 庚
酉 戌 亥 子 丑 寅 卯 辰
```

戊土生於巳月. 柱中火土本旺. 辛金露而無根. 兼之巳時. 丁火獨透. 剋辛. 局中全無濕氣. 更嫌年干乙木. 助火之烈. 所以剋兩妻. 生十二子. 刑過十子. 後存二子.

무토생어사월. 주중화토본왕. 신금로이무근. 겸지사시. 정화독투. 극신. 국중전무습기. 갱혐년간을목. 조화지열. 소이극량처. 생십이자. 형과십자. 후존이자.

▶戊土가 巳月에 나고 주중에 火土가 본래 왕한데, 辛金은 천간에 나와 있으면서 뿌리가 없고 겸해서 巳時까지 얻었으며 丁火가 홀로 투출되어 辛金을 극하는데 사주에서는 전혀 습기가 없다. 다시 싫은 것은 연간의 乙木인데 화의 열기를 돕고 있기 때문이다. 그래서 두 처를 극하고 12명의 아이를 낳았으나 10명은 죽고 후에 겨우 두 아들만 두었다.

【 강의 】

앞의 사주는 너무 습해서 병이었다면 이 사주는 너무 조열해서 병이라고 해야 하겠다. 그렇다면 자녀가 잘되고 말고는 관살의 동향도 중요하지만 그보다는 한란조습의 적절함이 더 큰 비중을 차지한다고 보는 것이 오히려 합리적이 아닐까 싶다. 여기에서 월간의 상관을 자식으로 보고 설명하셨는데, 어찌 그렇게 해서 답을 찾겠느냐는 생각이 든다. 즉 관살인 연간의 乙木이 자식이고, 그래서 辛金에게 얻어맞은 상황을 보면 자식이 어렵겠다는 말을 얼마든지 할 수 있는데, 구태여 식상이 자식이라는 말을 할 필요가 있는가 하는 것이다. 여하튼 한 가지의 이론을 합리화시키기 위해서는 또 그만큼의 이론적인 조작이 필요하니 애초에 더욱 합리적인 논리를 세워서 시작해야 뒤의 대입도 원활하게 진행되고, 그래야 고생이 적다는 것도 생각해 볼 일이다.

```
甲   壬   癸   戊
辰   戌   亥   子
辛 庚 己 戊 丁 丙 乙 甲
未 午 巳 辰 卯 寅 丑 子
```

　　壬水生於孟冬. 喜其無金. 食神獨透. 所以書香小就. 甲寅入泮. 有十子皆育. 其不刑妻者. 無財之妙也. 秋闈不利者. 支無寅卯也. 此造如戌土換之以木. 青雲得路矣.
　　임수생어맹동. 희기무금. 식신독투. 소이서향소취. 갑인입반. 유십자개육. 기불형처자. 무재지묘야. 추위불리자. 지무인묘야. 차조여술토환지이목. 청운득로의.

➜ 壬水가 亥月에 나서 금이 없음이 좋고, 식신이 홀로 투출하여 공부를 조금 했다. 甲寅대운에서 반수에 들어갔고, 아들은 열을 두어

모두 길렀으며 처를 극하지 않은 것은 재성이 없었기 때문이다. 무과 시험에 불리했던 것은 지지에 寅卯가 없어서이다. 이 사주에서 戌土를 목으로 바꿨다면 벼슬길이 좋았을 것이다.

【 강의 】

설명으로 미루어서는 신강한 사주로 보신 듯싶은데, 실은 그리 왕하지 않고 오히려 약한 구조로 나타나고 있다고 봐야 할 것 같다. 초운에서 甲子가 되면서 子水에서는 약간 의지력이 있어서 공부도 했으나 그후로는 운이 없어서 아무것도 되는 일이 없었다고 해야 타당하지 않은가 싶다. 용신은 인성에 있는데 일지어 암장되어 부득이 살중용겁격이 된 상태이고, 인겁의 운을 기다려야 하는데 말년에나 약간 금의 기운이 비치다 마는 형상이어서 운이 아쉬웠다고 해야 할 모양이다.

그리고 여기에서의 자식은 역시 관살이겠고, 사주에서 관살은 왕해서 자식을 다 길렀다고 하겠는데 철초 선생의 갈씀은 시간의 甲木이 자식이라고 하는 듯싶다. 甲寅에 반수에서 공부했다는 말은 대운은 아니고 세운을 두고 하는 말이라고 봐야겠는데, 그렇다면 나이는 27세가 되는 셈이다. 대운에 대한 설명도 없이 무작정 갑인이라고만 했는데, 자식은 잘 길렀다는 것으로 봐서 갑인이 목에 해당하므로 그렇지 않느냐고 하는 셈이지만 아무래도 미심적다. 甲寅년에만 아이를 둔 것은 아닐 텐데 설명이 상당히 부실해 보여 관살이 자식이 아니라는 것을 주장하기에는 좀 약하다고 해야 하겠다.

辛	辛	丙	庚
卯	亥	戌	寅

甲	癸	壬	辛	庚	己	戊	丁
午	巳	辰	卯	寅	丑	子	亥

辛金生於戌月. 印星當令. 又寅拱丙生. 天干比劫. 不能下生亥水. 又亥卯拱木. 四柱皆成財官. 二妻四妾. 生三子皆剋. 生十二女. 又剋其九. 還喜秋金有氣. 家業豊隆.

신금생어술월. 인성당령. 우인공병생. 천간비겁. 불능하생해수. 우해묘공목. 사주개성재관. 이처사첩. 생삼자개극. 생십이녀. 우극기구. 환희추금유기. 가업풍륭.

➡️ 辛金이 戌月에 나서 인성이 당령을 했고 또 지지에는 寅木이 (午火를 끼고) 丙火를 생하며 천간은 모두 비겁이니 아래로 亥水를 생하기는 불가능하다. 또 亥卯의 합으로 목이 되어 사주에는 모두 재관으로 이뤄진 셈이니 두 처와 네 첩에게서 아들 셋을 두었으나 모두 죽고 딸은 열둘이었는데 또 그중 아홉은 죽었다. 도리어 기쁜 것은 가을의 금이라 기세는 좋아서 가업은 풍성했던 것이다.

【 강의 】

설명을 봐서는 왕한 사주라고 하는 듯한데 명확하지 않은 느낌이다. 사주를 보면 술월이라고는 해도 丙戌월이고, 시간의 신금은 卯木에 앉아서 무력하며, 연간의 庚金은 극제를 받고, 월지는 병화를 보고 인목에게 제어를 당하니 의지하기가 약하여 인겁이 필요한 상황이고 용신은 인성에 있는 것으로 봐야 하겠다. 그런데 뒷부분에서 금이 기운이 있어 다행이라고 하는 것으로 봐서는 또 신약하다는 의미도 되는 것 같아서 아리송한데, 여하튼 자식은 관살이라고 해도 달리 아니라고 할 이유를 찾지는 못할 것으로 보인다. 병화가 자식인데 戌土에 통근을 했지만 목의 생조를 받지 못해서 힘이 약하여 아들은 잘되지 못하고 딸만 얻었다고 해서 억지라고 할 것은 아닌 듯하여 생각을 해봤다.

```
丁   戊   丁   丁
巳   戌   未   酉

己 庚 辛 壬 癸 甲 乙 丙
亥 子 丑 寅 卯 辰 巳 午
```

土生夏令. 重疊印綬. 四柱全無水氣. 燥土不能洩火生金. 剋三妻五子. 至丑運, 濕土晦火生金. 又會金局. 得一子方育. 由此數造觀之. 食神傷官爲子明矣. 凡子息之有無. 命中有一定之理. 命中只有五數. 水一, 火二, 木三, 金四, 土五也. 當令者倍之. 休囚者減半. 除加減之外而多者. 秉賦之故也.

토생하령. 중첩인수. 사주전무수기. 조토불능설화생금. 극삼처오자. 지축운, 습토회화생금. 우회금국. 득일자방육. 유차수조관지. 식신상관위자명의. 범자식지유무. 명중유일정지리. 명중지유오수. 수일, 화이, 목삼, 금사, 토오야. 당령자배지. 휴수자감반. 제가감지외이다자. 병부지고야.

➡ 토가 여름에 나서 인수가 중첩되어 있고 사주에 수 기운은 전혀 없으니 조토는 화를 설하고 금을 생하기가 불가능하다. 세 처와 다섯 아들을 극하고, 丑운에서 습토가 화를 흡수하고 금을 생하며 금국도 되었으니 아들 하나를 얻어서 길렀다. 이로써 몇 사주를 보건대 식신과 상관이 자식인 것이 분명하다. 대저 자식이 있고 없고는 사주에서 일정한 이치가 있으니 사주에는 다만 숫자가 다섯까지만 있는데, 水가 1이요 火가 2요 木이 3이요 金이 4요 土가 5인 것이다. 월령을 얻으면 두 배로 계산하고 허약하면 다시 반으로 줄인다. 그 외에 많은 것은 유전적인 요소라고 해야 하겠다.

【 강의 】

철초 선생의 말씀은 참 재미가 있다. 하실 말씀은 다 하고서도 뭔가 맘에 걸리는 부분이 있으면 어물쩍 넘어가시는 데 도사이다. 여기에서도 그 나머지 추가되는 자식은 유전적으로 보라는 말씀에서도 그 냄새가 물씬 난다.

숫자로 자식을 따지는 것은 별로 의미가 없다고 이해하는 것이 오히려 속이 편하리라고 본다. 특히 요즘처럼 자식을 적게 두는 분위기에서는 더욱 그렇다. 그리고 철초 선생도 이것이 잘 맞지 않으니까 선천적인 요인이라고 얼렁뚱땅 넘어가는 것이 이해되는 것도 같은 의미에서이다. 이런 시도를 해보는 것은 자유지만 별로 신통한 소식을 접하기 어려울 것으로 본다.

몇 사주를 봐서 식상이 자식인 것이 분명하다고는 하셨지만 과히 분명하다고까지 할 정도는 아닌 듯 보인다. 오히려 관살이 자식이고 사주에 관살이 전혀 없을 경우에는 용신이 자식이라고 하는 것이 더욱 분명하지 않은가 싶다. 그리고『궁통보감』에서는 무조건 용신이 자식이라고 하고 용신을 생하는 것이 처성이라고 못박기도 했는데, 이것 역시 무리가 있는 논리라고 해야 하겠다. 예전에는 관살이 거의 무조건 용신이 되는 사회적인 분위기 때문에 혹 말이 되었을 수도 있지만 이 시대에서는 이러한 식으로 대입을 해서는 큰 무리가 따른다는 점을 생각지 않을 수 없어서이다. 그러므로『궁통보감』에서 말하는 용신이 자식이고 희신이 처라고 하는 논리는 더욱 믿을 바가 못 된다고 해야 하겠는데, 이런 기회에 그 사정도 대략 참고하는 것이 좋겠다.

```
丁   甲   辛   辛
卯   辰   卯   卯
癸 甲 乙 丙 丁 戊 己 庚
未 申 酉 戌 亥 子 丑 寅
```

此造春木雄壯. 金透無根. 喜其丁火透露. 傷其辛金. 所以己丑戊子運中. 不但得子不育. 而且財多破耗. 丁亥支拱木而干透火. 丁財竝益. 丙戌愈美. 生五子. 家業增新. 由此觀之. 凡八字之用神. 卽是子星. 如用神是火. 其子必在木火逗中. 或木火流年得. 如非木火運年得. 必子息命中多木火. 或木火日主. 否則. 難招或不肖. 試之屢驗. 然命內用神. 不特妻財子祿. 而窮通壽夭. 皆在用神一字定之. 其可忽諸.

차조춘목웅장. 금투무근. 희기정화투로. 상기신금. 소이기축무자운중. 부단득자불육. 이차재다파모. 정해지공목이간투화.

정재병익. 병술유미. 생오자. 가업증신. 유차관지. 범팔자지용신. 즉시자성. 여용신시화. 기자필재목화운중. 혹목화류년득. 여비목화운년득. 필자식명중다목화. 혹목화일주. 부즉. 난초혹불초. 시지루험. 연명내용신. 불특처재자록. 이궁통수요. 개재용신일자정지. 기가홀제.

➜ 이 사주는 봄 나무가 웅장하나 금이 투출되어 뿌리가 없으니 丁火가 투출된 것이 반갑다. 그 辛金을 극하니 己丑과 戊子 운 중에서는 자식을 기르지 못했을 뿐만 아니라 재물도 많은 손실이 있었다. 丁亥운에는 지지에 木局이 되면서 천간에 화가 투출되니 가족과 재물이 함께 늘어났고, 丙戌대운에는 더욱 아름다웠는데 아들 다섯을 얻고 가업도 나날이 새롭게 변했다. 이로써 보건대 대저 팔자의 용신은 자식이 되는 것이니, 만약에 용신이 화라고 한다면 그 자식은 반드시 木火의 운에서 얻거나 목화세운에서 얻게 되는데, 목화의 운이 아니라면 반드시 자식의 사주에서 목화가 많음을 보거나 혹은 일주가 목화이기도 하다. 그렇지 않으면 자식을 두기 어렵거나 멍청한 자식을 두게 되는데 시험해 보니 잘 맞더라. 그러나 사주에서의 용신이 특히 처와 재물, 자식과 관록뿐이겠는가. 오래 살거나 일찍 죽는 것도 궁리해 보면 모두 그 용신 한 글자에 의해서 정해지는 것이니 어찌 소홀히 하겠는가.

【강의】

이 사주는 상관이 용신인 것이 틀림없다고 하겠는데, 그렇다고 해서 금세 식상이 자식이라고 했다가는 또 어느새 용신이 자식이라고 하시니 아무래도 아직 기준이 서 있지는 않은 상태가 아닌가 하는 의구심도 든다. 간단하게 말하면 결국 관살이 자식이며, 그 관살이 무력하다고 보면 되겠다. 그리고 자식을 낳았다고는 하지만 별로 도움이 되었다는 말은 없는 것으로 미루어 그냥 기르는 일만 맡았던 모양이다. 운이 좋아서 인생은 재미있었고, 자식은 희용신이 되지 못해서 그저 그렇다고 하면 그만이겠는데, 용신이 자식이라는 말은 아무래도 확대 해석이라고 이해해야 할 것 같다.

그리고 화용신이면 목화운에서 자식을 얻는다는 말도 다 믿을 것이 못 되는데, 이리저리 궁리를 하시면서 그렇지 않으면 자식의 사주에서 화가 많이 보이거나 하다못해 일간이라도 화가 되더라는 말도 역시 다 믿지 못하기는 마찬가지이다. 그렇지 않으면 멍청한 자식이 된다는 말에서는 상당히 기분이 나쁘다는 분위기도 느껴지는데, 역시 자식이 희용신이냐에 따라서 달라지는 것이지 이러한 것이 기준이 되어서 도움이 되고 말고를 판단한다는 것은 객관적으로 볼 수가 없다. 그래서 그냥 그런가 보다 하고 넘어가면 되겠다.

중요한 것은 자식은 관살이 되는 것으로 봐야 한다는 것이고, 다시 사주에 관살이 없을 경우에는 용신이 자식이 되는 것으로 대입하면 간단하게 해결된다. 구태여 복잡하게 생각할 필요가 없다는 말씀을 드리고 이 대목을 줄인다.

제3장 부모(父母)

【滴天髓】

> 父母或隆與或替. 歲月所關果非細.
> 부모혹륭여혹체. 세월소관과비세.

◯ 부모가 융성하기도 하고 침체되기도 하는 것은 운에 관계되어 있지만 늘 그런 것은 아니다.

【滴天髓徵義】

父母者, 生身之根本. 是以歲月所關. 知其興替. 如年月官印相生. 日時財傷不犯. 則上叨蔭庇. 下受兒榮. 年月官印相生. 日時刑傷沖犯. 則破蕩祖業. 敗壞門風. 年官月印. 月官年印. 祖上淸高. 日主喜官. 時日逢財. 日主喜印. 時日逢官. 必勝祖强宗. 日主喜官. 時日逢傷. 日主喜印. 時日逢財. 必敗祖辱宗. 年財月印. 日主喜印. 時日逢官印者. 知其幫父興家. 年傷月印. 日主喜印. 時日逢官者. 知其父母創業. 年印月財. 日主喜印. 時上遇官者.

知其父母破敗. 時日逢印者. 知其自刱成家. 年官月印. 日主喜
官. 時日逢財. 出身富貴. 守成之造. 年傷月劫. 年印月劫. 日主
喜財. 時日逢財或傷者. 出身寒微. 刱業之名. 年劫月財. 日主喜
財. 遺緒豊盈. 日主喜劫. 淸高貧寒. 年官月傷. 日主喜官. 時日
逢官. 必跨竈. 時日遇劫. 必破敗. 總之財官印綬在於年月. 爲日
主之喜. 父母不貴亦富. 是日主之忌. 不貧亦賤. 宜詳察之.

  부모자, 생신지근본. 시이세월소관. 지기흥체. 여년월관인상
생. 일시재상불범. 즉상도음비. 하수아영. 연월관인상생. 일시
형상충범. 즉파탕조업. 패괴문풍. 연관월인. 월관년인. 조상청
고. 일주희관. 시일봉재. 일주희인. 시일봉관. 필승조강종. 일
주희관. 시일봉상. 일주희인. 시일봉재. 필파조욕종. 연재월인.
일주희인. 시일봉관인자. 지기방부흥가. 연상월인. 일주희인.
시일봉관자. 지기부모창업. 연인월재. 일주희인. 시상우관자.
지기부모파패. 시일봉인자. 지기자창성가. 연관월인. 일주희
관. 시일봉재. 출신부귀. 수성지조. 연상월겁. 연인월겁. 일주
희재. 시일봉재혹상자. 출신한미. 창업지명. 연겁월재. 일주희
재. 유서풍영. 일주희겁. 청고빈한. 연관월상. 일주희관. 시일
봉관. 필과조. 시일우겁. 필파패. 총지재관인수재어년월. 위일
주지희. 부모불귀역부. 시일주지기. 불빈역천. 의상찰지.

➜ 부모란 이 몸을 낳아 준 근본이다. 이는 세월과 연관해서 그 흥왕
하고 침체됨을 알 수가 있는데, 가령 年月에 官印이 서로 생조하고
日支에서는 재성과 상관이 (관인을) 범하지 않는다면 위로 조상의
음덕을 누리고 아래로 자식의 영화를 받게 된다.
  연월의 관인이 상생하는데, 日時에서 형상으로 충하여 범하게 된

다면 조상의 유업을 망해 먹고 가문을 무너뜨리는 것이고, 연에 관이고 월에 인이거나 월에 관이고 연에 인이라면 조상이 청고하며, 일주가 관을 기뻐하는데 시나 일에서 재성을 만나는 경우나, 일주가 인수를 기뻐하는데 시나 일에서 관성을 만난다면 반드시 조상의 업을 빛나게 가꿀 것이다.

일주가 관을 기뻐하는데 시나 일에서 상관을 만나든지 일주가 인을 기뻐하는데 시나 일에서 재성을 만난다면 반드시 조상의 업을 망하게 하고 욕되게 할 것이며, 연에 재성이 있고 월에 인성이 있으며 일주가 인성을 기뻐하는데 시나 일에서 관인을 만나는 경우에는 그 아버지를 도와서 집안을 일으키게 됨을 알 수가 있다.

연에 상관이 있고 월에 인성이 있으며 일주가 인성을 기뻐하는데 시나 일에서 다시 관성을 만난다면 그 부모가 창업을 했음을 알겠고, 연에 인성이 있고 월에 재성이 있으며 일주는 인성을 기뻐하는 경우 시간에 관성을 만난다면 그 부모가 망해 먹었다는 것을 알겠으며, 시일에 인성을 만난 경우에는 자신이 창업을 하여 가문을 이룬 것을 알 수가 있다.

연에 관성이 있고 월에 인성이 있으며 일주는 관성을 기뻐할 경우 시나 일에서 재성을 만나면 부귀한 가정의 출신으로 그 유산을 보존하게 되고, 연에 상관이고 월에 겁재이거나 연에 인성이고 월에 겁재인 경우에 일주가 재성을 기뻐하고 시나 일에서 재성이나 상관을 만난다면 출신은 비록 가난하지만 창업을 하는 명이다.

연에 겁재이고 월에 재성이며 일주는 재성을 기뻐하는 경우 유업이 풍성한데 일주가 겁재를 기뻐한다면 청고하지만 가난한 집안이며, 연에 관성이 있고 월에 상관이 있는데 일주가 관성을 기뻐할 경우 시나 일에서 관성을 만난다면 반드시 먹고 살 만할 것이고 시나 일에 겁재가 있다면 망해 먹을 것이다. 한마디로 한다면 재관인수가 연월에 있고 일주가 기뻐한다면 부모가 귀하지 않으면 또한 부자가 되는 것이고, 이것을 일주가 꺼린다면 가난하지 않으면 천하게 될 것이니 마땅히 상세하게 관찰해야 할 것이다.

【 강의 】

『적천수』의 육친 부분을 곰곰이 살펴보면 참 재미있는 것을 발견할 수가 있는데, 육친의 순서가 부부에서 자녀로 갔다가 다시 부모로 흘러가는 방향이 고전의 권위에 대한 서열이 아니고 근접한 순서로 대입을 하고 있다는 것이다. 이러한 대입을 보면서 우선 가장 중요한 것은 배우자라고 해야겠고 다음으로 자녀, 그 다음이 부모에 해당한다는 배치가 참으로 의미심장하다는 생각이 든다.

이미 수백 년 전에도 부모부터 논하지 않고 부부를 먼저 논했다는 것은 과연 명리학은 윤리학이 아니고 자연학이며 현실적인 것에 비중을 두는 학문이라는 생각을 다시금 하게 한다. 그냥 우연히 그렇게 했다는 것이 아니라 그 과정에서는 나름대로 뜻이 있었겠다는 생각이 드는 것이다. 그 순서에 의해서 이제 부모에 대한 설명을 하게 되는데, 내용은 잠시 살펴보면 알겠지만 다소 추상적인 대입을 하고 있다는 느낌이다. 이렇게 추상적인 의미를 부여한다는 것은 실로 그대로 정확하게 적중되지 않을 수도 있다는 의미이고, 또한 이미『적천수』의 원문에서도 밝혔듯이 '果非細'라고 한 대목에서 정확하게 결과가 나타나기를 기대할 필요는 없다는 생각이 드는데, 철초 선생은 이것을 무시하고 좀더 구체적으로 대입을 해보시는 것이다.

물론 구체적으로 대입이 되면 좋겠지만 막상 현실적으로 살펴보면 부모의 상황을 어떻게 보느냐에 따라서도 다소 기준이 애매하다고 해야 하겠다. 그래서 더욱 대입에서 곤란한 점이 있는데, 특히 연월과 일시로 나눠서 대입을 해보는 것은 앞의 자녀에 비해서 상당히 허술하다는 생각이 들기도 한다. 이렇게 정확하게 확인이 되지 않는 것은 어쩌면 너무도 당연할 것이다. 왜냐하면 정인을 어머니로 하고 편재를 아버지로 해서 분류한 대입이 되어야 할 것인데, 그대로 인성을 부모로 하고 관살을 조상으로 해서 대입하려니까 뭔가 두루뭉실한 설명이 될 수밖에 없는 것이다.

이보다 더 중요한 것은 부모는 또한 부모의 운명이 있을 터인데 이렇게 자신의 명식을 통해서 부모의 상황까지 대입한다는 것은 매우 무리가 따른다는 것도 생각해야 한다는 것이다. 그리고 인성을 놓고 아버지라고 대입을 하는 동안에는 결코 정확한 설명이 되기도 어려울 것이다. 그래서 이 부분에 대해서는 아무래도 별 도움이 되지 않을 것이라는 생각이 드는데, 근래에서는 부모의 상황에는 그리 큰 비중을 두지 않고 본인의 운명을 바탕으로 해서 운명을 해석해야 할 것이니 당연히 부모에 대해서는 신경 쓰지 않아도 되지 않을까 싶다.

구체적으로 대입을 한 내용을 보면 부모가 창업을 하였거나 하는 말이 많이 나오는데, 현실적으로는 부모가 아니고 아버지가 창업을 했다고 하는 것이 옳을 것이다. 그럼에도 불구하고 자꾸 부모를 묶어서 설명하는 것은 부모가 같은 배를 탄 정편인이라는 말을 앞에서 하셨기 때문에 계속 그 점을 의식한 것이 아니겠는가 생각된다. 그래서 이 정도로 소감을 말씀드리고 구체적인 설명은 생략하도록 하겠다. 일일이 설명을 드려서 도움이 된다면 좋겠지만 괜히 지면만 차지할 뿐 실제로는 별 도움이 되지 않을 성싶어서이다. 원문의 풀이는 되어 있으므로 이해가 되리라고 본다.

```
己 丙 乙 癸
丑 子 丑 卯
丁 戊 己 庚 辛 壬 癸 甲
巳 午 未 申 酉 戌 亥 子
```

　此造官印透而得祿. 財星藏而歸庫. 格局未嘗不美. 所嫌者, 丑時傷官肆逞. 官星退氣. 日主衰弱. 全賴乙木生火而衛官. 年月官印相生. 亦出身宦家. 至亥運入泮. 壬戌, 水不通根. 破耗異常. 加捐出仕. 不守正軌. 至酉運, 財星壞印. 竟伏國刑.

　차조관인투이득록. 재성장이귀고. 격국미상불미. 소혐자, 축시상관사령. 관성퇴기. 일주쇠약. 전뢰을목생화이위관. 연월관인상생. 역출신환가. 지해운입반. 임술, 수불통근. 파모이상. 가연출사. 불수정궤. 지유운, 재성괴인. 경복국형.

➡ 이 사주는 관인이 투출되어 녹을 얻었고 재성은 암장되어 고로 들어갔으니 격국이 아름답지 않을 수가 없겠다. 다만 싫어하는 것은 丑時에서 상관이 날뛰는 것인데, 관성이 퇴기이니 일주는 쇠약하여 오로지 乙木이 화를 생하여 관을 보호하는 것에 의지하게 된다. 연월의 관인이 서로 상생하니 또한 관가의 출신인데, 亥水대운에서 제후의 학당에 들어가서 공부를 했고 壬戌에는 수가 통근을 하지 못하여 애로가 많았다. 돈을 내고 벼슬에 나아갔으나 규정을 지키지 못하여 酉金운에 재성이 인성을 깨는 바람에 마침내 형벌을 받았다.

【 강의 】

　겨울의 丙火이니 신약한 것은 당연하고, 따라서 인성이 용신인데 연월의 인성은 무력해서 아쉬움이 남는다고 하겠다. 그래도 인성을 의지해야 하겠는데, 운에서도 불리해서 별로 반가울 장소가 보이지 않고 있는 것은 유감이다. 어려서의 운은 부모 운이 작용한다고 봐서 자신의 운이 약하더라도 실제로 큰 작용은 하지 않는 것으로 이해하면 되는데, 후에 酉金의 운에서 국가의 형벌을 받았던 것은 인성이 부모라고 하는 것과 하등의 상관이 없다. 그냥 기신의 운이기 때문에 그렇게 된 것이다. 구체적으로 대입을 해보려고 했는데, 이 사주로는 마땅치가 않아 보인다.

丙	戊	丁	乙
辰	午	亥	卯

己	庚	辛	壬	癸	甲	乙	丙
卯	辰	巳	午	未	申	酉	戌

　戊土生於孟冬. 財星臨旺. 官印雙淸坐祿. 日元臨旺逢生. 四柱純粹可觀. 五行生化有情. 喜用皆有精神. 所以行運不能破局. 出身宦家. 連登科甲. 生五子, 皆登仕籍. 富貴福壽之造也.
　무토생어맹동. 재성림왕. 관인쌍청좌록. 일원림왕봉생. 사주순수가관. 오행생화유정. 희용개유정신. 소이행운불능파국. 출신환가. 연등과갑. 생오자, 개등사적. 부귀복수지조야.

➜戊土가 초겨울에 났는데, 재성이 왕지에 임하고 관인은 모두 청하여 녹에 앉아 있다. 일간은 왕에서 다시 생을 만났으니 사주가 순수하여 가히 볼 만하다. 오행이 생하고 화하여 유정하니 희용신이 모두 정신이 있다고 하겠다. 그래서 운에서도 능히 손상을 시키지 못하는 형상인데, 벼슬 가문 출신인데다 계속 벼슬이 올라갔고 아들 다섯이 다 벼슬 장부에 등록을 했으며 부귀하고 복을 받으며 오래 살기조차 한 팔자이다.

【 강의 】

이 사주는 신왕해서 재관을 쓰는 형상이라고 하겠다. 그러면 용신은 관에 있는 셈이고 희신은 재성이 되는 구조인데, 부모의 덕으로 잘되었다고 하지 않아도 재성이 희신이라면 부친의 도움이 있었다고 할 수 있고 인성은 어머니로서 역시 관과 일간을 유통시켜 주는 역할도 한다고 보면 무리가 없다. 그리고 식상이 자식이라면 자식은 별로라고 할 수도 있겠는데 관살이 자식이 되므로 잘 길러서 출세시켰다고 하는 말도 잠시 언급을 해본다.

```
  戊   戊   辛   丁
  午   子   亥   巳
癸 甲 乙 丙 丁 戊 己 庚
卯 辰 巳 午 未 申 酉 戌
```

此造柱中三火二土. 似乎旺相. 不知亥子當權. 沖壞印綬. 天干

火土虛脫. 其祖上大富. 至父輩破敗. 兼之初運西方金地. 生助旺水. 半生顚連不遇. 及交丁未. 運轉南方. 按連丙午二十年. 大遂經營之願. 發財十餘萬.

　차조주중삼화이토. 사호왕상. 부지해자당권. 충괴인수. 천간화토허탈. 기조상대부. 지부배파패. 겸지초운서방금지. 생조왕수. 반생전련불우. 급교정미. 운전남방. 안련병오이십년. 대수경영지원. 발재십여만.

➡️이 사주는 3火에 2土가 있으니 왕한 것처럼 보이는데, 실은 亥子의 수가 당권을 하고 인성을 충으로 깨어 버리니 천간의 火土는 허탈하다. 그 조상은 큰 부자였으나 아버지 대에서 다 망했고 겸해서 초운이 서방의 금운이다 보니 왕성한 수를 생조해서 반생을 가난의 고통 속에 지내면서 좋은 때를 만나지 못했다. 그러다가 丁未운으로 바뀌면서 남방운이 되어 丙午대운까지 20년간은 사업을 경영해서 원하는 대로 이루어져 수십억을 벌었다.

【강의】

　앗! 철초 선생이 걸려드신 분위기이다. 아버지 대에서 망해 먹은 것이 재성이 기신이라서 그렇게 되었다는 말씀을 두고 하는 이야기이다. 여기에 대해서 반격을 한다면 뭐라고 답하려고 이러한 사주를 올려 놓으셨는지 괜히 걱정이 된다. 실로 인성이 약하고 재성이 기신이 되어 있으니 아버지가 흉신이라는 말을 그대로 해야 할 모양이기 때문에 오히려 인성이 부모라고 하는 말만 귀양을 간 셈이 아니냐는 생각이 든다.

```
癸  丙  辛  乙
巳  辰  巳  亥
癸甲乙丙丁戊己庚
酉戌亥子丑寅卯辰
```

此造支逢兩祿乘權. 年干印透通根. 凡推命者. 均作旺論. 用以財星. 斷其名利雙收. 然丙火生於孟夏. 火氣方進. 年干印綬. 被月干財星所壞. 巳亥逢冲. 破祿, 去火. 則金水反得生扶. 木火失勢矣. 又坐下辰土. 竊去命主元神. 時干癸水蓋頭. 巳火亦傷. 必作弱推. 當以巳火爲用. 初運東方木地. 出身遺業豊盈. 丑運, 生金洩火. 刑耗異常. 丙子火不通根. 官星得地. 定多破耗. 家業十去八九. 夫婦皆亡.

차조지봉량록승권. 연간인투통근. 범추명자. 균작왕론. 용이재성. 단기명리쌍수. 연병화생어맹하. 화기방진. 연간인수. 피월간재성소괴. 사해봉충. 파록, 거화. 즉금수반득생부. 목화실세의. 우좌하진토. 절거명주원신. 시간계수개두. 사화역상. 필작약추. 당이사화위용. 초운동방목지. 출신유업풍영. 축운, 생금설화. 형모이상. 병자화불통근. 관성득지. 정다파모. 가업십거팔구. 부부개망.

➧ 이 사주는 지지에 두 비견이 월령을 잡고 있고 연간의 인성도 투출되어 통근까지 되었는데, 일반적으로 사주를 보는 선생들은 모두 왕하다고 논하고서 용신은 재성에 있다고 하여 명리가 모두 이뤄진다고 단정하였지만, 丙火는 초여름에 태어나 火氣가 진기에 속하기

는 하지만 연간의 인수는 월간의 재성에게 깨어지고 巳亥충을 당하여 뿌리도 깨어지니 화가 제거되는 상황이다. 그리고 金水는 도리어 생부를 얻고 木火는 세력을 잃었으며 앉은자리에는 辰土이니 일간의 원기를 훔쳐 간다. 시간에는 癸水가 개두되어서 巳火도 상했으니 반드시 약하다고 봐야 할 구조라 당연히 사화를 용신으로 삼는 것이 옳다. 초운에서 동방의 木地이니 넉넉한 집안에 태어나서 유산이 풍성했는데, 丑土대운에서 금을 생하고 화를 설하니 고통이 예사롭지 않았다. 또 丙子대운에는 화가 통근을 하지 못하고 관성이 득지가 되어 많은 손실이 있었으니 가산의 80~90퍼센트가 날아가고 부부가 함께 죽었다.

【 강의 】

본문 중에서 '則金水反得生扶'라고 된 부분은 원래 책에는 '則金木反得生扶'로 되어 있는데 金水라고 해야 옳을 것으로 봐서 고쳤다. 운이 불리해서 되는 것이 없었는데, 어려서의 운은 다행히도 목운이 도와서 그런대로 잘 지냈던 모양이다. 부모의 영향에 대해서는 별로 강조한 곳이 없는데, 당시에 사람들이 왕하다고 본 것에 대해서 상당히 불만이 많으셨던가 보다. 물론 이 사주를 왕하다고 볼 수는 없겠는데, 당시만이 아니라 지금도 이러한 사주를 놓고서 월령을 얻었으니 왕하다고 할 사람도 있지 않을까 싶다. 월령만 얻으면 왕하다는 시각으로 본다면 그렇게 되는데, 역시 철초 선생의 판단이 옳은 것으로 보겠다. 다만 부모의 영향이 어떻게 되었다는 말인지에 대해서는 선명하지 않은 듯하다. 출신이 부유했다는 데서 보면 아버지의 덕이 있었으므로 재성이 기신인데 부친이 재성이라고 한다면 말이 되지 않는다는 뜻으로도 보인다. 물론 일리는 있지만, 역시 낭월 생각으로는 부모의 운으로 어려서는 잘살았다고 해석하는 것이 옳다.

제4장 형제(兄弟)

【滴天髓】

弟兄誰廢與誰興. 提用財神看重輕.
제형수폐여수흥. 제용재신간중경.

➡ 아우와 형 중에서 누가 잘되고 못 되는지는 용신의 경중을 보고서 판단하게 된다.

【滴天髓徵義】

比肩爲兄. 劫財爲弟. 祿刃亦同此論. 如殺旺無食. 殺重無印. 得劫財合殺. 必得弟力. 殺旺食輕. 印弱逢財. 得比肩敵殺. 必得兄力. 官輕傷重. 比劫生傷. 制殺太過. 比劫助食. 必遭兄弟之累. 財輕劫重. 印綬制傷. 不免司馬之憂. 財官失勢. 劫刃肆逞. 恐有周公之慮. 財生殺黨. 比劫幇身. 大被可以同眠. 殺重無印. 主衰傷伏. 鴒原能無興歎. 殺旺印伏. 比肩無氣. 弟雖敬而兄必衰. 官旺印輕. 財星得氣. 兄雖愛而弟無成. 日主雖衰. 印旺月提. 兄弟

成羣. 身旺逢梟. 劫重無官. 獨自主持. 財輕劫重. 食傷化劫. 可無斗粟尺布之謠. 財輕遇劫. 官星明顯. 不作煮豆燃箕之詠. 梟比重逢. 財輕殺伏. 未免折翼之悲啼. 主衰有印. 財星逢劫. 反許棠棣之競秀. 不論提綱之喜忌. 全憑日主之愛憎. 審察宜精. 斷無不驗.

비견위형. 겁재위제. 녹인역동차론. 여살왕무식. 살중무인. 득겁재합살. 필득제력. 살왕식경. 인약봉재. 득비견적살. 필득형력. 관경상중. 비겁생상. 제살태과. 비겁조식. 필조형제지루. 재경겁중. 인수제상. 불면사마지우. 재관실세. 겁인사령. 공유주공지려. 재생살당. 비겁방신. 대피가이동던. 살중무인. 주쇠상복. 영원능무홍탄. 살왕인복. 비견무기. 제수경이형필쇠. 관왕인경. 재성득기. 형수애이제무성. 일주수쇠. 인왕월제. 형제성군. 신왕봉효. 겁중무관. 독자주지. 재경겁중. 식상화겁. 가무두속척포지요. 재경우겁. 관성명현. 부작자두연기지영. 효비중봉. 재경살복. 미면절익지비제. 주쇠유인. 재성봉겁. 반허당체지경수. 불론제강지희기. 전빙일주지애증. 심찰의정. 단무불험.

➜ 비견은 형이 되고 겁재는 동생이 되는데, 건록이나 양인도 이에 준해서 논하면 된다. 만약 살이 왕하고 식신이 없거나, 살이 많고 인성이 없을 경우에는 겁재와 살이 합되면 반드시 동생의 힘을 얻게 된다. 살이 왕하고 식신이 약하거나 인수가 약한데 재성을 만났을 적에 비견이 살과 대적해 준다면 형의 힘을 얻게 된다. 관이 약하고 상관이 많을 적에 비겁이 상관을 생해서 살을 너무 제어하거나, 비겁이 식신을 돕는다면 반드시 형제의 허물이 있다. 재가 약하고 겁

재가 중한데 인수가 상관을 제어하면 사마의 근심을 면하기 어렵다. 재관이 세력을 잃고 겁재와 양인이 날뛴다면 아마도 주공의 근심이 있을 것이다. 재가 살을 생하여 한 덩어리가 되는데 비겁이 돕는다면 적을 무찌르고 편안히 잠을 이룰 것이고, 살이 많은데 인성이 없고 일주도 쇠약하고 상관이 숨어 있다면 형제의 도움이 없는 것을 한탄할 것이다. 살은 왕하고 인성이 약한데 비견은 기세가 없다면 아우는 비록 형을 돕고자 하나 형은 점점 쇠약해지고, 관은 왕하고 인성은 약한데 재성이 기운이 있다면 형은 비록 동생을 아끼지만 동생은 이룰 수가 없다.

　일주가 비록 약해도 인수가 왕하고 월지에 있다면 형제가 무리를 이루고, 신왕하고 인성도 있는데 겁재까지 중하고 관성이 없다면 홀로 자신이 주관하게 된다. 재성이 약하고 겁재가 중한데 식상이 겁재를 화한다면 가히 한 말의 좁쌀과 한 자의 삼베를 나누지 못함을 노래하지는 않을 것이고, 재가 약한데 겁재를 만날 때에 관성이 나타나면 콩을 삶으면서 콩대를 땔감으로 쓰듯이 형제가 서로 목숨 걸고 싸우지는 않을 것이다. 인성과 비겁이 중중하고 재성은 약하고 살은 숨어 있다면 날개 꺾이는 슬픈 노래를 부르지 않을 수가 없겠고, 일주가 쇠약하나 인성이 있거나 재성이 있어서 다시 겁재를 만난다면 도리어 산앵두나무와 그 고움을 경쟁할 것이다. 이같이 월령에 희용신이 있고 없고를 논할 것 없이 오로지 일주가 사랑하는가 미워하는가를 판단해야 할 것이니 깊이 살피고 정밀하게 궁리하면 절대로 틀릴 이유가 없다.

【 강의 】

　이 대목을 설명하기에는 낭월이 다소 무식하다는 것을 드러내야 할 모양이다. 고사에 대한 언급이 많이 나오기 대문에 실제로 정확하게 설명되지 못하더라도 양해해 주시고 그 의미만 파악해 주기를 당부드려야 하겠다. 우선 敗財라는 말은 겁재의 별명이지만 구태여 존재시킬 필요가 없어서 劫財로 바꿨음을 알려 드린다.
　겁재가 동생이고 비견이 형이라는 말은 아무래도 신빙성이 없어 보인다. 그냥 비겁을 형제로 보고 형제의 도움이 있는가 없는가를 구분하는 것이 더 현실적이 아닌가 싶은 의견을 드리면서 대입해 볼 필요가 없다는 말씀을 드리고 싶다. 이것은 마치 식신을 딸이라 하고 상관을 아들이라고 하는 식의 논리밖에 되지 않는다고 보기 때문이고, 정인을 어머니라 하고 편인을 계모라고 하는 것도 믿을 바가 못 됨을 볼 적에 이러한 대입은 아무런 의미가 없다고 봐야 할 것이라는 생각이 들어서이다.
　다만 중요한 것은 사주에서 비겁이 도움이 되느냐는 점을 파악한다면 충분할 것이다. 여기에서는 愛憎을 보라고 했는데, 가장 정확한 말로 수용을 하면 되겠다. 철초 선생은 늘 할 말씀 다 해놓고서 마지막에는 옳은 말씀(?)을 한마디 던지시는데, 그래서 끝까지 읽어보지 않고서는 오해를 할 수도 있겠다는 생각이 든다. 그리고 고사에서 형제와 연관된 내용이라고 생각되는 부분을 거론하면서 상황을 이해하라고 하시는 의도는 알겠으나 구체적으로 고사를 알기가 어려워서 일일이 설명드리기에는 부담스럽다. 오히려 그냥 넘어가고 벗님이 관심을 가지신다면 다른 책에서 찾아보시는 것도 좋겠다.

丁	丙	壬	丁
酉	子	寅	亥

甲	乙	丙	丁	戊	己	庚	辛
午	未	申	酉	戌	亥	子	丑

丙火生於春初. 謂相火有焰. 不作旺論. 月干壬水通根. 亥子煞旺無制. 喜其丁壬, 寅亥, 合而化印. 以難爲恩. 時支財星. 生官壞印. 又得丁火蓋頭. 使其不能剋木. 所以同胞七人. 皆就書香. 而且兄友弟敬.

병화생어춘초. 위상화유염. 부작왕론. 월간임수통근. 해자살왕무제. 희기정임, 인해, 합이화인. 이난위은. 시지재성. 생관괴인. 우득정화개두. 사기불능극목. 소이동포칠인. 개취서향. 이차형우제경.

➡ 丙火가 寅月에 나서 相에 해당하니 불꽃이 있다고 하지만 왕하다고 말하기는 어렵겠다. 월간의 壬水는 통근이 되고 亥子는 살로써 세력이 왕하고 제어도 받지 않으니 그 丁壬의 합과 寅亥의 합을 반겨한다. 합해서 인성이 되니 어려울 적에 은인이다. 시지에는 재성이라 관을 생하고 인성을 극하는데도 丁火가 개두됨을 얻어서 재성이 목을 극하지 못하도록 하니, 형제가 7명이 되었으나 모두 공부를 하였고 우애가 좋았다.

【 강의 】

  신약한데 비겁이 도움이 되는 바람에 형제들이 좋았다는 설명으로 타당하다고 보겠다. 다만 정임합이나 인해합으로 목이 되었다고 할 필요는 없는 것으로 보인다. 육합은 별로 작용을 고려할 필요가 없고 정임합도 서로 화할 형상은 아니기 때문이다. 그냥 정임합으로 관살을 제어하여 도움이 되었다고 보는 것이 옳겠다.

```
庚  丙  戊  癸
寅  午  午  巳

庚 辛 壬 癸 甲 乙 丙 丁
戌 亥 子 丑 寅 卯 辰 巳
```

  此造陽刃當權. 又逢生旺. 更可嫌者. 戊癸合而化火. 財爲衆劫所奪. 兄弟六人. 皆不成器. 遭累不堪. 總之劫刃太旺. 財官無氣. 兄弟反少. 縱有不如無也. 然官煞太旺亦傷殘. 必須身財並旺. 官印通根. 方可敦友愛之情.
  차조양인당권. 우봉생왕. 갱가혐자. 무계합이화화. 재위중겁소탈. 형제육인. 개불성기. 조루불감. 총지겁인태왕. 재관무기. 형제반소. 종유불여무야. 연관살태왕역상잔. 필수신재병왕. 관인통근. 방가돈우애지정.

➡ 이 사주는 양인이 월령을 잡고 또 생왕한데다 더욱 싫은 것은 戊 癸로 합이 되어서 불로 화한다는 것이다. 재는 겁재들이 빼앗으려

하는 성분이 되는데, 형제가 여섯이지만 모두 인간이 덜되어 그 불화함은 이루 말할 수가 없을 지경이었으니 한마디로 겁재가 태왕하고 재관이 무력하면 형제가 도리어 적거나 비록 있어도 없는 것이나 마찬가지라는 것이다. 그리고 관살이 너무 많아도 다치게 되니 반드시 일주와 재성이 함께 왕하거나 관인이 통근이 되어 있어야만 바야흐로 우애의 정이 돈독하다고 하겠다.

【 강의 】

지당하신 말씀이고 현실적으로 충분히 납득이 되는 대목이다. 그리고 어쩌면 사주에서 비겁이 도움이 되더라도 재물이 나타나면 서로 나눠 먹으려고 달려들지 않겠느냐는 생각도 든다. 즉 재물을 보고 탐하지 않기란 참으로 어려운 일이라는 것은 인간의 기본적인 욕망이기 때문이라고 하겠다. 그래서 신왕한 사주에서는 형제가 거추장스럽고, 신약한 사주에서는 형제가 반갑다고 간단하게 이해해도 좋겠다. 형제에 대해서는 그다지 비중이 크지 않다고 봐서 그런지 설명이 간단해 보이는데 의미는 이 정도로 부여하면 되고, 실제로 사주에서도 형제가 도움이 될 경우에는 재성이 많을 경우가 가장 좋겠다. 혹 식상이 많거나 관살이 많아도 도움이 된다고는 하겠는데, 비록 임시로 의지를 할지는 몰라도 실제적으로 필요한 것은 인성이기 때문에 비겁에 대한 의존도는 상대적으로 적다고 봐야 하겠다. 물론 현실적으로도 비겁의 도움으로 잘된 사람은 별로 많지 않을 것이다.

제10부 부귀빈천

「부귀빈천」편에 붙여서 한 말씀

이 부분의 제목이 부귀빈천이다. 물론 인간의 부귀빈천은 어느 정도 미리 정해진 것으로 생각이야 하겠지만 과연 옴짝달싹도 못하도록 확실하게 못박혀 있느냐는 점에 대해서는 자신 있게 답하기가 망설여진다. 실제로 사람의 삶을 과연 부귀할 인간과 빈천할 인간으로 따로 정확하게 구분할 수 있겠는가 하는 의심이 들어서이다. 부자의 사주를 보아도 특별하게 부자일 이유가 반드시 존재하지는 않음에도 운이 좋으면 잘사는 모습을 많이 보면서 이러한 점을 별도로 다룬다는 것은 별로 의미가 없다는 생각이 들었다.

다만 공부를 하는 과정에서는 어느 정도 부귀빈천에 대해서 이해하는 것이 좋겠다는 정도의 의미로서 이 부분이 필요한 것인데, 그렇다고 해서 자신의 팔자는 어떻게 될 운명일까 하는 데에 너무 집착해서 살아갈 맛이 없다거나 하는 것은 그야달로 식자우환이라고 하고 싶고, 오히려 쥐구멍에도 볕들 날이 있더라는 말이 오행의 이치에 더욱 부합되지 않은가 싶다.

이제 철초 선생이 해석한 부귀빈천에 대해서 일일이 살펴보면서 특히 이 시대에 그렇게 살고 있는 사람들의 사주를 통해 과연 부귀할 사주와 빈천할 사주가 별도로 있는 것인지에 관해 생각해 볼 요량이다. 실은 부귀빈천에 대해서 따로 책을 써보려고 하다가 그만뒀던 기억이 난다. 이 『적천수』의 부귀빈천에 해당하는 내용에 맞춰서 자료를 찾다 보니 적절한 데이터를 찾을 수가 없었으며 이론적인 대입은 가능하겠지만 현실적으로는 전혀 그렇지가 못함을 살피게 된 것이 그 이유이다. 결국은 운에 따라서 빈천한 사주도 잘살 수가 있고, 반면에 운이 나쁘면 아무리 사주가 잘났더라도 현실적으로 무능한 인간이 될 수밖에 없다는 생각이 든다. 결국 모든 일은 운에 달렸다고 봐야 하는 것이다.

흔히 말하기를 그릇은 타고난다고 한다. 특히 격국론에 비중을 두고 연구하는 선생들께서 즐겨 하시는 말씀으로 알고 있는데, 이것도 역시 한 면만을 생각한 것이라고밖에 할 수가 없다. 중요한 것은 현실이며 현실은 운에 달렸다고 해야 하기 때문이다. 실제로 어떤 그릇을 타고났든지 간에 세상에서 쓰이지 않으면 아무런 소용이 없고, 이 시대는 사용에 대한 것에 그 가치를 부여하는 것이 당연하겠기 때문이다. 여기에서 使用이라는 것은 아무리 큰 그릇이라도 사용할 곳을 찾지 못한다면 아무짝에도 쓸모가 없다는 의미인데, 문득 떠오르는 고사가 있어 잠시 소개해 드린다.

장자와 혜자가 만나면 늘 이런 저런 논란을 벌였고, 그래서 둘은 무척 가까운 사이였다. 그날도 열심히 토론을 하다가는 문득 말문이 막힌 혜자가 장자에게 이렇게 말해서 또 이야기가 시작되었다.

"이보시게, 장자."

"왜 그러시나?"

"자네 이론은 얼른 듣기에는 그럴싸하이. 그런데……."

"그런데 뭔가?"

"잘 생각해 보면 아무짝에도 쓸모가 없거든."

"원 그럴 리가 있겠는가. 말이 된다면 쓸모도 있을걸세. 난 세상에서 쓸모가 전혀 없는 것은 아무것도 없다는 것을 깨달았다네."

"이런 이야기를 들어 보게. 예전에 위왕이 큰 박씨를 주기에 그것을 심었지. 나중에 박이 열리더니 5석(五石, 석은 섬과 같은 단위로 한 섬은 두 가마니 용량)이나 들어갈 정도로 자랐는데, 물을 담자니 무거워서 들 수가 없고 둘로 쪼개서 바가지로 쓰자니 납작하고 얕아서 아무것도 담을 수가 없더란 말이야. 크기는 대단했지만 쓸모가 없어서 부숴 버리고 말았다네."

이 말을 듣고 장자가 탄식을 하면서 말하는 것이었다.

"아, 참으로 아깝고 아깝구나. 쯧쯧!"

"아깝다니 뭐가 말인가?"

"그대는 큰 것을 사용하는 방법을 몰랐구먼 그래. 송나라에 손을 트지 않게 하는 약을 만드는 사람이 있었다더구먼. 그 집안에서는 대대로 그 약을 손에 바르고는 솜을 물에 빠는 일을 한 거지. 근데 어떤 사람이 그 소문을 듣고서는 약 만드는 방법을 천 냥에 사겠다고 제의를 해와서 친척들이 모여 의논을 한 끝에 '우리가 대대로 솜을 물에 빨아 왔지만 수입은 불과 얼마 되지 않았는데 이 기술을 팔면 단번에 엄청난 돈이 들어오니 파는 게 좋겠다.'는 결론을 내렸다네."

"그래야 하겠지……. 그래서?"

"나그네는 그 약 만드는 법을 배운 다음에는 오왕을 찾아가서 설득을 했는데, 마침 월나라가 오나라를 침공하자 그는 장군으로 임명되어 겨울에 월나라 군대와 수전(水戰)을 치러서 큰 승리를 거뒀지. 월나라 군대는 물에서 손발이 트는 고통을 참을 수가 없었기 때문이었다는군. 오왕은 그의 공을 인정하여 큰 땅을 떼어 주었다네. 그 약이 손을 트지 않게 하기는 마찬가지지만 어떻게 사용하느냐에 따라서 한 사람은 영주가 되고 또 한 사람은 솜 빠는 일에서 벗어나지 못했으니 그 사용 방법을 모른 탓이었다고 해야 하겠네. 그대가 그 박을 부숴 버렸다는 말을 듣고 아깝다고 탄식한 것은 그렇게 큰 박이었다면 속을 파내고 강물에 띄워 놓고 뱃놀이를 할 생각은 하지 않고서 납작하다고만 탓하니 그대는 큰 것을 사용하는 요령을 모른다고밖에 할 수가 없겠네그려. 허허허!"

대략 각색을 해봤는데, 『장자』의 어느 편에 나오는 이야기인지는 벌써 잊어버렸지만 내용은 대동소이할 것이다. 여기에서 생각해 보아야 할 점은 과연 박이 큰 것이 중요한가 하는 것이다. 혜자는 상식과 틀을 중시하는 사람이었다고 한다면 장자는 오로지 어떻게 응용을 하느냐에 더 관심이 많았다고 해야 하겠다.

 사주가 크고 잘났으면 그만인가? 중요한 것은 그 쓸모가 있어야 한다는 것이 아닌가? 그렇다면 큰 박이 쓰이지 못한다면 도리어 작은 박과 비교해서 더 좋다고 하겠는가? 그리고 크고 작은 것이 과연 무슨 기준으로 정해지는 것인가? 하는 등등의 생각들이 오락가락하는 경우가 많다.

 사람은 모두 자신이 큰 그릇인 줄 알고 있다. 그래서 늘 과다한 꿈을 꾸고 있는 것도 사실이다. 그래서 그릇에 대한 이야기는 오히려 하지 않는 것이 인생에 도움을 줄 수도 있겠다는 생각이 든다. 예컨대 19년 이상을 고시 공부를 해서 판검사가 되어 보겠다고 시간을 버리고 있는 사람은 자신을 착각하였거나 운이 없음을 깨닫지 못한 상황일 것이다. 아무리 고시를 하면 뭘 할 것이며 박사를 하면 뭘 할 것이냐는 생각을 해본다. 결국은 인간의 삶에서 소용이 되어야 하는 것이다. 그렇지 못하면 그 가치는 똥값이라는 것을 생각하면서 미리 값을 정하지 말고 시세에 따라서 정하는 것이 옳다고 하겠고, 그 시세는 운의 흐름을 두고 하는 말이라는 것도 강조해 둔다.

요즘은 돈에 눈먼 사람들이 모두 주식의 객장으로 달려든다고 한다. 그곳에서 전광판의 글자에 따라서 울고 웃으면서 삶의 시간을 보내고 있다. 주식을 사서 세 시간 동안 팔지 않으면 장기 투자라고까지 한다는 말을 들으면서 과연 사람이 무엇 때문에 살고 있는지 참 어렵다는 생각이 든다. 삶의 가치를 오로지 숫자 놀음에 맡긴다면 그보다 허망한 일이 어디 있을까. 주식에 투자하는 것이 문제가 아니고 그곳에 매달려서 그 차액을 노리려고 눈도 깜빡이지 못하고 하루하루를 살아가는 사람들을 두고 하는 말이다. 그 삶이 결국은 돈을 날리고는 허탈해져서 자신의 집 아파트에서 뛰어내리는 순간에 후회하게 될지도 모르지만 중요한 것은 늦기 전에 자신의 오욕과 칠정이 어떻게 움직이고 있는지를 살피는 것이 현명하리라고 생각한다. 그리고 무엇보다도 자평명리를 배워서 해결해야 할 일은 자신의 운이 어떻게 돌아가는가를 알아내는 것이다. 이것을 알지 못하고서는 그릇이 크고 말고는 완전히 간덩어리만 키우는 미련한 짓이 되고 말 것이므로 그러한 말에는 귀를 기울이지 말아야 한다는 말씀을 드리고 싶다.

어쩌면 이「부귀빈천」편이 자신의 주제를 파악하게 해주는 참고가 될지도 모를 일이다. 그리고 그 자료를 알고 나면 자신은 무엇을 해서 어떻게 살아야 세상에서 잘 쓰이겠는가 하는 것까지도 알려 주는지 모르겠다. 여하튼 벗님은 이제 부귀한 사람이나 빈천한 사람에 대해서 사주를 보면서 음미해 보실 차례가 되었다. 낭월이 여기에서 드리고 싶은 말씀은 벗님 자신의 명식에서 나타난 현상을 본다면 아마도 부귀할 구조라기보다는 빈천할 구조에 더 가까울 것이라는 점이다. 그리고 부귀할 구조가 되지 못한다고 해서 슬퍼하거나 노할 필요도 없다는 것이다. 오히려 그러한 상황을 좀더 객관적으로 냉정하게 이해하고 수용하시는 것이 괜히 공허한 탐욕으로 자신의 소중한 발전의 기회를 포기하는 시간을 줄이게 될 수도 있으리라고 장담한다.

부귀빈천이 발생하는 이유는 아마도 전생의 업보가 아닐까 싶다. 그렇지 않고서야 단지 그 시간에 태어났다는 이유만으로 어떤 사람은 부귀하고 어떤 사람은 일생 곤궁하게 삶을 꾸려 간다고 하기에는 너무도 불공평하고 이치에 맞지 않는다는 생각이 들어서이다. 다만 전생에 어떻게 살았는가에 대해서는 자료도 근거도 없으니 그냥 짐작만 할 뿐이지만,『금강경』이라는 불경에 의하면 이번의 삶[今生]에서 남에게 천대를 받는 사람은 전생에 남을 멸시한 업보라고 한 것을 보면 과연 일리가 있다고 생각된다. 이러한 것이 사실이거나 말거나 간에 중요한 것은 비록 현실은 마음대로 되지 않더라도 자신의 마음은 군자처럼 쓸 수가 있다는 것이고 그 시작은 바로 자신을 이해하는 것에서부터 출발하는 것이 옳다고 보고 있다. 그리고 자신을 알아보는 방법으로는 여러 가지가 있겠지만 가장 손쉬운 방법이 바로 이 자평명리학의 응용이라고 생각하는 것은 사주쟁이의 당연한 말이 되겠다. 여하튼 여기까지 오신 벗님은 이제 더욱 합리적인 시각으로 부귀빈천을 관찰하고 자신의 삶이 어떻게 하면 마음의 부귀빈천에서 부귀한 마음이 될 것인가, 아니면 빈천한 마음이 될 것인가를 선택할 수 있을 것으로 본다. 정치에 눈먼 사람은 혹 당선이 되어서 목적을 이루더라도 그의 마음은 늘 표를 구걸하러 다니는 거지처럼 보일 수도 있는 것이다. 오히려 농사를 지을망정 당당하게 자연을 음미하면서 삶을 구차스럽지 않게 살 수 있지 않겠느냐는 생각을 하기도 한다. 이 「부귀빈천」편에서는 이러한 관점에서도 살펴볼 요량이다. 부디 세상을 바라다보는 일에 약간의 참고가 되시기를 바란다.

제1장 부(富)

【滴天髓】

> 何知其人富. 財氣通門戶.
> 하 지 기 인 부. 재 기 통 문 호.

◑ 그 사람이 부자인지 어떻게 아는가? 재성의 기운이 문호(월령)를 통한 것이다.

【滴天髓徵義】

　身旺財弱無官者. 必要有食傷. 身旺財旺無食傷者. 必須有官有殺. 身旺印旺食傷輕者. 財星得局. 身旺官衰印綬重者. 財星當令. 身旺劫旺無財印而有食傷者. 身弱財重無官印而有比劫者. 皆財氣通門戶也. 財卽是妻. 可以通論也. 若淸則妻美. 濁則家富. 其理雖正. 尙未深論也. 如身旺有印. 官星洩氣. 四柱不見食傷. 用財星生官. 無食傷, 則財星亦淺. 主妻美而財薄也. 身旺無印. 官弱逢傷. 得財星化傷生官. 財亦通根. 官亦得助. 不特妻美而且富厚. 身旺官弱. 食傷重見. 財星不與官通. 家雖富而妻必陋也. 身旺無官. 食傷有氣. 財星不與劫連. 無印而妻財並美. 有印則財旺妻傷. 此四者宜細究之.

신왕재약무관자. 필요유식상. 신왕재왕무식상자. 필수유관유살. 신왕인왕식상경자. 재성득국. 신왕관쇠인수중자. 재성당령. 신왕겁왕무재인이유식상자. 신약재중무관인이유비겁자. 개재기통문호야. 재즉시처. 가이통론야. 약청즉처미. 탁즉가부. 기리수정. 상미심론야. 여신왕유인. 관성설기. 사주불견식상. 용재성생관. 무식상, 즉재성역천. 주처미이재박야. 신왕무인. 관약봉상. 득재성화상생관. 재역통근. 관역득조. 불특처미이차부후. 신왕관약. 식상중견. 재성불여관통. 가수부이처필루야. 신왕무관. 식상유기. 재성불여겁련. 무인이처재병미. 유인즉재왕처상. 차사자의세구지.

▶신왕하고 재가 약한데 관성이 없는 자는 반드시 식상이 있기를 요하고, 신왕하고 재가 왕한데 식상이 없는 자는 반드시 관살이 있어야 하며, 신왕하고 인성이 왕한데 식상이 약하다면 재성으로 국을 이루어야 하고, 신왕하고 관은 쇠약한데 인성이 중첩된다면 재성이 당령을 해야 하며, 신왕하고 겁재도 왕한데 재성과 인성의 기운도 없고 식상이 있거나, 신약하고 재성이 많은데 관성과 인성이 없는 상태에서 비겁이 있는 경우 등은 모두 재성의 기운이 문호를 통했다고 한다.

재성은 또한 처가 되기도 하니 함께 논해도 되겠다. 만약 청하다면 처가 아름다울 것이요 탁하다면 집안이 부자라고 하는데, 그 이치는 비록 바르지만 오히려 깊은 논리가 되지는 못한다.

만약 신왕한데 인성이 있어서 관성을 설기할 적에 사주에서 식상이 보이지 않으면 재성을 용해서 관을 생하는데, 식상도 없고 재성 또한 약하다면 그의 처는 아름다우나 재물은 적다고 본다.
　신왕하고 인성이 없는데 관도 약하고 상관까지 만난 상태에서 재성을 얻어 상관을 화하고 관성을 생하며 재성도 통근이 되고 관성도 도움을 얻으니 (이렇게 되면) 처가 아름다울 뿐만 아니라 재물도 두터울 것이다.
　신왕하고 관이 약한데 식상이 많이 보이더라도 재성이 관과 통하지 못하면 집안은 비록 부자라고 하더라도 처는 반드시 누추할 것이다.
　신왕하고 관성이 없는데 식상도 생기가 있으며 재성은 겁재와 서로 만나지 않고 인성도 없다면 처와 재물이 모두 아름다울 것이고, 인성이 있다면 재물은 많아도 처가 손상될 것이니 이 네 가지는 잘 연구해 보는 것이 좋겠다.

【 강의 】

　본문의 맨 앞부분을 보면 책에는 '財旺身弱'으로 되어 있는데, 논리적으로 봐서 글자가 바뀐 것이 분명하여 '身旺財弱'으로 수정했다.『적천수천미』에서도 그대로인데 잘못된 것으로 보인다.
　내용을 보면 재물이 많으면서도 처가 도움이 되지 않는 경우와, 재물은 없지만 처는 도움이 되는 경우를 구분하고 있는 것이 흥미롭다. 다시 정리해 본다면 다음과 같이 할 수 있겠다.

　①妻吉財弱의 경우 ― 재성이 용신이지만 희신이 약하다.

②妻弱財興의 경우—재가 관을 생조하지 못한다.
③財妻竝旺의 경우—재성이 용신이면서 생왕하다.

이런 정도의 기준으로 대입하면 된다는 설명으로 이해할 수 있다. 그러나 이러한 공식을 찾으려면 아마도 그 사례를 보기가 어렵지 않을까 싶다. 그래서 가난한 사람은 많고 부자는 적은지도 모르겠으나, 뭔가 기준이 있어야 생각을 해볼 수 있다는 점에서 이 정보는 잘 살펴보는 것도 의미가 있겠지만 너무 여기에 집착할 필요는 없을 것 같다. 즉 이론적으로는 타당하지만 현실적으로도 반드시 그렇다고 하기는 어렵다는 이야기이다.

다시 말씀드리면 비록 사주에서는 재성이 겁재에게 극을 받고 있더라도 현실적으로 운이 잘 따라 줘서 기구신이 제어가 된다면 많은 재물을 누릴 수도 있다는 의미를 생각지 않을 수 없고, 사주에서는 재성이 희용신이고 좋다고 해도 운에서 전혀 '아니올시다'로 흐른다면 과연 철초 선생 말씀대로 재물을 모을 수 있을지를 생각해 보면 어디까지나 기본은 기본이고 현실은 현실이라는 점을 고려할 수밖에 없다는 것이다. 이 점을 참고한다면 앞의 논리적인 의미는 충분히 타당성이 있다고 하겠다. 사주를 보고 다시 설명해 보도록 한다.

辛	壬	丙	甲
亥	寅	子	申

甲	癸	壬	辛	庚	己	戊	丁
申	未	午	巳	辰	卯	寅	丑

壬水生於仲冬. 陽刃當權. 年月木火無根. 日支食神冲破. 似乎
平常. 然喜日寅時亥. 乃木火生地. 寅亥合, 則木火之氣愈貫. 子
申會則食神反得生扶. 所謂財氣通門戶也. 富有百餘萬. 凡鉅富
之命. 財星不多. 只要生化有情. 卽是財氣通門戶. 若財臨旺地.
不宜見官. 日主失令. 必要比劫助之爲美.

　임수생어중동. 양인당권. 연월목화무근. 일지식신충파. 사호
평상. 연희일인시해. 내목화생지. 인해합, 즉목화지기유관. 자
신회즉식신반득생부. 소위재기통문호야. 부유백여만. 범거부
지명. 재성부다. 지요생화유정. 즉시재기통문호. 약재림왕지.
불의견관. 일주실령. 필요비겁조지위미.

➡ 壬水가 子月에 나서 겁재가 월령을 잡고 연월의 木火는 뿌리가 없
는 상태에서 일지의 식신은 다시 충으로 깨어지니 별수가 없는 사주
처럼 보인다. 그런데 (다시 보면) 일지는 寅木이고 시지는 亥水인 것
이 반가우니 목화의 생지이기 때문이다. 그리고 寅亥가 서로 합이
되니 목화의 기운이 더욱 단단하다. 子申이 모여서 水局이 되니 식신
은 도리어 생부를 받는다. 이른바 '재기통문호'가 되어 있는 것이라
재물은 100억이 넘었으니, 대저 거부의 사주에서는 재성이 많은 것
이 아니고 다만 生化하여 유정하다는 점이다. 그래서 재성의 기운이
문호를 통했다고 하는데, 만약 재가 왕지에 임하여 관성을 보는 것
은 마땅하지 않고 일주가 실령했다면 반드시 비겁의 도움을 얻어야
아름다운 것이다.

【 강의 】

　이해가 되면서도 억지도 섞여 있음을 헤아려야 하겠다. 식신이 깨어졌다는 말이 그렇고, 寅亥합으로 뿌리가 된다는 말, 子申의 합으로 식신의 뿌리가 견고하다는 말은 충으로 식신인 寅木이 깨어졌다는 앞 내용과 서로 모순된다고 할 수 있다. 짐작컨대 당시의 주변 학자들이 그렇게 말했다는 뜻이 아닐까 싶다. 그리고 인해합에 대해서는 간간이 언급을 하시지만 특별히 고려할 필요가 없다는 말씀이다.

　그리고 설명으로는 재가 왕지에 임했다고 하지만 월간의 丙火를 보면 절지에 임한 것이 사실이다. 사주의 구조에서 과연 '재성의 기운이 문호를 통했다'고 할 수 있는지에 대해서는 다소 의문이다. 그래서 낭월의 생각인데 혹시라도 이 사주의 주인공은 조상의 선산을 재물이 모이는 명당에 쓴 것일지도 모르겠다. 왜냐하면 운도 그렇게 활발했다고 보기가 어렵기 때문이다. 또한 수백억의 재물을 누리는 거부라고 하는데 이렇게 무력한 재성으로는 감이 잡히지 않는 것이 사실이다. 그래서 옛말에 '大富는 天作이요 小富는 勤作이다.'라고 하는 모양이다. 큰 재벌은 하늘이 내리는 것이라고 한다면 오히려 사주만 놓고서 그 재물의 다과를 논하는 것은 무리가 있으리라고 본다.

　실로 앞의 본문에서 언급이 다소 애매하다고도 하겠는데, 용신이 왕해야 희신이 왕한 것이 재물을 모으는 데에 어떤 비중을 차지할 것인지에 대해서는 좀 의심스러운 것이 사실이다. 그러므로 철초 선생 생각처럼 강제로(?) 연결점을 찾아보려고 애쓰기보다는 혹 사주의 이면에 작용하는 어떤 힘에 대해서도 고려해야 하는 것이 현명하지 않겠느냐는 생각을 해본다.

戊	癸	丙	壬
午	亥	午	申

甲	癸	壬	辛	庚	己	戊	丁
寅	丑	子	亥	戌	酉	申	未

癸水生於仲夏. 又逢午時. 財官太旺. 喜其日元得地. 更妙年干劫坐長生. 財星有氣. 尤羨五行無木. 則水不洩而火無助. 壬水可用. 且運走西北. 金水得地. 遺緖不豐. 自刱數十萬. 一妻四妾八子.

계수생어중하. 우봉오시. 재관태왕. 희기일원득지. 갱묘년간겁좌장생. 재성유기. 우선오행무목. 즉수불설이화무조. 임수가용. 차운주서북. 금수득지. 유서불풍. 자창수십만. 일처사첩팔자.

➡ 癸水가 午月에 났고 또 午時를 얻었으니 재관이 태왕한데 반가운 것은 일간이 득지를 한 것이고, 더욱 묘한 것은 연간의 겁재가 장생에 앉아 있다는 점이다. 재성이 기운이 있고 더욱 부러운 것은 오행에서 목이 없다는 것이니 그로 인해서 수를 설하지 않고 또 화를 돕지 않는다. 壬水를 용신으로 하는데, 더욱이 운이 서북이니 金水가 득지를 하여 부모 유산도 많았고, 스스로 창업을 하여 수십억을 벌었으며 한 처와 네 첩을 거느리고 아들은 여덟이나 되었던 것이다.

【 강의 】

　이 사주는 다소 애매해 보이기도 한다. 丙午가 비록 월주를 얻었다고는 하지만 과연 그렇게 화의 세력이 강한지는 '글쎄올시다'라고 해야겠다. 물론 戊午시에서 다시 수가 극을 받는 것은 일리가 있지만 연주의 임수가 화를 제어하는 것으로 인해서 오히려 약하지 않은 일간의 상황으로도 보고 싶은 생각이 든다. 다만 철초 선생은 재성이 상당히 왕성했던 것으로 생각되셨나 보다. 그러려니 하고 넘어가면서도 자꾸 뒤가 돌아다보이는 것은 목이 없는 상태의 병오는 생각보다 그렇게 강해 보이지 않는다는 점 때문이다.
　혹 己未시는 아닌지도 한번 생각해 봐야 하겠다. 적어도 己未 정도는 시에 있어야 신약하다고 하겠고, 그래야 서북의 金水地에서 대발을 해서 재물을 모은다는 말이 될 수 있을 것이다. 다만 이런 식으로 자꾸 시를 바꿔서 생각하다 보면 혹 정확한 계산도 해보지 않고 이해가 되지 않을 때마다 무조건 시를 바꿔서 생각하는 습관(?)도 붙을 수가 있음을 경계해야 하겠다. 그러니까 여러 가지로 생각해 보는 과정에서 잘 판단하여 한 번 정도의 고려 사항으로 수용하라는 말씀을 드린다. 결국 金水의 운에서 발했다는 것은 화가 용신이 아닌 것은 분명하고 금운에서도 크게 발했다면 뭔가 금이 필요한 사주로서의 요인이 있었을 것이며, 여기에서 戊土의 작용을 유통시키는 점도 있겠지만 己未시였다면 금운이 발하는 의미가 더욱 뚜렷하지 않을까 싶어서 언급해 본 것이다.
　이렇게 자꾸 철초 선생께 토를 달고 대들다가는 나중에 꾸지람을 듣게 되는 것은 아닐지 염려가 되기도 한다. 그렇더라도 미리 겁을 내서 그냥 어른 말씀이니까 오죽 당연하겠느냐며 고개만 끄덕인다면 벗님의 공부에 무슨 도움이 되겠느냐는 생각이 들어서 천방지축으로 날뛰고 있다는 점도 약간은 헤아려 주시면 더욱 고맙겠다.

富에 대한 추가 의견

실로 이 대목이 손에 돌아오기를 많이 기다린 셈이다. 부귀빈천에 대해 별도로 책을 써보려고 했었는데 그에 따른 의미는 생각하기에 따라서 자포자기의 상실감을 자아낼지도 모르겠다는 우려 때문에 아무래도 따로 책을 만들기보다는 은근슬쩍(?)『적천수강의』에 붙어서 할 소리를 좀 정리해 보는 것이 훨씬 나으리라는 판단이 들었다. 그리고 스스로 좀더 공부를 하게 하는 효과도 얻을 수 있다고 봐서 이러한 '기대기 전법'을 구사하려고 작정했는데, 그러자니 여기까지는 아무 말도 하지 못하고 부지런히 따라가는 수밖에 없었던 것이다.

이제야 비로소 富者에 대해서 별도로 언급을 할 수 있게 되었다. 이 자리에서는 이 시대의 거부라는 사람들의 사주를 보면서 어떤 이유로 부자가 되었으며 어떻게 해서 큰 부자와 작은 부자의 차이가 생기는지에 대해서도 한번 생각해 보자는 것인데, 여기에서 한 가지 주의해야 할 점은 낭월이 직접 채집한 사주 명식이 아니라는 것이다. 그러니까 책들을 통해서 공개된 사주의 주인공들을 놓고 대입해 보는 수밖에 없겠는데, 실제로 경우에 따라서는 두 개 이상의 사주를 소유(?)하고 있는 부자도 있는 것으로 미루어 신빙성에 대해서는 일단 '주의 요망'이라는 점을 먼저 확인해 두고 살펴보는 것이 혹시라도 있을 설명의 오류로부터 벗어날 방법이 될지도 모르겠다는 말씀을 미리 드리지 않을 수 없다. 이 점만 고려한다면 대체로 실제 사주로 밝혀진 명식들에 대해서 대입을 해볼 수가 있겠다는 생각이다.
함께 살펴보도록 하자.

1) 현대의 정주영 씨

한국 최대의 큰 부자라고 해도 누가 반론을 제기하지는 않을 것으로 생각된다. 자타가 인정을 하는 내용이기 때문이다. 그러므로 부자를 설명하는 자리에서 먼저 이 사주를 놓고 생각해 볼 필요가 있겠다.

```
丁   庚   丁   乙
丑   申   亥   卯
76  66  56  46  36  26  16  06
己   庚   辛   壬   癸   甲   乙   丙
卯   辰   巳   午   未   申   酉   戌
```

亥月의 庚申일주이다. 전반적으로 강약을 보면 庚申과 丑時의 작용 정도로서 크게 약하지는 않으나 강하다고 하기는 어렵겠다. 구체적으로 본다면 다소 약하다고 해야겠는데, 이 사주가 金水傷官의 구조를 하고 있는 것이 아닌 경우라고 한다면 身弱用印格으로 봐야 할 것이다. 다만 亥月의 겨울이라는 점과 금은 웬만하면 약하지 않으므로 우선 화를 의지하고 다음으로 생조하는 토를 생각하는 것으로 봐서 무리가 없지 않은가 싶다. 용신은 시간의 丁火도 있고 월간의 정화도 있는데, 여기에서는 월간의 정화에 비중을 둬야 할 모양이다. 시간의 정화는 丑土를 생조하는 것이 본분인 것으로 보여서이다. 그렇다면 월간의 정화를 용신으로 하고 이 용신은 겨울에 태어난 상황이니 부득이 乙木의 도움을 요청하게 되는 형상이라고 하겠다. 그래서 희신은 다시 재성이 되는 것으로 봐야 하고, 그 재성은 亥月에서 상당한 힘을 받고 있어서 매우 강한 형상을 하고 있다.

즉 약한 정화를 재성이 보호하게 되므로 재성은 희신의 역할을 하는 것으로 봐야 하겠고, 그래서 혹 재물이 왕성할 암시가 된다고 한다면 말이 안 된다고는 못하겠다. 그리고 토는 한신이 되는데, 일간이 다소 약하다는 점을 고려한다면 오히려 생조하는 의미에서 희신급이라고 해석해도 되겠다. 사주에서 겨울의 한기가 싫다고 한다면 토는 오히려 수를 제어하고 화를 보호하는 의미로 작용될 것으로 보는 것이 일리가 있다고도 생각된다. 그렇게 되면 용신은 정화이고 희신은 을목이며 기신은 수가 될 것이고 구신은 금이 되는 것으로 해석되고, 한신은 토가 되겠지만 일간이 약하다는 점을 고려한다면 오히려 용신을 보호하면서 일간을 돕는 희신급 한신이라고도 할 수 있겠다. 여기에서 혹 철초 선생이 떼를 쓰시듯이(?) 낭월도 떼를 쓰고 있지는 않은지 모르겠다. 그렇게 생각된다면 참작하는 것이 좋겠다.

그런데 여기에서 다시 중요한 점은 형상이 참으로 묘하다는 것이다. 이것에 대해서는 처음 공부하는 경우에는 잘 보이지 않지만, 시간이 경과하면서 점차 시야에 들어오는 구조이다. 이러한 점을 낭월이 설명드리기 전에 이미 판단하셨다면 분명 벗님의 시력도 낭월에 못지않거나 어쩌면 더 높다고 해도 될 것이다. 그럼 다음 줄을 읽기 전에 다시 뒤로 가서 사주를 살펴보고 뭔가 발견되지 않는다면 낭월의 다음 설명을 참고하시기 바란다.

• 유통이 되는 사주의 모델

바로 이 점을 두고 살펴보라고 드린 말씀이다. 참으로 특이한 점이 발견되는 것이다.

```
時    日    月    年
丁    庚    丁  ← 乙
↓              ‖
丑 → 申 → 亥 → 卯
```

이렇게 화살표를 하고 보면 묘하게도 기운이 서로 통하고 있음을 알 수 있다. 이러한 사주가 흔히 보일 것으로 생각되지만 막상 사주를 대입해 보면 쉽사리 눈에 띄지 않는 것이 현실이다. 그런 의미에서 이렇게 기운이 유통되므로 특별히 부담이 되는 운이 없다고 해석해도 되지 않겠느냐는 생각도 해보는 것이다. 천간의 수운은 乙木이 막고 지지의 수운은 卯木이 막으며, 천간의 금운은 丁火가 막고 지지의 금운은 亥水가 유통시키니 결과적으로 사주에서 특별한 흉운이 없다고 볼 수 있다. 그래서 그렇게도 많은 재물을 누리고 동서남북으로 아무런 거리낌 없이 출입이 자유롭지 않겠는가 하는 생각을 하는 것은 너무 결과에 꿰어 맞춘 것이라고만 할 것은 아니라고 본다.

원래 관성이 용신이면 귀한 사주라고 한다면 다음의 貴에도 해당하는 사주라고 하겠는데, 그의 삶이 귀한 방향보다는 富의 방향으로 인식하고 있는 대중이므로 부의 장에서 설명을 하게 되었지만 실로 귀에 대해서도 상당하다는 점을 느낄 수 있겠다. 여하튼 중요한 것은 재성이 희신으로서 인성과 거리낌이 없이 배치되어 있다는 것이 아름답고, 사주에서 어느 한 글자도 놀고 있는 것이 없다는 점에서 참으로 운신의 폭이 넓은 사주라고 할 만하다. 그래서 이러한 사주는 보면 볼수록 생동감이 느껴진다고 하겠다.

이 시대의 제왕은 벼슬이 높은 것이 아니라 돈이 많은 사람일지도 모르겠다. 지금뿐만 아니라 예전에도 그랬던 것 같다. 그렇지 않고서야 이렇게 부귀빈천을 논하는 용어에서 어떻게 貴보다 富가 먼저 나와 있겠느냔 말이다. 역시 예나 지금이나 중요한 것은 재물인 모양이다. 실제로 없는 사람이 돈을 그리워하는 것이 아니라 있는 사람이 더욱 돈의 위력을 잘 알고 돈에 대해서 큰 의미를 부여하는가 보다. 그래서 있는 사람이 더 무섭다는 말도 하는데, 그렇게 간절한 재물이지만 사람이 원하는 대로 찾아가지를 않고 운의 흐름에 따라서만 움직이는 것을 보면서 재물의 흐름도 마치 해류(海流)나 기류(氣流)처럼 일정한 기준을 두고 있는 것처럼 느껴지기도 한다. 이 사주의 의미는 이 정도에서 줄인다.

2) 삼성의 故 이병철 씨

언제나 부를 논할 적에는 현대의 정주영 씨와 삼성의 이병철 씨를 두고 말하게 된다. 그래서 두 분의 사주는 일찍부터 命學을 연구하는 학자들 사이에서 연구의 대상이 되었다고 하겠는데, 여기에서도 부자를 논하는 대목이니 함께 놓고 생각해 보도록 하자.

壬	戊	戊	庚
戌	申	寅	戌

77	67	57	47	37	27	17	07
丙	乙	甲	癸	壬	辛	庚	己
戌	酉	申	未	午	巳	辰	卯

寅月의 戊申일주이다. 기본적으로 戊土는 寅申의 충을 꺼린다는 것으로 『적천수』에 나와 있기도 하거니와, 이 사주에서도 신약한 구조임을 고려한다면 역시 寅申충은 부담이 되는 것으로 봐야 하겠다. 사주에서 절대로 필요한 것은 인성이다. 寅月의 추위를 피해 보자는 의미도 고려해서 내리는 결론인데, 인성이 충돌로 인해서 깨어지는 현상이 발생한다. 그래서 인성은 의지할 바가 없으므로 부득이 무토나 戊土를 의지하고 인성의 운을 기다려야 하는 것으로 해석되는데, 이러한 사주를 보면서 과연 재벌의 사주라고 할 수 있겠는가 생각해야 하겠다. 재성은 희용신이 되지도 못하고 신약한 상황에서는 운의 도움이 없이는 아무래도 자신의 뜻을 이루기가 불가능하다고 해야 하겠다. 그래서 운을 살펴보게 된다.

운은 목의 운으로 시작해서 화의 남방운으로 흐르다가 서방에서 마무리되는 것으로 진행된다. 인성이 필요한 사주에서 인성의 운을 전성기에 만난다는 것은 일단 매우 바람직하고, 구체적인 대입을 해본다면 또 기복의 흐름이야 있겠지만 전반적으로 진행되는 운에서는 대략 남방의 화운에서 자신의 뜻을 펴게 되는 기틀이 마련된다고 할 수 있고, 그로 인해서 운의 작용은 매우 바람직했다고 해석해도 되겠다.

다만 뒤쪽의 운에서는 금의 운이 진행되는 과정에서 아무래도 갈등이 발생한다고 봐야 하겠고, 이러한 운에서는 경영 일선에서 물러나서 조언자로 남는다면 또한 무난하지 않겠느냐는 해석을 할 수 있다. 그렇다면 이 사주의 경우에는 원국의 흐름은 약했지만 운의 도움으로 재물을 상당히 모으게 되었다고 말할 수 있겠는데, 혹시라도 결과에만 집착해서 사주를 엉뚱하게 해석하는 오류를 범할 수도 있기 때문에 이러한 점에서는 매우 세심한 주의가 요구된다. 중요한 것은 본인에게 질문을 던져 봐야겠지만 현실적으로 불가능하다고 봐서 짐작만 하고 넘어가야 할 터인데, 과연 이 사주에서 엄청난 재벌이 될 수가 있느냐는 질문을 한다면 그렇지는 않다고 해야 하겠다. 낭월의 소견으로는 재물의 정도는 먹고 사는 정도이지 그 이상 진행되면 별 의미가 없지 않은가 싶다. 즉 운명에서는 금전적인 여유로움에 대해서는 달리 의미를 둘 필요가 없고 그냥 인간의 욕망에서만 해석되어야 할 것이라고 본다. 흔히 하는 말로 '부자는 하루 열 끼를 먹느냐?'고 묻는다면 부자 역시 하루 세 끼를 먹는 것이 전부라고 해야 하므로 그 이상의 의미는 부여할 필요가 없다고 생각하고 있다.

그래서 부의 정도에 대해서는 논리적으로 살펴보고 현실적으로 부합되지 않는다면 그대로 두고 다른 관점에서 생각해 봐야 한다. 물론 낭월의 방식이 옳다고 하는 자신은 없다. 그렇지만 억지로 꿰어 넣다 보면 결국은 철초 선생처럼 무수히 많은 외격을 양산(?)하게 될 것이 너무도 뻔한 이치이다. 이러한 점을 고려하여 접근해 주기를 바라고, 적어도 낭월은 이런 식으로 생각한다는 것에 대해서 헤아려 주시는 것이 좋겠다. 다시 말하면 '큰 부자는 하늘이 낸다'는 것이다.

• 일설에 의하면

　일설이라는 말을 해야 하는 것은 낭월이 직접 목격한 것이 아니기 때문이다. 이병철 씨는 평소에 사업을 운영하면서 운명에 대해 조언자의 말을 귀담아들었다는 소문이 있다. 그 말이 사실이라면 그야말로 운명학을 사업에 잘 활용했다고 생각된다. 그렇게 된다면 자신의 운이 나쁠 적에는 운이 좋은 사람을 앞장세우고, 자신의 운이 좋을 적에는 스스로 나서서 처리하여 위기를 잘 넘겼다는 해석이 가능할 것이다. 물론 자신의 욕망을 제어하지 않고서는 불가능한 일이 될 소지도 많다. 왜냐하면 많은 사람들이 흉운이니 다른 사람에게 넘겨주고 쉬라고 해도 절대로 그렇게 하지 못하고 자신이 간여하다가는 결국 예정된 코스를 밟게 되는 경우를 흔히 보았기 때문이다. 그래서 이 경우에는 미리 자신의 운을 알고 잘 운용했다는 생각이 드는데, 매우 일리가 있는 점으로서 이분의 지혜라고 해도 되겠다. 이외에 달리 드릴 말씀이 없음을 짐작하셨으리라고 본다.

• 三星이라는 명칭

　여기에 대해서도 뭔가 생각을 해볼 수 있다. '現代'라는 것은 특별히 어떤 물질적인 상징성이 약하다고 하겠는데, 삼성은 그렇지 않다. 즉 三은 개수가 셋이라는 이야기이고 星은 별이라는 의미가 되기 때문이다. 그렇다면 별이 셋이라는 뜻인데, 이것이 혹 창건인의 사주와 연관되는 의미는 없을까? 당연히 연관이 있다. 별이라는 것은 태양을 의미한다. 태양이 멀리 있으면 별이 되기 때문이다. 그렇다면 태양을 셋이나 확보했다는 의미일까? 그 말은 사주에서 화가 용신일 경우에만 한해서 타당성이 있는 이야기인데, 공교롭게도 이 씨의 사주에서는 화가 절대로 필요한 해결사가 되는 것이다. 혹 이

것과 무슨 연관이 있는 것은 아닐까? 그렇다면 사주가 나빠도 이름만 잘 지으면 재벌이 될 수 있다는 이야기냐고 반문할 수도 있겠다. 물론 그렇지 않다는 말씀을 드려야 한다. 다만 결과적으로 말한다면 이름에서도 뭔가 노력의 흔적을 찾을 수 있지 않겠느냐는 생각을 해 보는 것이고, 구체적으로 이름에 대해서 의미를 부여하지는 않는다. 즉 이렇게 이름에까지 신경을 쓸 정도였다면 아마도 평소에 자신의 운명에 대한 생각에 상당한 비중을 두었으리라는 점을 미루어 짐작해 보고 싶은 것이다. 이 점도 참고해 보기 바란다.

3) 일본 혼다 자동차의 本田宗一郞 씨

이제 눈을 좀더 밖으로 돌려 보자. 다음 명식은 대만의 진백유(陳柏諭) 선생이 채집한 『전론기업가팔자학(專論企業家八字學)』에서 발췌했는데, 앞으로 등장하는 명식도 여기에서 발췌함을 미리 말씀드린다.

己	乙	己	丙
卯	丑	亥	午

78	68	58	48	38	28	18	08
丁	丙	乙	甲	癸	壬	辛	庚
未	午	巳	辰	卯	寅	丑	子

亥月의 乙丑일이다. 乙木이 亥月에 나서 일지에는 丑土까지 있고 시지의 卯木의 협력도 고려한다면 매우 강한 사주라고 하겠다. 그리고 겨울의 상황임을 생각한다면 절대적으로 필요한 것은 연주의 丙

午가 되어야 한다. 그래서 이 사주는 傷官格의 구조를 하고 있다. 용신은 화, 희신은 토, 기신은 수, 구신은 목, 한신은 금이 되는 형상이다. 다만 여기에서는 목이 구신이라고 하였지만 실제로 운에서 목이 온다면 용신이 생조를 얻을 것이므로 도움이 되는 방향으로 해석이 가능하다는 점도 고려해야 하겠다.

전반적인 사주의 구조를 보면 재성은 용신을 보호하는 차원에서 사용되어 있는 것으로 봐서 희신이 분명한데, 그렇다면 기본적인 의미에서는 재벌이 될 수 있는 구조라고 해석이 되겠다. 그리고 운의 흐름이 木火의 운으로 흘러가는 것을 볼 수 있겠는데, 이것도 역시 사주에서 절대로 필요한 용신이 자신의 활동 무대를 올바르게 얻었다고 해석할 수 있다. 더구나 후반부에서의 남방에 해당하는 운은 흠잡을 수 없을 정도로 발달하였을 것으로 보는데, 사주의 작용으로 해석해서 충분히 이해가 되겠다. 그야말로 대부의 사주에 어울리는 운이라고 생각된다.

4) 일본 SONY사의 井深大 씨

壬	丙	丙	戊
辰	申	辰	申

79	69	59	49	39	29	19	09
甲	癸	壬	辛	庚	己	戊	丁
子	亥	戌	酉	申	未	午	巳

알 만한 사람은 다 아는 소니 전기 창업인의 사주이다. 辰月의 丙

申일주이니 화의 진기라고는 하지만 그래도 아직은 화기가 부족한 상황이며, 주변에서 戊申이나 지지의 상황, 시간의 壬水까지 고려한다면 역시 신약한 丙火라고 생각된다. 이런 점에서 신약하면 부자가 될 수 없느냐는 질문에 대해 절대로 그렇지 않더라는 말씀을 드리게 되는 것이다. 오히려 신약한 사주에서 도움을 받을 운이 오면 재물을 더 많이 모을 수도 있겠다는 설명도 가능하다. 그래서 중요한 것은 운이지 신약과 신강이 아님을 차제에 잘 알아 두시는 것도 좋겠다.

　진백유 선생은 假從勢格으로 설명하셨는데, 일리가 있는 해석이기는 하지만 월간에 병화가 있는 것으로 봐서 그냥 버티고 있을 수도 있다는 생각을 한다면 역시 결과를 놓고서 대입했을 가능성도 있다. 이 명식이 틀림없다고 한다면 병화가 임수를 봤다고 해서 바로 종을 하지는 않을 것이라는 생각이 드는데, 다만 『적천수』식으로 생각한다면 종세격으로 해석할 수는 있겠다고 본다. 여하튼 이 사주에서도 운의 대입이 왠지 어색해서 설명을 하기에는 참으로 곤란한 대목이 많은데, 실제로 초운에 火土운에서는 고생을 많이 했고 후에 金水의 운에서 발하게 되었다고 한다면 종세격으로 해석해도 달리 할 말이 없다는 정도의 의견을 드린다. 그리고 늘 그렇듯이 유명인의 사주는 실제 태어난 사주와 반드시 일치하지 않을 수도 있다는 점을 고려해야 한다는 점이 두렵다고 해야 하겠다.

5) 대우의 김우중 씨

```
己  乙  庚  丙
卯  亥  子  子

76  66  56  46  36  26  16  06
戊  丁  丙  乙  甲  癸  壬  辛
申  未  午  巳  辰  卯  寅  丑
```

　　진백유 선생의 책에서 보이는 자료이다. 진백유 선생은 한국의 4대 재벌이라고 표시를 했는데, 사주의 구조를 보면 겨울의 乙亥일주이다. 인겁이 태왕한 사주에서는 무엇보다도 그리운 것은 화뿐이다. 연간에 있는 丙火를 용신으로 하고, 병화가 너무 약하므로 목으로 희신을 삼고, 기신은 수, 구신은 금, 한신은 토로 보는 것이 타당하겠다. 용신이 너무 무력하다는 점에서 역시 거부의 사주라고 보기는 어렵다고 생각되는데, 그렇다고 목이 옆에서 생조를 해주는 것도 아니므로 사주를 봐서는 과연 대그룹의 회장 사주인지 의심이 되는 면이 적지 않다.

　　그래도 다행인 것은 운이 앞의 혼다 자동차 회장처럼 木火의 운으로 달린다는 점이 두드러진다고 해야겠는데, 이렇게 운이 도우므로 상승세를 타고 무엇이나 계획한 대로 추진이 되었다고 해석할 수 있다. 그리고 일지의 정인의 직관력에 의해서 탁월한 인수합병의 능력을 발휘한 것이 아니겠느냐는 생각도 해봤다. 운이 좋았기 때문에 달리 토를 달기는 어려운데 현재의 대우는 다소 운영상 곤경에 처한 것 같다. 그 이유를 본다면 대운은 午火이니 용신의 운이라서 반갑다고 해야 하겠는데, 원국에서 子水가 쌍으로 겹쳐서 포진하고 있다 보니 일종의 군겁쟁재 현상이 생김으로 해서 午火대운은 실망스럽지 않은가 하는 생각을 해본다.

6) IBM의 존 F. 에이커스 씨

	丁	癸	丙	甲
	巳	酉	子	戌
73	63	53	43	33	23	13	03
甲	癸	壬	辛	庚	己	戊	丁
申	未	午	巳	辰	卯	寅	丑

이름을 뭐라고 읽든 낭월은 상관하지 않을 참이다. 여하튼 컴퓨터로써 세계를 제패한 IBM의 사장이라는 것은 틀림없는 사실인데, 물론 사주에 대한 정확성은 낭월이 책임질 수가 없다는 것을 말씀드리고 시작한다. 이렇게 자신 없는 말씀을 드려야 하는 것은 일례로 대만의 종의명 선생은 육영수 여사의 사주를 乙丑년 丁亥월 丁巳일로 하고 시는 모르는 것으로 했는데 아무래도 전해지는 과정에서 오류가 발생할 가능성은 항상 있다는 점을 염두에 두지 않으면 혹 생으로 두통을 앓게 될 수도 있음을 고려해야겠기 때문이다. 실제로 육여사의 사주는 乙丑년 己丑월 壬寅일 戊申시로 되어 있고 음력으로 11월 29일인데, 종의명 선생이 뽑은 명식은 양력으로 11월 29일이다. 과연 어느 것이 정확한지는 모르겠지만 이렇게 각기 다른 사주가 발생할 가능성은 항상 있다는 것을 이번 기회에 알아 두는 것이 좋

겠다.

 이 사람의 사주를 보면 子月의 癸酉일로서 매우 왕성한 상황을 나타내고 있다. 수의 세력이 이 정도라면 약하지 않다고 해도 되겠는데, 그렇다면 주변의 상황을 살펴보자. 주변은 다시 만만치 않은 화의 세력이 나타나고 있다. 물론 월령을 잡은 수의 힘이 강한 것은 당연하겠고, 따라서 화를 보호하는 의미에서 목을 생각하게 되는데 이렇게 돌아간다면 용신은 화로 하고 희신은 목으로 배합이 되는 구조라고 봐야 할 모양이다. 그리고 무엇보다도 운의 흐름으로 먼저 눈이 가는데, 동에서 남으로 흐르는 분위기를 보면 과연 운이 배반하지 않았다고 해야 할 것 같다. 身旺用財格으로 큰돈을 벌 수 있는 사주라고 볼 수 있지만 그렇다고 해서 유통이 되는 사주라고 하기는 어렵겠다. 그런 의미에서는 운의 도움에 많이 의지하는 것으로 해석이 되겠다. 이렇게만 딱딱 맞아 준다면 실제의 사주라고 봐도 되지 않겠느냐는 생각을 해본다.

7) Playboy 잡지사의 휴 M. 헤프너 씨

癸	戊	壬	丙
丑	辰	辰	寅

79	69	59	49	39	29	19	09
庚	己	戊	丁	丙	乙	甲	癸
子	亥	戌	酉	申	未	午	巳

 『플레이보이』지를 창간해서 많은 돈을 번 사람이다. 중국에서는

'花花公子'라고 하는 모양인데, 여하튼 상당히 용감한 사람이었다고 생각된다. 사주를 보면 壬辰월의 戊辰일주이고 辰月의 당령한 상황을 고려한다면 약하지 않다고 해야 할 모양이다. 진백유 선생은 책에서 金水木이 다 좋은 것으로 봤지만, 문제는 이렇게 놓고 운을 살펴보면 별로 발하겠다는 생각은 들지 않는데 혹 사주의 구조로는 신약하다고 볼 수도 있겠다는 것이다. 왜냐하면 壬辰으로 월령의 辰土가 무력하고 당령을 보면 순운의 9운이어서 乙木 당령에 해당하기 때문이다. 그래서 낭월은 신약한 사주로 보고 싶고, 火土의 운을 기뻐하는 것으로 대입해 볼 수가 있겠다는 생각이 든다. 그렇게 될 경우에는 운이 매우 좋은 방향으로 해석되기도 하므로 무리한 생각은 아닐 것이다. 월령을 얻었다고 해서 모두 왕하다고 할 수가 없는 것이 연의 丙火 역시 壬水에게 한 대 맞고 있기 때문이다. 그래서 身弱用印格으로 봐야 하겠고, 용신이 병이 들었는데 그로 인해서 운의 도움으로 사업을 하게 된다는 해석을 해보는 것이다.

8) 마이크로소프트사의 빌 게이츠 씨

辛	壬	丙	乙
亥	戌	戌	未
56	46	36	26	16	06
庚	辛	壬	癸	甲	乙
辰	巳	午	未	申	酉

이 시대를 대표한다고 해도 과언이 아닌 마이크로소프트사의 빌

게이츠 씨 사주이다. 이 자료는 미국의 어느 벗님이 낭월에게 보내 주었는데, 사주를 보면 丙戌월의 壬戌일주이니 매우 신약한 구조이다. 그래서 시간의 辛金인 인성을 용신으로 삼아서 의지해야 하고, 희신으로는 금이 약하지만 사주에 화의 세력이 상당하게 벌려 있으므로 수를 쓰는 것으로 봐야 하겠다. 그러므로 용신은 금, 희신은 수, 한신은 토에 해당하는 것으로 이해해 본다. 전반적으로 열기가 많아서 운에서는 덥지 않은 운을 만나고 싶은데. 초운에 서방의 금운을 타고 잘 발전하였던 것으로 보이고, 2000년 현재는 46세로 신금의 운으로 접어들고 있다. 특히 금년의 상황을 보면 庚辰년으로서 대운과 세운이 함께 들어오는 것을 보니 아무래도 윈도우 2000의 반응이 상당히 좋을 것이 아닌가 싶다. 여전히 마이크로소프트사는 계속해서 발전할 모양이다. 운이 억수로 좋은 사나이라고 해야 할 듯한데, 앞에서 午火대운은 상당한 부담이지만 원국의 亥水가 일부 도움을 줘서 무난히 넘어간 것으로 봐야 하겠고, 戊寅년과 己卯년에 각종 법정 소송에 시달린 것을 보면 세운의 부담과 대운의 불리함 때문이었으리라 생각된다.

다만 앞으로 巳火가 들어온다면 해수와 충돌하면서 큰 도움이 되지 못할 것으로 보이는데, 그렇게 되는 것을 놓고 공상해 본다면 아마도 5년 후의 운영 체제는 리눅스가 윈도우를 앞지르지 않을까 하는 생각이 든다. 그래서 앞으로 5년 이내에 운영권에서 벗어나서 다른 방향으로 노력하는 것도 좋겠는데, 역시 주변의 사람을 어떻게 운용하느냐에 따라서 위기를 잘 넘길 수도 있을 것으로 생각된다. 이 운만 넘기면 다시 운이 돌아와서 庚金이 발동하므로 결국은 재기하게 될 것으로 판단된다.

여기에서 중요한 것은 과연 무슨 인연으로 그렇게 많은 재물을 모을 수 있었는가 하는 점인데, 사주에서의 재성은 상당히 강하여 財殺이 태왕해서 신약한 구조이므로 인겁의 운을 기다리는 형상이다. 그렇게 보면 지난 午火대운에서는 완전히 망해 먹어야 할 운이었는데 잘 넘어간 것은 역시 일은 혼자서 하는 것이 아니고 여러 사람들이 같이 하다 보니 여간해서는 무너지지 않는 것이라고 해석된다. 그런 의미에서 최고 경영자의 운은 늘 관찰을 해야 할 것이며 운에 따라서 주변 사람을 잘 내세워야 망하지 않겠다는 생각도 든다.

재벌의 사주는 많고 다 보여 드리고 싶지만 늘 지면이 아쉬운 점이 유감이라고 해야 하겠다. 혹 더욱 관심이 있다면 진백유 선생의 책을 직접 구입해서 보라고 권해 드리고 이 정도에서 줄여야겠다. 다만 중요한 것은 재벌의 사주라고 해서 반드시 무슨 특별한 점이 있어야 하는 것은 아니라는 점이다. 대개는 운이 도와 줘서 크게 발하기도 하지만 더러는 운과 무관하게 발하는 경우도 있다. 그 이면에는 역시 자평명리학으로는 완전히 해부하기 어려운 그 무슨 작용이 있을 수도 있다는 정도로 이해하고 이 대목을 마치도록 한다.

낭월의 견해—마음의 부자에 대하여

글쎄다…… 물질적으로 풍요롭다고 해서 부자라고 이름붙였지만 실은 마음의 부자도 얼마든지 있다. 그렇다면 이제 이 점에 대해서도 생각해 보면 어떨까 싶다.

전생에 복을 많이 지었든지 혹은 조상의 산소가 좋았든지, 또는 그야말로 사주팔자를 잘 타고났든지 간에 많은 재물을 누리면서 아쉬움 없이 떵떵거리고 살아가는 것은 아무리 할인해서 생각해도 즐거운 일임에는 틀림없다고 해야 하겠다. 다만 브자 중에서도 천한 사람이 있다는 말을 생각해 보셨는지 모르겠다. 그 의미는 역시 어떤 마음으로 그 부를 누리는가의 차이라고 할 수도 있겠지만, 여하튼 겉으로는 많은 재물로 인해서 무엇 하나 부러울 것 없는 사람이 속으로는 늘 허전한 마음을 갖고 있다면 과연 진정으로 부자라고 할 수 있겠느냐는 말씀이다. 실로 낭월이 이러한 말씀을 드리는 것은 부자든 가난한 사람이든 일단 그 기준은 자신이 세우는 것이라는 생각이 많이 들어서이다. 즉 겉으로 많은 재물을 누려도 진정으로 행복한 것이 아니고 오히려 더 많은 재물을 탐욕스럽게 긁어 모으려고 안달이 나 있는 사람의 모습을 생각해 보자는 말이다.

　실제로 자신이 소유하고 있는 재물에 만족하지 못하는 사람의 예는 어디에서나 볼 수 있다. 우리 속담을 한번 생각해 보자.

　'아흔아홉 냥 가진 부자가 한 냥 가진 거지의 돈을 달란다.'

　이 속담은 한국 사람이라면 모두 알고 있는 내용일 것이다. 진정한 부자는 과연 무엇을 의미할까? 이러한 부자는 진정으로 그 마음이 풍요로울 것인가를 생각해 본다. 그리고 낭월의 결론은 천만의 말씀이라는 것이다. 절대로 그 마음이 풍요로울 리 없고, 여기에서 생각할 수 있는 것은 그 마음이 행복하지 않으면 겉으로 주어지는 재물은 아무런 의미가 없다는 점이다. 혹 벗님은 낭월이 돈이 없으니까 스스로를 위로하느라고 이렇게 말하는 것이라고 하실지도 모르겠고 실제로 그러한지는 모르겠지만, 글쎄다…….

　과연 마음에서 만족이 되지 않으면 수천억의 재물인들 무슨 의미가 있을까 싶은 것은 어제오늘의 생각이 아니다. 그 동안 이런 저런 생각의 시간들 속에서 재물에 대해서인들 어찌 생각해 보지 않았으랴. 그리고 내린 결론은 마음의 부자가 진정으로 큰 부자라는 것이다. 이런 이야기를 해드리고 싶다.

어떤 사람 이야기이다. 세상에서 하도 주식 주식 하니까 자신도 한번 해보고 싶어서 돈 10만 원 빌려서 일을 벌였더란다. 그런데 조금씩 조금씩 재미가 붙으면서 점차 직장에서의 일당을 상회하는 수입이 되자 이제는 눈에서 광채가 나면서 직장을 집어치울 연구를 하게 된 것이다. 그렇게 주식으로 재미를 보기 시작하자, 과연 주식을 해서 돈 벌기는 직장 생활에서 월급을 타기보다 훨씬 수월하다는 생각을 하게 되었고 급기야는 사표를 던지기에 이르렀다. 그후로 출근은 증권거래소로 하고 밤에도 컴퓨터에 붙어 앉아 사이버 트레이딩에 시간 가는 줄을 몰랐다.

그렇게 해서 일생 꿈도 꾸지 못한 10억 원의 돈을 통장에 입금하게 되었고, 그 순간의 기분은 천하의 무엇과도 비길 수 없을 정도로 삼삼했다고 한다. 이제는 주식을 그만두고 이 돈으로 시골에서 조용하게 농장이나 마련해서 일생의 업으로 삼아야겠다는 생각이 들어서 정리를 하는데 자꾸만 뒤가 돌아다보이더라고 한다.

'그래, 이제 나는 주식의 구조를 파악하게 되었다. 그리고 돈도 많이 벌었다. 지금 그만두면 다시는 주식에 손을 대지 않을 것이다. 그런데 지금 이 돈을 놓고 보니 땅을 구하고 가축을 구하고 나면 아무래도 남는 돈이 적지 않을까 싶다. 그래서 한 번만 더 투자해서 5억을 추가로 만든 다음에 그 돈은 안전하게 장기적인 저축을 해놓고 내려가야겠다. 그러니까 이제 마지막으로 한 번만 일을 벌이자.'

혹시라도, 행여 이 말이 낭월이 조작한 것이라고 생각하지 말라는 당부를 드린다. 실제 상황이 무수한 예문을 남기고 있음을 관련 서적을 통해서 많이 보고 있다는 점은 아마도 이 분야에 관심이 있다면 잘 알고 계실 것이다. 그렇게 해서 이 사람은 2억을 꺼내어 승부가 확실한 주식에 투자했고, 예상외로 부진한 상황을 맞이하면서 그만 까먹어 버리게 된 것이다. 그렇다면 이제 마음의 포기를 하고 손을 털어야 할 것이다. 그렇다면 낭월도 아마 현명한 사람이라고 생각할 것이다.

당연한 코스대로 그는 다시 3억을 투자하고 또 날아가자 마지막으로 5억을 다 찔러 넣었다. 이미 눈알은 충혈되고 판단력은 중심을 잃는다. 돈이 날아가는 것은 너무도 당연한 수순이다. 그렇게 되어 결국은 다시 원점으로 돌아가고 말았다. 그냥 드라마라면 웃으면서 '공수래공수거니라, 하하.' 하면 그만일 것이다. 그러나 이 사람이 벗님 자신이라고 해도 과연 그렇게 웃을 수 있겠는가? 참으로 어려운 일이다. 이 유혹의 사슬에서 벗어나기가 말이다.

아직도 늦지는 않았다. 다시 마음을 다잡아서 직장 생활을 하면 될 일이다. 그런데 문제는 전혀 엉뚱한 곳에서 발생하는 것이 참 묘하다. 돈이 많아서 누린 즐거움을 이제 고통으로 환원받게 될 수도 있다는 것이다. 물론 마음먹기에 따라서 얼마든지 달라질 수 있다는 말씀은 드리게 된다. 그것이 인생이 아닐까……?

놀랍게도 증권사에서는 돈을 빌려 준다. 더구나 그 동안 올린 소득을 고려하여 상당히 많은 액수를 빌려 주기도 하는 모양이다. 또 은행에서도 대출을 받는다. 집문서도 좋고 땅문서도 좋다. 돈이 된다면 다 집어 넣고서 돈을 융자받아야 하는 것이다. 그렇게 해서 다시 1억 원을 마련한다. 그리고 자신에게 다짐한다.

'그래, 이제 욕심을 부리지 말자. 따지고 보면 너무 욕심을 부린 것이 원인이었다. 처음대로 10억만 되면 딱 손을 떼는 거야. 그리고

뒤도 돌아보지 말고 시골로 내려가는 거야. 딱 10억만······.'
 벗님은 이미 눈치채셨을 것이다. 이 사람의 결과가 어떻게 되었을 지······. 결국 그는 깡통을 차고 한강 다리에서 뛰어내리는 길을 택할 수밖에 없다는 이야기이다. 웃지 말라는 말씀을 드린다. 실로 이 모델은 낭월 자신일 수도 있겠기 때문이다. 이것이 바로 간사한 사람의 마음이다. 바로 그 순간에 판단력이 흐려지는 이유는 무엇일까? 돈을 잃은 사람들의 원한이 그렇게 만들까? 아니면 자신의 팔자에 해당하지 않는 돈을 만지게 되면 팔자에 어긋나기 때문에 팔자의 신이 그렇게 조작하는 것일까?

 많은 꿈을 펼쳐 볼 사람들이 열심히 활동하고 있는 것이 연이어 화면에 보인다. 물론 낭월은 그들의 꿈이 어떤 것인지 모르겠지만, 여하튼 부자는 아닌 모양이다. 뭔가를 구걸하려고 동분서주하는 모습이 이 나라의 백성을 위한 것인지 자신의 욕심을 채우려고 하는 것인지 잘은 모르겠으나 신문에서 '이전투구(泥田鬪狗)'라고 하는 글을 보면서 앞으로 그들이 무엇을 이루기 위해서 발이 부르트도록 뛰어다니는지 대략 짐작이 될 것도 같다.
 어제는 '30억을 쓰면 당선이고, 20억을 쓰면 낙선이다.'라는 말이 나오고 있다는 것도 보았다. 과연 그 돈이면 일생을 먹고 살기에는 아무런 아쉬움이 없겠다는 생각도 든다. 그러면서도 무엇을 원해서 그렇게 많은 돈을 뿌리는 것일까? 그만한 돈이 있으니 그들은 부자일까? 모르긴 몰라도 실로 그러한 마음으로 표를 사겠다고 한다면 또한 거지일 뿐이 아닌가 싶다. 구걸과 애원을 하면서 상대방을 헐뜯는 모습에서는 뼈 하나를 놓고 서로 으르렁거리며 피를 철철 흘리는 싸움개의 모습과 별반 다르지 않다는 생각을 해본다. 실로 낭월의 눈에는 있는 거지로 보일 뿐이다. 눈이 잘못된 모양이다. 안과라도 가봐야 할는지…….

낭월이 이렇게 말씀드리는 것은 마음을 닦고 군자처럼 도인처럼 그렇게 살라는 것은 절대로 아니다. 다만 부자의 기준을 물질에 둘 것인지, 아니면 마음에 둘 것인지를 잠시 들이켜보는 것이 인생에 해롭지 않을 것이라는 생각이 들어서일 뿐이다. 과연 자평을 배우는 진정한 의미는 무엇일까? 언제 때가 와서 일확천금을 손에 거머쥐게 될 것인지를 알아보기 위해서일까? 그보다는 자신의 그릇을 스스로 판단하고 진퇴의 시기를 잘 알아서 어리석지 않게 하기 위해서라고 하면 또 어떨까? 참으로 오행을 공부하는 것은 돈을 벌어서 잘 살기를 원해서가 아니라 진정으로 자연을 이해하고 자연과 하나가 되기 위해서가 아닐까?

진정한 부자는 창고에 돈이 많은 사람은 아니다.
진정한 부자는 마음이 넉넉한 사람도 아니다.
진정한 부자는 그냥 그렇게 담담한 사람이다.
허공을 그의 가슴에 담고
대자연을 마음에 품고
그렇게 자유로운 사람인 것을…….

제2장 귀(貴)

【滴天髓】

> 何知其人貴. 官星有理會.
> 하지기인귀. 관성유리회.

⇨ 어떻게 그 사람의 귀함을 알까. 관성이 이치에 맞음에 있나니……

【滴天髓徵義】

　身旺官弱. 財能生官. 官旺身弱. 官能生印. 印旺官衰. 財能壞印. 印衰官旺. 財星不現. 劫重財輕. 官能去劫. 財星壞印. 官能生印. 用官, 官藏財亦藏. 用印, 印露官亦露者. 皆官星有理會. 所以貴顯也. 如身旺官旺印亦旺. 格局最淸. 而四柱食傷. 一點不混. 財星又不出現. 官星之情依乎印. 印之情依乎日主. 只生得一箇本身. 所以有官無子也. 縱使稍雜食傷. 亦被印星所剋. 子亦艱難. 如身旺官旺印弱. 食傷暗藏. 不傷官星. 不受印星所剋. 自然貴而有子. 必身旺官衰. 食傷有氣. 有印而財能壞印. 無財而暗成財局. 不貴而子多必富. 如身旺官衰. 食傷旺而無財. 有子必貧. 如身弱官旺. 食傷旺而無印. 貧而無子. 或有印逢財. 亦同此論.

　신왕관약. 재능생관. 관왕신약. 관능생인. 인왕관쇠. 재능괴인. 인쇠관왕. 재성불현. 겁중재경. 관능거겁. 재성괴인. 관능생인. 용관, 관장재역장. 용인, 인로관역로자. 개관성유리회. 소이귀현야. 여신왕관왕인역왕. 격국최청. 이사주식상. 일점불혼. 재성우불출현. 관성지정의호인. 인지정의호일주. 지생득일개본신. 소이유관무자야. 종사초잡식상. 역피인성소극. 자역간난. 여신왕관왕인약. 식상암장. 불상관성. 불수인성소극. 자연귀이유자. 필신왕관쇠. 식상유기. 유인이재능괴인. 무재이암성재국. 불귀이자다필부. 여신왕관쇠. 식상왕이무재. 유자필빈. 여신약관왕. 식상왕이무인. 빈이무자. 혹유인봉재. 역동차론.

➜신왕하고 관이 약한데 재가 능히 관을 생하거나, 신약하고 관이 왕한데 관이 능히 인성을 생하거나, 인성이 왕하고 관이 약한데 재가 능히 인성을 깨거나, 인성이 약하고 관이 왕한데 재성이 나타나지 않거나, 겁재는 왕하고 재성은 약한데 관성이 능히 겁재를 제거하거나, 재성이 인성을 깨는데 관성이 능히 인성을 생조하거나, 관을 용신으로 삼았는데 관이 (지지에) 숨어 있을 경우에는 재도 (지지에) 숨어 있고, 인성을 용하는데 인성이 천간에 투출되었을 적에는 관도 투출이 된다면 모두 관성이 이치에 맞게 모여 있다〔有理會〕고 하니 귀함이 나타나게 된다. 만약 신왕하고 관도 왕하고 인성 또한 왕하다면 격국이 가장 좋다고 하겠는데, 사주에 식상이 일점도 혼잡됨이 없고 재성은 나타나지 않는다면 관성의 마음은 인성을 의지할

것이고, 인성의 정은 다시 일주를 의지하게 될 것이니 다만 본신을 생조하게 되어서 벼슬은 하더라도 자식이 없을 것이다.

식상이 지저분하게 섞여 있고 인성이 극을 받는다면 역시 자식이 어렵겠는데, 만약 신왕하고 관도 왕하며 인성은 약하다면 식상이 암장되어 관성을 손상시키지 않고 인성의 극을 받지도 않는다면 자연히 귀하게 되고 자식도 있을 것이다. 신왕하고 관이 쇠약한데 식상이 기운이 있거나, 인성이 있으면서도 재성도 인성을 극하거나, 재가 (원국에는 없지만) 운에서 財局을 이룬다면 귀하지는 못해도 자식이 풍성할 것이다. 만약 신왕하고 관이 약한데 식상이 왕하고 재성은 없다면 자식이 있어도 반드시 가난할 것이며, 신약하고 관이 왕한데 식상도 왕하고 인성은 없다면 가난하면서도 자식이 없을 것이니 혹 인성이 있고 재성을 만나더라도 이와 같이 논하면 된다.

【 강의 】

이번에는 귀함에 대해서 논하는 대목이다. 사람이 태어나서 누구라도 부귀하고 싶겠지만 그중에서도 귀함에는 명예가 따르기 때문인지 많은 사람들에게 매력의 대상이 되고 있다. 그럼에도 불구하고 마음대로 되지 않는 것은 팔자의 탓이라고 해야 할 모양이다. 그렇다면 어떤 팔자는 귀하게 될 수 있는 것인지 이 대목을 살펴보면 그 해법이 있다고 하겠다. 귀함의 대표 성분은 관성인 모양인데, 따라서 관성이 용신이 되거나 희신이 되어서 사주가 청하게 되면 귀품을 얻는다는 설명으로 보인다. 역시 관성의 역할은 남에게 베푸는 성분이다 보니 그로 인해서 귀하게 되는가 보다. 일단 다음의 사주를 풀어 보고 다시 귀함에 대해서 생각해 보도록 하자.

```
辛  丁  癸  癸
亥  卯  亥  卯
乙 丙 丁 戊 己 庚 辛 壬
卯 辰 巳 午 未 申 酉 戌
```

此造官殺乘權. 原可畏也. 然喜支拱印局. 巧借栽培. 流通水勢. 官星有理會也. 第嫌初運庚申, 辛酉. 生殺壞印. 偃蹇功名. 己未, 支全印局. 干透食神. 雲程直上. 仕至尙書. 然有其命. 必得其運. 倘不得其運. 一介寒儒矣.

차조관살승권. 원가외야. 연희지공인국. 교차재배. 유통수세. 관성유리회야. 제혐초운경신, 신유. 생살괴인. 언건공명. 기미, 지전인국. 간투식신. 운정직상. 사지상서. 연유기명. 필득기운. 당부득기운. 일개한유의.

→ 이 사주는 관살이 월령을 잡았으니 원래는 두려운 지경인데, 다행히도 반가운 것은 지지에 木局이 되어 있는 것이다. 교묘하게 (뿌리를) 빌려서 재배하여 수의 세력을 유통시키니 '관성유리회'라고 하겠다. 다만 싫은 것은 초운에서 庚申과 辛酉를 만나는 것인데, 살을 생하고 인성을 극하기 때문이다. 그래서 부귀공명이 뻣뻣하여 (말을 듣지 않으니) 마음대로 되지 못했고, 己未대운에는 지지에 완전한 목국을 이루면서 천간에는 다시 식신이 투출하여 벼슬길이 바로 수직 상승을 했으니 벼슬이 상서에 이르렀다. 이렇게 되고 보니 그 팔자가 있으면 반드시 그 운이 있어야 하는 것인데, 만약 그 운을 얻지 못했다면 한낱 추운 선비에 불과했을 것이 아닌가 말이다.

【 강의 】

 살중용인격의 구조이다. 일지에 인성을 둔 것은 천만다행이라고 하겠지만 전반적으로 화의 세력이 침체되어 있어서 아쉬움이 많은 구조로 보이는데, 운이 도왔다고 해야 하겠다. 옳으신 말씀이다. 역시 사주에서 귀함이 보인다면 운에서 그 귀함이 발휘되어야지 그렇지 않고서는 아무런 도움이 되지 못함을 절절히 느끼는 설명이다.

```
   壬    丙    丁    癸
   辰    午    巳    酉
己 庚 辛 壬 癸 甲 乙 丙
酉 戌 亥 子 丑 寅 卯 辰
```

 丙火生於孟夏. 坐祿臨旺. 喜其巳酉拱金. 財生官. 官制劫. 更妙時透壬水. 助起官星. 以成旣濟. 三旬外, 運走北方, 水地. 登科發甲. 名利雙輝. 勿以官殺混雜爲嫌. 身旺者, 必要官殺混雜而發也.
 병화생어맹하. 좌록림왕. 희기사유공금. 재생관. 관제겁. 갱묘시투임수. 조기관성. 이성기제. 삼순외, 운주북방, 수지. 등과발갑. 명리쌍휘. 물이관살혼잡위혐. 신왕자, 필요관살혼잡이발야.

➡ 丙火가 巳月에 나서 비견과 겁재가 왕성한데 반가운 것은 그 巳火가 酉金과 합을 하고 있는 것이다. (그래서) 재는 관성을 생조하고

관성은 또 비겁을 제어하는데, 다시 묘하게도 시간에 壬水가 투출되었으니 관성을 돕고 있는 것이다. 그래서 水火旣濟의 공을 이루게 되는데, 나이 삼십을 넘기면서 운이 북방으로 이동하니 水의 땅이라. 수석으로 등과하여 명리가 함께 빛나게 되었으니 관살혼잡을 싫어할 것이 아니다. 신왕한 경우에는 반드시 관살이 혼잡되어야 발하는 것을 알아야 할 것이다.

【 강의 】

사주가 참 깨끗하다고 해야 하겠다. 화의 세력이 왕성하고 관살은 통근이 되어 있으니 운이 도와 준다면 크게 발할 암시가 된다는 말이 타당하겠다. 아마도 누군가가 관살이 혼잡되어서 흉하다고 했던지 철초 선생이 이 점을 짚고 넘어가는데, 실로 여름의 壬水나 癸水가 홀로 대적을 했더라면 역부족이라고 해야 할 모양이다. 그래서 용신에 필요하다면 관살혼잡이면 무슨 걱정이냐고 하면서 오히려 더 반갑다는 합리적인 시각으로 사주를 살펴야겠다는 말씀에 완전히 동감이다. '철초 선생 파이팅!'이다.

```
己  辛  丙  甲
丑  酉  寅  __
甲 癸 壬 辛 庚 己 戊 丁
戌 酉 申 未 午 巳 辰 卯
```

此造財臨旺地. 官遇長生. 日主坐祿. 印綬通根. 天干四字. 地

支皆臨祿旺. 五行無水. 淸而純粹. 春金雖弱. 喜其時印通根得用. 庚運幇身. 癸酉年登科. 午運殺旺. 病晦刑喪. 辛運己卯年. 發甲, 入詞林. 後運金水幇身. 仕路未可限量也.

차조재림왕지. 관우장생. 일주좌록. 인수통근. 천간사자. 지지개림록왕. 오행무수. 청이순수. 춘금수약. 희기시인통근득용. 경운방신. 계유년등과. 오운살왕. 병회형상. 신운기묘년. 발갑, 입사림. 후운금수방신. 사로미가한량야.

➜ 이 사주는 재성이 왕지에 임하고 관성은 장생을 만났으며 일주는 비견에 앉아 있고 인수는 통근이 되어 있으니 천간의 네 글자는 지지에 모두 녹왕에 임한 셈이며, 오행 중에서 수가 없으니 청하고 순수하다. 봄의 금이 비록 약하다고는 해도 시의 인성에 통근이 되었으니 반갑게 용신으로 삼는다. 庚金대운이 일간을 도우니 癸酉년에 등과하고 午火대운에서는 살이 왕해지니 병환으로 고통을 겪었다. 辛金대운의 己卯년에는 장원급제하여 사림에 들었는데, 후의 운이 金水로 일간을 도우니 벼슬길이 어디까지 뻗어 갈지 측량하기 어렵다.

【 강의 】

역시 어디 흠잡을 곳이 없을 정도로 청한 사주이다. 이 경우에 인성이 재성을 만났더라면 탁하다고 할 만도 한데, 묘하게도 월령이 재성이면서도 일지의 酉金으로 말미암아 보호를 받고 있는 것이 아름답다고 해야 하겠다. 철초 선생 말씀이 틀린 데가 하나도 없다. 지당하신 말씀이다. 그리고 철초 선생보다 한 살이 적은 사람인 것으로 보이니 아마도 젊어서 사주를 봤던 것 같다. 그래서 설명에서 앞으로 잘되겠다는 것이 보이는 것을 이해할 수가 있겠다.

甲	庚	辛	乙
申	辰	巳	巳

| 癸 | 甲 | 乙 | 丙 | 丁 | 戊 | 己 | 庚 |
| 酉 | 戌 | 亥 | 子 | 丑 | 寅 | 卯 | 辰 |

庚金生於立夏後五日. 土當令. 火未司權. 庚金之生坐實. 且辰支申時. 生扶竝旺. 身强殺淺. 嫌其財露無根逢劫. 所以出身貧寒. 一交丁運. 官星元神發露. 戊寅, 己卯, 兩年. 財星得地. 喜用齊來. 科甲聯登. 又入詞林. 書云以殺化權. 定顯寒門貴客. 此之謂也.

경금생어립하후오일. 토당령. 화미사권. 경금지생좌실. 차진지신시. 생부병왕. 신강살천. 혐기재로무근봉겁. 소이출신빈한. 일교정운. 관성원신발로. 무인, 기묘, 양년. 재성득지. 희용제래. 과갑련등. 우입사림. 서운이살화권. 정현한문귀객. 차지위야.

➡ 庚金이 立夏가 지난 후 5일 만에 났으니 戊土가 당령이 된다. 화는 아직 당령이 되지 못했으니 경금은 앉은자리에서 생을 얻어 견실하다고 하겠다. 또 일지의 辰土와 申時가 되니 생부가 되어서 함께 왕하다. 일주는 강하고 편관은 약한데, 싫은 것은 재성이 천간에 노출되어 뿌리가 없는 상태에서 겁재를 만나게 된 것이다. 그래서 가난한 집안에서 출생하여 丁火대운으로 바뀌면서 관성의 원신이 나타

나고, 戊寅과 己卯의 두 해에는 재성이 득지를 하니 모두 희용신을 만난 셈이라서 과거에 급제하고 또 사림에 들어갔다. 그리하여 서에 말하기를 "살로써 권세를 잡을 적에는 출생은 가난하지만 귀한 손님으로 정해진 것이다." 라고 하였는데 이를 두고 하는 말이다.

【 강의 】

출신은 가난해도 귀하게 될 수 있는 사람도 있겠는데, 그 유형을 설명하는 부분에서 '殺 즉 편관을 용신으로 삼은 경우' 라고 하는 의미인 듯하다. 신왕한 구조에서 편관이 용신이 되는 의미에 해당하는 사주로서 손색이 없는데, 아쉬운 점은 운이 좀 약하지 않았나 싶다. 북방으로 흐르는 운은 아무래도 약한 편관이 힘을 받기에 좀 부족해 보이는 형상이다. 그래서 겨우 戊寅년과 己卯년의 세운에서 힘을 얻었던 모양이다. 그러자니 대운을 잘 타고 흐르는 경우와 비교하기에는 다소 아쉬움이 많은 상황이라고 하겠다.

貴에 대한 추가 의견

이어서 다시 귀함에 대해서 살펴보도록 한다. 이렇게 언급을 하는 것은 벗님이 자평명리를 이해하는 데 도움이 되시기를 바라는 마음에서이지만 혹 이로 인해서 더 혼란스럽지는 않을까 하는 염려가 된다. 실로 낭월의 생각으로는 책에서 언급하고 있는 귀에 대한 설명이 좀 부족한 듯하여 부연 설명을 드리는 것이니 부디 약간이나마 도움이 되시기를 바란다.

우선 귀에 대한 언급을 하기에는 사주가 청하면 가능하다고 이해하면 되겠다. 실로 인간에게 귀하고자 하는 희망은 여러 가지로 시도가 되었는데, 이러한 형상은 70년대의 고등 고시 열풍으로 대변되겠고, 언제나 그래 왔듯이 정치하는 사람들에게도 큰 희망이라고 해야 하겠다. 그렇다면 그러한 사람들은 모두 사주가 귀품으로 되어 있어서 마음을 일으키는 것이냐고 묻는다면 사주의 내용에서는 반드시 그렇다고 하기도 어렵다고 말씀드릴 수 있다. 그래도 우리가 귀하다고 여기는 사람들의 사주를 보면서 이 부분을 음미해 보는 것이 참고가 되지 않을까 싶다. 우선 대통령이라면 현재의 상황에서는 가장 귀한 등급이리라는 점에서 살펴보도록 한다.

1) 故 박정희 전 대통령

戊	庚	辛	丁
寅	申	亥	巳

72	62	52	42	32	22	12	02
癸	甲	乙	丙	丁	戊	己	庚
卯	辰	巳	午	未	申	酉	戌

고 박정희 전 대통령에 대해서는 여러 가지로 평가가 엇갈리고 있는 것 같다. 우선 대통령을 하였으니 그 사주에서 과연 대통령의 구조가 보이는가를 생각하는 것은 자평명리학을 연구하는 사람이라면 당연하겠다. 그래서 여러모로 해석을 시도하기도 하는데 함께 생각해 보도록 하자.

亥月의 庚申일주이다. 戊土와 辛金 등이 있어서 약간 부족하기는 하지만 그대로 관살을 용신으로 삼을 만하다. 그래서 연간의 丁火를 용신으로 하고 정화의 뿌리가 약한 것이 아쉽다고 해야 하겠는데, 巳亥충으로 인해서 용신의 뿌리가 흔들리는 것이 유감이다. 그럼에도 어떤 선생들은 이 사주가 寅申巳亥가 모두 깔려 있어서 大貴格의 사주라고 한다는 말을 들었는데, 참으로 한심한 해석이라고 해야 할 모양이다. 그뿐만이 아니라 子午卯酉가 깔린 사주나 辰戌丑未가 깔려 있는 사주는 모두 제왕의 사주라고 한다는 말도 있는데, 역시 명리학의 미신이라고 해야 할 것이다. 이러한 어떤 정형(定型)을 생각하지 말고 오로지 사주의 상황에 따라 해석하고 대입을 해서 판단해야 한다는 생각이 들고, 아마 철초 선생의 뜻도 이와 같으리라고 믿는다.

용신이 무력하면 희신의 생조를 받아야 하는데, 그 희신은 목이 되어야 할 것이고 그 목은 시지에 있어서 용신과 많이 떨어져 있음을 유감스럽게 생각해야겠다. 더구나 더욱 부담이 되는 것은 다시 寅申충으로 인해서 시지의 寅木은 거의 무너진 상황이라고 해야 할 모양이다. 그럼에도 다시 寅申巳亥가 있으면 대귀격이라고 할 것인지 이런 기회에 잘 음미해 보기 바란다. 용신은 흔들리고 희신은 멀어서 고단한 사주의 명식이라고 하겠는데, 실로 그의 삶을 돌이켜보면 참으로 고단함의 연속이었지 않나 싶다. 여하튼 사주가 청하다고 볼 수는 없다는 점에는 동의해도 되겠다. 그야말로 영웅의 사주라고 할 수는 있어도 귀인의 사주라고 하기에는 사주의 형상이 너무 좌충우돌이라고 생각된다.

예전에 명리 공부를 할 적에 들은 이야기이다. 어떤 이가 어느 대가라는 사람이 있기에 이 사주를 내놨더니 '비렁뱅이 사주'라고 하더라면서 참 모르는 놈이 대가라고 하더라는 말을 듣고서 그런가 보다 했는데, 그후에 공부가 조금 되어서 이 사주를 살펴보니 과연 그 분이 대가인 것은 틀림없다고 생각한 기억이 있다. 그 정도는 아니라도 어쨌든 이름에 매여서 그 사주를 평가하는 것은 가장 못난 학자라는 점은 분명하다는 생각이 들어서 오히려 꿋꿋한 모습이 느껴졌다.

다행히도 운이 남방으로 흐르면서 자신의 뜻을 펼 수가 있었다고 하겠는데, 역시 나아가기는 쉬워도 물러나기는 어려웠는지 적절한 시기에 휴식을 취하지 못함으로써 세상을 달리했으니 여러 가지 면에서 무척 아쉬운 감이 든다. 낭월로서는 개인적인 상황은 자세히 모르겠지만 사주는 혼란스럽다고 해야 하겠다. 적어도 앞에 등장한 네 명식에 비한다면 그렇다는 이야기이다. 일설에는 午時에 태어났다는 말도 있음을 참고하기 바란다.

2) 故 육영수 여사

戊	壬	己	乙
申	寅	丑	丑

68	58	48	38	28	18	08
丙	乙	甲	癸	壬	辛	庚
申	未	午	巳	辰	卯	寅

己丑월의 壬水이다. 겨울의 물이라고는 해도 주변의 상황을 보면 토의 세력이 상당히 강력하여 부득이 인성을 의지해야 하는 구조이

다. 그런데 용신은 멀고 기신은 가까우니 어찌 마음인들 편안하게 살았겠느냐는 생각이다. 아마도 한국에서는 가장 귀한 여인으로 사람들이 기억할 분인데, 사주를 보면서 아연실색하지 않을 수가 없었다. 그분의 사주라면 적어도 다음과 같은 정도는 될 줄 알고 있었다.

| 辛己丙甲 | 丙甲癸辛 | 戊丙乙己 |
| 未亥寅子 | 寅子巳丑 | 子寅亥酉 |

그런데 실제로 사주를 보니 이것은 차라리 목불인견이라고 할 만큼 용신은 무력하고 기신은 왕성하며 일지는 충을 맞았고, 다시 중간의 운은 木火의 기구신의 운으로 흘러가는 것을 보면 과연 이 사주가 육여사 본인의 사주인지 의심이 될 정도이다. 그럼에도 불구하고 그는 귀인으로 기억되고 있다. 비록 영상을 통해서 알려지는 정도이므로 구체적인 실제의 상황은 다소 달랐을 수도 있겠지만 다른 영부인도 많았는데 특별히 사랑을 받았던 것을 보면 아무래도 사주보다는 마음을 잘 썼기 때문이 아닌가 생각된다.

위의 사주는 음력을 기준으로 뽑은 명식이고, 다음은 양력일 경우이므로 참고하시기 바란다. 乙丑/丁亥/丁巳/모름(년/월/일/시)

육여사는 생전에 틈이 날 때마다 절간의 고승을 찾아서 법문을 청했다는 이야기가 전해진다. 그리고 절집에서는 이런 일화도 전해지고 있는데, 당시에 욕을 잘하기로 유명한 춘성 스님이라는 분이 계셨다. 불행히도 낭월이 직접 뵐 인연은 없었다. 욕을 하는 것을 점잖은 말로 '육두문자(肉頭文字)'라고도 한다. 육두란 고기의 머리라는 뜻인데 은유적인 말로서 남성의 성기를 가리키니 풀어서 설명한다면 음담패설이 되는 셈이다. 하루는 육여사가 춘성 스님을 찾아서 삼배를 올리고 앉았는데 스님이 아무런 말씀이 없었다. 그래서 육여사는 다시 말씀을 드렸다.

"큰스님, 법문을 좀 들려주시지요."

"법문? 무슨 법문을……?"

"아니 스님께서 좋은 말씀을 해주셔야지요."

"내 큰 ×이 네 작은 ××에 들어가겠나?"

"예?"

"허허허!"

이렇게 주객이 이야기를 나눴다는 이야기가 전해지고 있는데, 그 스님에 그 불자였던 모양이다. ×표는 미뤄서 짐작하시기 바란다. 저작출판물법에 저촉될지도 몰라서 모자이크로 처리한 것으로 봐주시면 되겠다. 물론 실화이다. 그 스님의 이야기를 생각해 보면 당연히 그러고도 남았을 일이거니와, 당시 그렇게도 당당한 대통령의 부인에게 이런 법문을 할 수가 있었던 것은 춘성 스님만이 가능했을 것이다. 아마도 그 말씀의 의미를 생각해 보면 '너의 좁은 소견머리에 내가 법문을 들려준들 알아듣겠느냐?' 하는 정도가 아니었을까 싶은데, 해석이야 어떻든 간에 일단 욕이라고 해도 말은 되겠다. 후에 남편이 그 말을 전해 듣고서 빙그레 웃었다는 얘기도 있었는데, 그 진위는 모르겠다.

여하튼 이 부인의 모습이나 행동에는 참으로 우아한 품격이 깃들여 있어서 그 정도라면 귀인이라고 하겠는데, 사주는 이렇게 생긴 것을 놓고서 뭐라고 해야 할 것인가? 낭월이 생각하기에는 아마도 스스로 사주가 깨어진 것을 알고는 노력하고 수행을 해서 품위 있는 마음을 다듬어 가지 않았을까 싶고, 그 영향에는 불교의 힘이 많이 작용했으리라고 본다. 중요한 것은 사주가 잘난 것도 좋겠지만 그보다는 마음을 잘 쓰는 것이 수천 배의 효과가 있다는 것을 알고 자신의 사주가 귀격인지를 알아보기 전에 귀격이 되려면 어떤 마음을 쓰고 살아야 하는지를 먼저 배우는 것이 옳다는 생각도 든다.

3) 故 이승만 전 대통령

庚	丁	己	乙
子	亥	卯	亥

辛	壬	癸	甲	乙	丙	丁	戊
未	申	酉	戌	亥	子	丑	寅

己卯월의 丁亥일주이다. 신약한 사주에서 절대로 필요한 것은 월지의 인성이 되겠고, 그 인성은 다시 亥卯의 합으로 말미암아 목의 기운으로 협력을 해주고 있으니 또한 좋은 조짐이다. 다시 연간에서 乙木이 투출되어 있으니 월령을 잡은 용신이 청하다고 하겠다. 시간의 庚金이 다소 부담인데 또한 시지의 子水로 인해서 金生水로 유통되는 것으로 봐서 결국 이 사주의 기운은 목으로 몰려 있다고 하겠고, 이 구조는 다행히도 청기(淸氣)가 보이는 구조이다.

다만 운이 말년으로 가면서 다소 아쉬운 형상을 띠고 있는데, 金水의 운으로 갈 적에는 바로 일에서 물러날 적절한 시기가 아닌가 싶기도 하다. 여하튼 초대 대통령으로서 적어도 바다에 리승만 라인이라는 해양 경계선을 그어서 어부들을 보호한 점은 참 잘한 일이라고 해야 하겠고, 그렇게 불리한 한국의 상황에서 나름대로 독립을 위해

노력한 점과 사람이 모여들었던 것에 대해서도 일단 학자의 사주로서 청귀한 품격이 보인다고 해석할 수가 있다. 다만 역시 중요한 것은 총명이 흐리게 되면 이름에 허물을 남긴다는 말을 명심해야겠다는 교훈을 남겼다고 보겠다.

4) 에이브러햄 링컨 전 미국 대통령

```
癸   己   丙   己
酉   未   寅   巳
73  63  53  43  33  23  13  03
戊  己  庚  辛  壬  癸  甲  乙
午  未  申  酉  戌  亥  子  丑
```

丙寅월의 己未일이다. 寅月은 무력한 계절인데 다행히도 己巳년주의 협력을 얻어서 상당히 왕성한 사주라고 해야 하겠다. 그래서 왕한 己土로 봐서 용신은 극하는 목을 쓰거나 설하는 금을 쓸 수가 있겠는데, 유감스럽게도 목은 무력해서 부득이 시지의 酉金을 용하고 희신으로는 癸水를 삼도록 하는 구조이다. 다행인 것은 아직은 이른봄이지만 사주의 丙火와 巳火로 인해서 화론이 있다는 점이니 조후에 대해서 고려할 필요가 없겠다. 그래서 흐름을 타고 월지부터 시작해서 木生火, 火生土, 土生金, 金生水의 흐름을 나타내고 있으니 이 사주야말로 참으로 보기 드문 유통의 사주라고 할 수 있다. 그렇다면 과연 링컨의 사주는 청귀할 가능성이 많은 사주라고 하겠고, 그의 행동에 대해서도 역시 품격이 있었다고 해도 되겠다.

그러고 보니 과연 청귀한 사주가 있기는 있다는 것을 알겠다. 특히 아름다운 점은 월지의 정관과 시지의 식신이 서로 대립하고 있지 않다는 것이다. 그래서 갈등의 요소가 없으며, 늘 대중의 행복을 생각하고 좀더 합리적인 관점으로 살폈던 그의 품성이 느껴진다고 하겠다. 참 보기 좋은 사주이다. 우리도 언젠가 이러한 통치자를 만나기를 기대해 보지만 아직은 어려운 듯싶은 생각이 들어서 씁쓰레하다. 실제로 국가의 통치자는 언변과 당력(黨力)의 힘으로 뽑을 것이 아니라 사주를 심사해서 선발해야 한다고 생각한다면 사주쟁이의 망상이라고 할 것인가? 참으로 요즘 세상 돌아가는 모습을 보면서 이러한 생각이 절절하게 든다.

5) 마하트마 간디

```
辛  乙  癸  己
巳  丑  酉  巳

乙 丙 丁 戊 己 庚 辛 壬
丑 寅 卯 辰 巳 午 未 申
```

癸酉월의 乙丑일주이다. 월지는 편관이고 전반적으로 재살이 태왕한 사주의 구조라고 하겠고, 결과적으로 일간은 약하다고 생각된다. 사주가 약하면 인성이 필요한 것은 당연한 일이므로 월간의 인성을 용신으로 삼도록 한다. 다행인 것은 癸水가 월지에 통근을 해서 상당히 강한 것이고, 아쉬운 것은 연간에서 己土가 巳火에 뿌리를 두고서 용신을 극한다는 점이다. 그래서 청한 가운데 탁함이라고 하겠는데, 다시 시간의 편관은 일간에게 매우 큰 부담이니 그래서인지 늘 저항을 해야 했던 삶이 고단하게 느껴질 수도 있겠다. 그러면서도 자신의 목적을 유지할 수가 있었던 것은 역시 용신이 월령에 뿌리를 두고 있었기 때문이라고 하겠는데, 아쉽게도 운이 남에서 동으로 흐르는 바람에 명성은 얻었지만 그 고통은 실로 대단했을 것이라고 추측할 수 있다. 결과적으로 운이 나빴던 셈인데, 운이 좋았다면 좋은 환경에서 더욱 의미 있는 일을 하지 않았겠느냐는 생각이 든다. 운이 불리하다 보니 늘 환경에 맞서서 저항해야 했고, 그래도 폭력을 거부하는 비폭력 저항으로 일관할 수 있었을 것이라고 본다. 참 운이 아쉬운 사주라고 해야 하겠다.

6) 아돌프 히틀러
1889년 4월 20일 18시 30분 출생
―鍾義明저『고금명인명감감상』에서 인용함

丁	丙	戊	己
酉	寅	辰	丑

75	65	55	45	35	25	15	05
庚	辛	壬	癸	甲	乙	丙	丁
申	酉	戌	亥	子	丑	寅	卯

戊辰월의 丙寅일주이다. 매우 신약한 구조로서 일지의 인성이 용신이 되는 것으로 의심이 없겠는데, 다소 탁한 점은 寅木이 酉金을 보고 있다는 것이다. 그리고 다시 식신과 상관으로 극설이 상당한

데, 의지하고 있는 인성의 힘은 한계가 있어서 유장한 구조라고 하기에는 아쉬움이 많이 남는다. 히틀러의 삶은 역사에 기록이 남아 있으니 참고하면 될 일이거니와 청한 사주와 비교해서는 용신이 약하다고 해야 하겠고, 그렇다고 유통이 되는 것처럼 보이기는 하면서도 힘이 약하다는 점에서 다시 살펴보면 인성이 매우 고단한 구조라고 이해할 수가 있다.

이 자료는 귀한 사주이기보다는 참고용으로 한번 비교해 보고자 적어 본 것인데, 알고 보면 이렇게 약한 사주로 거친 세상을 살아가려고 온갖 노력을 다했다고 이해할 수도 있지 않을까 하는 생각도 든다. 또 운의 작용도 북으로 흘러가는 바람에 불리했다고 하겠는데, 그래서 혹 무리를 하게 된 것은 아닌지도 모르겠다. 더 긴 설명은 줄인다.

7) 칭기즈 칸

戊	戊	庚	乙
午	辰	辰	亥
77	67	57	47	37	27	17	07
壬	癸	甲	乙	丙	丁	戊	己
申	酉	戌	亥	子	丑	寅	卯

庚辰월의 戊辰일주이다. 사주에 火生土로 해서 식신으로 흐름을 타는 것은 좋은데 그 지점에서 멈춘다는 것이 아쉽다. 그래서 사주는 청해 보려고 하다가 말았다고 할 수 있다. 실로 청한 사주라고 한

다면 뭔가 태평성대에 재상이라도 지내야 하겠지만 난국을 수습하려고 말 잔등에서 천하를 누비고 다녔으니 과연 청한 사주의 구조라고는 하기 어려울 모양이다. 역시 그 이름은 만대에 전해지겠지만 개인적인 삶을 본다면 그대로 고단한 일생이었다고 해석해야 할 것 같다. 운의 흐름을 보면 동에서 북으로 흐르는데 몽고의 칸(왕)이 되어 천하를 휩쓸고 다닌 것을 생각하면 수운에서 결실을 봤다고 해석해도 되겠는데, 식신이 청한 것은 사실이지만 乙木과 합이 된 것이 다소 아쉽다고 해야 할 것이다. 그래도 이 정도면 영웅의 사주로서는 충분하지 않은가 싶다.

8) 공자

```
戊    庚    乙    庚
寅    子    酉    戌
癸 壬 辛 庚 己 戊 丁 丙
巳 辰 卯 寅 丑 子 亥 戌
```

공자님이라면 성인이시라고 하니까 사주가 상당히 청하지 않을까 하는 생각으로 살펴보게 된다. 사주의 구조를 보면 酉月의 금왕절에 태어난 庚子일주이다. 전반적으로 보면 土金의 세력이 강력해서 剋洩의 구조를 찾는 상황인데, 사주에서 화의 관살은 보이지 않으니 설하는 수를 생각하게 되고 반갑게도 일지에 子水가 있으니 상관격이 되는 구조이며, 상관은 다시 시지의 寅木을 보고 재성으로 흐르니 청한 구조가 발생한다고 하겠다.

전체적으로 본다면 지지에서는 연에서 시로 가면서 土生金, 金生水, 水生木이 되어 매우 아름다운 구조인데, 천간에서는 달리 乙庚합으로 내 밥(재성)을 연간의 庚金이 빼앗아 가는 형상이다. 그래서 결실이 되지 않을 암시라고 본다면 명성에 비해서 사주는 좀 아쉬운 구조가 아닌가 싶다. 상관은 외교술이 좋다고 하겠는데, 그래서 제자들과 많이 돌아다니면서 여기저기 인연을 맺어 보려고 많은 노력을 했지만 실로 마땅한 대우를 받지 못했다고 전해지는 것은 역시 운의 도움이 적었다고 봐야 할 것이다. 막상 운을 보니까 북에서 동으로 흐르니 방향은 잘 잡았다고 하겠지만 간지가 서로 무정하게 흘러서 연속성이 없다는 것이 아쉬운 점이다.

말년이 되어서야 주역에 심취해서 공부를 하셨다고 하는데, 스스로 자신의 그릇을 판단하고 수행에 힘을 썼는지도 모를 일이다. 여하튼 청기가 다소 부족한 사주임에는 틀림없다.

9) 주자

庚	甲	丙	庚
午	寅	戌	戌

77	67	57	47	37	27	17	07
甲	癸	壬	辛	庚	己	戊	丁
午	巳	辰	卯	寅	丑	子	亥

송나라의 대성리학자라고 전해지는 주자의 사주는 어떨까도 생각해 보자. 戌月의 甲寅일주인데 전체적으로 조열한 기운이 강하게 느

꺼지는 구조가 아닌가 싶다. 그래서 서늘한 水氣가 필요한데 유감스럽게도 사주에는 수분이 전혀 없다고 해야 하겠다. 매우 조열한 사주의 형상이다. 그래서 우선 신약한 구조를 버티기 위해서는 절대로 인성이 필요하지만 없으므로 비견을 용신으로 의지하고서 다시 식신으로는 편관을 대응하는 방패로 사용하고 운에서는 수운이 오기를 기다려야 하는 분주한 사주라고 해석해야 하겠다.

더구나 운도 간지로 함께 흐르는 것이 아니라, 천간이 수운이면 지지는 화운이고 또 지지가 목운이면 천간은 금운으로 흐르니 아쉬운 점이 많은 운이다. 평소에 道家나 佛家의 우쭐대는 꼴을 못 봐서 속이 편하지 않았다고 하는데, 이것은 식신제살의 형태로 나타난 것이 아닌가 싶다. 그래서 덕분에 『중용』을 지었던 것은 역시 환경에 따라서 자연스럽게 유발된 명저라고 해야 하겠는데, 대응을 한다는 점에서는 아무래도 성인에는 미치지 못한다는 생각도 해본다. 이 사주에서는 청기가 별로 보이지 않는다고 해야 하겠다.

낭월의 견해

이렇게 이름만 대도 알 만한 쟁쟁한 영웅들의 사주를 놓고 음미해 봤는데, 역시 청하게 산 사람의 사주에서는 청기가 느껴지고 탁하게 산 사람의 사주에서는 또한 탁기가 느껴진다. 그리고 이름에 팔려서 사주를 좋게 해석할 필요는 없다고 봐야 하겠고, 寅申巳亥니 子午卯酉니 하는 말도 아무런 의미가 없음을 알 수 있다. 중요한 것은 오행의 배합이 적절하게 되어 있느냐는 점일 뿐이라는 것을 다시 한 번 음미하고 넘어가야 하겠다. 이렇게 해서 귀한 것에 대한 사주를 살펴봤는데, 역시 뭔가 아쉬움이 남는다.

• 과연 지위가 높은 것과 귀한 것은 연관되는가?

결론은 절대로 그렇지 않다는 것이다. 겉으로 이름을 얻는 것은 개인적으로 느끼는 행복과는 반드시 일치한다고 보기 어려울 수도 있다는 점을 고려하고 대입해야 하겠다. 그러니까 이름에 매이지 말고 사주의 구조를 잘 판단해서 구조적으로 청탁을 논하는 것이 현명한 학자의 해석 방법이라고 이해하면 되겠다.

역사를 통해 사주가 알려진 경우의 몇몇 위인들을 살펴봤지만 가능하다면 타고르나 슈바이처 같은 분의 사주도 다루어 보고 싶고, 그분들의 사주에서는 청기가 느껴지지 않을까 하는 생각도 해본다.

• 진정으로 貴함이란─貴에도 陰陽이 있다

어찌 이런 점에 대해서 생각해 보지 않겠는가. 과연 귀함의 본래 의미는 무엇일까? 인간에게 그렇게도 선망의 대상이고 존경의 절정이고 부러움의 핵심이라고 해도 과언이 아닌 이 '貴'의 본래 의미는 무엇인가에 대해서도 분명 자평학자라면 깊은 사색이 있어야 할 것이다. 이 기회에 함께 생각해 보고 싶다.

(일부) 전직 대통령이 귀해 보이던가?
(일부) 전직 장관이 귀해 보이던가?
(일부) 전직 국회 의원들이 귀해 보이던가?

적어도 이 정도의 지위라면 귀하다고 해야 할 모양인데도 왠지 귀하다기보다는 추해 보이거나 불쌍하다는 생각조차 드는 것은 과연 무슨 연유일까? 그야말로 흔히 세속적인 사람을 일컫듯 '장사치'라고 한들 뭐가 다르겠느냐는 생각이 들면서 극히 일부의 청렴하실 수도 있는 귀인을 제외하고는 대다수의 고위 인사들은 귀함과는 별 상관이 없는 것 같다. 이러한 현상을 '貴의 陽'이라고 하고 싶다. 그러니까 겉으로만 귀하다는 이야기이다. 물론 속으로는 귀한지 귀하지 않은지 낭월은 알 길이 없으므로 속에 대해서까지 언급 할 수야 없겠지만 그냥 방송에 보도된 내용을 봤을 적에 그렇게 짐작이 되고도 남는다는 말씀은 드릴 수가 있겠다.

유명 인사를 보면서 느끼는 점은 실로 진정한 의미의 귀함과는 거리가 멀다는 것인데, 예전에 우리나라에는 참으로 귀인이 없었느냐고 물어 보고 싶다면 백결 선생 같은 분을 꼽고 싶다. 일화를 통해서도 그분은 매우 가난하였지만 귀한 사람이었다. 실로 그분은 마음의 귀인이었다고 생각된다. 결코 천박하지 않았고 없는 것을 구태여 구하려고 애쓰지도 않았으니 그가 귀한 사람이 아니고 무엇이겠는가.

언제나 돈과 협잡과 시기심과 탐욕의 흔적을 발견하기란 그리 어렵지 않은 것을 보면서 참으로 귀함이라는 의미에 대해서 돌이켜봐야 한다는 생각이 절로 든다. 물론 한국에 국한된 이야기이다. 우리나라에서 벌어지는 일들은 싫거나 좋거나 그대로 보고 듣게 되니 도리 없이 뭔가 생각을 하게 되는데, 실로 귀하게 보이는 사람이 별로 없다는 것은 비단 낭월만의 생각은 아닐 것이다. 물론 겉으로는 보이지 않더라도 내부적으로 귀한 사람은 도처에 많이 있을 것으로 믿고 싶다. 문득 생각나는 방문자가 있어 잠시 소개 말씀을 드린다.

甲	戊	甲	癸
寅	子	寅	卯
63	53 43 33 23 13		03
丁	戊 己 庚 辛 壬		癸
未	申 酉 戌 亥 子		丑

본인에게 사주 공개를 허락받지는 않았으니 이름은 숨기도록 하겠거니와, 이 사주의 주인공은 남자이다. 사주를 보면 귀한 기운이 흐른다. 용신은 물론 종살격으로 편관이 되는 형상이고, 일지의 재성이 일간을 유도하는 것이 참으로 아름답다고 해야 하겠다. 혹 외격은 전혀 없지 않느냐는 생각을 한다면 이러한 사주를 통해서 비록 적기는 하지만 외격은 반드시 있다는 것을 생각해야 할 것이다. 이 사주의 주인공은 壬子대운에 판사가 된 사람이다. 당시로서는 '최연소 어쩌고' 하는 명칭을 앞에다 붙일 정도로 날렸던가 보다. 그리고 庚金대운이 들면서 그대로 용신 甲木이 손상을 받아서 일자리를 쉬게 되었다. 그야말로 외격의 전형적인 흐름을 탔다고 하겠다. 지위를 봐서는 귀하게 되었다고 하겠는데 그의 마음씀은 어떨까?

그는 형의 사업에 보증을 섰다가 부도가 나는 바람에 공직자로서의 책임을 느껴서 옷을 벗었다. 그 형이 상담을 하러 와서 자신의 참담한 심정을 토로하는데 인간적으로 너무나 딱하다는 생각이 절로 들었다. 자신이 동생의 앞길을 막았다고 생각하면 얼마나 비참했을까 싶은데, 그 동생의 말이 가관이다.

"형님, 아무 염려 마세요. 저야 그래도 변호사라도 개업을 하면 먹고 사는 데에는 아무런 문제가 없지만 그보다는 형님 가족이 염려가 되네요. 어떻게 하지요……?"

원 세상에! 이런 동생 있으면 나와 보라고 하고 싶다. 그 말을 듣고 낭월은 참 귀한 사주는 마음을 그렇게 쓰는구나 하고 느꼈다. 그런 말은 보통 사람이라면 하기 어려운 말이라는 것을 벗님이 더 잘 아실 것이다. 그럼에도 그 동생은 이미 상황을 잘 판단하고 좀더 마음 편안하게 대응하는 방법을 알고 탐욕을 부리지 않았으니 요즘 사람들의 벼슬하고자 하는 모습과 사뭇 비교가 되지 않을 수 없다. 진정으로 이 시대의 귀인이 아닌가 싶어서 후에 인연이 있으면 한번 놀러 오시라고 권유하고 싶었다. 이러한 사람은 '貴의 陰'이라고 하고 싶다. 겉으로야 아무렴 어떻겠는가. 그 속에서 과연 자신의 귀품을 지키고 있느냐는 것이 가장 중요하다고 본다.

비록 운이 손상을 받아서 삶이 고단하다고 해서 남을 탓하지 않고 자신의 마음을 다스리기 위해서 늘 노력할 사람이라고 생각된다. 물론 운의 영향으로 어려움은 당할망정 그의 마음에는 이미 유연한 관조의 힘이 들어 있다. 물론 자신인들 그러한 상황의 변화에 그냥 담담하기만 했겠는가. 그렇지만 결단은 스스로 내리는 것이고, 현명하고 지혜롭게 대응한다면 역시 귀품이라고 해야 하겠다는 생각이다. 실은 낭월도 그러한 사람이 되고 싶다는 욕심을 부리기는 하는데, 늘 결단을 내리는 과정에서 탐욕이 생기는 것이 영 그 그릇은 아닌 모양이다. 참으로 부러운 동생을 두셨다고 위로를 해드렸건만 지금은 또 자리를 잡으셨는지 모르겠다.

그리고 더욱 중요한 것은 사주에서는 비록 청기가 없다고 하더라도 자신의 마음을 다스리고 이기심을 억제하고 이타심을 기르면서 남을 먼저 생각하는 마음으로 하루하루를 살아간다면 이것이 바로 귀인이 아닐까 하는 것이다. 과연 벗님은 어떤 마음으로 하루를 살아가시는지 함께 생각해 보자. 타고나기는 어려워도 노력하기는 그보다 쉬울 것이 아닌가 싶어서 문득 생각을 해봤다. 어찌 보면 인간의 최상 목표가 될지도 모르는 貴에 대해서도 이렇게 살펴보았다.

제3장 빈(貧)

【滴天髓】

> 何知其人貧. 財神反不眞.
> 하 지 기 인 빈. 재 신 반 부 진.

◉그 사람이 가난함을 어찌 알겠는가. 재물의 신이 도리어 참되지 않나니.

【滴天髓徵義】

財神不眞者有九.
如財重而食傷多者. 一不眞也.
財輕喜食傷, 而印旺者. 二不眞也.
財輕劫重, 食傷不現. 三不眞也.
財多喜劫. 官星制劫. 四不眞也.
喜印, 而財星壞印. 五不眞也.
忌印, 而財星生官. 六不眞也.

喜財, 而財合閑神而化者. 七不眞也.

忌財, 而財合閑神化財者. 八不眞也.

官殺旺而喜印, 財星得局者. 九不眞也.

此九者, 財神不眞之正理也. 然貧者多而富者少. 故貧有幾等之貧. 富有幾等之富. 不可槪定. 有貧而貴者. 有貧而正者. 有貧而賤者. 宜分辨之.

如財輕官衰, 逢食傷, 而見印綬者. 或喜印, 財星壞印, 得官星解者. 此貴而貧也. 官殺旺而身弱. 財星生助官殺. 有印則一衿易得. 無印則老於儒冠. 此淸貧之格. 所爲皆正也. 財多而心志必欲貪之. 官旺而心事必欲求之. 非合而合. 不從而從. 合之不化. 從之不眞. 此等之命. 見富貴而生諂容. 遇財利而忘恩義. 謂貧而賤也. 卽僥倖致富. 亦不足貴. 凡敗業破家之命. 初看似乎佳美. 非財官雙美. 卽干支雙淸. 非殺印相生. 卽財臨旺地. 不知財官雖可養命榮身. 必先要日主旺相. 方能任其財官. 若太過不及. 皆爲不眞. 能散能耗, 則有之. 終不能致富貴也. 此等格局最多. 難以枚擧. 宜細究之.

재신부진자유구.

여재중이식상다자. 일부진야.

재경희식상, 이인왕자. 이부진야.

재경겁중, 식상불현. 삼부진야.

재다희겁. 관성제겁. 사부진야.

희인, 이재성괴인. 오부진야.

기인, 이재성생관. 육부진야.

희재, 이재합한신이화자. 칠부진야.

기재, 이재합한신화재자. 팔부진야.

관살왕이희인, 재성득국자. 구부진야.

차구자, 재신부진지정리야. 연빈자다이부자소. 고빈유기등지빈. 부유기등지부. 불가개정. 유빈이귀자. 유빈이정자. 유빈이천자. 의분변지.

여재경관쇠, 봉식상, 이견인수자. 혹희인, 재성괴인, 득관성해자. 차귀이빈야. 관살왕이신약. 재성생조관살. 유인즉일금역득. 무인즉로어유관. 차청빈지격. 소위개정야. 재다이심지필욕탐지. 관왕이심사필욕구지. 비합이합. 부종이종. 합지불화. 종지부진. 차등지명. 견부귀이생첨용. 우재리이망은의. 위빈이천야. 즉요행치부. 역부족귀. 범패업파가지명. 초간사호가미. 비재관쌍미. 즉간지쌍청. 비살인상생. 즉재림왕지. 부지재관수가양명영신. 필선요일주왕상. 방능임기재관. 약태과불급. 개위부진. 능산능모, 즉유지. 종불능치부귀야. 차등격국최다. 난이매거. 의세구지.

→ 재물의 신이 참되지 못함에도 아홉 가지가 있다고 해야 하겠는데,
첫째는 재성이 많고 식상이 많은 경우,
둘째는 재가 약하여 식상을 반기는데 인성이 왕한 경우,
셋째는 재가 약하고 비겁이 왕한데 식상이 없는 경우,
넷째는 재가 많아서 비겁을 반기는데 관성이 비겁을 극하는 경우,
다섯째는 인성을 기뻐하는데 재성이 인성을 깨는 경우,
여섯째는 인성을 꺼리는데 재성이 관을 생하는 경우,
일곱째는 재를 기뻐하는데 재가 한신과 합해서 가버린 경우,
여덟째는 재를 꺼리는데 재가 한신과 합해서 재가 되는 경우,
아홉째는 관살이 왕해서 인성이 반가운데 재성이 국을 이룬 경우,

이 아홉 가지는 재물의 신이 올바르지 못한 바른 이치라고 하겠다. 그러나 가난한 자는 많고 부유한 자는 적은데, 가난에도 몇 가지의 등급이 있고 부자에도 몇 가지의 등급이 있다고 하겠으니 그 대략을 알지 못하면 안 되겠다. (그러니까) 가난한 가운데에도 귀한 사람이 있고, 가난하면서도 올바른 사람이 있고, 가난하면서 천한 사람도 있으니 마땅히 구분해야 할 것이다.

만약 재가 약하고 관은 쇠한데 식상을 만나고서 다시 인수를 봤거나, 인성이 반가운데 재성이 인성을 깨는 상황에서 관성이 해소시켜 주는 경우에는 귀하면서도 가난하게 된다. (또) 관살이 왕하고 신약한데 재성은 관살을 생조하는 상황에서 인성이 있다면 말직은 쉽게 얻겠지만 인성이 없다면 늙어도 벼슬에 오르지 못하니 이러한 것은 맑으면서도 가난하다〔清貧〕고 한다. 그리고 모두 올바르다고 한다.

재가 많으면 그 마음에 재를 탐하고자 하고 관이 왕하면 그 마음에 반드시 구하고자 하여 합이 아닌데도 합을 하고 종이 아닌데도 종을 하니, 합해도 화하지 않고 종해도 참되지 않아서 이런 등급의 팔자는 부귀를 보면 얼굴을 바꿔서 아첨하고, 재물을 보면 은혜와 의리를 저버리니 이를 일러서 가난하면서도 천하다고 하는 것이다. 즉 요행히 부자가 되더라도 귀하기는 부족하니, 대저 업이 망하고 집안이 깨어지는 사주는 처음에는 아름다운 것처럼 보이지만 (자세히 보면) 재관이 함께 아름다운 것도 아니다. 즉 간지가 서로 맑으면서도 살인상생이 되지 못하고 재가 왕지에 앉아 있는 경우가 많다. 재관이 비록 목숨을 길러 주고 몸을 영화롭게 하는 것은 사실이지만 반드시 먼저 일주가 왕상하고 나서야 바야흐로 능히 재관을 감당하게 되는 것임을 알지 못하는 것이다. 만약 태과하거나 거기에 미치지 못한다면 참된 것이 아니니 흩어지고 능히 줄어들게 되어 마침내는 부귀하기가 어려운 것이다. 이러한 격국이 가장 많아 일일이 열거할 수도 없을 지경이므로 잘 연구하는 것이 옳겠다.

【 강의 】

실로 가난한 사주에 대해서는 일일이 열거할 수도 없을 만큼 많다고 하는 말씀이 실감난다.

아홉 가지로 분류해서 재성이 올바르지 못하면 가난하다고 했는데, 이것은 그냥 하신 말씀이라고 해도 될 것이다. 실제로 사주를 보면서 생각한다면 아홉 가지가 아니라 수십, 수백 가지로 재신이 부진하다고 해도 과언이 아닐 것이기 때문이다. 어쨌든 가난은 나랏님도 구제를 못한다고 하는데, 그렇거나 말거나 나라에서도 가난을 구제하려고 노력은 많이 하는 것으로 보이지만 현실적으로 얼마나 도움이 되는지는 모르겠다.

일설에는 북한으로 식량을 보낼 것이 아니라 서울 하늘 아래에서 끼니를 굶고 있는 노인이나 소년 소녀 가장들에게 나눠 주라는 얘기도 있는데, 역시 그만큼 가난의 비중은 큰 것인가 보다. 그리고 그들의 사주를 보면 누가 재물을 공급해 준다고 해도 아마 자신의 재산으로 누리지 못할 것이라고 한다면 너무 숙명적인 해석이라고 할지도 모르겠지만, 현실은 그렇게 돈을 나눠 준다고 해도 지니지 못할 것이라는 생각이 든다.

철초 선생의 구분을 크게 보면 가난하면서도 청귀한 경우와 가난한데다가 천한 경우로 나눌 수 있겠다. 그리고 팔자에 타고나지 못한 재물을 구하려고 온갖 수단을 부려 보지만 그 명에 어울리지 않으면 보존이 되지 않을 것이라는 말씀도 포함되어 있는데 모두 일리

있는 내용이라고 하겠고, 이러한 점에 대해서는 뒤에서 다시 생각해
보도록 하자.

```
辛   戊   戊   壬
酉   戌   申   子
丙 乙 甲 癸 壬 辛 庚 己
辰 卯 寅 丑 子 亥 戌 酉
```

戊土生於孟秋. 支類西方. 秀氣流行. 格局本佳. 出身大富. 所
嫌者, 年干壬水. 通根會局. 則財星反不眞矣. 兼之運走西北金水
之地. 所以輕財重義. 耗散異常. 惟戌運, 入泮得子. 辛亥, 壬子,
貧乏不堪.

무토생어맹추. 지류서방. 수기류행. 격국본가. 출신대부. 소
혐자, 연간임수. 통근회국. 즉재성반부진의. 겸지운주서북금수
지지. 소이경재중의. 모산이상. 유술운, 입반득자. 신해, 임자,
빈핍불감.

➡ 戊土가 申月에 나서 지지는 서방으로 합이 되어 있으니 빼어난 기
운이 흐른다. 격이 아름다우니 부잣집에서 태어났는데, 싫어하는 것
은 연간의 壬水가 통근이 되어서 국을 이룬다는 점이다. 그래서 재
성은 도리어 不眞에 해당하겠고, 겸해서 운이 서북의 金水로 달리니
재물은 가벼이 여기고 의리를 중히 여겼다. 재산이 흩어지고 애로가
많았으며, 오직 戌土대운에만 공부도 하고 자식을 얻었을 뿐 辛亥와
壬子에서는 그 가난함을 견딜 수가 없었다.

【강의】

金水의 기운이 너무 강해서 토는 인성을 원하는 모습이라고 해야 할 모양이다. 철초 선생의 설명이 그대로 옳다고 하겠다. 재성이 구신에 해당하는 것으로 봐서 일주의 기운이 비록 중심을 잡는다고는 해도 운이 돕지를 않으니 마음대로 될 리가 없다. 의리를 중히 여기는 것도 자신의 운이 좋아야 뭔가 환원이 되는가 보다. 운이 약하니까 내 덕을 바라던 사람들이 모두 사라져 버리니, 우리 속담에 '돈으로 사람을 사귀지 말라.'고 했는데 남들은 돈을 보고 모여들 수도 있으므로 결과적으로는 허망하게 된 모양이다. 딱한 일이다.

己	丁	甲	癸
酉	巳	寅	卯

丙	丁	戊	己	庚	辛	壬	癸
午	未	申	酉	戌	亥	子	丑

此造財藏殺露. 殺印相生. 又聯珠相生. 似乎貴格. 所以祖業數十萬. 不知年干之殺無根. 其菁華盡被印綬竊去. 不用癸水明矣. 必用酉金之財. 蓋頭覆之以土. 似乎有情. 但木旺土虛. 相火逢生. 則巳酉不會. 財不眞矣. 一交壬子. 洩金生木. 一敗塗地. 至亥運, 印遇長生. 竟遭餓死.

차조재장살로. 살인상생. 우련주상생. 사호귀격. 소이조업수십만. 부지년간지살무근. 기청화진피인수절거. 불용계수명의. 필용유금지재. 개두복지이토. 사호유정. 단목왕토허. 상화봉생. 즉사유불회. 재부진의. 일교임자. 설금생목. 일패도지. 지해운. 인우장생. 경조아사.

➜이 사주는 재가 지지에 있고 살은 천간에 있으며 살인이 상생이 된다. 또 서로 구슬을 꿴 듯이 생을 하니 귀격인 것처럼 보인다. 그래서 부모 유업이 수십억에 달했는데, 연간의 살은 뿌리가 없어 그 빼어난 기운을 인성이 모두 훔쳐 가는 것을 알지 못하는 것이니 癸水가 용신이 아닌 것이 분명하다. 반드시 酉金의 재성을 용하는데 천간에 토가 덮고 있어서 아름다운 것으로 보이기도 한다. 다만 목은 왕하고 토가 허하며 상에 해당하는 화는 또 생을 만나니, 즉 巳酉의 합은 되지 않으니 재성의 부진이라. 한번 壬子로 바뀌면서 금을 설하여 목을 생하니 한 번 깨어져서 땅바닥에 깔리고 亥水운이 되면서 인성은 또 장생을 만나니 마침내 굶어 죽었다.

【 강의 】

 인성은 과다하고 재성은 겁재에게 피격을 당하니 가난할 사주라고 해야 하겠다. 실감이 난다. 겁재들이 재물을 놓고 달려드는 모습이 마치 지옥에서 나찰의 무리를 만나는 형상이라고 해야 할 것 같다. 동물의 왕국에서 사냥한 놈은 따로 있는데 동료들이 달려들어다 빼앗아 먹어 버리고 정작 자신은 별 수 없이 침을 흘리며 구경만 하는 장면을 보면 이런 사주를 떠올리면서 혼자 중얼거린다.
 '음…… 저 녀석의 팔자도 군겁쟁재인 모양이군. 딱한 녀석.'

庚	丙	壬	庚
寅	寅	午	午

庚	己	戊	丁	丙	乙	甲	癸
寅	丑	子	亥	戌	酉	申	未

此夏火逢金. 財滋弱殺. 兩支不雜. 殺刃雙淸. 定然名利兼全. 不知地支木火. 不載金水. 杯水車薪. 不但不能制火. 反洩財星之氣. 夏月庚金敗絶. 財之不眞可知矣. 早運癸未, 甲申, 乙酉. 土金之地. 豊衣足食. 一交丙戌. 支全火局. 刑妻剋子. 破耗異常. 數萬家業. 盡付東流. 丁亥, 合壬寅而化木. 孤苦不堪而死.

차하화봉금. 재자약살. 양지부잡. 살인쌍청. 정연명리겸전. 부지지지목화. 부재금수. 배수거신. 부단불능제화. 반설재성지기. 하월경금패절. 재지부진가지의. 조운계미, 갑신, 을유. 토금지지. 풍의족식. 일교병술. 지전화국. 형처극자. 파모이상. 수만가업. 진부동류. 정해, 합임인이화목. 고고불감이사.

➔이 경우에는 여름의 불이 금을 만났는데 약한 살을 재가 돕는 형국이다. 또 지지에는 두 寅木과 두 午火가 있으니 살인쌍청이라서 명리가 모두 완전할 것은 정한 이치라고 하겠지만, 지지에 木火는 천간의 金水를 실어 주지 않고 한 잔의 물로 짚수레의 불을 끄려니 단지 불을 제어하기가 불가능할 뿐만 아니라 도리어 재성의 기운만 설하는구나. 여름의 庚金이 절지에 임하니 재성이 부진한 모습임을 알겠다. 일찍이 癸未와 甲申과 乙酉의 土金운에서는 의식이 풍족했는데, 한번 丙戌대운으로 바뀌면서 지지에 火局이 형성되니 처자를 형

극하고 고통을 많이 받아서 수억의 재물이 강물에 다 떠나가고 丁亥 대운에는 壬寅과 합하여 목으로 화하니 그 외로움과 고통을 참지 못하고 죽었다.

【 강의 】

이 사주에서의 재성의 형태를 설명하라고 한다면 마치 껍질만 남은 뱀의 허물과 같다고 해야 할 듯하다. 시간의 庚金이 그렇고 연간의 경금이 그렇다. 더구나 운까지 불리하니 마침내는 팔자의 암시대로 흘러간 모양인데, 비록 팔자에서의 암시는 약하더라도 운에서나마 보완이 되면 충분하겠지만 바로 丙戌운과 같은 성분이 부작용을 일으킨다면 기대하기 어렵겠다. 더욱이 젊어서의 넉넉함을 맛본 상태라면 늘 그러한 생각이 머리에 남아 있을 것이므로 재물이 있어도 여간해서는 기분이 나지 않을 것이다. 그래서 어려서는 고생을 해도 중년 이후에는 약간의 재물을 만져야 행복한 기분이 들 것 아니겠느냐는 얘기는 당연하다고 하겠다. 20~30대의 행복은 결국 간만 키우고 현실적으로 적응하기 어렵게만 만들어서 스스로 거친 세상에 적응을 하지 못하고 막을 내린 것이 딱하다고 해야 하겠다.

壬	庚	乙	乙
午	寅	酉	卯
丁	戊	己	庚	辛	壬	癸	甲
丑	寅	卯	辰	巳	午	未	申

秋金乘令. 財官竝旺. 食神吐秀. 大象觀之. 富貴之命. 第財星太重. 官星拱局. 日主反弱. 不任其財官. 全賴劫刃扶身. 被卯冲午剋. 時干壬水. 不能剋火. 反洩日元之氣. 則財星不眞矣. 初運甲申祿旺. 早年入泮. 其後運走南方. 貧乏不堪.

추금승령. 재관병왕. 식신토수. 대상관지. 부귀지명. 제재성태중. 관성공국. 일주반약. 불임기재관. 전뢰겁인부신. 피묘충오극. 시간임수. 불능극화. 반설일원지기. 즉재성부진의. 초운갑신록왕. 조년입반. 기후운주남방. 빈핍불감.

➔ 가을 금이 월령을 잡고 재관도 왕하며 식신은 수기를 설하는 상황이니, 대체로 보건대 부귀한 명이라고 하겠다. 다음으로 재성이 너무 많고 관성은 국을 이루고 있으니 일주는 도리어 약하다. 그러므로 그 재관을 감당할 수가 없으니 오로지 비겁의 도움에 의지하는 형상인데, 卯木과 午火의 극을 받는 酉金이지만 시간의 壬水는 화를 극할 수가 없고 도리어 일주의 기운만 설하는 형상이니 재성이 부진하게 되었다. 초운에서 甲申으로 녹왕이 되면서 일찍이 반수에 들어갔지만 그후로 운이 남방으로 달리니 가난의 고통을 참을 수가 없었다.

【 강의 】

설명을 보면 애초에 부귀한 명으로 봐줄 생각이 없었던 것으로 보인다. 주변에서 그렇게 말들을 하더라는 정도로 이해하면 되겠다. 신약해서 인겁이 필요하고 재성이 병이 되었다는 결론이고, 이것은 재가 많아서 가난하게 된 것이라기보다는 운의 도움이 없어서라고 볼 수 있다. 타당한 설명이라고 생각된다.

庚	癸	丙	辛
申	巳	申	丑

戊	己	庚	辛	壬	癸	甲	乙
子	丑	寅	卯	辰	巳	午	未

　此財星坐祿. 一殺獨淸. 似乎佳美. 所嫌者, 印星太重. 丑土生金洩火. 丙辛合而化水. 以財爲劫. 兩申合巳. 則財更不眞. 初運乙未, 甲午. 木火竝旺. 祖業頗豊. 一交癸巳. 皆從申合. 一敗如灰. 竟如乞丐.

　차재성좌록. 일살독청. 사호가미. 소혐자, 인성태중. 축토생금설화. 병신합이화수. 이재위겁. 양신합사. 즉재갱부진. 초운을미, 갑오. 목화병왕. 조업파풍. 일교계사. 개종신합. 일패여회. 경여걸개.

➔이 경우에는 재성이 비견을 보고 하나의 편관은 맑게 있으니 아름다운 것으로 보인다. 싫어하는 것은 인성이 너무 많고 丑土는 다시 금을 생조하고 화를 설하는데다가 丙辛합으로 化水까지 되니 재를 겁탈하는 셈인데, 두 申金은 다시 巳火를 합하니 재성이 부진하게 된다. 초운의 乙未와 甲午는 木火가 함께 왕해서 조상의 유업이 넉넉했는데, 한번 癸巳의 운으로 바뀌면서 모두 신금과 합하게 되어 한번 깨어져서 (불꺼진) 재가 되어 버렸으니 마침내는 거지가 되었다.

【 강의 】

 실로 아름답다는 말은 별로 신경 써서 하는 말 같지 않다. 여하튼 재성이 용신인 것으로 봐야 하겠는데, 이리저리 합이 되어서 무력한 것으로 이해하면 되겠다. 또한 巳申合水를 거론하시는데 그렇지 않더라도 재성이 근거가 없어서 무력한 것은 틀림없으므로 육합은 건드리지 않아도 되리라고 본다. 癸巳대운에서 癸水의 작용으로 더욱 필요한 재성이 겁탈을 당하여 깨어졌다고 이해한다면 충분할 것이다. 그리고 어렸을 때 환경이 부유하다 보면 스스로 자립할 능력이 부족할 가능성이 많다고 봐서 얻어먹는 신세가 되었다고 해도 무리가 없겠다.

 "품바품바 잘이헌다! 이~ 놈이 이래빼도 정승 판서 자제로서~" 하는 사설이 장타령에 포함되어 있는데, 과연 그 말이 허풍만도 아닐 수 있겠다는 생각이 문득 든다. 이 사람이라면 품바 타령을 그렇게 부를 성싶어서이다. 초년의 부유함은 인생에 도움이 되지 않는다는 말이 다시 떠오른다.

```
乙  丁  乙  庚
巳  丑  酉  辰

癸 壬 辛 庚 己 戊 丁 丙
巳 辰 卯 寅 丑 子 亥 戌
```

 丁火日元. 時逢旺地. 兩印生身. 火焰金疊. 似乎富格. 不知月干乙木. 從庚而化. 支會金局. 四柱皆財. 反不眞矣. 祖業亦豊.

初運丙戌. 丁亥. 比劫幇身. 財喜如心. 戊子己丑. 生金晦火. 財散人離. 竟凍餓而死.

　정화일원. 시봉왕지. 양인생신. 화염금첩. 사호부격. 부지월간을목. 종경이화. 지회금국. 사주개재. 반부진의. 조업역풍. 초운병술, 정해. 비겁방신. 재희여심. 무자기축. 생금회화. 재산인리. 경동아이사.

➡ 丁火일주가 시지에 왕지를 만나고 두 인성이 생조도 하니 불기운이 강하고 금도 쌓여 있어 부자의 사주로 보인다. 그런데 월간의 乙木은 庚金을 따라서 가버리고 지지에는 다시 金局이 성립되어 있음을 모르고 하는 말이니 사주가 모두 재성이라 도리어 부진이 되었다. 조상의 유업이 또한 풍성했는데, 丁亥대운에서 비겁이 일주를 도와서 재물이 마음대로 되었으나 戊子와 己丑에서는 금을 생하고 불을 어둡게 하는 바람에 재물이 흩어지면서 사람도 뿔뿔이 떠나가고 마침내는 굶다가 얼어 죽었다.

【강의】

　참 갑갑한 사람이다. 오죽 수단이 없으면 굶어 죽었을까 싶은데, 있는 재산에 호의호식하고 살다가 갑자기 거지가 되어 버리면 참으로 살아갈 길이 막막하여 굶어 죽을 수도 있는 모양이다. 아무리 그렇더라도 일지에 식신이 있는데 무능해서 굶어 죽는다는 것은 아무래도 사주라기보다는 부모의 탓으로 봐야 하겠다. 아마도 너무 무력해서 아무것도 할 수가 없었는지는 모르겠지만 그래도 뭔가 살 궁리를 했음 직도 하련만 아깝게 되었다.

그런데 혹시라도 요즘 세상에는 그런 사람이 없을 것이라고 생각한다면 또한 천만의 말씀이라고 해야 하겠다. 요즘 세상에도 역시 굶어 죽고 얼어 죽는 사람이 있는 것을 보면 참으로 인생의 살림살이는 시공을 초월해서 유지가 되는 모양이다. 그러니까 『탈무드』에서 가르치듯이 "자식이 배고파서 울면 생선을 한 마리 주지 말고 낚시질하는 법을 가르쳐라."는 말씀이 참으로 자식을 올바르게 가르치는 핵심이라고 생각되는 것이다. 과연 자식을 어떻게 키우는 것이 잘하는 것인지를 다시 생각하게 만드는 성현의 말씀이다.

貧에 대한 추가 의견

우리 속담에 '가난은 나랏님도 구제 못한다.'는 말이 있는데, 과연 일리가 있는 말이라고 생각된다. 이런 생각이 드는 것은, 언젠가 농가의 부채를 국가적인 차원에서 탕감해 준다고 해서 신청한 농민들이 돈을 전해 받은 그날 저녁에 마을에서는 노름판이 벌어져서 전문가들이 모두 쓸어 가버렸다는 이야기를 전해 듣고 나서였다. 과연 팔자에 없는 재물을 얻으면 그렇게 날아가더라는 생각을 하게 되면서 생긴 대로 살게 두는 것이 옳겠고 정부가 그런 데까지 개입하기보다는 오히려 애써 지은 농산물이나 제 값을 받을 수 있도록 최선을 다하는 것이 더욱 현명한 일이 아닌가 싶었다.

낭월 역시 가난에 대해서는 실감할 만큼 하고 난 나머지이다. 끼니가 없어서 어머니께서 식당에서 일해 주고 얻어 온 누룽지를 끓여서 일주일간 먹고 살면서도 세상에서 뭔가 할 만한 일이 없다는 경험도 했다. 그래서 굶어 죽는 것도 팔자라는 생각이 드는데, 참으로 조상님들이 도왔음인지 이렇게나마 내 터전에서 원고를 쓸 수 있다는 것이 더욱더 행복한 것은 아마도 그 징그럽게 몸서리쳐지는 가난을 몸소 겪었기 때문일 것이다. 그래서 이즈음에는 가난이 비록 고통스럽기는 해도 반드시 나쁜 것이라고 하기는 어렵겠다는 생각을 하곤 한다. 마침 사주를 공부하면서 부귀빈천에 대한 항목을 살펴보는 김에 뭔가 그 가난의 정체에 대해서 좀더 생각해 보고자 하는 마음이 든다.

1) 가난의 원인은 무엇인가?

우선 이렇게 물어 봐야 하겠다. 과연 무슨 일로 해서 가난하게 되는 것인가를 살펴보는 것이 진정으로 인생의 구조를 이해하는 과정에서 의미 있는 시도가 되리라고 보기 때문이다. 물론 벗님도 함께 생각해 볼 대목이니 곰곰이 궁리해 보시라는 당부도 드린다.

① 전생에 복을 짓지 못한 탓이다

아마도 불교에 대해서 어느 정도 이해하고 있는 벗님이라면 이러한 결론을 내리게 될 것이다. 그리고 낭월 역시 틀렸다고 말씀드리기는 어렵겠다. 인과의 차원에서 본다면 복이 없으면 태어나서 일생 동안 부지런히 일을 해도 자주 끼닛거리가 없을 수 있다는 생각을 하고 있기 때문이다. 그렇다면 이번 생의 가난하거나 부유한 것은 모두 전생의 업연에 의한 것이라고 해석하면 간단하게 해결되는데, 그렇게 놓고 보니 운명을 추단(推斷)하고 해석하고 길흉을 판단할 필요도 없다는 문제가 발생한다. 그리고 그 논리도 당연히 타당하다는 결론을 내리게 되는 낭월도 실제로 운명을 안다고 해서 삶에 무슨 큰 변화가 생기는 것도 아니다. 만약 자신의 운명을 알고 개선한다면 잘살 수 있지 않겠느냐는 말은 참으로 현실성 없는 공론이 될 것 같다는 생각이 들어서이다. 여하튼 불교의 관점으로 보면 전생에 복을 짓지 않아서 가난하게 산다고 해석한다는 점만 이해하고 다음 단계로 넘어가자.

② 부모의 탓이다
그래도 전자보다는 좀더 현실적인 저항이라고 생각된다. 누구는 부잣집에서 태어나서 호의호식하고 잘살아가는가 하면, 누구는 가난한 부모를 만나서 지지리도 없이 온갖 고통을 받으면서 그렇게 지지고 볶으며 살아가는가 생각하면 원망하느니 부모일 뿐이다. 그리고 그러한 원망도 충분히 이해가 간다. 그러니까 그야말로 '재수가 없어서' 빌어먹는 부모를 만난 것이라고 해야 할 모양이다. 그러나 말이 되지 않는 것은 이내 증명이 된다. 비록 가난한 부모를 만났을 망정 자수성가하여 당당하게 부자 소리를 듣는 사람이 실로 더욱 많다는 점에서 이 주장은 무력하고 나약한 인생의 어림도 없는 푸념일 뿐이다. 문득 이런 사람이 떠오른다.

어느 날 멋진 신사가 어머니를 찾아온다. 그래서 무엇 때문에 그러시냐고 하니까, 언젠가 인연이 있어서 하룻밤을 같이 보냈는데 그 후에 아이를 임신했다는 말을 듣고서 찾아오게 되었다면서 어머니를 만났다. 어머니도 그렇다는 것을 인정한다. 그 아이는 바로 자신이 다른 형제와는 달리 사생아라는 것을 확인하면 일시적으로는 슬프겠지만(실은 전혀 그렇지 않을지도 모르지만), 생부는 엄청난 부자였기 때문에 자신은 하루아침에 유산을 받아서 떵떵거리는 재벌 2세가 되어 잘살게 되었으면 좋겠다는 이야기를 하는 사람도 있었는데……

흔히 여자에게는 '신데렐라 콤플렉스'가 있고 남자에게는 '바보 온달 콤플렉스'가 있다고들 하던데, 이 친구의 말이 아마도 그런 모양이다. 물론 인간적으로는 이해가 되지만 그러한 생각을 한다는 것 자체가 자신의 무력하고 무능함을 나타내는 것이라고 본다. 그야말로 쓸데없는 망상이라고 해야겠지만, 사람이 살아가면서 한두 번 정도는 그런 생각을 하는 경우야 당연히 있을 것이다. 벗님은 그런 생각을 해보시지 않았는지?

아무튼 이렇게 부모를 한탄하고 원망하는 것은 참으로 의미가 없는 일이다. 중요한 것은 좀더 현실적으로 어떻게 해소를 하면서 살아가야 할 것인가를 생각하고 그 방면으로 노력하는 것이 최선의 방법일 것이다.

③ 내가 무능해서이다

글쎄다…… 말이야 틀렸다고는 못하겠지만, 실제로 현실을 보노라면 돈을 버는 것과 무능한 것과는 큰 관련이 없지 않은가 하는 생각이 들 때가 가끔 있어서 하는 말씀이다. 물론 기본적으로야 무능해서 가난하다는 말이 상당히 합리적이라는 것은 알겠는데 그렇다면 부지런하면 잘살겠느냐는 점에 대해서는 고개를 가로젓게 되는 낭월이다. 왜냐하면 실제로 엄청나게 노력하는 사람을 봤지만 현실적으로는 그 노력이 재물을 모으는 데 별로 도움이 되지 않더라는 점을 생각하게 되면서이다.

가난의 원인에 대해서 잠시 생각해 본 항목은 이 정도에서 줄이고 다시 재물의 구조에 대해서 더 살펴보도록 하자.

2) 재물의 정도

재물의 정도라는 것은 일생 동안 얼마나 되는 재물을 모으느냐는 말씀이다. 흔히 사주를 보니 백억의 재물은 누리겠다거나 수십억은 벌 수 있겠다는 등의 말을 하는데, 그 의미를 다시 한 번 생각해 보자는 것이다. 가난하다는 것은 어디까지의 재물을 말하는 것인지 생각해 본다는 말씀이 더 정확하겠다. 그러니까 여기에서 언급하는 것의 이상이 된다면 이미 가난하다는 말은 하지 않아도 되겠다.

① 밥은 겨우 먹고 삽니다—5억

여기서부터 시작하면 되겠다. 흔히 하는 말로 '밥은 겨우 먹고 삽니다.' 라는 얘기를 많이 듣는데 그 정도가 과연 어느 정도인지를 생각해 볼 때가 되었다. 낭월이 보기에는 평범한 삶을 살아가는 많은 사람들이 여기에 해당하지 않을까 싶다. 그렇다면 그 5억은 어떤 기준으로 계산하는 것이 옳겠느냐는 질문을 하시고 싶겠는데, 이렇게 계산하는 것이 반드시 옳다고 할 수는 없어도 하나의 참고로 생각해 볼 수는 있을 것이다. 그러니까 더 좋은 방법이 있다면 한번 곰곰 생각해 보시라고 말씀드리는 것이다. 이 정도의, 즉 부자도 아니고 가난한 사람도 아닌 정도의 삶이 어떻게 해서 5억은 된다고 본 것인가를 기준으로 말씀드리면서 계산하는 방법을 설명해 드린다.

가) 20세 전에는 소비만 하게 된다. 대체로 요즘의 기준으로 본다면 군대를 가기 전에는 수입이 신통치 못하다고 해야 하겠다. 그래서 수입은 없는 것으로 본다.

나) 20대 초반에는 군대 생활과 이런 저런 일로 방황하면서 보내

기 십상이고 25세 무렵에나 직장 생활이 무난할 것이다. 특별히 사회적으로 특성이 나타나는 것도 아니라면 보통 직장 생활로 시간을 보내게 될 것이다. 봉급은 대략 초봉에서부터 발전한다고 보고 평균 100만 원 정도의 월급은 되지 않을까 싶다. 이것을 연봉으로 따지면 1200만 원 정도로서 기본적인 수입으로 보겠다. 거기에 5년을 곱하면 6천만 원이 된다. 물론 이 돈은 생활비로 사용하기에도 부족해서 잔금은 거의 없다고 봐도 될 것이다.

다) 30대에는 다소 상향 조정이 되어서 월급이 평균 150만 원은 될 것이라고 생각해 본다. 그러면 연봉은 1800만 원이고, 이것을 10년간 모으면 1억 8천만 원이 되겠다. 이것을 앞의 20대와 합하여 대략 10년간의 수입으로 계산한다면 2억 4천만 원이 되는 셈이다. 일생 재물의 절반을 벌었다고 보면 된다. 여기까지는 그런대로 순탄하다고 보겠다.

라) 40대는 변화를 추구하는 것이 일반적이다. 인생이 그렇듯이 순탄하게 진행되다가는 또 계획이 일그러지기도 하는 것이 보통이며, 이 경우 쓰고 남은 약간의 돈으로 자신의 일을 해보겠다고 추진하다가는 다시 몽땅 날려 먹을 가능성을 생각해 보게 된다. 대다수의 사람들은 한 20년 정도 직장 생활을 하다 보면 뭔가 몸부림을 쳐 보고 싶은 것은 당연할 것이다.

그래서 사업을 벌이고 여기에서 왕창 망하게 된다고 생각해 보자. 결국 빚만 잔뜩 짊어지고 다시 새 출발을 해야 하는 상황이 발생한다. 그러나 한번 깨어진 흐름은 재생하기가 결코 쉽지 않다. 결과적으로 이 시기에 실패하는 인생과 성공하는 인생으로 나눠지는 것이 보통이다. 여기에서 우리의 주인공은 실패할 가능성이 많다고 봐야 하겠다. 그래야 부자가 되지 못하기 때문이다. 망해 먹었다고 봐서 다시 시작해야 하는 입장이다.

마) 50대는 40대의 방황을 정리하는 데 총력을 기울이느라 늘 쫓기고 아이들의 교육비나 결혼 비용 등으로 지출이 많아지면서 허덕대는 그야말로 가난한 국민이 되는 시기일 것이다. 그래도 과거의 경력을 인정받는다면 대략 복구가 되겠지만, 대개는 유감스럽게도 자신의 일을 되찾아서 안정되기는 어렵고 새로운 일에 다시 적응하느라 고생한다고 보는 것이 타당할 수도 있겠다. 그래서 비록 매월 150여 만 원씩은 벌어들인다고는 해도 남는 것은 한 푼도 없을 것이다. 여하튼 그래도 10년을 따지면 다시 30대의 상황과 비슷하다고 해야겠고, 그래서 도저히 양에 차지 않아 다른 방향을 모색해 보기도 하지만 너무 위험하기 때문에 냉큼 변화를 추구하기는 극히 어려울 것이다.

그리고 이 돈은 일용 근로자로 품팔이를 하였을 경우도 고려해 보는 것이다. 그러니까 매일 5만 원 정도의 벌이가 된다고 보면 월 150만 원이 된다고 계산할 수가 있다. 우리 주변에서는 이와 같은 흐름을 갖고 있는 서민을 많이 만날 수가 있기에 한번 생각해 본 것이다. 너무 황당한 계산이 아니라는 점을 알아주시기 바란다. 아무튼 50대에 벌어들일 재물은 대략 2억 4천만 원 정도……. 결과적으로 이것이 자신이 이번 생에서 벌어 볼 만한 재물의 전부이다. 왜냐하면 60이 넘어가면 노동력을 별로 인정받지 못하므로 벌어 봐야 한계가 있다고 해야겠기 때문이다.

이렇게 되면 결국 일생을 통해서 잘하면 부자가 되겠지만, 이 사람의 경우라면 참으로 허덕거리면서 살아가기에 바쁠 것이고 자신은 밥은 굶지 않고 살아간다고 할지 모르겠으나 현실적으로는 고통이 참 많을 것이다. 여하튼 이 계산을 바탕으로 보면 40대에서 고통을 겪지 않는 방법을 모색해야 하겠다는 생각이 든다. 그렇다면 그 이상의 상황은 어떻게 될지를 한번 살펴보자. 즉 40대에 안정을 누렸을 경우의 상황이 되는 것이다.

② 아쉬운 것은 별로 없습니다—10억

40대에 직장에서 그대로 적응을 한다면 아마도 봉급은 상당히 올라가서 월 250만 원은 받을 수 있지 않을까 상상해 본다. 낭월이 이 부분에 대해서는 거의 알지 못하기 때문에 대략적으로 주위들은 애기를 바탕으로 삼았음도 헤아려 주시기 바란다. 어쨌든 월 250만 원 정도 된다면 연봉은 3천만 원 정도이고 이것을 10년간 모으면 3억 원이 되는 셈이다. 여기에다 앞에 번 것을 더하면 5억 4천만 원이 되겠다.

그리고 다시 50대에는 지위가 올라가서 운영진에 도달하지 않을까 싶다. 그러니까 상무나 부장 같은 자리 말이다. 월급은 대략 400만 원쯤 될까? 그러면 연봉은 5천만 원 정도 될 것이고 10년이면 4억이다. 그렇다면 합해서 10억 여 원이 되는 것으로 보면 무난하겠다. 낭월이 세운 계산이 너무 황당하다고는 생각지 않을 것이다. 그야말로 월급쟁이로 성공한 사람의 경우라고 볼 때 10억 원의 재물을 모을 수가 있다고 하겠으며 이 정도라면 그런대로 소부(小富)는 된다고 해도 되지 않을까 싶다. 그야말로 중산층이라고 보는 정도라고 이해가 된다. 그렇다면 10억에서 5억 사이는 중산층에서 저산층으로 구분될 수 있겠다. 예전에 손자병법이라는 드라마가 있었는데 거기에서 만년 과장인 이장수 과장이 아마도 저산층에 속하는 모델이 아닌가 싶다. 5억에도 미치지 못한다면 가난한 빈민층에 해당한다고 해도 무리가 아니라고 생각된다. 그리고 여기에서는 그 빈민에 해당하는 사람들의 사주를 생각해 보는 장이라는 점으로 다시 돌아가서 살펴보도록 한다.

③ 살맛이 나질 않습니다—2~3억

예금 통장의 잔고는 늘 제로에 가깝고, 아이들의 수업료는 부담이 되고, 혹시라도 가족 중에 누군가 아프면 어떻게 해야 할지를 고민해야 하는 입장이라면 가난한 사람에 속한다고 할 만하겠다. 그리고 이 정도라고 한다면 30~60대까지 30년간 벌어들일 수입을 월 평균 100만 원 정도로 잡아야 하지 않을까 싶다. 늘 쫓기면서 하루하루를 보내야 하고, 가불과 카드 사용 대금을 막느라고 돈 빌려 달라는 말이 입에서 떠나질 않는 입장이라고 봐야겠다. 사실 한 달에 단돈 100만 원으로 생활한다는 것이 얼마나 어려운지는 살림을 살아 보신 벗님이라면 충분히 아실 일이다. 그리고 매달 100만 원만 빠지지 않고 벌어 와도 다행이라고 할 벗님도 많을 것이다. 그만한 돈도 매일 3만 원의 수입은 되니, 그 정도도 안 되는 사람들도 많다는 것을 생각해야 하기 때문이다. 이렇게 벌어 온 돈은 30년을 계산해 보면 대략 3억 원이 되는 것이다. 그래서 2~3억 원 정도라고 하겠거니와 늘 쫓기면서 살아가는 인생이 되는 것이다. 가난의 맛을 절절하게 느끼는 것으로 봐도 되겠다.

④ 자주 굶습니다—1억

　도대체 일생 동안 1억을 번다면 매일 얼마나 될까? 앞의 경우에 비해서 3분의 1에 해당하므로 일당이 1만 원 정도 된다고 하겠다. 먹고 나면 잘 돈이 없고 자고 나면 먹을 돈이 없다.

　아이들은 뭘 먹고 사느냐고? 그런 말을 묻는다면 가난이란 놈이 얼마나 몸서리나는 것인지를 알려면 아직도 멀었다고 해야 하겠다. 자기 한 몸도 돌볼 수 없는데 자식이라니? 참고로 낭월이 고물 장사를 하니까 하루 일당이 약 2만 원 정도 되었다. 그런데 매일 그렇게 되느냐면 그것도 아니다. 평균이 그렇다고 보면 되겠다. 그러니까 겨우 밥은 먹고 살겠더라는 것이고, 그래서 그후로는 아무것도 겁나는 것이 없더라는 것이다. 적어도 고물 리어카를 끌면 식구를 굶기지는 않겠더라는 확신이 있었기 때문이다. 각설하고, 이렇게 가난한 사주의 구조나 한번 살펴보도록 하자.

　이제부터 등장하는 사주의 주인공들 이름은 숨기도록 할 참이다. 구태여 이름을 이야기해 봐야 기억할 수도 없겠지만, 개인적으로도 자신의 이름이 가난한 사람들 틈에 끼여 있는 것이 과히 즐겁게 생각되지 않을 수도 있기 때문이다. 이 점 양해해 주시고 혹 자신의 사주와 닮은 명식이 보인다면 참고용으로 생각하실 일이지 일생 재물에 대해서는 포기해야 하는 것인가 하여 괜히 마음 쓰지 말라는 당부의 말씀도 드린다. 여기에 나오는 사주의 주인공들은 스스로 일생을 생각할 적에, 상당히 가난에 시달린다는 사람들의 명식이라고 생각하면 되겠다.

3) 가난한 사람 1

壬	丙	癸	癸
子	午	亥	丑

07	17	27	37	47	57	67	77
丁	戊	己	庚	辛	壬	癸	甲
未	申	酉	戌	亥	子	丑	寅

 사주의 구조를 보면 午月의 재물이 왕한 계절에 태어난 癸亥일주이다. 사주에서 절대로 필요한 것은 水火의 대립을 해소하는 차원에서 목이라고 하겠는데, 유감스럽게도 목은 亥水 속에 들어 있는 甲木이 전부이다. 물 속에 들어 있는 목으로 수화의 대립을 통제하는 것은 공염불이라고 하는 것은 오행의 이치를 알게 된다면 당연한 이야기일 것이다. 그렇다면 이 사주의 구조는 결국 군겁쟁재의 현상이 나타나고 있다는 것으로밖에 해석할 수가 없다. 그래서 재부진(財不眞)에 속하고 재물의 인연이 약하다는 것을 알 수 있는데, 그래도 이 사람이 일생을 부지런히 일한다면 어느 정도 잘살 수 있겠느냐는 질문을 드린다면 뭐라고 답하실 참인가?

 그래도 옛말에 '勤者小富'라고 했으니 부지런히 일한다면 작은 부자는 되지 않겠느냐고 한다면 다만 상징적인 의미일 뿐이라고 해야 할 참이다. 이 사람은 낭월이 옆에서 지켜본 사람이다. 너무도 당연하겠지만 낭월의 부친이기에 더욱 구체적으로 그 상황들에 대해서 냉정히 따져 볼 수가 있었던 것이다. 과연 어떻게 살았을까……. 이분의 일생은 그야말로 노력으로 시작해서 노력으로 끝났다고 해도 과언이 아니었다. 그렇게 부지런하고 성실했다. 이 점은 낭월이 인정을 해야 하겠다.

평생 도박이라고는 해본 적이 없으며 혀를 위해서 맛있는 것을 사 먹어 본 적도 없다. 그리고 언제나 날이 새기 전에 들로 나가고 어둠이 내린 다음에 집으로 귀가했다. 날이 새기를 기다리면서 멍석이나 미꾸리(짚을 이용한 도구들)를 만들기도 하면서 그렇게 부지런히 일하였다. 참으로 부지런한 사람의 대명사였다. 그럼에도 가난을 면하지 못했던 것은 왜일까? 흔히 하는 대로 사업을 하다가 망해 먹었느냐고 한다면 사업은 해보지도 않았고 결국 농사를 지으면서 일생을 살았다. 그래도 노력한 만큼의 품값을 얻는 듯 보이기도 했건만 언제나 손익 계산을 해보면 적자였던 모양이다. 그 결과로 빚은 나날이 늘어갔고, 궁핍에서 그리 쉽사리 벗어날 수가 없었던 것이다.

말씀은 늘 옳았다. "사람이 부지런하고 올바르게 살면 잘살 날이 올 게다."라고 하셨지만, 현실은 그렇지가 못했다. 자신은 실로 그렇게 올바르고 부지런하게 살았지만 전혀 잘살지를 못했던 것이다. 혹 머리가 나빠서라고 할 수도 있겠다. 그러나 당시에 여상을 나온 은행 직원과 셈을 했는데, 그 직원은 수판으로 계산하고 부친은 성냥개비로 했지만 더욱 정확했다. 그러니까 머리가 나쁘다고도 못할 지경이다. 그러면 자녀들이 아파서 지출이 많았던 것일까? 그러나 무슨 수술을 해서 돈을 지출한 기억은 전혀 없다. 그래서 어쩔 수 없이 돈을 지출한 일은 거의 없는 것으로 봐야 하겠다. 즉 가족의 질병으로 돈을 벌지 못했다는 말도 할 수가 없다는 이야기이다.

더구나 혼자서 노력한 것도 아니고 모친도 열심히 사셨는데, 그 보람도 없이 언제나 끼니를 이어 가는 정도였다. 그런 처지에 중학교를 가는 것은 생각인들 했겠으며 무슨 공부에 대한 꿈을 키워 봤겠는가를 돌이켜보면 참 어쩔 수 없는 현실이었다고 생각된다. 그리고 어느 벗님은 낭월의 명식에서 초운에 癸水대운이나 壬水대운이 왔음에도 왜 그렇게 어려서 고생을 했느냐고 질문도 하였는데, 낭월이 이 점을 해결하려고 많은 각도에서 고민해 봤지만 결국은 20세 전의 운은 부모의 운으로 작용한다는 것으로밖에 볼 수 없다는 결론을 내렸다.

생각을 해보시라. 과연 어린아이의 입장에서 브친의 사주가 이 모양인데 뭘 할 수 있겠느냐는 말이다. 여하튼 부친의 사주는 이렇게 군겁쟁재의 형태를 띠고 있으니 그야말로 비렁뱅이의 사주라고 해야 하겠다. 하긴…… 그렇게나마 부지런하였기 때문에 자식들 손에 깡통 들려서 밥벌이하러 내보내지 않고 밥이라도 먹일 수 있었는지 모를 일이다. 다만 늘 하신 말씀은 "부모는 아이가 제 손으로 밥을 떠먹을 만큼만 키워 놓으면 역할은 끝난 것이니 국민학교를 졸업하고서는 돈 벌러 나가거라."였다. 그 바람에 가난에 대해서는 이가 갈리도록 절절히 체험을 했다. 옷은 언제나 다른 곳에서 얻어 온 헌 옷을 입는 것이 당연한 줄로 알았고, 소풍을 갈 적에는 김밥이면 너무 황송했으며, 돈이 많아서 잘 쓰는 아이들을 보면 다른 나라 사람처럼 보이기도 했다.

초등학교를 다닐 적에 어느 친구가 라면을 들고 와서 과자처럼 먹는데 참 맛이 있어 보였다. 그래서 좀 얻어먹었는데 참으로 고소했다. 그리고 라면 스프를 주기에 집으로 들고 갔더니 국을 끓이는 데 넣고서는 고깃국 같다며 잘 드시던 모습도 떠오른다. 돈이 없는 것이 너무도 당연하였기 때문에 나도 그 라면을 사먹을 수 있다는 생각은 전혀 못했다는 것을 나중에야 느끼고 혼자 고소를 금치 못했던 생각이 난다. 검소하다면 참으로 검소하셨고, 고깃국은 일 년에 두

번 정도 얻어먹으면 재수가 좋은 것으로 생각해야 했다.

그래도 별로 부친을 원망할 생각도 없었고 당연히 그렇게 살아가는 것인 줄로 알았는데, 이렇게 명리학을 약간 이해하고 나서 부친의 사주를 보니 참으로 고생만 하신 모습이 측은하게 느껴지기도 한다. 무슨 희망이 있느냐고 해야 하겠다. 비록 월령이 재성이라고 한들 壬子의 연주로 인해서 그대로 파극이 되어 버리고 아무런 결실이 되지 못하는 형상과, 연간이라도 식상이 되었더라면 유통이 되어서 그런대로 밥을 먹기에는 다소 편했을지도 모르겠는데 이렇게도 참혹한 재물의 암시를 보기도 참 쉽지 않을 것 같다. 그래도 올바르게 자신의 위치를 지킬 수가 있어서 소년 가장은 면했다는 것이 그나마 고맙고도 다행한 일이었다는 생각이 절로 든다.

운의 모습은 또 어떤가 보시기 바란다. 서북으로 흐르는 인생 70년의 세월이 과연 어떠했을까? 아마도 상상하기는 별로 쉽지 않을 것이다. 철저하게 되는 것이 없는 인생이었을 뿐이다. 77세에 들어오는 甲寅대운은 어떻게 작용을 하겠는가? 결국 장남의 집으로 돌아가서 인생의 말년을 보내시는 것으로 좋은 운의 마감이라고 해야 할 것이다. 그것뿐이다. 참으로 이럴 수도 있겠다는 생각을 하다 보니 낭월이 과연 운의 흐름에 대해서 어떻게 생각하겠느냐는 점을 헤아려 주시기 바란다.

아무리 사람의 노력이 뛰어나고 머리도 총명하고 그만큼 부지런하다고 해도 결국 운이 도와 주지 않는다면 아무런 쓸모가 없다는 것을 자동적으로 생각하게 되는 것이다. 실로 공부를 하는 이면에서 이렇게 주변의 여건들도 엄청난 영향을 발휘하고 있는가 보다. 아마도 도덕 교과서에는 부지런히 노력하면 잘살 수 있다고 적혀 있을 것이다. 그리고 그 말은 절반은 맞고 절반은 틀리기도 하는 말이라는 것은 명리학을 배우지 않았더라면 꿈에도 생각할 수 없었으리라고 지금도 느끼고 있다. 그래서 어려서는 몰라서 그랬고 이렇게 자라서는 또 너무 알아서 부친을 원망할 수가 없이 되어 버렸다. 이러한 환경에서 성장한 낭월은 마음대로 돌아다니기라도 하다가 죽는 게 좋겠다는 생각으로 김삿갓을 부러워하여 입산을 결심하였지만 실로 불문에서 정말 멋진 이치를 접하게 되었고, 불타의 가르침을 받아 나름대로 많은 깨달음이 있었다고 생각된다. 간단히 언급하려고 한 것이 좀 길어졌지만 운의 흐름이 얼마나 중요한지를 느껴 주신다면 그만한 가치가 있으리라고 본다. 역시 가난은 나랏님도 구제를 못한다지만 엄청난 부지런함도 결국 가난을 구제하지는 못하더라는 말씀으로 마무리하거니와, 벗님의 노력이 혹 마음과 같지 않더라도 너무 스스로를 탓하지 말라는 당부의 말씀도 드린다.

4) 가난한 사람 2

庚	乙	乙	壬
辰	亥	巳	戌

71	61	51	41	31	21	11	01
丁	戊	己	庚	辛	壬	癸	甲
酉	戌	亥	子	丑	寅	卯	辰

내친김에 낭월 모친의 사주도 한번 살펴보시도록 하겠다. 가난하기로 든다면 같은 삶이었기 때문이다. 그런데 묘한 점이 나타나고 있다. 우선 사주를 보면 巳月의 화왕절에 태어난 乙木이다. 아마도

낭월이『왕초보 사주학 입문』에서 밝힌 대로 을목이 결코 화초가 아닌 잡초이며 생명력이자 엄청난 물질에 대한 집착력이 있는 강인한 성분이라고 판단하게 된 이면에 많은 작용을 한 부분이리라고 생각하고 있다.

다시 사주를 보자. 月日의 지지가 충돌함으로써 분주하다는 이치를 읽어 낸 것도 이렇게 생긴 사주로 참으로 분주하게 동서남북으로 떠돌아다닌 운명을 지켜봤기 때문이다. 이러한 자료들을 얻게 해준 부모님께 감사해야 할지도 모르겠다. 어쩌면 낭월의 명리학 연구를 위해서 자신의 운명을 보여 주신 것은 아닌가 싶을 정도로 철저하게 운명의 사슬을 벗어나지 못하고 그렇게 살아가신 모델을 제공해 주었기 때문에 한편으로는 감사하면서도 다른 한편으로는 참 딱하다는 생각을 하지 않을 수 없는 현실이다.

정관이 합이 되어서 나타나는 현상을 보면서 월지가 상관이면 남편에게 무례하다는 말이 얼마나 현실성이 없는지도 생각해 보게 되었고, 또한 성격존에 대해서도 좋은 참고가 되기도 했다. 이 사주에서 용신은 일지의 인성이 되어야 하겠고, 운의 흐름을 따라가 보면 그래도 여기저기에서 水木의 운이 보였는데 어째서 가난을 면치 못했겠느냐는 질문을 하실 만하다. 명리 공부를 하면서 이런 저런 의문점을 모친께 직접 확인하는 과정에서 앞의 壬寅대운과 癸卯대운은 참으로 부유한 시간을 보냈다는 사실을 알았다. 辛金대운이 들어오면서 비로소 고통이 시작되었다고 말씀하셨다. 14세에 첫 결혼을 했는데 남편은 대전의 모 금융 기관에 있던 상류층 사람이어서 금전적으로는 부유한 생활을 했다고 한다. 그런데 왜 결혼 생활을 포기했는가 하면 남편이 사회적으로 인정을 받은 것과는 반대로 아내 한 사람도 보호할 희생 정신이 없는 이기적인 사람이었다고 한다. 그래서 그만 싫어져서 가정을 포기하고 떠났다고 하셨는데, 후에 가난을 겪으면서도 별로 후회해 본 적이 없다는 말씀을 듣고 보니 참으로 실망을 많이 하셨던 모양이다. 그렇다면 남편의 모습은 어떤가 살펴보자.

사주에서 관살이라고 할 만한 것은 연지의 戌土 속에 있는 辛金과 시간의 庚金이 전부이다. 그렇다면 앞의 신금을 전남편으로 보고 뒤의 경금을 후의 남편 즉 낭월의 부친으로 볼 수 있겠고, 실로 신금의 운은 남편의 운이고 35세에 다시 가난뱅이와 재혼을 하게 되었으니 참으로 놀라운 운명이라고나 해야 할 모양이다. 그후로도 운은 별로여서 亥子의 운을 제외하고는 모두 고통의 삶이라고 해야 할 것 같다. 참으로 똑똑한 모친이었고 말도 잘하시는 편이었는데, 조리정연한 이치로 인해서 늘 바깥의 일은 모친의 차지였다. 부친의 표현력은 참으로 답답하다고 할 정도였으며 툭하면 화만 내는 형태였다. 성급한 재성의 통제성이 아닌가 싶은 생각도 들었다.

재물의 인연을 보면, 인성이 용신이면 재성은 기신이므로 자신이 누릴 재물은 별로라고 해야 하겠다. 그러니까 평생 재물의 인연이 약하고 역시 財不眞에 해당하므로 남편에게도 재물의 인연이 불리한 여인이었다고 하겠고, 다시 서로의 인연은 그렇게 만나서 삶을 꾸려 간다고 이해해야 할 모양이다. 여하튼 가난한 남편을 만나는 것도 자신의 운명에서 그러한 암시가 있어서라고 해석해야 할지 모르겠다. 역시 남의 탓이 아니었던가 보다. 이 정도로 말씀을 드리고 줄인다. 새삼 고생만 하다 떠나가신 부모님의 인연이 다시 떠오르면서 지금만 같아도 두 분께 좀더 풍요로움을 전해 드릴 수도 있었지 않을까 애석해하니 옛말대로 '약간의 여유가 생긴 후에야 비로소 효도를 하려고 했으나 이미 부모님은 계시지 않더라.' 는 말이 생각난

다. 그래서 가끔 저승에서나마 평온을 누리시라고 기원드릴 때가 있
다. 이렇게 아들의 책에 소개를 하면서도 그 자리는 가난한 사람의
항목에 넣을 수밖에 없는 것이 참 한심하실지도 모르겠다······.

5) 가난한 사람 3

乙	己	癸	戊
亥	酉	亥	寅

78	68	58	48	38	28	18	08
辛	庚	己	戊	丁	丙	乙	甲
未	午	巳	辰	卯	寅	丑	子

癸亥월의 己酉일주이다. 더구나 시주는 乙亥이니 일간 己土의 신
약함은 극에 달해 있는 상황이다. 그야말로 재다신약의 구조라고 해
도 될 모양이다. 더구나 연주에서도 寅木이 다시 토를 위협하는 모
습이 보인다. 재다신약에 처의 엄청난 세력이 두려울 뿐이다. 용신
은 수가 많으면 토를 써야 하겠는데, 토는 인목에게 제어를 당하고
있으며 다시 겨울임을 고려한다면 인성인 화가 절대로 필요하지만
화는 인목 속에 암장되어 도와 줄 마음이 없다고 해야 하겠다. 그러
므로 재성은 부담이 될 수밖에 없고 용신은 연간의 戊土가 되는 셈
인데 무력하기만 하니 참으로 따분한 구조이다. 이렇게 재성이 많아
도 실제로는 도움이 되지 못하고 운에서도 올바르게 火土의 운이 이
어지지도 못했으니, 결국 일생 근면하고 성실하였지만 재물은 참으
로 볼품이 없어서 겨우 생계를 유지하는 것이 전부였다고 해야 할

것이다. 참으로 재물의 복을 타지 못한 사주라고 해야 하겠다. 그래서인지는 몰라도 당연히 가난한 사람이었다.

6) 가난한 사람 4

癸	丙	丙	丙
巳	午	申	子

72	62	52	42	32	22	12	02
戊	己	庚	辛	壬	癸	甲	乙
子	丑	寅	卯	辰	巳	午	未

申月의 丙午일주에 巳時이다. 연월간의 丙火도 무시하지 못할 세력이니 상당히 신왕한 구조인데, 용신은 수를 쓰고 희신은 재를 봐야 하겠다. 재성이 희신이니 재물이 많을 것이라고 할 수 있겠지만 또한 운의 도움이 있어야 가능하다고 해야 할 듯하다. 운을 보면 알겠지만 올바르게 재성이 힘을 받을 만한 운이 없는 것이 유감이다. 나이 60이 넘어서도 편안하게 쉬지를 못하고 취로 사업을 하러 다녀야 하는 것을 보면서 참으로 군겁쟁재의 현실이 유감스럽다고 해야 하겠다. 역시 알뜰하게 살아가는 사람이면서도 현실적으로는 늘 금전적인 여유가 없는데, 천 원 벌면 자식들이 2천 원 달라고 손을 벌리니 참으로 고통이고, 남편의 도움도 없어서 고통스럽게 하루하루를 살아가고 있음을 본다. 역시 재부진이라고 해야 할 모양이다. 가난한 사주이다.

7) 가난한 사람 5

丙	乙	庚	丁
戌	丑	戌	亥

79	69	59	49	39	29	19	09
戊	丁	丙	乙	甲	癸	壬	辛
午	巳	辰	卯	寅	丑	子	亥

庚戌월의 乙丑일주이다. 신약하기로 든다면 이보다 더 신약한 사주도 흔치 않으리라고 생각될 정도이다. 지지에는 재성의 세력을 이루고 있고, 천간에는 금과 화가 모여 있으니 일간은 극설이 교차되는 상황이다. 그래서 인성이 절대로 필요한 구조이므로 부득이 연지의 亥水를 용신으로 삼지 않을 수 없는 현실인데, 유감스러운 것은 그 인성이 월지의 재성에 막혀서 일간을 돕지 못하는 형상이라는 것이다. 따라서 오히려 해수를 포기하고 일지의 丑土 속에 들어 있는 癸水에게서 습기를 공급받는 것이 더 좋지 않겠느냐는 생각을 해야 할 상황이다. 여하튼 인성이 필요한 것은 사실인데, 도리 없이 재성이 병이 되니 또한 재부진이라고 해야 할 것이다. 남의 집에 파출부로 일하면서 아이들의 학비를 보탠다고는 하는데 그 고통은 말하지 않아도 알겠다.

8) 가난한 사람 6

```
丙   己   己   辛
寅   巳   亥   未

71  61  51  41  31  21  11  01
辛   壬   癸   甲   乙   丙   丁   戊
卯   辰   巳   午   未   申   酉   戌
```

亥月의 己巳일주이다. 처음에는 신약한 것이 아닌가 싶었는데 다시 살펴보니 그렇지는 않은 모양이다. 비록 亥水가 월지에 있다고는 하지만 금의 생조를 받지 못하고 화의 세력도 만만치 않아서 식신을 용하고 재성을 희신으로 삼는 구조라고 하겠다. 재성이 희신이라면 오히려 반가운 것으로 봐야 하겠는데, 이 사주의 주인공은 무슨 인연으로 나이 70이 되어서도 자신의 집 한 채가 없을까? 그래서 운을 살펴보니 또한 불리하기만 한 형상이다. 그리고 해수의 재성은 巳亥충으로 요동을 치는데다가 다시 未土의 자극과 己土의 협공을 받는 바람에 실로 월령을 잡은 것은 아무런 도움이 되지 못한다는 결론을 내려야 할 모양이다. 영세민으로 살아가고 있다.

9) 가난한 사람 7

```
    戊    癸    甲    己
    辰    亥    戌    未
 71  61  51  41  31  21  11  01
  壬   辛   庚   己   戊   丁   丙   乙
  午   巳   辰   卯   寅   丑   子   亥
```

戌月의 癸亥일주이다. 너무나 신약한 상황에서 의지할 곳이라고는 일지의 亥水이다. 살중용겁격의 상황을 이렇게 해서 또 만나 보게 된다. 용신이 인성인데 오로지 戌土 속에 암장되어 있는 상황이 갑갑하기만 하다. 평생 가난을 면하지 못한 채 집에서 자식들과 살지도 못하고 절간에서 생활하다가 그렇게 돌아가셨는데, 오로지 가냘픈 상관제살의 힘으로 버티려니까 깡다구만 남았다고 해야 할 모양이다. 스님을 도와서 절을 마련했는가 싶었는데, 그 스님은 또 자신을 쫓아내려고 작당을 하더라고 한다. 참으로 한 많은 삶이 아니었는가 싶은데, 관살이 이렇게 많은데 인성의 도움이 없으니 삶의 시간들이 얼마나 고단했을지 미루어 짐작이 되기도 한다. 역시 재성은 술토 속에서 火生土의 일이나 하면서 전혀 도움이 되지 않고 막을 방법도 없으니 재물은 항상 부족하기만 했을 뿐이다.

10) 가난한 사람 8

	甲	壬	庚	乙
	辰	戌	辰	未

79	69	59	49	39	29	19	09
壬	癸	甲	乙	丙	丁	戊	己
申	酉	戌	亥	子	丑	寅	卯

 이 사주의 경우에는 庚辰월의 壬水이다. 물론 월령에서 뿌리를 단단하게 박고 있는 庚金의 힘이 상당히 멋지다고 해야 하겠는데, 다시 일지에서 戌土가 그 뿌리를 충하는 것이 유감이다. 시간에서는 甲木이 임수를 설하고 있으니 매우 신약한 임수는 월간의 경금을 의지해야 하고, 용신격으로는 살중용인격이나 신약용인격의 형태라고 하겠다. 그러나 유감스러운 점은 용신에 해당하는 경금이 일간을 도울 마음이 없고 연간의 乙木에게 온통 마음이 기울어져 있는 것이다. 이 사주에서도 재성의 도움은 전혀 없고 오히려 재성은 왕성한 살의 세력을 돕고 있는 형상이어서 매우 부담스러운 성분으로 봐야 하겠다. 아무튼 재물에 대해서는 매우 인연이 약한 삶을 살고 있는데, 재물이 기신이라면 오히려 재물을 생각하지 않는 것이 삶에 도움이 될지도 모르겠다는 생각도 든다. 역시 재부진의 상황이라고 봐도 되겠다.

 이상 8개의 명식을 찾아봤지만 모두 가난한 삶의 구조로서 재성은 흉하게 작용하거나 도움이 없거나 하는 상황이었고 운도 불리한 방향으로 흘러갔다는 것을 확인할 수 있다. 물론 일생을 통틀어서 재물을 변변히 만져 보지 못한 사람들의 사주를 골라서 올려 보려고 시도했는데, 대체로 그러한 사주들이다. 사주를 보면서 느끼는 것은 재물은 참으로 마음대로 따라 주는 것이 아니라는 것이고, 옛말에도 사람이 돈을 따라다녀서는 안 되고 오히려 돈이 사람을 따라와야 한다고 했는데 실로 옳은 말이라고 생각된다. 그렇다면 사주를 보는 것은 이 정도로 줄이고 가난에 대해서 다시 생각해 보도록 한다.

낭월의 견해—가난이 무엇인가

보통은 재물이 쓸 만큼 없으면 가난하다고 일컫는다. 그런데 이것도 다시 생각해 보면 반드시 그런 것만은 아니다. 실로 재물이 상당히 있으면서도 가난해 보이는 사람이 있다. 물론 돈이 있으면서도 검소하게 사는 사람을 두고 하는 말이 아니다. 그렇게 그 마음이 가난한 사람에게 해당하는 말이다. 예를 들어 주변 사람들이 어려워서 고통받는 것을 보고 자신은 충분히 여유가 있다면 약간의 재물이라도 나눠 주고 싶은 것이 상식이겠지만, 마음이 가난한 부자는 그럴 수가 없다. 자기 재물의 여유분은 비상시에 사용할 비상금이라는 것이다. 그리고 오히려 그 사람에게 집문서를 주면 돈을 좀 빌려 줄 수는 있겠다고 말을 한다. 과연 이 사람을 보면 부자라기보다는 가난한 사람이라는 생각이 든다. 그래서 가난이라는 말에 대해서도 한마디로 단정짓기는 어렵다는 생각을 하게 되는데, 이러한 예는 얼마든지 있을 것이다.

1) 재물이 가난한 자

얼마든지 많다. 실로 낭월이 소유하고 있는 사주의 자료를 놓고 살펴보면 가난한 사람은 90퍼센트가 넘을 것으로 생각된다. 거의 대부분은 자신이 가난한 사람이라고 생각하는 것 같다. 그래서 가난한 사람이라고 분류하고 살펴보니 그 많은 자료 속에서 어느 자료를 골라야 할지 모를 지경이었는데, 이렇게 재물이 가난한 것은 억지로 되지 않는 모양이다. 현실적으로 운의 작용이 가장 민감한 부분은 재물이라고 생각된다. 그래서 운이 좋은지 나쁜지를 기준하는 것으로 재물의 출입을 응용할 수도 있으리라고 본다. 그리고 일반적으로 생각하는 가난의 의미도 여기에 한정될 것인데, 재물이 가난한 경우에는 어떻게 해야 할 것인지를 다시 생각하지 않을 수 없겠다.

"과연 벗님의 재물은 넉넉하십니까?"라고 묻는다면 뭐라고 하실 참인가? 그래도 오행을 공부하고 자연을 배우는 사람의 입장이므로 혹 지족(知足)이 되실지도 모르겠는데, 대부분의 사람 마음은 아직도 금전적으로 부족하다고 생각할 것이다. 일단 가난한 것은 많이 불편한 것이 사실이다.

2) 마음도 가난할 것인가?

그렇다. 금전적으로는 참 마음대로 되지 않는다. 그렇다고 해서 마음까지도 가난할 필요는 없는데 사람들은 돈이 없으면 어깨가 움츠러든다고 한다. 그리고 주머니에 돈이 빵빵하게 들어 있으면 어깨에 힘이 들어간다고 하는데, 벗님은 어떠신지 한번 생각해 보시는 것도 좋겠다. 돈이란 것이 있다가도 없고 없다가도 있는 것이니 있으면 좋지만 없다고 해도 기죽을 필요야 있느냐는 생각으로 살아간다면 지갑이 가볍다고 해서 어깨가 움츠러들 필요는 없을 것이다.

실로 그러한 사람의 특성을 잘도 알기 때문에 그러한 것을 전문적으로 노리는 소매치기의 경우에는 바로 한눈에 파악해 버리는 것인지도 모르겠다.

뭐든지 한 분야에 전문가가 되면 그만의 감각이 발달하게 되어 있다. 그래서 소매치기의 감각으로는 그 사람의 주머니에 어느 정도의 돈이 들어 있는지를 금방 알아채는 것이다. 그래서 대상을 물색하는 데 별로 빗나가는 법이 없다면 그는 이미 프로라고 해도 되겠다. 서툰 솜씨로 아무 주머니나 더듬다가는 쇠고랑을 차기가 십상이다. 그래서 하다못해 도둑질을 하더라도 정확하게 기술을 습득하고 전문가로서의 자질을 기른 다음에 비로소 시도해야 성공할 가능성이 많아지는 것이다.

이렇게 말씀드리면 소매치기를 양산할 참이냐고 하실지도 모르겠다. 그러나 그럴 생각은 별로 없다. 다만 뭐든지 전문가가 되면 그 자체로 아름답다고 생각하고 있는 낭월이다.

한번은 이런 경험이 있다. 친척을 만나러 가기 위해 영등포역에 내려서 동생과 지하도를 빠져 나가 개봉동 쪽의 차를 타는 곳으로 가는데, 이른바 야바위꾼이 있었다. 한 남자가 빨간 표를 한 것을 찍으면 건 돈의 두 배를 주겠다는 것이었다. 이미 사람들이 많이 모여들어서 구경하기도 하고 더러는 잃기도 하고 따기도 하는 것을 보면서 구경을 하는데, 동생이 한번 해보라는 것이다. 그래서 그의 허술한 듯싶은 손놀림을 보면서 한번 해보기로 하고는 택시비로 쓸 단돈 5천 원을 걸었다. 잘만 되면 선물도 좀 살 수 있겠다는 생각을 하면서 말이다.

아마도 아시는 분은 알겠지만 그의 손은 대단히 빨랐다. 눈을 속인다고 하지만 눈이 속을 수밖에 없다는 결론을 내리고 돈을 털린

채로 웃으면서 택시를 타고 가서는 집 앞에서 돈을 갖고 나오라고 해야 하는 망신을 당했으면서도 돈을 잃어서 아깝다는 생각보다는 그 놀라운 솜씨에 감탄을 하고 있었으니 낭월도 참 한심한 놈이었던 모양이다. 그의 솜씨는 참으로 대단해서 그대로 예술이었던 것이다. 그러니까 돈을 내는 사람이 생기고, 그래서 먹고 산다는 말을 하나 보다. 다른 수작이 있는지는 모르겠지만 참으로 대단한 솜씨임을 아직도 감탄하고 있다. 한 번 더 해보고 싶은 생각도 드는데, 역시 낭월은 문외한이고 그는 프로이니 이미 결론은 나버린 셈이라 그후로는 절대로 기웃거리지 않는 것을 원칙으로 하고 있음도 차제에 밝혀 드린다. 물론 여기에서 하고 싶은 말씀은 여하튼 전문가가 되려면 철저하게 되라는 말씀이다.

이야기가 샛길로 나갔는데, 비록 주머니는 가볍더라도 마음까지 가난하지는 말자는 말씀을 드리고 싶은 것이다. 돈은 내 마음대로 할 수 없지만 그 마음은 내 맘대로 할 수 있다는 생각이 들어서 드리는 말씀이다. 그리고 마음이 가난하지 않으면 소매치기는 실직을 해야 할 것이다. 어느 사람이 돈을 갖고 있는지 구분할 수가 없겠기 때문이다. 이렇게 간단히 도난 방지가 된다는 것을 알게 된다면 아마도 낭월에게 고맙다고 하셔야 할 것이다.

돈도 없는데 마음까지 가난하면 그대로 추해 보일지도 모르겠다. 돈이 없으면서 마음이 가난하지 않은 사람은 걸개(乞丐)이다. 비렁뱅이 말이다. 그는 단 한 끼의 시장기만 메우면 그만이다. 그래서 돈이 없으면서도 마음이 춥지는 않다. 그냥 편안하고 즐겁게 다시 배가 고파질 때까지 해바라기를 하거나 잠을 자는 것만으로도 너무나 행복한 것이다. 그러니까 대다수의 벗님들의 마음은 거지만도 못하다는 결론이 나올 수 있는 것이다. 낭월의 말이 이치에 맞지 않다고 떼를 써보고 싶다면 한번 응수해 보시기 바란다. 당연히 말이 되는 까닭에 큰소리를 치는 것이다. 마음이 가난한 사람은 그대로 볼품이 없는 사람이다. 희망도 없고 구차하게 보인다. 부디 그렇게 살지 않는 방법을 생각해 보시라는 말씀을 드린다. 실로 마음이 가난한 것은 돈이 해결해 줄 것이라고 믿는다면 천만의 말씀이다. 돈으로 추운 마음을 달래기 시작한다면 그 마음은 이미 돈의 노예가 되어 버리는 것을 인정한 셈이기 때문이다. 즉 돈은 단지 필요한 물건을 구입하는 데 도움이 되는 정도라고 이해하지 않고서는 돈의 노예가 아니라고 자신 있게 말할 수 없다는 것을 여기에서 일러 드린다. 돈이면 다 될 수가 있다고 말하는 사람은 모두 마음이 추운 사람들이다. 그러니까 거지만도 못하다는 말씀을 드리는 것이다.

　요즘 선거 바람으로 30억을 써야 당선이 된다고 생각하는 사람들은 모두 거지들이라고 확신한다. 당선이 못 되면 그만이라고 생각해야 마음이 상하지 않을 텐데, 이미 마음이 거지가 되어 있기 때문에 포기할 수가 없다. 그래서 수단과 방법을 가리지 않고 그 돈 30억을 마련하려고 눈이 벌게져서 뛰어다니는 사람이 많을 것이다. 자신의 출세가 그 돈에 달려 있고, 온 생명이 그 돈에 달려 있다면 그렇게 하지 않을 수도 없으리라. 그리고 그 돈을 마련하기 위해서 심지어는 이제 겨우 기술을 발휘해서 자신의 영역을 구축하고 있는 신생 벤처 기업에도 부조금을 달라고 손을 벌려서 못살겠다는 말도 나오고 있다는 이야기가 신문에 보인다. 거지들 더러워서 사업도 못하겠다는 이야기인데, 이렇게 구걸을 하러 다니니 당연히 거지보다도 못하다고 할 수밖에 없다.

　거지가 밥을 달라는 것은 배가 고프니까 달라는 것이니 충분히 이해가 된다. 다만 당선하기 위해서 돈을 달라는 것은 결국 뭘 어쩌겠다는 것인가? 후에 당선이 되면 그만큼 갚아 주겠다는 것이고, 그 말은…… 에구, 그만두자. 다들 잘도 알고 계신 것을 낭월이 주제넘게 중언부언하고 있는 모양이다. 실로 올해(庚辰년)는 낭월의 팔자에 상관이 떠서 그런지 이런 부분이 자꾸 눈에 거슬리게 들어온다. 그래서 상관의 운에는 말을 조심해야 한다는 것이 실감나면서도 기왕에 가난에 대해서 생각을 하다 보니 부디 벗님은 이렇게 마음조차 가난한 사람이 되지 말고 마음만은 풍요롭게 살아가라는 말씀을 드린다는 것이 좀 거친 표현이 되어 죄송스럽기도 하다. 그래도 어쩌랴. 현실은 현실이고, 이해를 돕기 위해서라면 뭐든지 끌어다 붙이는 낭월이고 보니 양해해 주시리라 믿는다. 여하튼 마음이 가난하면 희망이 없다.

어느 성현의 말씀에 "마음이 가난한 자들이여, 천국의 문이 가까웠느니라."라고 하셨다는데, 그 말씀의 가난한 마음은 탐욕의 마음을 의미하는 것으로 이해된다. 그렇지 않다면 그 말은 이미 틀린 말이라고 봐도 되겠기 때문이다. 실로 탐욕이 부자인 사람은 낭월이 말하는 마음이 가난한 것과 서로 같은 말이라고 할 수 있다. 즉 '탐욕의 부자=마음이 가난한 사람', 이렇게 하면 되겠다. 마음은 풍요롭고 든든하게 그리고 당당하게 하루하루를 살아가는 것이 좋지 않겠느냐는 말씀을 드려 본다.

3) 부자도 벗어 버려야 할 것이다

가난하다는 것은 부자를 전제로 존재하는 의미이다. 아프리카에 사는 원주민처럼 모두 같이 소유하고 하루하루를 살아가는 삶이라면 그들에게는 가난이라는 용어가 필요치 않을 것이다. 왜냐하면 부자라는 말이 없기 때문이다. 그렇다면 우리도 다시 그 상태로 돌아갈 수는 없을까. 물론 자본주의에서 그러한 식은 굶어 죽기에 딱 좋은 발상이라는 것도 잘 알지만, 과연 그렇다고 해서 재물의 노예가 되어서 일생을 "돈! 돈! 돈!" 하다가 그대로 죽고 말 것이냐는 질문에는 어떻게 답할 것인지 이런 기회에 곰곰이 생각해 보는 것이 좋겠다. 낭월의 생각에는 절대로 그럴 수는 없다는 것이다. 그렇다면 뭔가 대안을 세워야 하겠는데, 현실적으로 어려운 것일수록 벗어 버리면 그 자유는 더욱 풍요로워질 것이라는 생각이 든다. 그래서 문명이 발달하고 금전의 힘이 더욱 강해지는 것과 비례해서 금전으로부터 자유로워지고 싶은 사람들도 늘어나고 있다는 현실이 참으로 묘하다. 그만큼 명상 센터를 찾는 사람이 많아지고 있다는 이야기인데, 그래서 세상의 음양은 유지되고 있는 것이라는 생각이 들면서 세상에는 부자와 빈자, 그 중간에 있는 부자도 빈자도 아닌 사람들의 부류로 형성되어서 굴러가고 있는 것이 아닌가 싶다.

• 부자와 가난에 매이지 않는 사람

다시 생각해 보면 너무 무소유만을 주장하는 것은 아무래도 작은 그릇인 성싶다. 자신의 자유만 생각하지 가족이나 사회를 생각하는 사람이라고 보기는 어렵기 때문이다. 그렇게 아무것도 갖지 않은 상태에서 자신은 한가롭게 여유를 즐기면서 졸리면 자고 주리면 밥을 빌면 그만이라고 치더라도 그 결과는 자신에게만 영향을 준다. 그래서 남을 배려하는 마음이 있다면 그렇게는 못할 것이다. 따라서 어느 정도의 재물도 필요하겠다는 것인데, 이러한 점까지 고려한 다음에 비로소 자기 혼자만 돌볼 수는 없다는 현실에 부딪히게 되는 것이다. 여기에서 어떻게 행동해야 할 것이냐는 점에서는 어느 정도의 재물을 갖고 있으면서 또 분수를 지켜서 만족할 줄 아는 사람이 진정으로 지혜로운 사람이 아닐까 하는 생각을 해보는 것이다.

그러니까 재물이 있으되 넘치지 않고 가난하되 불편하지 않을 정도라면 좋겠는데, 물론 인생살이에서 말처럼 쉽지는 않겠지만 그래도 가난과 부자의 기준으로 삼았으면 한다. 그렇다면 그 선이 어느 정도일까? 참 어려운 일이다. 그리고 각자의 사정에 따라서 많은 차이도 있을 터인데 구태여 기준을 세워 보자면 살 만큼 쓰고 약간 남아 있으면 좋지 않을까 생각해 본다. 그러나 그 기준은 천상 각자의 기준에 맞출 수밖에 없을 것이다.

굳이 액수를 말하기는 어렵겠는데, 적어도 먹고 살고 몸이 아플 적에 병원에 찾아갈 정도는 되어야 할 것이다. 그 정도라면 부자라고 하기도 그렇고 가난하다고 하기도 그런 어중간한 상태로서 어쩌면 가장 행복한 사람이 아닐까 싶다. 재물이 너무 많으면 재물의 의미가 희석되기 때문이다. 그러니까 일단은 각자의 기준으로 생각할 일이지만 재물의 상한선은 그렇게만 잡아 두고서 그 정도가 된다면 더 이상 욕심을 부리지 말고 덕을 닦는 일에 몰두하는 것이 현명하리라고 본다.

여하튼 낭월은 이 정도라면 가장 행복한 사람에 속하는 것으로 생각하고 싶다. 재물의 마력은 대단해서 아무래도 그 방향으로 몰두하게 되면 온 인생을 거기에 투자해도 양이 차지 않는 상황이 벌어질 것인데, 실로 가난하던 사람이 갑자기 큰돈을 단지면 그로 인해 불상사가 생기는 일도 종종 목격하게 되니 참으로 잘 알아야 할 것이 재물의 속성이 아닌가 하는 생각이 든다.

직장 생활도 수십 년간 열심히 하면 재물은 어느 정도 모인다고 봐도 되겠다. 그렇게 계속 월급을 받다가 갑자기 집에 가서 푹 쉬라는 명령장을 받게 된다면 그 사람의 마음은 어떻게 될까? 문득 이런 이야기가 생각난다.

예전에 경봉 스님을 시봉할 적에 있었던 일이다. 당시 어느 신사 분이 찾아와서 상담을 의뢰하는 것을 보게 되었는데, 그 신사는 한 참 푸념을 늘어놓고 있었다.

"시님요, 생각을 해보시이소. 지가 말입니더, 이 나이가 되도록 오로지 은행에서 최선을 다해서 일했다 아닙니꺼. 그런데 이제 와서 나이가 먹었다고 직장을 그만두라카이 이 얼마나 억울하고 원통한 일이겠십니꺼. 그래서 이 마음을 우예 해볼 수가 없는기라요. 시님요, 우짜마 좋겠능교?"

이런 말을 하는 것으로 봐서 그는 일생을 은행에서 열심히 일하다가 이제 퇴출을 당한 것 같았고, 억울하다고 하소연을 하러 왔던 모양이다. 그 말을 가만히 듣고 계시던 노스님이 한 수 일러주시는데 이렇다.

"아따 이 사람 와이리 머리가 나쁘노."

"예? 와요?"

"당신이 그 동안에는 빚을 갚느라고 온 인생의 시간을 빼앗긴 거 아이가? 그기 당신의 시간이었더나?"

"그건 아니지예……."

"그러니 말이다. 이제 그 빚을 다 갚아서 그만 자신을 찾는 시간으로 쓰라고 내보내 준 것을 고맙다고 할 줄은 모리고 무신 한탄이 그리 많노? 그러니 당신은 머리가 나쁜기라…… 쯧쯧!"

이 말을 들으면서 참으로 세상 만사는 생각하기 나름이라는 것을 깨달았는데, 과연 경봉 스님의 말씀대로 그분은 정년 퇴직을 하였으니 이제 절로 다니면서 법문도 듣고 부처님 공부도 함으로써 진정으로 자신만을 위한 시간을 갖게 되었다면 그것은 순전히 좋은 인연을 만나서일 것이다. 만약 그렇게 통도사를 찾지 않았더라면 늘 회사를 원망하는 마음으로 죽을 때까지 시간을 보냈을 것이니 아무런 도움이 되지 않음은 물론이고 심리적으로 받는 스트레스가 얼마나 심했을지를 생각해 보니 역시 도인은 뭐가 달라도 다르다는 생각을 하지 않을 수가 없겠다.

　벗님의 생각은 어떠실까? 과연 일생을 돈에단 매달려서 시간을 보내는 것이 현명할까? 그렇게 엄청난 재물을 고아서 평생 쓰고도 남을 만큼의 부를 축적했다면 과연 그의 삶은 완전히 행복할 것인가? 혹은 재벌이 되어서 국가 경제에 큰 영향력을 행사한다면 과연 그의 삶은 뿌듯할까? 이런 저런 생각을 해보게 되는데, 결국은 적당하게 재물이 있어서 적당하게 자신의 시간을 갖고 여행도 다니고 연구도 하면서 그렇게 살아가는 것이 가장 행복하겠다는 결론을 내리게 되는 것은 낭월만의 생각은 아닐 것이다. 벗님도 이 의견에 동의해 주셨으면 좋겠다.

　그런데 불행히도(?) 원하지 않는 재물이 자꾸만 와서 쌓인다면 어떻게 해야 할까? 참으로 이런 고민을 한 번이라고 해봤으면 좋겠다고 하실지도 모를 일이지만, 원하지 않는 재물이 자꾸만 쌓여서 고민스러울 때를 대비해서 이러한 말씀을 드려 놓도록 한다. 『장자』에 나오는 이야기이다.

　요임금이 국경을 지나가는데 국경을 지키던 수비대 대장이 요임금을 발견하고는 반겨하며 말했다.

"성군이시여, 부디 만수무강하시어 장수(長壽)의 복을 누리시기 바랍니다."

"사양하리다."

"아, 오래 살고 싶은 욕심이 없으시군요. 그럼 곳간에 재물이 그득그득하게 부유하시기 바랍니다."

"그것도 사양하리다."

"음, 재물에도 관심이 없으시군요. 그럼 백자천손(百子千孫)으로 자손의 번창을 누리시기 바랍니다."

"에구, 그것도 사양하리다."

"아니, 부유와 장수와 다자는 모든 사람이 원하는 것인데 어째서 성군께서는 싫다고 하시는지요?"

"난들 왜 그것을 모르겠소. 다만 아들이 많으면 걱정이 많아지고, 부자가 되면 귀찮은 일이 많아지고, 장수하면 욕된 일이 많을 것이니 이 세 가지는 무위(無爲)의 참된 덕을 키우는 데에는 모두 장애물이 될 뿐이라오. 그래서 사양하리다."

"음…… 나는 처음에 당신이 성인이라고 생각했는데 지금 보니 겨우 군자 정도에 불과하군요. 하늘이 만민을 낳으면 반드시 그들에게 직무를 내리는 법이고, 아들이 많으면 각자에게 맞는 일을 맡기면 무슨 귀찮은 일이 있을 것이며, 부자가 되더라도 쓰고 남는 재물을 남에게 나눠 주면 아무런 근심이 없을 텐데 그 모두를 싫다고 하니 말입니다. 대저 성인이란 메추리처럼 거처가 일정하지 않고 새새끼같이 주는 대로 먹으며 새처럼 날아다녀도 자취가 남지 않는 법입니다. 천하가 도(道)로 다스려진다면 만물과 함께 번성하고, 천하가 도로 다스려지지 않는다면 덕을 닦으면서 고요한 삶을 누리지요. 그렇게 천년을 살다가 세상이 싫어지면 속세를 떠나 선경으로 올라

갑니다. 저 흰구름을 타고 하늘 나라에서 자유롭게 노닙니다. 그러니까 부유함이나 오래 살거나 자식이 많은 문제로 골치가 아플 일이 뭐가 있겠습니까?"

이렇게 말하고는 그 사람이 그 자리를 떠나려고 하자, 요임금은 황급히 뒤를 쫓아가서 부디 한 수 일러달라고 매달렸지만 그 사람은 "그만 물러가시오." 라는 말을 남겼다고 한다.

이 우화에서 생각해 볼 점은 재물이 많아서 구태여 고민할 것도 아니라는 것이다. 그러니까 실로 그 마음에서 집착이 없다면 재물이 아무리 많아도 자신을 욕되게 하지 않을 것이라는 이야기이다. 그리고 국경지기는 비록 재물에는 별수가 없었겠지만 그 마음만은 대단한 자유를 얻은 사람으로 보인다. 그래서 또한 가난하지만 그 마음은 이미 가난이나 부귀함으로부터 자유로울 방법을 알고 속박되지 않는 정도의 사람임을 알 수 있겠다.

저녁에 뉴스에서 국회 의원에 출마하고 싶어서 재산을 공개한 어느 변호사의 4년 동안 벌어들인 총수입이 100만 원도 채 되지 않는다고 했다는 보도를 보았다. 눈 가리고 아웅한다고 생각할 수도 있겠고, 실제로 수입이 없어서 그렇게 되었다고 할 수도 있겠지만, 그렇다고 해도 국회 의원에 출마하려면 수십억의 재물이 필요하다는 얘기가 함께 나오는 것을 보면 앞뒤가 맞지 않는 점이 아무래도 석연치 않다. 다시 생각하면 재물로 인해서 자신의 이름을 욕되게 하는 것이 아닌가 싶기도 하다.

실로 천하지 않게 살기를 생각한다면 재물이야 있으면 있는 대로 세금을 내고 없으면 없는 대로 세금을 적게 낸다면 무슨 고민이 있으랴만, 낭월이 옹졸해서인지는 모르겠으나 그렇게 국가와 국민을 위해서 내는 세금에 인색한 사람이 정치를 하면 과연 누구를 위해서 할 것이며, 얼마나 잘하겠느냐는 의구심이 드는 것은 어쩔 수 없다. 그러니까 돈이 있거나 없거나, 많거나 부족하거나 간에 그 마음에서 부자라고 하는 교만함이나 혹은 가난하다는 궁핍함이 없기만 하다면 그 사람은 이미 빈부의 상대성에서 자유로운 사람이라고 하고 싶은 것이다. 아마도 이러한 삶이 된다면 도인의 줄에 세워도 되지 않을까…….

제4장　천(賤)

【滴天髓】

> 何知其人賤. 官星還不見.
> 하 지 기 인 천. 관 성 환 불 견.

▶ 그 사람이 천한지를 어떻게 알까. 관성이 도리어 보이지 않느니라.

【滴天髓徵義】

　富貴之中. 未嘗無賤. 貧賤之中. 未嘗無貴. 賤之一字. 不易知也. 如身弱官旺. 不用印綬化之. 反以傷官強制. 如身弱印輕. 不以官星生印. 反以財星壞印. 如財重身輕. 不以比劫幇身. 反忌比劫奪財. 合此格者. 忘却聖賢明訓. 不思祖父積德. 以致災生不測. 殃及子孫. 如身弱印輕. 官旺無財. 或身旺官弱. 財星不現. 合此格者. 處貧困不改其節. 遇富貴不易其志. 非理不行. 非義不取. 故知貪富貴而戀金谷者. 竟遭一時之顯戮. 樂單瓢而甘敝縕

者. 終受千載之令名. 是以有三等官星不見之理. 如官輕印重而身旺. 或官重印輕而身弱. 或官印兩平, 而日主休囚者. 此上等官星不見也. 如官輕劫重無財. 或官煞重無印. 或財輕劫重官伏者. 此中等官星不見也. 如官旺喜印. 財星壞印. 或官殺重無印. 食傷強制. 或官多忌財. 財星得局. 或喜官星, 而官星合他神化傷者. 或忌官星, 他神合官星又化官者. 此下等官星不見也. 細究之, 不但貴賤分明. 而賢不肖亦了然矣.

부귀지중. 미상무천. 빈천지중. 미상무귀. 천지일자. 불이지야. 여신약관왕. 불용인수화지. 반이상관강제. 여신약인경. 불이관성생인. 반이재성괴인. 여재중신경. 불이비겁방신. 반기비겁탈재. 합차격자. 망각성현명훈. 불사조부적덕. 이치재생불측. 앙급자손. 여신약인경. 관왕무재. 혹신왕관약. 재성불현. 합차격자. 처빈곤불개기절. 우부귀불역기지. 비리불행. 비의불취. 고지탐부귀이련금곡자. 경조일시지현륙. 낙단표이감폐온자. 종수천재지령명. 시이유삼등관성불견지리. 여관경인중이신왕. 혹관중인경이신약. 혹관인량평, 이일주휴수자. 차상등관성불견야. 여관경겁중무재. 혹관살중무인. 혹재경겁중관복자. 차중등관성불견야. 여관왕희인. 재성괴인. 혹관살중무인. 식상강제. 혹관다기재. 재성득국. 혹희관성, 이관성합타신화상자. 혹기관성, 타신합관성우화관자. 차하등관성불견야. 세구지, 부단귀천분명. 이현불초역료연의.

➜ 부귀한 가운데에도 천하지 않음이 없다고 못하고, 빈천한 가운데에도 귀함이 없다고 못할 것이니 천이라는 한 글자는 알기가 쉽지 않다. 만약 신약하고 관성이 왕한데 인성의 화함을 용신으로 하지

못하고 도리어 상관으로 강제로 제어하거나, 신약하고 인성도 약한데 관성이 인성을 생조하지 못하고 도리어 재성이 인성을 극하거나, (혹은) 재성이 많고 신약한데 비겁으로 일주를 돕지 못하고 도리어 비겁이 재성을 겁탈하는 것을 꺼린다거나 하는 격들을 가진 자는 성현의 밝은 가르침을 망각하고 조상이나 부모의 덕을 쌓음도 생각지 않음으로 해서 재앙이 생기는 것을 헤아릴 방법이 없으니 그 재앙은 (다시) 자손에게까지 미치게 될 것이다.

만약 신약하고 인성도 약한데 관성이 왕하고 재성이 없거나, 신왕하고 관이 약한데 재성이 나타나지 않는 사주의 구조를 가진 자는 (비록) 가난한 지경에 처해서도 그 절개를 고치지 않을 것이고, 부귀함을 만나더라도 그 지조를 바꾸지 않을 것이니 이치가 아니면 행하지 않고 옳은 것이 아니면 취하지 않을 것이다. 그러므로 알아야 할 것은 부귀를 탐하고 황금의 골짜기를 그리워하는 자는 반드시 한 순간에 죽음의 나락으로 나뒹굴게 될 것이고, 하나의 표주박을 즐겁게 생각하고 해어진 옷 한 벌을 달게 여기는 자는 반드시 천년의 명성을 남길 것이니 이것이 바로 세 등급의 관성이 보이지 않는 이치가 되는 것이다.

만약 관성이 약하고 인성이 중한데 신왕하거나, 관성이 중하고 인성이 약한데 일간도 신약하거나, 관성과 인성이 균형을 이루고 일주는 휴수된 경우에는 이를 일러서 상등의 관성이 보이지 않는 자라고 한다.

만약 관성이 약하고 비겁은 중한데 재성이 없거나, 관살이 중하고 인성이 없거나, 재성이 약하고 비겁이 중하며 관성은 숨어 있는 상태라면 이러한 경우는 중등의 관성이 보이지 않는 자에 해당한다.

만약 관이 왕해서 인성이 필요한데 재성이 인성을 깨거나, 관살이 중한데 인성이 없어서 (부득이) 식상으로 강제로 제하거나, 관이 많아서 재성을 꺼리는데 재성이 국을 이루거나, 관성을 기뻐하는데 관성이 다른 글자와 합이 되어서 상관으로 화하거나, 혹은 관성을 꺼리는데 다른 글자가 관성과 합해서 관성으로 화한다면 이러한 사주는 하등의 관성이 보이지 않는 자라고 할 것이다. 잘 연구한다면 다만 귀하고 천함을 분명하게 알 수 있을 뿐만 아니라 (그 사람의) 어질고 어리석음도 정확하게 알 수가 있는 것이다.

【 강의 】

천함에도 등급이 있다는 설명을 보면서 세상 인심에 대한 이해를 더욱 깊이 한다는 생각이 든다. 그래서 좋은 가르침이 적힌 글은 사람의 경험치를 한 단계 높여 주는 것이니 과연 좋은 책은 따로 있는 듯싶다. 그리고 이 대목에서는 철초 선생 나름대로의 상당히 의미심장한 생각도 포함되어 있는 것이 느껴진다. 『적천수』원문에서는 관성의 동태를 봐서 천함을 살핀다고만 했는데, 철초 선생은 이를 더욱 깊이 확대해서 삼등급으로 구분하여 이해하고 있으니 참 감탄할 만한 대목이기도 하다. 낭월은 이렇게까지 관찰할 자신은 없다. 그래서 이렇게 강의를 통해서나마 간접적으로 선현의 지혜를 배우게 된다고 할 것이다. 아마도 벗님의 시각 또한 이러한 대목을 접하면서 상당히 좋아지리라고 생각된다.

특히 첫머리에 언급하신 대로 "부귀한 가운데에도 천하지 않음이 없다고 못하고, 빈천한 가운데에도 귀함이 없다고 못할 것이니"라는 말은 오랜 경험을 통해서 삶을 체득하지 않은 상태에서는 쉽사리 표현할 수 없는 내용일 것이다. 그래서 철초 선생의 주장은 상당히 입체적이라는 생각이 드는 것이다. 그러니까 그냥 평면적으로 서술해 놓은 것이 아니라 실제로 그 속에서 뼈저리게 경험하고 서럽게 느껴 보고 그리고 다시 정리한 다음에 말씀하신 것으로 이해되는 까닭이다. 그러한 내용을 접하면서 후학의 생각이 머리를 숙이게 되는 것은 당연하다. 그리고 사주를 살펴보고 나서 다시 낭월의 어쭙잖은 소견이나마 몇 마디 덧붙이도록 할 생각이다.

```
甲  丁  壬  丁
辰  亥  子  丑
甲 乙 丙 丁 戊 己 庚 辛
辰 巳 午 未 申 酉 戌 亥
```

丁火生於仲冬. 干透壬水. 支全亥子丑北方. 官星旺極. 辰乃濕土. 不能制水. 反能晦火. 日主虛弱. 甲木凋枯. 自顧不暇. 且濕木不能生無焰之火. 謂淸枯之象. 官星反不眞也. 喜其無金. 氣勢純淸. 其爲人學問眞醇. 處世無苟. 訓蒙度日. 苦守淸貧. 上等官星不見也.

정화생어중동. 간투임수. 지전해자축북방. 관성왕극. 진내습토. 불능제수. 반능회화. 일주허약. 갑목조고. 자고불가. 차습목불능생무염지화. 위청고지상. 관성반부진야. 희기무금. 기세순청. 기위인학문진순. 처세무구. 훈몽도일. 고수청빈. 상등관성불견야.

➡ 丁火가 子月에 나서 천간에 壬水가 투출되고 지지에는 亥子丑으로

북방을 이뤘으니 관성이 극히 왕하다. 辰土는 습토이니 물을 제어하기는 불가능하고 도리어 불만 어둡게 하는구나. 일주가 극히 허약하나 甲木은 시들어서 자신을 돌볼 겨를도 없다. 또 습목이 불꽃을 일으킬 수도 없으니, '맑기는 하지만 메마른 형상'이라고 말한다. 관성이 도리어 부진이라고 해야 하겠다. 그 금이 없어서 기세가 순청함은 반갑다. 그 사람의 학문이 진국이고 세상을 살아가는 과정에서도 구차하지 않았으며 오히려 글방에서 훈장으로 세월을 보냈다. 괴롭지만 청빈함을 지켰으니 상등의 관성이 보이지 않는 사람이라고 하겠다.

【 강의 】

이 사람에 대한 설명을 보면서 백결 선생이 떠오른다. 아마 그분도 이 정도의 청빈한 사주였던가 보다. 그러고 보니 살중용인격의 구조라고 한다면 상등의 관성이 보이지 않는 사람이라고 할 만한데, 비록 힘은 들지만 관살의 힘으로 말미암아 남의 입장을 생각하면서 자신의 욕구를 제어하고 인성의 작용을 살려서 아이들을 가르치는 일로 세월을 보냈으니 과연 품격이 상등이라고 하겠다. 그러다가 운이 도래하면 문득 발탁이 되어서 귀한 벼슬도 하겠는데, 이 사주의 주인공은 중후반에 비겁의 운이 있었으면서도 발하지 못한 것은 아마도 사주에 관살이 많아서 화가 힘을 받지 못하여 비겁의 운은 도움이 되지 못한 것으로 봐야 할 모양이다. 그래도 인품에 대해서는 경의를 표해야 하겠다. 좋은 자료라고 생각된다.

```
  壬    丙    庚    丙
  辰    午    寅    辰
  戊丁丙乙甲癸壬辛
  戌酉申未午巳辰卯
```

此造財絶無根. 官又無氣. 兼之運走東南之地. 幼年喪父. 依母轉嫁他姓. 數年母死. 牧牛度日. 少長則苦力庸工. 後雙目失明. 不能傭作. 求乞度日.

차조재절무근. 관우무기. 겸지운주동남지지. 유년상부. 의모전가타성. 수년모사. 목우도일. 소장즉고력용공. 후쌍목실명. 불능용작. 구걸도일.

→이 사주는 재는 절지에 있어서 뿌리가 없고 곤성도 무력한데다 운은 동남으로 흐르니, 어려서 부친을 여의고 어머니를 의지해서 다른 아버지를 섬겼다. 몇 년 후에는 그 어머니도 돌아가시고 소를 돌보면서 세월을 보내다가 조금 자라서는 노동자로 일했는데, 후에 두 눈을 실명하고서는 아무 일도 하지 못하고 구걸을 하면서 세월을 보냈다.

【 강의 】

이 사주는 인겁이 왕한 상태에서 시간의 壬水 편관을 용신으로 삼는 구조이다. 불행히도 운이 남방으로 흘러서 무력하다고 하겠지만 사주의 구조로 봐서는 그렇게 천하다고만 할 것은 아닌 것이 아무래도 부모의 인연이 없어서 자신의 운을 얻지 못한 것이 아닌가 해서이다. 그러니까 자신의 사주보다는 아버지를 잘못 만난 것이 유감이고 어머니가 도움이 되지 못한 것이 또한 유감이며 다시 눈을 실명한 것이 유감이라고 해야 하겠다. 그렇지 않으면 이렇게 천한 삶을 살았겠느냐는 생각이 든다. 요즘으로 말하면 멀쩡한 사람이 사고를 당하여 몸을 상하면 그대로 사회적인 지위가 나락으로 떨어지는 것과 같다고 볼 수 있겠고, 이렇게 신체적인 결함이 세상에 적응을 하지 못한다면 운이 좋은 것은 아무런 의미가 없다는 생각을 해본다. 물론 그러한 것도 다 팔자가 아니겠느냐고 할 수는 있겠지만 글쎄다……. 그렇게만 볼 것은 아닌 것으로 해석해야 할 것 같다. 그래서 저능아나 정신 장애자와 마찬가지로 신체적인 장애로 인해서 사회 생활을 할 수 없는 경우에도 역시 운의 대입이 불가능한 것으로 봐야 하겠다.

비록 사주는 편관격으로 타고났으면서도 자기 마음대로 추진해 보지도 못하고 주변의 여건에 의해서 삶을 꾸려 간 것이 여간 딱하지가 않다. 자신은 아무리 잘살고 싶어도 여건이 돕지 않으면 도리 없다는 생각을 하게 되는 사주이다.

癸	辛	甲	丁
巳	亥	辰	卯
丙 丁 戊 己 庚 辛 壬 癸
申 酉 戌 亥 子 丑 寅 卯

此春暮逢火. 理宜用印化煞. 財星壞印. 癸水剋丁. 亥水沖巳.

似乎制煞有情. 不知春水休囚. 木火竝旺. 不但不能剋火. 反去生木洩金. 財官本可榮身. 而日主不能勝任. 雖心志必欲求之. 亦何益哉. 出身本屬微賤. 初習梨園. 後因失音隨宦. 人極伶俐. 且極會趨逢. 隨仕數年. 發財背主. 竟捐納從九品出仕. 作威作福. 無所不爲. 後因犯事革職. 依然落魄.

차춘모봉화. 이의용인화살. 재성괴인. 계수극정. 해수충사. 사호제살유정. 부지춘수휴수. 목화병왕. 부단불능극화. 반거생목설금. 재관본가영신. 이일주불능승임. 수심지필욕구지. 역하익재. 출신본속미천. 초습리원. 후인실음수환. 인극령리. 차극회추봉. 수사수년. 발재배주. 경연납종구품출사. 작위작복. 무소불위. 후인범사혁직. 의연락백.

▶이 경우에는 늦봄의 불을 만났는데, 이치적으로는 인성을 용해서 살을 화한다고 하겠다. 재성이 인성을 깨고 癸水는 丁火를 극하며 亥水는 巳火를 충하니 살을 제어하여 유정한 것처럼 보이지만, 봄의 물은 무력하고 木火는 모두 왕성함을 알지 못하고 하는 말이다. 다만 화를 극하기가 불가능할 뿐만 아니라 도리어 목을 생조하고 금을 설하기조차 하니, 재관은 본래 몸을 영예롭게 하는 성분이건만 일주가 감당을 하기가 어려우니 비록 마음으로는 구하고자 하지만 또한 무슨 이익이 되겠는가. 본래 출신은 미천했는데, 처음에는 연극을 배우다가 후에 목이 쉬어서 내시를 따라갔다. 사람이 극히 영리하고 기회를 만나면 잘 따랐으니 몇 년간 벼슬을 하다가는 돈을 벌자 주인을 배신하고 마침내는 돈을 내고 9품의 벼슬 자리에 앉았는데, 자못 위엄스럽게 폼을 잡고 스스로 돈이 되는 일을 골라서 하였으며 마음에 거리낌이 없이 권력을 휘둘렀다. 후에 일을 도모하여 지위를

바꿨다가 그대로 혼백이 떨어지게 되었다.

【 강의 】

　설명을 보면서 참으로 자세히도 관찰하셨다는 생각이 든다. 물론 철초 선생의 생각도 함께 엿보인다. 거기다 상당히 경멸하는 마음도 슬쩍 보이는데, 여하튼 그야 생각하는 사람의 마음이니까 뭐라고 할 수는 없겠지만 이 사람으로서야 그렇게 하는 것이 이해가 되기도 한다. 당시로서 천하게 태어났으니 뭔가 마음대로 할 수 없는 상황에서 그래도 벼슬도 하고 지위도 누리다가 죽었으니 구태여 잘못 살았다고 할 일도 아니지 않겠는가. 스스로 그렇게라도 마음껏 자유를 누렸다면 별로 후회는 없을 것이라는 생각이 들어서이다. 물론 그의 행동이 옳다는 것이 아니라 인간적으로는 이해할 만하지 않느냐는 것이다. 여하튼 명리학은 그렇게 인간 개인을 이해하는 학문이라고 봤을 적에 이 사람의 삶에 대해서도 그대로 수용해야 하겠다.

賤에 대한 추가 의견

　부귀빈천에 대해서 짝을 지어 보면 富―貧, 貴―賤으로 연결될 수 있다. 그러니까 부귀는 좋은 면만 생각해 본 것이고 빈천은 나쁜 면만을 생각하게 되는 것이라고 하겠는데, 이 부분을 정리해 보는 의미에서 다시 생각해 보도록 하자.

　1) 부자와 가난은 물질적인 면의 陰陽이다
　물질적인 면의 陽에는 富가 있고, 陰에는 貧이 있다고 보면 되겠다. 그리고 사람은 대개 양을 좋아하고 음은 싫어하는 것도 당연하다고 하겠고 여기에 대해서는 낭월도 예외일 수가 없다. 어쨌든 그렇게도 징글징글하게 가난을 온몸으로 느끼면서 살았다 보니 불편한 그 이상의 뭔가가 있다고 해야 할 모양이다. 그래서 실제로 가난은 싫은 부분이다. 다만 비록 가난할망정 천하지는 말자는 뜻으로 생각해 보는 것은 의미가 있겠는데, 그 천하다고 하는 것도 다분히 주관적이어서 본인이 아니고서는 뭐라고 말하기가 어렵지 않을까 싶다. 그래서 그냥 부자와 가난한 사람에 대해서만 생각한다면 과연 벗님은 어떤 선택을 하실지?

아마도 일단은 부자 쪽으로 줄을 서고 싶으시리라고 본다. 그런데 이것이 과연 올바른 선택인지에 대해서 한 번쯤은 생각해 볼 필요가 있을 것 같다. 세상에는 어쩌면 참으로 오묘한 질서가 있어서인지 실제로 가난함을 원하는 사람도 있다는 점이 참으로 놀랍다고 해야 하겠다. 벗님이 부자를 원한다거나 혹은 가난한 사람이 좋겠다고 생각하든지 상관 없이 가난하고 싶은 사람에 대해서 생각해 보는 시간이 되시기 바란다.

• **가난하고 싶어하는 사람**

예전에 한 수행자가 있었다. 그는 가진 것이라고는 오로지 음식을 주면 받아먹을 찌그러진 냄비 하나가 전부인 사람이었다. 그런 상황에서 없는 자의 자유로움을 누리면서 마냥 행복한 나날을 보냈다. 불우 이웃 돕기에서 기부금을 내라고 하지도 않았고, 끼니때가 되어서 밥을 얻으러 가면 별로 괄시하지 않고 먹을 것을 나눠 주었다. 그래서 행복했다. 그날도 밥을 빌기 위해서 어느 집 앞을 다가가는데 먼저 온 방문자가 있었다. 그는 찌그러진 냄비는커녕 깨진 쪽박도 없었다. 그냥 맨손으로 밥을 받아서는 쪼그리고 앉아서 먹기 시작했다. 밥을 다 먹고 나서는 옆의 수돗물을 틀어서 역시 맨손으로 물을 받아 마신 후 손을 씻고는 여유롭게 그를 한 번 쳐다보더니 휘적휘적 길을 가는 것이었다.

그 장면을 보고서 그는 자기가 가진 것이 너무 많다고 생각했다. 손에 든 찌그러진 냄비는 자신의 무소유에 대한 자신감에 오점을 남기는 선명한 소유의 존재였던 것이다. 그 즉시로 자신이 가진 모든 것을 버렸다. 그리고 그도 빈손으로 밥을 빌러 다녔다. 그래서 더욱 자유롭고 편안했으며 여유로웠다. 실로 냄비 하나를 관리하는 데도 얼마나 많은 신경이 쓰였던가를 비로소 알게 된 것이다. 당시에는 그냥 당연하다고 생각했는데, 막상 없고 보니까 냄비를 깨끗하게 닦느라고 공을 들여야 했고, 다음 끼니를 위해서 늘 몸의 어딘가에 달아 둬야 했고, 그러자니 움직일 때마다 냄비는 소리를 냈으며 늘 그 존재를 확인해야 마음이 편했다는 사실을 깨달은 것이다. 오로지 그 냄비로 인한 마음의 집착이 이렇게도 강했다는 사실에 새삼 놀라면서 그에 비해서 지금의 상황은 참으로 진정한 자유가 아닌가 싶은 생각을 만끽하였던 것이다.

이상이다. 내용을 보고는 '그야 도를 닦는 사람이니까 그렇지…….'라고 생각하였다면 또한 잘못된 편견이다. 도를 닦거나 장사를 하거나 그 속에 움직이는 오욕과 칠정은 모두 같다는 사실을 알아야 할 것이며, 이 점에 대해서 벗님 자신도 예외일 수가 없다는 것은 스스로 너무 잘 아실 것이다. 그러니까 누구나 편안하고 싶고 잘 먹고 싶고 뻐기고 싶은 욕망이 존재하는 것은 인간인 이상 공통적인 성분이라고 해야 할 것이다. 이 점을 거부한다면 이미 인간의 본질에 대해서 잘못 이해하고 있는 것이라고 해도 되리라고 본다. 즉 수행하는 사람도 그 속에는 그러한 욕망이 있지만 스스로 다스린다는 점이 차이일 뿐, 그 본질은 같다는 것을 놓치면 곤란하다. 이러한 것을 간과하면 어떤 문제가 발생하는가 하면 '스님이니까' 라는 선입견이 생긴다. 그리고 '도를 닦는 사람이니까', '공부하는 사람이니까' 등등을 하다 보면 그 겉모습만 보다가 자신이 도리어 자신에게 속게 될 수도 있다는 것이 무서운 일이다. 그래서 교주에게 신이라고 하면서 평생의 재물을 갖다 바치는 사람도 나타난다. 모두가 이러한 착각 속에서 일어나는 일이란 것을 잊으면 그러한 일이 벗님에게도 생기지 말라는 보장이 없다. 그래서 부처는 말했다.

"여래가 간 길도 따라가지 말라."

여래라는 것은 자신을 두고 하는 말이다. 그러니까 내가 부처라고 해서 나를 흉내내지 말고 자신의 길을 가라는 의미로 이해하면 되겠는데, 무수히 많은 사람들은 모두 자신을 따라오라고 하니 따라가면서도 과연 잘 따라가는 것인지 못 따라가는 것인지 아리송해지는 경우가 많을 것이다. 그리고 그렇게 따라가다가는 마침내 자신도 망치고 가족도 망치고 이웃까지 망치는 일도 당하고 보면 참 어려운 일임에는 틀림없는데, 중요한 것은 이렇게 버리는 방향으로 따라가는 사람도 역시 그 이면에는 오욕칠정이 그대로 존재한다는 것을 헤아리고 바라다봐야 한다는 말씀을 드리고 싶은 것이다.

그리고 세상에는 모두를 버리고 싶어서 안달이 난 사람도 많다는 것을 생각해 보면 누구나 주워 모으기를 좋아한다는 것 또한 편견이라고 할 수 있겠다. 좀더 철이 많이 든 사람(?)일수록 많이 버리려고 노력하는 것이 아닌가 싶은 생각도 든다. 예를 든다면 일생을 노력해서 재물을 모은 사람이 어느 날 갑자기 무슨 재단에 기증을 한다고 선언하는 경우에도 역시 버리는 것이 얼마나 홀가분한 것인지를 깨닫게 되었다고 볼 수 있을 것이다. 어제 신문을 보니 어떤 기업의 총회장이 자리를 물러난다는 보도가 있었다. 역시 때가 되면 버리는 것이 행복할 것이라고 여기는 것은 낭월만의 생각인지도 모를 일이다. 다만 실컷 누리다가 마지막에 버리는 것은 그 가치가 좀 적어지지 않을까 싶다. 기왕이면 더 가지고 놀 수도 있는 것을 버릴 적에 그 가치는 극대화하는 것이 아닐까 생각해 보았다.

버리는 것에 대해 생각하다 보니 가장 큰 것을 버린 사람은 왕의 길을 버린 사람이 아닌가 싶다. 그 대표적인 인물로는 순치 황제나 싯다르타를 생각할 수가 있겠다. 순치왕은 왕 노릇을 17년인가 하다가 버렸으니 그래도 그 가치는 좀 덜하다고 하겠는데, 싯다르타는 한 번 해보지도 않고 포기했으니 더욱 위대하다고 해도 말이 되지 않을까? 물론 낭월의 교주라고 해서 드리는 말씀은 아니다. 그냥 객관적으로 봐서 그렇겠다는 것인데, 실은 권력을 얻고 나면 그 집착력이 엄청난 것이 사실이니 높은 자리에서 버리는 것이 더 위대할 수도 있겠다는 생각도 든다. 예전에 정치하는 사람의 모습을 보면서 과연 그렇겠다는 생각이 들어서이다. 중요한 것은 있는 것을 버리는 것이 참으로 어렵다는 점인데, 그렇지만 실제로 인간이 사는 곳에서는 그렇게 얻기 어려운 것을 버리지 못해서 안달이 난 사람도 적지 않음을 생각해 주시라는 말씀이다.

이제 다시 원점으로 돌아가 보자. 결국 물질적으로 많고 적음의 차이로써 빈부는 결정난다고 이해하면 되겠다. 그 마음에 대해서는 여기의 기준으로 저울질할 수 없다는 점을 알아야 하겠고, 그 마음이야 어떻게 생겼거나 가난한 사람과 부자는 그렇게 표면적인 상황을 보고서 구분할 수 있다는 점만 정확히 해두면 충분하겠다. 벗님이 재수(財數)가 좋아서 부자가 되시든지 또는 재수가 없어서 가난하게 살든지 그 점은 어쩔 수가 없다고 하겠고, 실로 재물이 있으면서 버리는 통쾌함도 맛보시면 좋을 터이지만 재물이 없으면서도 재물에 연연하지 않는 가난한 삶도 반드시 나쁘지만은 않을 것이라는 생각도 가능하다는 점을 챙겨 놓고서 이 대목을 줄인다. 물질적인 부분에 해당하는 의미라는 것만 기억해 주기 바란다.

2) 貴人과 賤人은 정신적인 면의 陰陽이다

이제는 貴賤에 대해서 생각해 보도록 한다. 그런데 이 부분은 상당히 복잡한 구조를 하고 있는데, 귀함에 재물을 포함시켜야 하느냐 마느냐를 정확하게 구분하지 않으면 구분의 기준이 더욱 애매해질 것이다. 그래서 이 점을 고려한다면 일단 貴를 논함에는 재물의 상황은 고려하지 않음을 원칙으로 하는 것이 옳겠다.

그리하여 귀천은 정신적인 문제이므로 물질적인 것과는 상관 없이 가능하다고 본다면 또한 팔자와는 어떤 연관이 있는지 생각해 봐야겠다. 기본적으로 당연히 팔자와도 상당한 연관이 있을 것으로 보는 것은 이미 앞에서 귀하게 살아간 사람의 사주 구조를 이해함으로써 충분히 파악되었다고 하겠다. 그래서 팔자로써 귀천을 구분할 수는 있겠지만 문제는 과연 귀천을 팔자로 읽었다면 그 암시를 고칠 수는 없겠느냐는 점이다.

그러니까 팔자에서 귀하겠다는 암시가 있는 사람이야 그렇다고 치더라도 팔자에서 천하다는 암시가 있는 사주의 경우에는 귀하게 마음을 쓴다면 귀하게 될 수도 있느냐는 점을 생각하게 하는데, 실제로 살펴보고 싶은 것은 바로 이 부분임을 이저야 말씀드린다. 과연 이 점은 가능한 것일까?

비록 팔자는 천하게 타고났더라도 그 마음에서 청하게 살아 보려고 한다면 아마도 충분히 가능하다고 보고, 이러한 것은 후천적인 변화라고 이해해 본다. 그래서 자신의 팔자에서 가난하게 타고난 것은 고치기가 어렵겠지만 천하게 타고난 것은 마음먹기에 따라서는 얼마든지 수정이 가능하다고 보는데, 이유는 순전히 내면적인 문제이기 때문이다. 그러니까 빈부는 내가 부자가 되고 싶다고 해서 되는 것이 아니므로 마음대로 안 된다고 하더라도 그 마음으로 가능한 것은 귀하게 될 수도 있고 천하게 될 수도 있다는 점이다. 재물이 없으면서 천하게 되면 괄시를 받을 것이고, 재물이 있으면서 천하게 되는 사람은 손가락질을 받게 될 것이다. 다시 정리해 보자.

富하면서 貴한 사람—존경과 선망의 대상
富하면서 賤한 사람—손가락질을 받는 대상
貧하면서 貴한 사람—청렴함을 존경하는 대상
貧하면서 賤한 사람—무시를 당하는 대상

정신적으로 귀천을 누리게 되는 것을 살펴보니 과연 일리가 있는 분석이라고 하겠다. 그리고 천한 항목에 해당하는 상담의 자료는 싣지 않을 요량이다. 그럴 필요가 없다고 봐서이다. 남의 사주를 보면서도 이 사주가 천한지 그렇지 않은지에 대해서 구분할 필요가 없다는 생각에서이고, 실로 만약에 그 사람이 자신의 팔자가 천하다는 것을 알고 수신제가를 하는 사람이라고 한다면 그에게 천하다고 하는 해석이 무슨 도움이 되겠는가 하는 이유에서이다. 그렇다면 상담을 하면서 비중을 두고 생각해야 할 것은 그 사주가 귀하게 생겼는지 천하게 생겼는지를 살피는 것이 아니라 밖으로 추진하는 계획들이 잘 진행될 것인지 말 것인지를 판단하는 것이다. 이것이 바로 명리학의 활용법이라고 생각하고 있으므로 귀천을 사주로 읽으려고 노력할 필요는 없다고 본다.

　이렇게 해서 부귀빈천에 대한 부연 설명은 여기에서 매듭지어야 하겠다. 그리고 다음으로 이어지는 이야기들은 그 의미가 앞의 부분과 서로 중복되기도 해서 긴 설명은 생략하고 간단하게 언급하도록 할 요량이다. 이 부분에 대해서는 그냥 단순하게 사주로 알 수 있느냐는 정도의 범위를 넘어서 좀더 철학적인 관점에서 그 의미를 살펴보고자 설명을 드려 봤지만, 낭월 역시 세상의 이치를 모두 깨닫지 못한 상태에서의 생각이므로 이 점도 참고하여 '낭월의 생각'이라는 정도로 수용해 주시기 바란다.

제5장 길흉(吉凶)

【滴天髓】

> 何知其人吉. 喜神爲輔弼.
> 하 지 기 인 길. 희 신 위 보 필.

▶ 그 사람이 길함을 어찌 알까. 희신이 보필하고 있는지 보라.

【滴天髓徵義】

喜神者, 輔用助主之神也. 凡八字必要有喜神. 則用神有勢. 一生有吉無凶. 故喜神, 乃吉神也. 若柱中有用神而無喜神. 歲運不逢忌神, 無害. 一遇忌神, 必凶. 如戊土生於寅月. 以寅中甲木爲用神. 忌神必是庚辛申酉之金. 日主元神厚者. 以壬癸亥子爲喜神. 則金見水而貪生. 不來剋木矣. 日主元神薄者. 以丙丁巳午爲喜神. 則金見火而畏. 亦不來剋木矣. 如身弱以寅中丙火爲用神. 喜天干透出. 以水爲忌神. 以比劫爲喜神. 所以用官用印有別. 用官者, 身旺可以財爲喜神. 用印者, 身弱有官, 而後用劫爲喜神.

使其劫去財星. 則印綬不傷, 官星無助之意也. 如原局有用神無喜神. 而用神得時秉令. 氣象雄壯. 大勢堅固. 四柱安和. 用神緊貼. 不爭不妒者. 卽遇忌神. 亦不爲凶. 如原局無喜神. 有忌神. 或暗伏或出現. 或與用神緊貼. 或爭或妒. 或用神不當令. 或歲運引出忌神. 助起忌神. 譬之國家有內間. 私通外寇. 兩來夾攻. 其凶立見. 論土如此. 餘可類推.

희신자, 보용조주지신야. 범팔자필요우희신. 즉용신유세. 일생유길무흉. 고희신, 내길신야. 약주중유용신이무희신. 세운불봉기신, 무해. 일우기신, 필흉. 여무토생어인월. 이인중갑목위용신. 기신필시경신신유지금. 일주원신후자. 이임계해자위희신. 즉금견수이탐생. 불래극목의. 일주원신박자. 이병정사오위희신. 즉금견화이외. 역불래극목의. 여신약이인중병화위용신. 희천간투출. 이수위기신. 이비겁위희신. 소이용관용인유별. 용관자, 신왕가이재위희신. 용인자, 신약유관, 이후용겁위희신. 사기겁거재성. 즉인수불상, 관성무조지의야 여원국유용신무희신. 이용신득시병령. 기상웅장. 대세견고. 사주안화. 용신긴첩. 부쟁불투자. 즉우기신. 역불위흉. 여원국무희신. 유기신. 혹암복혹출현. 혹여용신긴첩. 혹쟁혹투. 혹용신부당령. 혹세운인출기신. 조기기신. 비지국가유내간. 사통외구. 양래협공. 기흉립견. 논토여차. 여가류추.

➜ 희신이란 용신을 보호하고 일주를 돕는 글자이다. 대저 팔자에서는 희신을 필요로 하는데, 용신의 세력이 있다면 일생 동안 길함은 있어도 흉함은 없다고 하겠으니 희신을 길신이라고 이름할 수도 있는 것이다. 만약 사주에서 용신이 있고 희신이 없다면 운에서 기신

을 만나지 않을 경우에는 물론 아무런 문제가 없다. 그런데 일단 운에서 한번 기신을 만난다면 반드시 흉하게 될 것이다. 예를 들어서 戊土가 寅月에 나서 寅中의 甲木이 용신이라고 한다면 기신은 반드시 庚辛이나 申酉의 금이 될 것인데, 일주의 원신이 두텁고 壬癸亥子의 수가 돕고 있는 상황이라면 즉 금이 수를 보면 생을 탐해서 목을 극하러 오지 않을 것이다. (그러나) 목의 원신이 약한 상태에서 丙丁巳午의 화로 희신을 삼는다면 즉 금이 화를 보고서 두려워하여 또한 일간 목을 극하러 오지 않을 것이다.

만약 (무토가) 신약하여 인중의 丙火를 용신으로 삼았다면 천간에 (병화가) 투출되면 기쁘겠지만 이때에 기신은 수가 될 것이고 희신은 비겁인 토가 되어서 수를 막을 것이다. 그래서 관을 용했는가 혹은 인성을 용했는가에 따라 다름이 있으니, 관을 용한 사람은 신왕하므로 재성이 희신이 되는 것이고, 인성을 용한 자는 신약하므로 관이 있다면 뒤에는 겁재를 용해서 희신으로 삼게 되니 그로 하여금 재성을 겁탈하게 하는 이유이다. 즉 인수도 손상을 당하지 않고 (재로 하여금) 관성을 돕지도 못하게 하는 것이다.

만약 원국에서 용신이 있고 희신이 없는데 월령에 용신이 당령을 했다면 기상은 웅장하여 큰 세력으로 견고하니 사주가 편안하고 화평하다. 용신이 (일간의 옆에) 바짝 붙어 있으면서 쟁투의 의미가 없다면 즉 기신을 만나도 또한 흉하게 되지 않을 것인데, 만약 원국에 희신이 없고 기신이 있는 상태에서 혹 지지에 숨어 있거나, 천간에 나타나 있거나, 용신과 바짝 붙어 있거나, 서로 쟁투를 벌이고 있거나, 용신이 월령을 얻지 못했거나, 운에서 기신이 들어와서 기신을 도와 주게 된다면 이것은 국가에 간첩이 있는 것과 같아서 밖의 도적과 서로 통하게 될 것이니 양쪽에서 협공하게 된다면 그 흉함은 그 자리에서 보게 될 것이다. 이상은 土를 기준으로 삼아서 논했는데, 나머지도 이에 준해서 추리하면 되겠다.

【 강의 】

이 대목에서는 吉을 언급하면서 대표적으로 희신에 대한 역할에 의미를 부여했는데 일리 있는 말씀이라고 생각된다. 다만 여기에서 약간의 오해가 생길 수 있는 부분이 있다. 희신의 정의를 내리면서 '용신을 보호하고 일간을 도와 주는 것'이라고 했는데 그중 일간을 보호하는 것에 대해서는 그 의미를 삭제해야겠다는 생각을 하게 된다. 낭월도 처음에는 이 말을 그대로 의지해서 이해했기 때문에 희신은 용신도 돕고 일간도 돕는 것으로 정의했지만, 연구와 임상을 반복하면서 일간은 희신이 고려하지 않는다는 것을 생각하게 되었다.

다시 말하면 신약에 인성을 용신으로 했을 경우에 일간을 고려한다면 희신은 비겁이 되어야 마땅하지만, 실제로 용신이 약하다면 비겁의 도움이 오히려 용신을 설하는 부담이 될 가능성이 있다. 또한 실로 인성의 주변에서 관살이 생조를 해주고 있는 상황이라면 그대로 비겁을 희신으로 하는 것은 포기하고 관살을 희신으로 정해야 한다는 것을 생각하게 되기 때문에 이 부분은 명확하게 이해하고 넘어가야 하겠다. 이 점만 이해하면 되겠는데, 그렇더라도 비겁이 크게 나쁘지는 않을 것이다. 만약 인성이 용신인 상황에서 재성이 인성을 극하고 있다면 이때는 관살보다는 비겁이 더욱 시급하게 작용하게 될 것이다. 이 점에 대해서는 다시 사주를 살펴보고 언급하도록 하겠다.

己	戊	丙	甲
未	寅	寅	子

甲	癸	壬	辛	庚	己	戊	丁
戌	酉	申	未	午	巳	辰	卯

春初土虛. 殺旺逢財. 以丙火爲用. 喜其財印相隔. 生生不悖. 更妙未時幇身爲喜. 四柱純粹. 主從得宜. 所以早登甲第. 一生有吉無凶. 仕至觀察. 後退歸優游林下. 生六子. 皆登科第. 夫婦齊眉. 壽越八旬.

춘초토허. 살왕봉재. 이병화위용. 희기재인상격. 생생불패. 갱묘미시방신위희. 사주순수. 주종득의. 소이조등갑제. 일생유길무흉. 사지관찰. 후퇴귀우유림하. 생육자. 개등과제. 부부제미. 수월팔순.

➜ 이른봄이라 토가 허하고 살은 왕한데 다시 재성을 만났으니 丙火로써 용신을 삼고, 기쁜 것은 그 재성이 인성과 서로 떨어져 있음이다. 생하고 또 생해서 일그러지지 않았고, 다시 묘한 것은 未時를 얻어서 비겁이 돕는 형상이 기쁘다. 사주가 순수하니 이 사람은 옳음을 얻었다. 그래서 일찍이 과거에 급제하고 일생 동안 길함만 있고 흉함은 없었으니, 벼슬은 관찰사에 이르렀고 후에 물러나서도 넉넉하게 자연과 더불어 살았으며 아들 여섯이 다 등과하였고 부부가 함께 서로 공경하였으며 수명은 팔순을 넘겼다.

【 강의 】

　용신은 인성이 확실하고 인성의 기운은 사주에 왕성한 목의 기운이 넘치기 때문에 다시 목으로 희신을 삼을 필요가 없다고 하겠다. 그래서 수가 들어올 경우를 대비해서 토는 희신이 되는 것으로 봐서 타당한 설명이다. 운에서는 수가 가장 큰 기신이겠지만 천간의 수는 甲木과 己土가 막아 주고, 지지로 들어오는 수는 寅木과 未土가 막게 되어서 크게 흉하지 않다고 보겠다. 원국에 기신이 있으면서도 용신에게 부담을 주지 않는 것도 자랑할 만하다.

```
戊　庚　己　丙
寅　辰　亥　申
丁丙乙甲癸壬辛庚
未午巳辰卯寅丑子
```

　此寒金喜火. 得時支寅木之生. 則火有焰. 然用財殺, 必先身旺. 妙在年支坐祿. 三印貼身. 更妙亥水當權. 申金貪生忘沖. 無火則土凍金寒. 無木則水旺火虛. 以火爲用. 以木爲喜. 木火兩字. 缺一不可. 所以生平無凶無險. 登科發甲. 宦海無波. 後嗣繼美. 壽至八旬之外.

　차한금희화. 득시지인목지생. 즉화유염. 연용재살, 필선신왕. 묘재년지좌록. 삼인첩신. 갱묘해수당권. 신금탐생망충. 무화즉토동금한. 무목즉수왕화허. 이화위용. 이목위희. 목화량자. 결일불가. 소이생평무흉무험. 등과발갑. 환해무파. 후사계미. 수지팔순지외.

➜이 경우에는 금이 차가워서 화가 반갑다. 시지의 寅木의 생조를 얻었으니 즉 화도 불꽃이 있다. 그러나 재살을 용하기 위해서는 반드시 신왕함이 우선해야 하는데, 묘하게도 연지의 녹(비견)에 앉아 있고 인성이 셋이나 바짝 붙어 있으며, 더욱 묘하게도 亥水가 월령을 잡았기에 申金은 생을 탐해서 (시지의 인목을) 극지 않는다. 화가 없었다면 토도 얼고 금도 차갑겠고, 목이 없었다면 수가 왕하여 화가 허했을 것이다. 화로써 용신을 삼고 목으로써 희신을 삼는데 木火의 두 글자는 하나라도 빠지면 곤란하겠다. 그래서 평생 흉한 일이 없었고 벼슬길에도 파란이 없었으며 후사도 잘 이어졌고 수명도 팔순을 넘었다.

【강의】

원문의 年支坐祿보다는 年支得祿이 좋겠다. 화가 용신이고 목이 희신이라는 것은 당연한데, 실로 이 화는 희신이 너무 멀어서 별로 도움을 받지 못한다고 봐야 하겠다. 다행히도 운에서 木火로 이어지는 바람에 벼슬이 순탄했다고 봐야 이치에 합당하지 않을까 싶다. 그래서 이 사주는 길한 사주라기보다는 운이 좋았다고 해야 할 것이다. 즉 희신이 그다지 좋은 위치에 있지 못하다는 말씀을 드리는 것이다. 이러한 점은 참고해야 하겠다.

吉(喜神)에 대한 추가 의견

길을 희신이라고 한다면 희신에 대해서 생각해 보면 되겠는데 좀 더 명확히 해두는 것이 좋을 것 같아서 보충 설명을 드리도록 한다. 나름대로 요약해서 표시를 해본다.

1) 인성을 용신으로 삼았을 경우
1순위—인성이 재성의 극을 받고 있으면 비겁이 희신이다.
2순위—인성이 약하다면 관살이 희신이다.
3순위—인성이 이미 강하다면 비겁이 희신이나 비중은 작다.

2) 비겁을 용신으로 삼았을 경우
1순위—관살이 옆에서 극하면 식상이 희신이다.(病藥의 의미)
2순위—비겁도 신약할 것이므로 인성이 희신이다.

3) 식상을 용신으로 삼았을 경우
1순위—식상이 인성을 만났다면 재성이 희신이다.
2순위—식상이 약하면 비겁이 희신이다.
3순위—식상이 왕하다면 재성이 희신이지만 비중은 작다.

4) 재성을 용신으로 삼았을 경우
1순위—비겁이 재성을 극한다면 관살이 희신이다.
2순위—재성이 약하면 식상이 희신이다.
3순위—재성이 왕하다면 관살이 희신이지만 비중은 작다.

5) 관살을 용신으로 삼았을 경우
1순위—식상의 극을 받는다면 인성이 희신이다.
2순위—관살이 약하다면 재성이 희신이다.
3순위—관살이 왕해도 재성이 희신이다.(인성은 무의미함.)

이렇게 정리를 해봤는데 희신의 구조를 이해하는 데 약간의 참고가 되었으면 좋겠다. 가끔 전화를 하는 벗님들이 이 희신에 대해서 개념 파악이 잘 되지 않는 듯해서 부연 설명을 드린 것이다. 여기에 언급한 의미를 이해하고 희신을 정하실 적에 참고하면 되겠다.

【滴天髓】

> 何知其人凶. 忌神輾轉攻.
> 하 지 기 인 흉. 기 신 전 전 공.

⭕ 그 사람이 흉함을 어찌 알겠는가. 기신이 돌아가면서 공격하나니.

【滴天髓徵義】

忌神者, 損害體用之神也. 故八字先要有喜神. 則忌神無勢. 以忌神爲病. 以喜神爲藥. 有病有藥, 則吉. 有病無藥, 則凶. 一生吉少凶多者. 皆忌神得勢之故耳. 如寅月生人. 不用甲木, 而用戊土. 則甲木爲當令之忌神. 看日主之意向. 或喜火以化之. 或用金以制之. 安頓得好. 又逢歲運扶喜抑忌. 亦可轉凶爲吉. 歲運又不來扶喜抑忌. 又不與忌神結黨者. 不過終身碌碌. 無所發達而已. 若無火之化, 金之制. 又遇水之生. 歲運又黨助忌神. 傷我喜神. 輾轉相攻. 凶禍多端. 到老不吉. 論木如此. 餘可類推.

기신자, 손해체용지신야. 고팔자선요유희신. 즉기신무세. 이기신위병. 이희신위약. 유병유약, 즉길. 유병무약, 즉흉. 일생길소흉다자. 개기신득세지고이. 여인월생인. 불용갑목, 이용무토. 즉갑목위당령지기신. 간일주지의향. 혹희화이화지. 혹용금이제지. 안돈득호. 우봉세운부희억기. 역가전흉위길. 세운우불래부희억기. 우불여기신결당자. 불과종신록록. 무소발달이이. 약무화지화, 금지제. 우우수지생. 세운우당조기신. 상아희신.

전전상공. 흉화다단. 도로불길. 논목여차. 여가류추.

➡ 기신은 體用을 해롭게 하는 성분이다. 그래서 팔자에서는 먼저 희용신을 요하니 즉 기신이 세력이 없더라도 꺼리게 된다. 기신으로 병이 될 적에 희신으로써 약을 삼으면 병이 있고 약이 있어 즉 길한데, 병이 있고 약이 없다면 즉 흉하게 되니 일생 길함은 적고 흉함이 많은 것은 다 기신이 세력을 이루고 있기 때문이다.

만약 寅月에 태어난 사람이 甲木을 용신으로 쓰지 않고 戊土를 쓴다면 즉 甲木은 당령된 기신이 되는 셈이니 일주의 의향을 봐서 희신으로는 혹 화가 되어서 (木生火로) 化할 수도 있고, 혹은 금을 희신으로 삼아서 제어할 수도 있으니 그래서 안정이 된다면 좋다고 하겠다. 또 운에서 희신을 도와 주고 기신을 눌러 준다면 흉이 길로 변하게 되는 것이고, 세운에서 희신을 돕고 기신을 눌러 주지 않고 오히려 기신이 무리를 이룬다면 일평생 별 볼일 없이 고생하게 될 것이며 발달할 수가 없을 것이다.

만약 화의 化가 없거나, 금의 제어가 없는 상황에서 다시 수의 생조라도 얻거나, 운에서라도 기신의 무리를 돕는다면 내 희신이 상하고 돌아가면서 공격을 받아서 반드시 흉한 재앙이 무수히 일어날 것이니 늙어 죽을 때까지 좋을 일이 없다고 하겠다. 목으로 이렇게 논하거니와 나머지도 이에 준해서 추리하면 되겠다.

【 강의 】

이 대목은 앞의 길과 서로 연결되어 있는 셈이어서 별도로 나누지 않았다. 내용을 보면 희신이 있는 경우에는 흉함이 덜하겠는데 그렇지 못하면 흉하게 되어서 이 항목에 해당한다고 이해가 된다. 물론 타당한 논리라고 하겠고, 용신이 희신을 두고 있을 때와 그렇지 못할 때의 차이는 대단히 크다고 이해하면 되겠다. 다만 길게 설명하지 않아도 되겠기에 이 정도로 줄인다.

```
甲  丙  戊  乙
午  子  寅  亥

庚 辛 壬 癸 甲 乙 丙 丁
午 未 申 酉 戌 亥 子 丑
```

丙火生於寅月. 印星當令. 時逢刃旺. 甲乙竝旺透. 四柱無金. 寅亥化木. 子水沖破. 官星無用. 必以月干戊土爲用. 忌神卽是甲木. 亥子之水, 反生旺木. 所謂忌神輾轉攻也. 初交丁丑. 生助用神. 祖業十餘萬. 其樂自如. 一交丙子. 火不通根. 父母雙亡. 連遭回祿. 乙亥水木竝旺. 又遭回祿. 剋三妻四子. 赴水而亡.

병화생어인월. 인성당령. 시봉인왕. 갑을병왕투. 사주무금. 인해화목. 자수충파. 관성무용. 필이월간무토위용. 기신즉시갑목. 해자지수, 반생왕목. 소위기신전전공야. 초교정축. 생조용신. 조업십여만. 기락자여. 일교병자. 화불통근. 부모쌍망. 연조회록. 을해수목병왕. 우조회록. 극삼처사자. 부수이망.

➜ 丙火가 寅月에 나서 인성이 당령을 했고 시에는 다시 비겁이 왕한 데다가 甲乙목은 투출되었으나, 사주에 금이 없고 寅亥는 다시 목으로 化하고 子水는 충파하여 관성은 쓸모가 없으니 반드시 월간의 戊

土를 용신으로 삼는다. 그러므로 기신은 甲木이 되겠는데 亥子의 수는 도리어 旺木을 생조하니 이른바 '기신전전공'이라고 하겠다. 처음에 丁丑운으로 바뀌면서 용신을 생조하여 조상의 유업이 10여 억이 되었으며 그 즐거움이 마음대로 되었는데, 한번 丙子운으로 바뀌면서 화는 통근을 하지 못하여 부모가 한꺼번에 돌아가시고 연이어 화재를 만났으며, 乙亥대운에는 水木이 함께 왕하여 또 화재를 당하고 세 처와 네 아들을 극하고 물로 인해서 죽었다.

【 강의 】

수를 용신으로 할 수도 있었겠는데 목왕절이어서 토를 의지하게 되었던 모양이다. 그렇게 되니 북방의 水木운이 좋을 리가 없다. 여기에서 희신은 금이 되어야 하는 것으로 보겠는데, 사주에 금이 없으니 가장 필요한 희신이 없는 셈이고, 그 이유는 바로 옆에서 목이 극을 하기 때문에 금이 극을 해줘야 한다는 것으로 이해하면 되겠다. 차선책으로 화를 희신으로 하겠지만 역시 子午충으로 인해서 戊土를 돕지 못하고 있으니 흉하다는 말이 타당하겠다.

```
己  丙  庚  辛
丑  辰  寅  巳

壬 癸 甲 乙 丙 丁 戊 己
午 未 申 酉 戌 亥 子 丑
```

丙火生寅. 木嫩火相. 未爲旺也. 生丑時, 竊去命主元神. 以寅木爲用. 所嫌庚金當頭之忌. 木嫩逢金. 火虛而洩. 初交己丑, 戊子. 生金洩火. 幼喪父母. 孤苦不堪. 丁亥丙戌. 火在西北. 不能去盡忌神. 所以歷盡風霜. 稍成家業. 一交乙酉. 干支皆化忌神. 刑妻剋子. 遭水厄而亡.

병화생인. 목눈화상. 미위왕야. 생축시, 절거명주원신. 이인목위용. 소혐경금당두지기. 목눈봉금. 화허이설. 초교가축, 무자. 생금설화. 유상부모. 고고불감. 정해병술. 화재서북. 불능거진기신. 소이력진풍상. 초성가업. 일교을유. 간지개화기신. 형처극자. 조수액이망.

➔ 丙火가 寅月에 생하니 목이 (아직은) 어려서 화는 相에 해당하지만 왕하다고는 못하겠다. 丑時에 났는데 일간의 기운을 훔쳐가기에 충분하다. 그래서 寅木을 용신으로 삼는데, 싫어하는 것은 庚金이 천간에 나와 있어서 기신이 되었다는 점이다. 어린 나무가 금을 만났고 허한 화는 설기를 당하는 구조에서 초운에 己丑대운과 戊子대운으로 연결되면서 금을 생하고 화를 설하니, 어려서 부모가 돌아가시고 고아로서 그 고통을 감당하기 어려웠다. 丁亥와 丙戌 대운은 서북의 화가 되니 기신을 모두 제거하기가 불가능하여 온갖 풍상을 겪어야 했으나 점차로 가세가 좋아졌는데 한번 乙酉운으로 바뀌면서 간지가 다 기신으로 화하면서 처자를 형극하고 수액을 만나서 죽었다.

【 강의 】

신약한 병화가 寅木의 인성을 용하였는데 금이 극을 하고 있으니 제일의 희신은 화가 되는 구조이다. 그러나 화가 금을 극하지 않고 있으니 이것을 흉하다고 하겠고, 다시 아쉬운 대로 수의 성분이라도 있어서 金生水하여 水生木으로 유통시켜 보고 싶지만 또한 수도 없으니 희신이 없는 셈이어서 흉한 사주라고 할 만하겠다.

凶에 대한 추가 의견

이 대목에서는 특별히 언급하지 않아도 되겠는데, 약간의 보충 설명을 한다면 사주에서 흉신이 희신의 맛을 보고 있느냐 아니냐의 차이를 이해하는 장으로 삼으면 충분하겠다. 비록 두 개의 명식이지만 그 상황을 이해하기에는 충분하다고 보고 이 정도로 줄인다.

제6장 수요(壽夭)

【滴天髓】

> 何知其人壽. 性定元氣厚.
> 하 지 기 인 수. 성 정 원 기 후.

◐ 그 사람이 오래 사는 것을 어찌 아는가. 성품이 안정되고 원기가 두터운가를 보라.

【滴天髓徵義】

四柱得地. 五行停勻. 所合者皆閑神. 所化者皆用神. 沖去者皆忌神. 留存者皆喜神. 無缺無陷. 不偏不枯. 則性定矣. 性定不生貪戀之私. 不作苟且之事. 爲人寬厚和平. 仁德兼資. 未有不富貴福壽者也. 元神厚者. 官弱逢財. 財輕遇食. 身旺而食傷發秀. 身弱而印綬當權. 所喜者皆提綱之神. 所忌者皆失令之物. 提綱與時支有情. 行運與喜用不悖. 是皆元神厚處. 宜細究之. 清而純粹者. 必富貴而壽. 濁而混雜者. 必貧賤而壽.

사주득지. 오행정균. 소합자개한신. 소화자개용신. 충거자개 기신. 유존자개희신. 무결무함. 불편불고. 즉성정의. 성정불생 탐련지사. 부작구차지사. 위인관후화평. 인덕겸자. 미유불부귀 복수자야. 원신후자. 관약봉재. 재경우식. 신왕이식상발수. 신 약이인수당권. 소희자개제강지신. 소기자개실령지물. 제강여 시지유정. 행운여희용불패. 시개원신후처. 의세구지. 청이순수 자. 필부귀이수. 탁이혼잡자. 필빈천이수.

➜사주는 지지를 얻고 오행은 균형을 이루어서 합을 하는 것은 모두 한신이고, 화하는 것은 모두 용신이며, 충해서 가는 것은 모두 기신 이고, 머물러 있는 것은 전부 희신이어서 결함이 없고 치우침도 메 마름도 없다면 즉 성품이 안정되리니, (재물을) 탐하지도 않고 (명예 를) 그리워하지도 않아서 구차스러운 일은 아예 하지를 않으니 사람 됨이 너그럽고 화평해서 인덕을 겸한 자질이라 부귀하고 복록도 많 고 장수를 누리지 않는 자가 없다. 원기가 두텁다는 것은 관이 약한 데 재성을 만나거나, 재가 약한데 식상을 만나거나, 신왕한데 식상 이 수기를 발해 주거나, 신약한데 인수가 월령을 잡아서 기뻐하는 것은 다 월령의 신이고 꺼리는 것은 모두 실령한 물건이며 월령과 지지가 서로 유정하고 운에서도 희용신을 일그러뜨리지 않으니 이 것이 모두 원기가 두터운 것이다. 잘 연구해야 마땅한데 청하고 순 수한 자는 반드시 부귀하면서 오래 살고, 탁하고 혼잡된 자는 반드 시 빈천하면서 오래 살게 된다.

【 강의 】

　인간의 소망일 뿐만 아니라 모든 생명체의 희망일 수도 있는 것이 이 오래 사는 것이다. 다만 이것이 마음대로 되지 않는 것은 타고난 신체의 유전적인 영향과 팔자에서 읽을 수 있는 심성의 구조, 자신이 처한 환경의 영향으로 인해서 결정나는 것이기 때문이다. 여기에서 심성은 노력하기에 따라서 일부 고칠 수 있겠지만 타고난 유전적인 영향은 바꾸기가 불가능하다고 해야 할 것이다. 그리고 환경의 영향은 언제라도 수정이 가능하므로, 현재 서울의 공기가 오염되었다고 한다면 서울을 떠나면 되는 것이다. 그러나 자녀의 교육 문제나 재물을 추구하려는 마음 때문에 매여서 쉽사리 떠나지 못하는 것을 보면 또한 운명인가 싶은 생각을 해본다.
　인간의 수명이 말로는 120년이라고는 하지만 이것은 아무런 의미가 없는 것으로 봐야 하겠다. 공식적으로는 그렇다고 해도 현실적으로는 모두 자신의 유전 인자와 심리적인 영향 또는 섭취하는 음식물, 공기 등에 많은 영향을 받기 때문이다. 그러나 그보다는 오히려 어떻게 마음을 쓰느냐에 따라서 정해졌다는 것이 더 좋지 않겠느냐는 생각을 해본다. 그리고 아무리 몸부림을 쳐도 피하기 어려운 것은 유전적인 요소일 것이다. 그래서 심장이 열을 받지 않고, 간장이 스트레스에 노출되지 않고, 신장이 고갈되지 않고 폐에서도 원활하게 유통된다면 오히려 오래 살 것으로 보는데, 실은 이번 항목과 다음의 요절하는 항목은 「질병」의 장에서 다루는 것이 더 타당할 듯하다. 다만 병이 없어도 오래 살고 반대로 일찍 죽는 경우가 있으므로 별도로 분리한 것으로 생각된다.

```
丙　甲　癸　辛
寅　子　巳　丑
乙 丙 丁 戊 己 庚 辛 壬
酉 戌 亥 子 丑 寅 卯 辰
```

此從巳火起源頭. 生丑土. 丑土生辛金. 辛金生癸水. 癸水生甲木. 甲木生丙火. 甲祿於寅. 癸祿居子. 丙祿居巳. 官坐財地. 財逢食生. 五行元神皆厚. 四柱通根. 生旺. 左右上下有情. 爲人剛柔相濟. 仁德兼資. 貴至極品. 富有百萬. 子十三人. 壽至百歲. 無疾而終.

차종사화기원두. 생축토. 축토생신금. 신금생계수. 계수생갑목. 갑목생병화. 갑록어인. 계록거자. 병록거사. 관좌재지. 재봉식생. 오행원신개후. 사주통근, 생왕. 좌우상하유정. 위인강유상제. 인덕겸자. 귀지극품. 부유백만. 자십삼인. 수지백세. 무질이종.

➜ 이 경우에는 巳火를 시작으로 원두가 되어서 丑土를 생조하고, 축토는 辛金을 생하며, 신금은 癸水를 생하고, 다시 계수는 甲木을 생하며, 갑목은 丙火를 생조하고 녹은 寅木에다 두었다. 계수의 녹은 子水에 있고, 병화의 녹은 巳火에 있으며, 관성은 재의 고향에 앉아 있다. 또한 재는 다시 식상의 생조를 만나니 오행의 원기가 다 두텁고 사주가 통근하여 생기가 왕하며 좌우와 상하가 모두 유정하여 사람됨이 강하고 부드러움이 잘 조화되고 인덕과 자질을 겸비했으며 귀는 극품에 이르렀다. 재물은 백억이 있었고 아들은 13명을 두었으

며 수명은 백 살을 넘겨서 병 없이 죽었다.

【 강의 】

뭐 이 정도면 되었지 더 이상 무엇을 바라겠느냐는 생각이 드는 설명이다. 아마도 전생에 복을 많이 쌓아서 태어난 모양이다. 추가로 설명할 의미가 없어서 줄인다.

戊	丙	乙	己
子	寅	亥	酉

丁	戊	己	庚	辛	壬	癸	甲
卯	辰	巳	午	未	申	酉	戌

此以酉金爲源頭. 生亥水. 亥合寅而生丙火. 丙火生戊土. 元神皆厚. 鄕榜出身. 仕至觀察. 爲人寬厚端方. 九子二十四孫. 富有百餘萬. 壽至百二十歲. 無疾而終.

차이유금위원두. 생해수. 해합인이생병화. 병화생무토. 원신개후. 향방출신. 사지관찰. 위인관후단방. 구자이십사손. 부유백여만. 수지백이십세. 무질이종.

➡이 경우에는 酉金을 원두로 해서 亥水를 생하고, 해수는 寅木과 합하면서 丙火를 생하며, 병화는 戊土를 생하니 원기가 모두 두텁다. 향시에 합격하여 벼슬은 관찰사에 이르렀고, 사람됨은 너그럽고 후덕하며 단정하고 반듯했다. 아들이 9명에 손자는 24명이었고 재물은

백억이 넘었다. 수명은 120세를 살았는데 병도 없이 죽었다.

【 강의 】

복 많은 사람의 집합소인가 싶다. 잘 나갔다고 하니 이 정도로 넘어가도 되겠는데, 살펴보면 알겠지만 유통하는 사주의 경우에는 인성이 용신이 되는 구조가 상당히 많다. 그래서 다소 신약하면서 강단이 있는 구조가 가장 좋은 것이 아닌가 생각된다. 강단이라는 것은 인성의 도움이라고 생각해 봤는데, 가령 비겁이 중중한 사주라면 세력은 된다고 해도 그 세력이 뼈가 없이 살로 모여 있는 것으로 이해해 볼 수도 있겠다. 즉 강단이 없다고 해야겠는데, 인성이 있고 없고의 차이라고 생각해 봐도 되겠다.

```
壬  壬  辛  己
寅  寅  未  酉

癸 甲 乙 丙 丁 戊 己 庚
亥 子 丑 寅 卯 辰 巳 午
```

此以未土爲源頭. 生辛金. 辛金生壬水. 壬水生寅木. 四柱生化有情. 元神厚而純粹. 所忌者火. 喜其包藏不露. 早登科甲. 仕至三品. 爲人品行端方. 謙和仁厚. 八子十九孫. 壽至九旬有六.

차이미토위원두. 생신금. 신금생임수. 임수생인목. 사주생화유정. 원신후이순수. 소기자화. 희기포장불로. 조등과갑. 사지삼품. 위인품행단방. 겸화인후. 팔자십구손. 수지구순유륙.

→이 경우에는 未土를 원두로 해서 辛金을 생하고, 신금은 壬水를 생하며, 임수는 寅木을 생해서 사주는 생화하고 유정하니 원기가 두터운 형상이며 순수하다. 꺼리는 것은 화가 되겠는데, 다행인 것은 지장간에 숨어서 나타나지 않은 것이다. 일찍이 등과하여 벼슬은 삼품에 이르고, 사람됨은 단정하고 반듯했으며 겸손하고 인후화평했다. 여덟 아들에 19명의 손자를 두고 수명은 96세를 살았다.

【 강의 】

앞의 두 사주보다는 좀 떨어지는지 재물이 얼마라고는 설명되지 않았다. 아마도 신약한데 인성이 未月에 당령해서 메마른 까닭이 아니었을까 생각해 보면서 설기가 심해서 재물은 기신이라고 해석해도 될 듯싶다. 그렇거나 말거나 사주의 유통이 아름다워서 잘살았던 것으로 보면 역시 행복한 사람이라고 해야 하겠다.

```
丙  庚  庚  丁
子  辰  戌  未

壬 癸 甲 乙 丙 丁 戊 己
寅 卯 辰 巳 午 未 申 酉
```

此以丁火爲源頭. 生土. 土生金. 官坐財庫. 身旺用官. 中年行運不背. 所以早登鄕榜. 名利雙輝. 爲人有剛明決斷之才. 無刻薄欺瞞之意. 惜乎無木. 火之元神不足. 孫枝雖王. 子息未免有損之憂.

차이정화위원두. 생토. 토생금. 관좌재고. 신왕용관. 중년행운불배. 소이조등향방. 명리쌍휘. 위인유강명결단지재. 무각박기만지의. 석호무목. 화지원신부족. 손지수왕. 자식미면유손지우.

➜이 경우에는 丁火가 원두가 되어서 토를 생하고, 토는 금을 생하며, 관은 재의 고에 앉아 있고 신왕하여 관을 용한다. 중년에 운이 어기지 않아서 일찍 향시에 급제하고 명리가 함께 빛났으며, 사람은 강경하고 명쾌한 결단력을 소유한 재목이었고 각박하거나 남을 기만하는 뜻도 없었다. 다만 아깝게도 목이 없어 화의 원신이 부족하니 손자는 비록 많았으나 아들은 일찍 죽는 근심을 면하지 못했다.

【 강의 】

그렇겠다. 이렇게 너무 신왕하면 수명에도 문제가 있을 수 있다는 생각을 하게 된다. 정화가 토를 생한다고는 하지만 실제로는 별 도움이 안 되는 구조라고 하겠다. 그냥 인성이 많아서 신강한 사주에 편관을 용신으로 하고 재성의 도움이 없어서 용신이 무력하다는 정도의 해석이 어울리는 구조가 아닌가 싶다.

```
庚  乙  戊  乙
辰  卯  寅  未
庚 辛 壬 癸 甲 乙 丙 丁
午 未 申 酉 戌 亥 子 丑
```

此支類東方. 曲直仁壽格. 大勢觀之. 財官有氣. 名利裕如. 第五行火不出現. 財之元神虛脫. 寅卯辰東方木旺. 官星之根亦薄. 所以一生操勞刻苦. 資囊未滿先傾. 且平生仗義疏財. 爲人無驕諂. 存古道. 苦守淸貧. 生四子. 皆得力. 壽至九十四歲.

차지류동방. 곡직인수격. 대세관지. 재관유기. 명리유여. 제오행화불출현. 재지원신허탈. 인묘진동방목왕. 관성지근역박. 소이일생조로각고. 자낭미만선경. 차평생장의소재. 위인무교첨. 존고도. 고수청빈. 생사자. 개득력. 수지구십사세.

➡ 이 경우에는 지지에 동방으로 모여 있으니 곡직인수격이라고 하겠는데, 대세를 보면 재관이 기운이 있어서 명리가 넉넉하다고도 할 수 있지만 다음으로 오행에서 화가 나타나지 않았으니 재의 원신이 허탈하다. 寅卯辰의 동방 목이 왕하므로 관성의 뿌리도 얕다고 해야 하겠다. 그래서 일생토록 일과 고통이 많았으며 재물은 늘 차기도 전에 기울어졌다. 또 평생 옳음을 지지하고 재물은 소홀히 생각하니 사람됨이 교만하거나 아첨하지 않고 늘 옛 법을 준수했으며 고통스럽지만 청빈함을 지켰다. 아들 넷을 두어 모두 자기 갈 길을 찾았고 수명은 94세를 살았다.

【 강의 】

아마도 철초 선생께서 존경하는 인물이었던가 싶다. 비록 곡직인수격이라고는 하지만 시간의 庚金이 있으니 소용없는 이야기이고, 그냥 정격으로 봐서 시간의 경금을 용신으로 하고 정관격이 되는 구조이다. 원래가 봄날의 목이라면 화를 써야 목화통명으로서 격이 바르다고 하겠는데, 왕한 목을 금으로 제어하려니 인물은 큰 그릇이라고 할망정 흐름에는 적합하지 않은 구조라고 생각된다. 운이 금운으로 갈 적에는 그럭저럭 잘 보냈겠는데, 壬申이나 癸酉는 土金이 아니고 水金이라서 제 기능을 발휘하지 못했을 것으로 본다. 다만 정관이 옆에 붙어 있어서 합이 되니 성격 대입의 일순위에 해당하여 고지식하고 원칙을 고수했으리라고 짐작된다. 자식이 잘되었다고 하는 것은 시에 용신이 있고 관성이니 그렇게 될 수 있겠다고 해석이 가능한데, 재물이 없었던 것은 아마도 사주에 비겁이 너무 왕해서라고 하겠다. 비겁이 왕하면서도 오래 살았던 것은 그 마음에 재물을 따르지 않고 평정을 찾았기 때문이라는 말도 한번 넌지시 드려 본다.

庚	戊	甲	癸
申	戌	寅	丑

丙	丁	戊	己	庚	辛	壬	癸
午	未	申	酉	戌	亥	子	丑

戊戌日逢庚申時. 食神有力. 殺旺無印. 足以强制. 生八九子. 有三四子貴顯. 而授一品之封典. 土金有情之效也. 其爲人貪惡兩備者. 不能化殺之故也. 淫靡無禮者. 火不現, 水得地之故也. 蓋寅申冲, 則丙火必壞. 丑戌刑, 則丁火亦傷. 兼之癸水透, 則日主之心志. 必欲合而求之. 不顧寅戌支藏之火. 暗中剋盡. 夫火司禮. 無禮, 則無所不爲矣. 設使年干癸水換於丁火. 未有不仁德者也. 其富貴福壽. 皆申時之力也. 後生落頭疽而亡. 積惡多端, 天

誅之矣.

　무술일봉경신시. 식신유력. 살왕무인. 족이강제. 생팔구자. 유삼사자귀현. 이수일품지봉전. 토금유정지효야. 기위인탐악량비자. 불능화살지고야. 음미무례자. 화불현, 수득지지고야. 개인신충, 즉병화필괴. 축술형, 즉정화역상. 겸지계수투, 즉일주지심지. 필욕합이구지. 불고인술지장지화. 암중극진. 부화사례. 무례, 즉무소불위의. 설사년간계수환어정화. 미유불인덕자야. 기부귀복수. 개신시지력야. 후생락두저이망. 적악다단, 천주지의.

▶戊戌일주가 庚申시를 만났으니 식신이 유력하고 살은 왕하지만 인성이 없으니 강제로 (식신을 써서) 살을 제하기가 족하다. 아들이 8,9명이었는데, 서너 명은 귀품이 있었고 일품의 봉전을 받았던 것은 土金이 유정한 효력이라고 하겠다. 그 사람이 탐욕과 흉악함을 다 갖춘 것은 살을 생하기가 불가능해서였을 것이다. 음란하고 무례하였던 것은 화가 나타나지 않고 수가 득지를 한 까닭이다. 대개 寅申이 충을 만나니 즉 丙火는 반드시 깨어지고, 丑戌의 형이 되니 즉 丁火도 손상을 받은데다 癸水가 천간에 투출되니 일주의 마음에는 반드시 합하여 구하려고 할 것이고 寅戌의 지장간에 있는 인성은 고려하지 않으니 운에서 극하게 되는 것이다. 대저 화는 禮를 담당하는데 무례하니 겁나는 것이 없게 되고[無所不爲], 가령 연간의 계수를 정화로 바꿨다고 한다면 인덕이 없었다고 못할 것이다. 그 부귀하고 복 받으면서 오래 살았던 것은 다 申時의 힘이라고 하겠고, 후에 머리가 떨어지는 병으로 죽은 것은 악을 너무나 많이 쌓아서 천벌을 받은 것이리라.

【 강의 】

아마도 어지간히 못된 짓을 많이 하다가 죽은 모양이다. 그러기에 천벌을 받았다는 말이 나오지 않았을까 싶다. 그런데 묘한 것은 어째서 죄를 많이 지으면서 사는 사람들이 복을 지으며 사는 사람들보다 더 호의호식하면서 떵떵거리며 잘사느냐는 질문을 하실 벗님도 계시리라 생각된다. 물론 모두 전생에 지은 인연의 결과물이라고 하면 말은 되겠지만 근거가 없으니 설득력이 떨어지고 실로 정확히 설명할 방법이 없는데, 바로 사주를 배워 놓고 보니 그대로 명확하게 설명의 길이 나오더라는 것이다. 당연하겠지만 운이 좋으면 좋은 짓을 하든 나쁜 짓을 하든 상관없이 잘살 수가 있다고 보는 것이고, 운이 나쁘면 반대의 현상이 생기는 것이라는 말씀을 드릴 수가 있어서 오히려 이런 점에서는 부처님 말씀보다도 더 현실적이라는 생각이 든다.

물론 선악의 결실은 언젠가 맺어지는 것으로 보고 있다. 금생에 결말이 나지 않으면 다음 생으로도 연결될 것이다. 하늘이 있다면 벌도 내릴 것이고 복도 내릴 것이라는 생각도 든다. 이 사람의 경우에 사주만 놓고서 그렇게 탐욕스럽고 음란하고 무례하고 등등의 형상을 읽기는 그리 쉬운 문제가 아니다. 다만 실제의 상황을 놓고서 설명을 하자니 그렇게 철초 선생 나름대로의 설명을 하였을 뿐이다. 그냥 구조만 봐서는 식신제살의 형태를 띠고 있으므로 오히려 강직하고 힘차게 자신의 주장을 밀고 나가는 성분으로 봐야 하겠는데, 무슨 인연으로 그렇게 탐욕스럽게 되었는지는 사주로써는 다 읽기가 어렵다는 점을 말씀드리지 않을 수 없다. 물론 낭월이 눈이 나빠서일 수도 있겠지만 혹 이와 유사한 자료를 보면서 이와 같은 평가

를 할 수가 있겠느냐고 철초 선생께 질문한다면 선명한 답변을 하지
못하시리라 짐작해 본다. 이 정도만 하고 넘어가는 것이 좋겠다.

```
戊    己    庚    戊
辰    卯    申    辰
戊丁丙乙甲癸壬辛
辰卯寅丑子亥戌酉
```

此土金傷官. 辰中癸水. 偏財歸庫. 申中壬水. 正財逢生. 劫雖
旺而不能奪. 且土氣盡歸於金. 傷官化劫. 暗處生財. 兼之獨殺爲
權. 故爲人權謀異衆. 地支皆陰濕之氣. 作事詭譎多端. 一生所重
者財. 而少道德. 四旬無子. 娶兩妾. 又無子. 壽至九旬外. 惜財
如命. 卒後家業四十餘萬. 分奪而盡. 細究之. 皆因財星過於藏
蓄. 不得流通之故也. 財不流行. 秋金逢土而愈堅. 生意遂絶耳.

大凡財厚無子者. 皆類此格. 故無子之人. 其性情必多鄙吝. 不
知財散民聚. 倘使富人無子. 能輕其財於親族之中. 分多潤寡. 何
患無子哉. 卽如此造. 金氣太堅. 水不露頭. 未得生生之妙. 能散
其財. 則金自流行. 子必招矣. 然散財亦有功過. 散財於應赴僧
道. 修殿造廟. 有過無功. 散財於貧苦親友. 扶危濟困. 有功無過.
修德獲報. 人事原可挽回. 作善降祥. 天心詎難感召. 壽本五福之
首. 壽而無子. 終於無益. 與其富壽而無子. 不若貧壽而有子也.

차토금상관. 진중계수. 편재귀고. 신중임수. 정재봉생. 겁수
왕이불능탈. 차토기진귀어금. 상관화겁. 암처생재. 겸지독살위
권. 고위인권모이중. 지지개음습지기. 작사궤휼다단. 일생소중

자재. 이소도덕. 사순무자. 취량첩. 우무자. 수지구순외. 석재여명. 졸후가업사십여만. 분탈이진. 세구지. 개인재성과어장축. 부득류통지고야. 재불류행. 추금봉토이유견. 생의수절이.
　대범재후무자자. 개류차격. 고무자지인. 기성정필다비린. 부지재산민취. 당사부인무자. 능경기재어친족지중. 분다윤과. 하환무자재. 즉여차조. 금기태견. 수불로두. 미득생생지묘. 능산기재. 즉금자류행. 자필초의. 연산재역유공과. 산재어응부승도. 수전조묘. 유과무공. 산재어빈고친우. 부위제곤. 유공무과. 수덕획보. 인사원가만회. 작선강상. 천심거난감소. 수본오복지수. 수이무자. 종어무익. 여기부수이무자. 불약빈수이유자야.

➜ 이 경우에는 土金 상관이 辰中의 癸水는 편재가 되어 고에 돌아갔고, 申中의 壬水는 정재가 되어 생을 만났다. 겁재는 비록 왕하지만 탈재를 하지 못하고 또 토의 기운이 모두 금으로 돌아가니 상관이 겁재를 화하여 지지에서 재를 생조한다. 겸해서 하나 있는 살은 권력이 되어 사람됨이 권세와 계략에 매우 뛰어났던 것은 지지에 모두 음습한 토가 있음의 소치이다. 하는 일이 이상야릇하고 일생 재물을 소중히 여기며 도덕에는 별로 마음이 없었다.
　사십 이전에는 자식이 없었고 두 첩에게 장가를 들어도 여전히 자식이 없었다. 수명은 90을 넘었는데, 재물을 자신의 목숨처럼 아끼다 보니 그가 죽고 난 다음에 남은 재물은 40억 정도가 되었다. 그 재물을 서로 차지하려고 쟁탈전이 일어났으니, 잘 생각해 보면 재물이 모두 지장간에 들어 있으면서 유통을 얻어내지 못한 까닭이다. 재가 유행하지 못하니 가을의 금이 토를 만나서 더욱 견고해져서는 마음을 내봐야 이내 끊어지는 것이다.

대저 재물은 많으면서 자식이 없는 경우는 다 이러한 격들이다. 그래서 자식이 없는 사람의 성품은 대체로 인색하여 그 재물을 남에게 베풀어 주는 것을 모르더라. 만약 부자가 자식이 없을 경우에는 능히 재물을 가벼이 여겨서 친족에게 나눠 주고 적은 사람에게 윤택한 삶을 살게 한다면 어찌 자식이 없는 것을 근심하랴. 즉 이와 같은 사주는 금의 기운이 너무 견고하여 수가 천간에 노출되지 않아서 생생의 오묘함을 얻지 못하였으니, 능히 그 재물을 뿌리면 즉 금이 스스로 유행하게 되니 반드시 자식을 부를 수가 있는 것이다.

그러나 재물을 뿌리더라도 공이 되는 수가 있고 도리어 화가 되는 수도 있는데, 만약 절이나 도관에 시주를 하여 대웅전을 짓고 수리하거나 하는 것이라면 허물만 있을 뿐이고 공이 없다. 재물을 뿌리더라도 가난하고 고통받는 친척이나 친구들의 곤궁함을 구제한다면 공은 있어도 허물은 없다. 덕을 닦아서 과보를 받는 것은 사람이 하는 일로써 바로잡아 돌이키는 것인데, 좋은 일을 하면 복을 받으니 천심이 감응하지 않을 리가 없는 것이다. 수명은 본래 五福의 우두머리이지만 오래 살면서 자식이 없다면 마침내는 이로움이 없으리니 부자이면서 오래 살고 자식이 없는 것보다는 가난하면서 오래 살고 또 자식이 있는 것이 더 좋다고 하겠다.

【 강의 】

앞부분을 보면 책에는 '正財歸庫'라고 되어 있었는데, 己土에게 癸水는 편재이고 아래의 壬水와 서로 글자가 바뀌었던 모양이어서 바로잡았다. 인생살이는 참으로 복잡미묘해서 재물이 많으면 자식이 귀하고 찢어지게 가난한 집에는 자식이 바글바글한 것이 현실인 모양이다. 베풀지 않으면 자식이 생기지 않을 가능성이 많으므로 사주에서 흘러가지 않으면 스스로라도 노력해서 유통시키라는 말은 개선의 차원에서 충분히 생각해 볼 만한 내용이다. 죽고 난 다음에 자신의 재물 때문에 온 동네에 싸움을 불러일으키니 목숨보다 소중하게 여긴 재물의 끝이 참 한심하다고 해야 하겠다.

운을 보면 초중간의 상황은 金水의 운이라 부담이 컸고, 丙寅대운부터 용신이 힘을 얻는다고 본다. 이 사주는 신약용인격이 되어야 하는데 인성이 없으니 신약용겁격이 되었다고 해야 할 모양이다. 희신은 당연히 화가 되겠다. 상관이 강력해서 이기적이라는 점은 말이 되겠는데, 일지 편관이 극을 받아서 봉사하는 것에 대해서는 거부감을 갖게 되었는지도 모를 일이다. 역시 결과론으로 대입한 것이라고 이해하도록 하고 철초 선생의 생각이라고 해본다.

그리고 말미에 추가로 언급한 대목에서는 재물을 뿌리더라도 잘 뿌리지 않으면 오히려 재앙이 된다고 하면서 하필이면 절간에 시주하는 것은 해가 되면 되었지 덕은 되지 않는다는 예를 든 것을 보면 평소 철초 선생의 불교관을 약간 살펴볼 수도 있겠다. 실제로 일리가 있는 것이 많은 스님들의 사주가 등장했지만 모두 망해 먹고서 피신을 하는 차원에서 삭발위승(削髮爲僧)을 하였으니 그리 말씀하는 것도 과언이 아니라고 생각된다.

양무제가 구마라습의 영향을 받아서 불교 신자가 되어서는 수천 개의 사찰을 건립하고 수만 명의 스님을 먹여 살렸다는 이야기는 유명하다. 그런데 후에 달마 대사가 양무제를 찾았을 적에 문제가 발생한다. 양무제는 인도에서 고승이 왔다고 하니 자신의 복덕을 뽐내고 싶어서 안달이 났을 터이니 당연히 자기 공을 치사하였을 것이다.

"대사, 짐이 이렇게 많은 불사(佛事)를 했는데 공이 얼마나 될꼬?"

"실로 공이 하나도 없소이다."

"엥?"

이렇게 되면 천자는 열을 받을 수밖에 없다. 그래서 기분이 몹시 나빴다고 하는데, 이런 마음으로 시주를 하는 것이 공덕에는 별 도움이 되지 않는다는 말을 생각해 보면 달마 대사의 말씀이 타당하다고 이해가 된다.

실로 근래에 한국 불교는 상당한 문제점을 드러내고 있는 것이 아닌가 싶다. 물론 포교를 하고 수행을 하는 사람도 있겠지만, 그에 못지않게 재물을 탐하고 명예를 탐하는 스님들도 많은 것 같아서 세상과 절집이 둘이 아니라는 생각을 하게 된다. 이러한 상황에서 불사를 한답시고 벌이는 일은 '동양 최대의 석불 건립' '세계 최대의 범종 달기' '한국 최대의 법당 창건' 등등이다. 이런 식으로 겉으로 보이는 것에 치중하는 한 한국 불교는 썩고 병들게 되어 있다. 이것은 아마도 부처님이 오신다고 해도 바로잡기 어려울 것이다. 어찌 보면 당연한 일일 수도 있겠다. 세상이 그렇게 외양에 의해 가치를 평가해 주다 보니 스님들도 그 평가의 상위 순서에 랭크되기 위해서 안간힘을 쓰고 있는 것은 아닐까. 물론 인간적으로는 충분히 이해가 된다. 그런데 말이다. 과연 수행자가 세상의 기준으로 자신을 담으려고 한다면 이것이 진정한 수행자이겠느냐고 생각해 본다면 그대로 본색이 드러나는 것이다. 단지 겉모습만 스님일 뿐 실로 그 속에는 모두 장사꾼이 득시글거리고 있을 따름이라는 생각을 하지 않을 수가 없다. 절마다 기와를 판다고 하고, 대들보를 판다고 한다. 그 노력으로 뭔가 의미 있는 일을 했으면 좋으련만 그렇게도 전각을 꾸미는 데 혈안이 되어 있으니 불교는 이제 껍질만 있고 알맹이는 없는 상황에 처하게 될지도 모르겠다는 염려가 앞선다. 그저 쓸데없는 기우인지 모르겠지만 겉으로 나타나고 있는 현실은 좀 염려스러운 점이 적지 않다고 볼 수도 있다는 이야기이다.

그래서 철초 선생의 꾸짖음에 많은 부끄러움을 느낀다. 철초 선생의 말씀에 비추어 보면 당시에도 쓸데없이 겉으로 보이는 껍질이나 치장하려고 불자들의 주머니를 울거 내던 사람들이 분명 있었을 것이라는 생각이 든다. 여하튼 사람이 사는 것은 거기에서 거기인지라 세월이 바뀌어도 개선되지 않은 채로 그렇게 이어지는가 보다. 그냥 죄송할 따름이다…….

【滴天髓】

何知其人夭. 氣濁神枯了.
하지기인요. 기탁신고료.

◐ 그 사람이 일찍 죽을지를 어찌 아는가. 기는 탁하고 정신은 메말랐다.

【滴天髓徵義】

氣濁神枯之命. 易中之難看者. 氣濁神枯四字. 可分言之. 濁字作弱字論. 氣濁者, 日主失令. 用神淺薄. 忌神深重. 提綱與時支不照. 年支與日支不和. 喜冲而不冲. 忌合而反合. 行運與喜用無情. 反與忌神結黨. 雖不壽而有子. 神枯者, 身弱而印綬太重. 身旺而剋洩全無. 身弱用印, 而財星壞印. 身弱無印, 而重疊食傷. 或金寒水冷而土濕. 或火焰土燥而木枯者. 皆夭而無子也.

기탁신고지명. 역중지난간자. 기탁신고사자. 가분언지. 탁자작약자론. 기탁자, 일주실령. 용신천박. 기신심중. 제강여시지부조. 연지여일지불화. 희충이불충. 기합이반합. 행운여희용무정. 반여기신결당. 수불수이유자. 신고자, 신약이인수태중. 신왕이극설전무. 신약용인, 이재성괴인. 신약구인, 이중첩식상. 혹금한수랭이토습. 혹화염토조이목고자. 개요이무자야.

➜ 기가 탁하고 정신이 메마른 팔자는 쉬운 가운데에도 해석하기가 어렵다. 기탁신고라는 네 글자는 각기 나눠서 말해야 하겠는데, 濁

자는 약하다는 말이고 氣濁은 일주가 월령을 얻지 못했다는 말이다. 용신도 약하고 기신은 심중한 상황에서 월령과 시지는 돌보지 않고 연지도 일지와 불화하며 충해 주기를 바라는 경우에는 충하지 않고 합을 꺼리면 도리어 합을 하니, 운에서도 희용신이 무정하고 오히려 기신과 한 덩어리가 되어 비록 오래 살지는 못해도 자식은 있다. 神枯의 경우에는 신약하고 인수가 너무 왕하거나, 신왕하고 극설이 전혀 없는 경우거나, 신약하여 인성이 필요한데 재성이 인성을 깨는 경우거나, 신약한데 인성이 없고 식상만 중첩되어 있는 경우거나, 금은 차갑고 물은 냉한 상황에서 토는 또 습하거나, 혹은 불이 이글거리고 토는 갈라 터지는데 나무는 바짝 말라 있는 경우이니 모두 요절하고 자식도 없다.

【 강의 】

원문에 '何和其人天'로 되어 있는데, '何知其人天'의 오자인 것이 분명하여 고쳤다. 내용을 보면 유통이 되지 않고 기운이 탁하고 메마른 사주의 경우에는 오래 살지 못하고 일찍 죽는다는 설명인데, 그보다는 운의 흐름이 돕지를 않아서 빨리 죽는다고 해야 할 모양이다. 그러니까 사주에서는 이와 같은데 운이 다행히도 잘 도와 주는 방향으로 흐른다면 그럭저럭 천수를 누릴 수 있다고 하겠는데, 운조차도 그렇지를 못하고 기구신의 방향으로 흐른다면 요절을 할 수 있겠다는 이해는 충분히 일리가 있다. 그리고 기가 탁함(氣濁)과 정신이 메마름(神枯)을 구분해서 이해해야 한다는 것은 잘 보신 내용이다. 그래서 요절을 하더라도 자식이 있느냐와 없느냐의 차이를 이해하고 있는 용도로 활용되는데, 이러한 관찰력은 대단하다고 봐야 하겠다.

辛	丙	乙	乙
卯	辰	酉	丑

丁	戊	己	庚	辛	壬	癸	甲
丑	寅	卯	辰	巳	午	未	申

　此造三印扶身. 辰酉合而不冲. 四柱無水. 似乎中格. 第支皆濕土. 晦火生金. 辰乃木之餘氣. 與酉合財. 木不能託根. 合而化金. 則木反被其損. 天干兩乙. 地支不載. 凋可知矣. 由此推之. 日元虛弱. 至午運, 破酉衛卯. 得一子. 辛巳, 全會金局, 壞印. 則元氣大傷. 會財則財極必反. 夫婦雙亡.

　차조삼인부신. 진유합이불충. 사주무수. 사호중격. 제지개습토. 회화생금. 진내목지여기. 여유합재. 목불능탁근. 합이화금. 즉목반피기손. 천간량을. 지지부재. 조가지의. 유차추지. 일원허약. 지오운, 파유위묘. 득일자. 신사, 전회금국, 괴인. 즉원기대상. 회재즉재극필반. 부부쌍망.

➜이 사주는 세 인성이 일간을 돕고 辰酉는 합이 되어서 충을 하지 않으며 사주에 수가 없으니 中格은 되는 것으로 보인다. 다음으로 지지에 모두 습토뿐이어서 불을 어둡게 하고 금을 생조하며, 辰은 목의 여기인데 酉金의 재와 합을 하며 목의 뿌리를 잡아 주지 않는다. 합해서 금으로 화한즉 목은 도리어 손상을 입는 꼴이다. 천간의 두 乙木은 지지에서 실어 주지 않으니 가히 시들었음을 알겠다. 이로 말미암아 일주가 허약함을 추리하게 되는데, 午火운이 되어서 酉金을 깨고 卯木을 보호하니 아들 하나를 얻었고, 辛巳에는 완전히 金

局이 되는 바람에 인성이 깨어졌으니 원기가 크게 손상을 받았으며, 재국을 이뤄서 재성이 배신을 하니 부부가 함께 죽었다.

【 강의 】

 기운이 탁하고 정신이 메마르다는 자료로서 잘 어울리는 명식이다. 남방의 운에서는 겨우 버티는가 했더니 巳火의 배신으로 재미가 없었던 모양인데, 실은 사화까지 가기도 전에 辛金의 운에서 결단이 났을 가능성이 더 많다. 본문에서 '재극필반(財極必反)'이라는 말은 의미가 물극필반(物極必反)에서 따온 말이 아닌가 싶은데, 응용이 될지는 모르겠지만 설명을 하려니까 '재물이 극에 달하면 반드시 나간다(줄어든다).'고 하면 어떨까 했으나 그대로 하려니 어색해서 대충 넘어갔다는 점도 이해 바란다.

戊	辛	戊	己
戌	亥	辰	丑

庚	辛	壬	癸	甲	乙	丙	丁
申	酉	戌	亥	子	丑	寅	卯

 此重重厚土. 埋藏脆嫩之金. 五行無木. 未得疏揚之利. 一點亥水剋絶. 支藏甲乙. 無從引助. 然春土氣虛. 藏財可用. 初運東方木地. 庇蔭有餘. 寅運, 得一子. 乙丑運, 土又通根而夭.
 차중중후토. 매장취눈지금. 오행무목. 미득소양지리. 일점해수극절. 지장갑을. 무종인조. 연춘토기허. 장재가용. 초운동방

목지. 비음유여. 인운, 득일자. 을축운, 토우통근이요.

➜ 이 경우에는 토가 겹겹이 쌓여 있고 부서진 금은 지장간에 묻혀 있는데 오행에 목이 없으니 (토를) 뚫어서 트이게 하는 이로움을 얻지 못했다. 일점의 亥水는 극을 받아 다했고, 지장간의 甲乙木은 꺼낼 방법이 없구나. 그러나 봄의 토라 기운이 허약하니 지장간의 재성을 용신으로 삼을 만하겠다. 초운에서 동방의 木地에서는 부모의 그늘이 두터웠고, 寅木대운에서 아들 하나를 얻었지만 乙丑운에는 토가 또 통근을 하는 바람에 요절했다.

【 강의 】

사주의 구조는 상관격이라고 할 수 있지만 인성이 과다한 상황에서 재성이 없음을 흉하다고 해야 하겠고, 기신이 날뛰는데 희신이 없는 셈이니 흉하다는 공식에도 해당이 되는 구조이다. 그래도 아들을 하나 둔 것은 아마도 氣濁의 구조에 가깝다고 하겠다.

```
  壬   甲   壬   壬
  申   寅   寅   寅
庚 己 戊 丁 丙 乙 甲 癸
戌 酉 申 未 午 巳 辰 卯
```

春木重逢祿支. 得申時似乎時殺留淸. 不知木旺金缺. 必要有火爲佳. 天干三壬. 寅中丙火受剋. 神枯可知. 至丙運, 逢三壬回剋. 家業敗盡. 夭而無子. 凡水木竝旺無土者. 最忌火運. 卽不傷身. 刑耗異常. 若俗論必用申金. 丙火剋金之故也. 如丙火剋金爲害. 則前之乙巳運. 緊剋申金. 而且三刑. 何反美乎.

춘목중봉록지. 득신시사호시살류청. 부지목왕금결. 필요유화위가. 천간삼임. 인중병화수극. 신고가지. 지병운, 봉삼임회극. 가업패진. 요이무자. 범수목병왕무토자. 최기화운. 즉불상신. 형모이상. 약속론필용신금. 병화극금지고야. 여병화극금위해. 즉전지을사운. 긴극신금. 이차삼형. 하반미호.

→봄 나무가 비견의 지지를 거듭 만나고 申時를 얻어서 시의 살이 청하게 머물러 있는 것 같아 보이지만, 목이 왕하여 금이 부서지니 반드시 화가 있어야 함을 몰라서 하는 말이다. 천간의 壬水는 셋이나 되니 寅木 속의 丙火는 극을 받아 神枯에 해당함을 가히 알겠다. 丙火운에 이르러 세 임수에게 회극을 당하니 가업이 모두 망하고 요절하였으나 아들이 없었으니, 대저 水木이 함께 왕하고 토가 없는 경우에는 가장 꺼리는 것은 화의 운이다. 즉 몸을 상하지 않으면 고통이 많이 따른다. 만약 흔히 하는 말대로 반드시 申金을 용신으로 삼는다면 병화가 극을 해서 그렇다고 하겠지만, 병화가 금을 극해서 그렇게 되었다고 한다면 즉 앞의 乙巳대운은 신금을 당연히 극하는데다가 삼형까지 되는데 어떻게 도리어 좋았다고 하겠는가?

【 강의 】

원국의 구조로 봐서는 丙火가 壬水에게 극을 받고 있는 것은 아니라고 해야 하겠다. 아마도 무슨 감정이 있으셨나 보다. 뒷부분을 보면 당시에 명리학자들은 이 사주를 놓고서 申金이 용신이라고 했던 듯하다. 그리고 丙火대운에 죽은 것은 용신 신금이 극을 받아서라고 한 모양인데, 여기에 대해서 철초 선생은 만약 그렇다면 巳火대운은 오히려 바짝 붙어서 신금이 극을 받고 또 삼형까지 되는데 왜 죽지 않고 도리어 더 좋았는가 하고 따지는 것을 보면 누군가 시비를 걸었는지도 모르겠다. 물론 삼형까지 거론한 것은 다소 감정적이라고 하더라도 巳火가 寅木의 원조를 받아서 신금을 극하는 것은 틀림없는 이치로서 일리가 있다고 하겠다. 용신이 화에 해당하면서도 용신의 운에서 죽었다는 것을 보면서 명리학의 초보자라면 매우 혼란스러울 것이다. 그래서 비록 용신의 운이 오더라도 오히려 흉하게 되는 경우가 있음을 잘 알지 않고서는 감명을 하지 않는 것이 좋겠다는 생각도 하는데, 이러한 이치를 모르고 좋은 것을 나쁘다고 하고 나쁜 것을 좋다고 하면 명리학이 세상에서 업신여김을 당할 가능성이 많겠다. 참으로 오묘한 생극제화의 이치를 모두 깨닫기에는 늘 시간이 안타까울 뿐이다.

```
癸  癸  辛  辛
丑  酉  丑  丑

癸 甲 乙 丙 丁 戊 己 庚
巳 午 未 申 酉 戌 亥 子
```

此重重濕土. 疊疊寒金. 癸水濁而且凍. 所謂陰之甚, 寒之至者也. 毫無生發. 氣濁神枯. 枯其人愚昧不堪. 一事無成. 至戊戌運. 生金剋水而夭. 以俗論之. 兩干不雜. 金水雙淸. 地支三朋. 殺印相生之美. 定爲貴格. 前則春木帶嫩金. 斲削成大器. 皆作名利兩全論. 不知夭命, 皆類此格. 宜深究之.

차중중습토. 첩첩한금. 계수탁이차동. 소위음지심, 한지지자야. 호무생발. 기탁신고. 고기인우매불감. 일사무성. 지무술운. 생금극수이요. 이속론지. 양간부잡. 금수쌍청. 지지삼붕. 살인상생지미. 정위귀격. 전즉춘목대눈금. 착삭성대기. 개작명리량전론. 부지요명, 개류차격. 의심구지.

→이 경우에는 습토가 중중하고 차가운 금도 첩첩하니 癸水는 또 얼어서 탁하다. 이른바 '음기는 심하고 한기는 지극하다.'고 해야 할 모양이다. 그래서 털끝만큼의 생기가 없으니 기탁신고이다. 그 사람은 우매하여 매우 멍청하였고 한 가지도 이룬 것이 없었으며, 戊戌 운이 되어서는 금을 생하고 수를 극하여 요절했다. 흔히 하는 말로는 두 천간이 혼잡되지 않고 金水는 쌍청하고 지지는 또 삼붕이니 친구가 셋이라 살인상생격의 아름다움이라고 하여 귀격이 틀림없다고 할 것이다. 앞의 사주는 봄 나무가 미약한 금을 끼고 있어서 큰 그릇을 만들었으니 모두 명리가 갖춰지는 사주라고 한다면 요절하는 사주를 모르고 하는 말이다. 이와 같은 사주는 마땅히 깊이 연구해 봐야 할 것이니…….

【 강의 】

참으로 생동감이 없다는 말씀이 실감나는 사주이다. '이런 사주를 놓고 양간부잡격이니 하는 말로 사람을 놀린다면 되겠느냐.'는 대갈일성이 포함되어 있다고 할 수 있다. 실로 寅時에만 태어났더라도 좋겠는데 丑時에 났으니 참으로 유감이라고 해야 하겠고, 기탁신고라는 말이 그대로 실감이 난다. 혹 그러한 기분이 들지 않는 벗님이 있으시다면 아직 『적천수』를 몇 차례 더 봐야 한다고 생각하시면 된다. 『적천수』를 세 번 읽고 나서야 비로소 이 사즈를 이해할 수 있었던 기억이 새롭기 때문에 드리는 말씀이다.

제11부 성정질병

제1장 성정(性情)

【滴天髓】

> 五氣不戾. 性正情和. 濁亂偏枯. 性乖情逆.
> 오기불려. 성정정화. 탁란편고. 성괴정역.

◐ 다섯 가지 기운이 어그러지지 않았다면 성품이 바르고 뜻은 화평하지만, 탁하고 어지러우며 치우치고 메마르다면 성품은 일그러지고 뜻도 거역한다.

【滴天髓徵義】

　五氣者, 先天洛書之氣也. 陽居四正. 陰居四隅. 土寄居於艮坤. 此後天定位之序也. 東方屬木. 於時爲春. 於人爲仁. 南方屬火. 於時爲夏. 於人爲禮. 西方屬金. 於時爲秋. 於人爲義. 北方屬水. 於時爲冬. 於人爲智. 坤艮爲土. 坤居西南者. 以火生土, 土生金也. 艮居東北者. 萬物皆生於土. 冬盡春來. 非土不能止水栽木也. 故土生於寅. 亦生於申. 易艮成始而戌終. 仁義禮智. 得信以成之. 故土於人爲信也. 五行賦於人者. 須要五行不戾. 中和純粹. 則有惻隱辭讓誠實之情. 若偏枯混濁. 太過不及. 則有是非乖逆驕傲之性矣.

　오기자. 선천락서지기야. 양거사정. 음거사우. 토기거어간곤. 차후천정위지서야. 동방속목. 어시위춘. 어인위인. 남방속화. 어시위하. 어인위례. 서방속금. 어시위추. 어인위의. 북방속수. 어시위동. 어인위지. 곤간위토. 곤거서남자. 이화생토. 토생금야. 간거동북자. 만물개생어토. 동진춘래. 비토불능지수재목야. 고토생어인. 역생어신. 역간성시이성종. 인의예지. 득신이성지. 고토어인위신야. 오행부어인자. 수요오행불려. 중화순수. 즉유측은사양성실지정. 약편고혼탁. 태과불급. 즉유시비괴역교방지성의.

➜ 오기란 선천의 낙서(洛書)의 기운을 말하는데, 양은 東西南北에 거하고 음은 네 모퉁이에 있으며 土는 艮坤에 머물고 있는 것이다. 이것이 후천에 위치를 정하는 순서가 된 것이다. 東方은 木에 속하고 계절은 봄이 되며 사람에게는 仁이 되고, 南方은 火에 속하고 계절로는 여름이고 사람에게는 禮가 되며, 西方은 金에 속하고 계절은 가을이며 사람에게는 義가 되고, 北方은 水에 속하고 계절은 겨울이며 사람에게는 智를 의미한다. 곤간은 土가 되며 坤은 西南에 머무르면서 火生土를 하여 (다시) 土生金을 시켜 준다. 艮은 東北에 머무르며 만물이 여기에서부터 생하는 것이니 겨울이 다하고 봄이 올 적에는 토가 아니고서는 물을 멈추게 하고 목을 배양할 수가 없기 때문이다. 그래서 토는 寅에서 생하고 申에서도 생하니 易(周易)은 艮에서 시작하여 끝이 나며 인의예지는 信을 얻어야 이뤄지는 것이니,

토는 사람에게는 信이 되는 것이다.

오행의 부에서 보면 사람은 모름지기 오행이 일그러지지 않음을 요한다. (그렇게 된다면) 중화되어 순수하니 즉 측은지심과 사양지심과 성실지심의 뜻이 되는데, 만약 편고하고 혼탁하여 태과하거나 불급하다면 즉 시시비비와 일그러짐과 교만한 성품이 되는 것이다.

【 강의 】

이제 낭월이 가장 매력적으로 생각하는 심리 구조에 대한 부분으로 접근하게 되었다. 성정(性情)을 해석해 보면 性은 선천적으로 타고난 것을 가리키는 말이고, 情은 환경에 따라서 반응을 보이는 감정을 두고 하는 말이 아닌가 싶다. 또 달리 생각해 보면 성은 이성적인 사고력을, 정은 감정적인 행동을 일컫는 말인 듯하다. 여하튼 『적천수』에서 다루는 사람의 심리에 대해서는 이 장에서 모두 이해해야 하겠는데, 심리적인 접근은 이미 『마음을 읽는 사주학』에서 대략 정리를 해보기도 했지만 앞으로도 이 부분에 대해서는 더욱 연구해야 할 것으로 생각하고 있다. 아울러 철초 선생은 어디에 주안점을 두고 사람의 심리를 이해하셨는지에 대해서도 참고할 수가 있으리라고 생각된다.

원문의 내용을 보면 오행의 기운이 고르게 배열되어 있으면 군자이고 일그러지면 소인이라고 요약한 느낌인데, 낙서에 대한 설명을 하느라고 원문에 대한 언급은 좀 약해 보이지만 뜻은 대략 그 정도라고 보면 되겠다. 사주를 보면서 이해해 보도록 한다.

戊	甲	丙	己
辰	子	寅	丑

戊	己	庚	辛	壬	癸	甲	乙
午	未	申	酉	戌	亥	子	丑

甲子日元. 生於孟春. 木當令而不太過. 火居相位而不烈. 土雖多而不燥. 水雖少而不涸. 金本無而暗蓄. 則不受火之剋. 而得土之生. 無爭戰之風. 有相生之美. 爲人不苟. 無驕諂刻薄之行. 有謙恭仁厚之風.

갑자일원. 생어맹춘. 목당령이불태과. 화거상위이불렬. 토수다이부조. 수수소이불학. 금본무이암축. 즉불수화지극. 이득토지생. 무쟁전지풍. 유상생지미. 위인불구. 무교첨각박지행. 유겸공인후지풍.

➡ 甲子일주가 寅月에 생하여 목이 당령하였지만 태과하지는 않았다. 화는 相에 해당하면서도 맹렬하지는 않고, 토는 비록 많으나 메마르지 않으며, 수는 비록 적지만 마르지는 않았다. 금은 본래 없지만 지장간에 저축되어 있으니 즉 화의 극을 받지 않으면서 토의 생을 받고 있다. 그래서 싸움의 바람은 일어나지 않고 오히려 상생의 아름다움이 있다. 사람됨이 구차하지 않고 교만하거나 아첨하거나 각박하지 않은 행동을 하며 겸손하고 공손하며 어질고 후덕함도 갖췄다.

【 강의 】

좋은 이야기는 다 써놓은 것으로 보인다. 용신은 식신생재격으로 월간의 丙火가 좋아 보이고 흐름을 타는 모양은 아름답다고 할 수 있다. 그리고 인성이 재성과 대립하면 불량하다고 하겠는데, 다행히도 子辰이 합을 하는 것이 있어서 분쟁이 일어나지 않은 듯싶다. 배합이 좋다고 해도 되겠다. 이 명식을 심리적인 해석으로 풀이해 보도록 한다. 그리고 성정에 해당하는 35개의 사주를 모두 이러한 식으로 접근해 보면 좋겠는데, 늘 쫓기는 것이 지면의 한계이다. 그래서 부득이 이 사주에 대해서만 상세한 설명을 곁들여 보도록 하겠다. 혹 구체적인 설명이 필요하다면 후에 다시 정리할 생각이다. 벗님의 심리 분석 이해에 도움이 되시기 바란다.

심리 분석의 요령

심리의 대입 순서는 『알기 쉬운 용신분석』의 201쪽에 있는 공식을 참고하시면 되겠는데, 찾으려면 번거롭다고 하실 벗님을 생각해서 다시 대충 정리해 보겠다. 이 사주를 바탕으로 순서를 정해 드린다.

일간 甲木의 기준으로 성격존(일지, 월간, 시간)을 보면 우선 순위는 음양이 다른 일지가 차지하게 되므로 正印이 먼저 나타난다. 그리고 子水 속에는 壬水도 있지만 子卯酉의 경우에는 本氣만 논한다. 참고로 亥水 속의 戊土는 논하지 않는다. 거의 작용이 없는 것으로 보고 있다. 회원들의 일부 건의 사항에는 성격존에 월지도 포함시켜야 한다는 이야기가 가끔 나오고 있는데 일리는 있다고 보지만 아직 절대적으로 그렇게 해야 할 관점이 나타나지 않고 있어서 보류하고 있는 과정이다. 하나라도 줄여서 정확하게 이해해야지 가능성이 있다고 해서 일일이 대입을 시키다가는 아마도 엉켜서 설명을 하지 못할 수도 있으므로 조심스럽게 관찰하고 있는 입장이다. 앞으로 더욱 많은 임상을 거친 다음에 월지도 일차존으로 작용하는 것이 판명되면 그대로 대입을 시켜야 하겠는데, 이 부분에 대해서는 벗님도 활용을 해보시는 것이 좋겠다.

다음은 월간의 식신과 시간의 편재가 있는데, 우선 순위로는 내가 생조하는 식신이 먼저이므로 식신이 나타나고 다음으로 편재가 나타난다.

다음으로 월지의 비견이 나타나고 연간의 정재도 나타나며 시지의 편재도 나타나겠지만 이미 앞에서 나타난 성분이므로 재론하지 않는다.

연지의 정재도 앞에서 언급하게 되므로 구태여 재론하지 않는다.

다음으로 없는 성분을 거론하게 되는데, 없는 성분을 찾을 적에도 우선하는 순서는 상관→정인→정재→정관→겁재→식신→편인→편재→편관→비견의 순서를 대입시키고 이 사주에서는 상관의 성분과 정관, 겁재, 편인, 편관 등의 심리 구조는 나타나지 않는 것으로 해석하면 되겠다.

다만 원국에서는 없지만 운에서 들어온다면 그 운이 작용하는 기간 동안에는 그대로 나타나고 있음을 볼 수 있다. 그러니까 이 사람의 경우를 예로 본다면 상관이 없기 때문에 평소에는 자신이 알고 있는 것에 대해서만 이야기를 하겠지만, 상관의 운이 들어온다면(대운이나 세운에서) 그대로 상관의 표현을 하여 사교성이나 표현력이 활발해지는 것을 알 수 있는 것이다. 다만 대운이 상관이면 약 5년간 작용하고 세운이 상관이면 1년간 작용하는 것으로 생각하면 되겠다.

그리고 沖剋의 작용도 그대로 살아나는데, 가령 원국에서 정관이 합이 되어 있어서 늘 남의 마음을 배려하는 심리가 작용하다가 운에서 상관이 들어온다면 그 정관의 마음이 극을 받아서 손상되므로 남을 생각하던 마음이 약화되고(완전히 사라지지는 않으므로) 대신 이기적인 방향으로 심리가 나타난다. 즉 이것은 상관이 관을 극하여 그 자리를 차지한 때문이라고 보고 있다. 그래서 일생 돈만 생각하면서 자린고비의 화신으로 살다가는 늘그막에 관살의 운이 들어오면 남을 생각하는 마음이 생겨서 갑자기 자신의 재물을 기증하는 바람에 주변 사람들을 놀라게 하는 현상도 생기는데, 그 작용을 여기에서 찾아봐야 하지 않겠느냐는 생각을 하고 있다. 그러니까 우스운 얘기지만 어떤 사람이 자신의 돈을 빌려 가서 갚지 않는다면 가만히 뒀다가 그 사람에게 관살의 운이 온 것을 알고 나서 돈을 달라고 하면 아마도 쉽게 받을 수 있지 않을까 싶다. 그런 활용도 가능하리라는 말씀이다.

성격존에서 심리가 변화를 일으키는 경우가 있다. 가령 이 사주에서 일지가 정인인데, 시간에 편재가 정재로 바뀐다면 정인은 정재에게 극을 받으므로 직관력이 약화되고 대신 정재가 살아나서 결실을 많이 생각하는 것으로 볼 수 있다. 아울러 월간의 식신이 상관이라면 이 상관은 정인에게 극을 받아서 사교적이기는 하면서도 늘 조심을 하는 것으로 나타난다는 것도 고려하고, 그 나머지의 관계가 발생하는 것에 대해서도 이렇게 대입하면 되겠다. 단 여기에서 주의해야 할 것은 陰:陰이나 陽:陽으로 만났을 경우에만 이러한 제어 현상이 나타나고 이 사주에서처럼 서로 음양이 다르면 상관하지 않는 것으로 보고 있다.

성격존에 한해서 겹치는 십성이 있을 경우에 예외가 발생한다. 가령 시간에도 癸水가 있었다면 정인이 겹치게 되는데, 그 작용은 정인의 성분이 더욱 강화되는 것이 아니라 거부하는 심리가 발생하는 것이다. 이것은 얼른 보면 정재의 현상 같지만 그렇다고 해서 정재인 것은 아니라는 점을 말씀드려야 하겠다. 다만 거부하는 마음이 생겨서 직관력이 강하면서도 스스로 그 성분을 거부하고 오히려 과감하게 행동하는 것으로 보는데, 정인의 경우에는 쉽게 판단이 되지 않지만 편관이 겹치면 봉사를 하면서도 회의심을 갖게 되고, 식신이 겹치면 연구를 하면서도 의심을 하는 형상을 생각하게 된다. 이런 식으로 해당하는 성분이 겹쳤을 경우에는 어떻게 나타날 것인지를 음미하면 의외로 많은 것을 발견할 수 있겠다. 다만 세 자가 겹친다면 부정적인 현상보다는 그대로 같은 성분이 강화되는 것으로 보고 있다. 그리고 성격존을 제외하고는 서로 겹치더라도 고려하지 않으며, 성격존에 하나가 있고 2차 구조에 하나가 있을 경우에도 겹친 것으로 보지 않음을 참고하기 바란다.

이제 앞에서 설명드린 순서로 이 사주의 심리 구조를 분석해 보자. 일지의 정인으로 인해서 직관력이 탁월하고, 월간의 식신으로 인해서 연구하고 분석하는 능력이 뛰어나며, 자신의 판단대로 통제하려는 마음은 시간의 편재로 인해서이다. 그리고 월지의 비견은 주체성을 나타내며, 결실로 이어지는 마무리는 연간의 정재가 담당하게 된다. 또한 사교성이 부족한 것은 상관이 없음으로 인해서이고, 관살이 보이지 않으므로 남을 위해야 한다는 갈등이 없는 사람이기도 하다.

이러한 점을 종합해서 정리한다면 탁월한 직관력으로 수용한 부분에 대해서 궁리와 연구를 거듭한 끝에 결실을 내리는 성분으로 짜임새가 있는 성격의 소유자로서 학자의 구조에 가깝다고 해석하겠는데, 분쟁의 성분이 없으므로 안정된 가운데 순리적으로 풀어 가는 형상이라고 하겠다. 또 쓸데없는 면에서 시간이나 에너지를 낭비하지 않으리라고 보는 것은 정편인이 겹치지 않아서이고, 한 가지 방향으로 꾸준히 연구를 할 수가 있다고 보는 것은 식신이 하나만 있으면서 정재로 흐르기 때문이다. 그리고 요리조리 수단을 부리지 않는 것은 사교성이 없는 것으로 봐야 하겠고, 따라서 감정적인 심리구조로 자신을 표현하므로 솔직하다는 평을 얻을 수 있겠다고 해석된다.

이렇게 요약함으로써 심리적인 분석을 해보는 자리를 마련해 보았다. 참고해서 방법을 이해한 다음에는 다른 사주에도 대입을 할 수 있으면 좋겠다. 이러한 심리 분석의 방법은 감로사의 낭월학당에서 매일 반복해서 강의하는 형태이기도 하다. 일일이 이렇게 설명을 하면 좋겠다고 생각하실 벗님도 있겠지만 지면 관계상 어려운 점을 헤아려 주시고 하나의 공식으로 천 개의 자료에 대입하는 요령을 터득해 주기를 바라는 마음이다. 뒤의 두 개의 명조는 약간의 설명을 해드리도록 하겠다.

乙	己	丁	己
丑	卯	卯	酉

己	庚	辛	壬	癸	甲	乙	丙
未	申	酉	戌	亥	子	丑	寅

己卯日元. 生於仲春. 土虛寡信. 木多金缺. 陰火不能生濕土. 禮義皆虛. 且八字純陰. 一味趨炎附勢. 其衷懷損人利己之心. 萌幸災樂禍之意.

기묘일원. 생어중춘. 토허과신. 목다금결. 음화불능생습토. 예의개허. 차팔자순음. 일미추염부세. 기충회손인리기지심. 맹행재락화지의.

➡ 己卯일주가 卯月에 나서 토가 허약하니 믿음이 부족하다. 목이 많아서 금이 부서지며 음화는 습토를 생하기도 불가능하다. 그래서 예의도 다 허하다. 또 팔자가 음으로만 되어 있으니 한 가지로 불꽃을 좇고 세력에 의지하려고 하니 그 속에는 다른 사람을 해롭게 하고 자신을 이롭게 하려는 마음이 존재하고 있으며 (남의) 재앙을 즐기는 의사가 싹트고 있다고 하겠다.

【 강의 】

한마디로 아주 나쁜 놈이라는 의미이다. 용신을 보면 살중용인격이라고 해야 하겠는데, 그 살은 다시 卯酉충을 당해서 혼란스럽다는 설명이 가능하겠다. 아마도 하도 나쁜 놈이라서 길게 설명하기도 싫으셨던가 보다.

심리 분석의 요령

앞의 공식을 다시 활용하는 의미에서 설명을 덧붙여 본다면, 내성적 감정형(純陰의 사주에 해당함)으로 강제적으로 봉사를 해야겠다는 생각을 하면서도 겹쳐 있는 편관으로 인해서 봉사를 하면 나만 손해가 아니냐는 생각을 하게 된다. 이러한 생각을 부채질하는 성향인 편인까지 옆에 있다 보니 자꾸만 곁눈질을 하면서 눈치를 살피는 모습이 떠오른다. 그래서 항상 영리하다는 말을 듣곤 하는데, 원래가 영리하다는 것은 상황 판단을 잘해서 자신에게 이로운 방향으로 모색하는 것이라고 하면 되겠다.

창의력이나 사교력이 떨어지므로 남의 일에 대해서는 뭐라고 토를 달겠지만 스스로 어떤 일을 찾아서 만들어 나가지는 못한다고 하겠고, 사주가 순음이므로 내성적인 감정형이라서 한번 그 마음에 서운한 감정을 심어 주게 되면 결국 언젠가는 꼭 갚고야 마는 심리도 포함된다.

甲	丙	乙	丙
午	子	未	戌
癸 壬 辛 庚	己 戊 丁 丙
卯 寅 丑 子	亥 戌 酉 申

丙生季夏. 火焰土燥. 天干甲乙枯木. 助火之烈. 更嫌子水, 沖激之炎. 偏枯混亂之象. 性情乖張. 處世多驕傲. 且急燥如風火. 順其性千金不惜. 逆其性一芥中分. 因之家業破敗無存.

병생계하. 화염토조. 천간갑을고목. 조화지렬. 갱혐자수, 충격지염. 편고혼란지상. 성정괴장. 처세다교오. 차급조여풍화. 순기성천금불석. 역기성일개중분. 인지가업파패무존.

➜ 丙火가 未月에 나서 화염토조한 구조이다. 천간의 甲乙은 이미 말
라 들었고, 불의 조열함을 돕는다. 다시 子水가 싫은데 불기운을 충
하기 때문이다. 편고하고 혼란한 형상으로 성격은 일그러졌다 펴졌
다 하며, 세상을 살아가는 과정에서는 교활하고 오만하다. 또 급하
기는 바람과 불 같아서 그 마음에 들면 천금의 재물도 아깝지 않으
나 그 성격에 거역한다면 겨자씨 하나를 놓고서 나누려 하는 사람이
니, 이로 말미암아 가업이 다 깨어지고 남은 것이 하나도 없었다.

【 강의 】

일지의 子水를 용신으로 삼는 구조로 보인다. 희신은 재성이 될 것
이고 보이지 않으므로 용신이 편고한 상황에서 다시 未土가 용신 자
수를 극하게 되니 일그러졌다고 하나 보다. 사주의 설명은 적고 성
격이 나쁘다고만 하니 의미가 명확하지 않은 감이 있다. 다만 사주
는 매우 왕하지만 식신의 흡수가 되지 않으니 억지로라도 정관을 용
신으로 한다고 이해하면 되겠다.

심리 분석의 요령

월간의 정인으로 인해서 눈치가 빠르고 상황 인식이 매우 뛰어나
며 영리하기도 하다. 그리고 일지의 정관으로 인해서 늘 합리적인
방법으로 생각하고 표현도 하는데, 유감스럽게도 월지에서 未土가
극을 하는 바람에 말로는 올바름을 설명하지만 그 속마음으로는 생
각이 약하고 오히려 이기심이 발생하게 된다. 시간의 편인은 부정수
용이 발생해서 어떤 말을 들으면 그 상황을 그대로 인식하는 성향으

로 월간의 乙木이 작용하면서도 다시 편인은 부정수용을 하게 되므로 망상이 많고 판단력이 빠르지 못한 것은 재성이 옆에 없어서이다. 그래서 주변의 상황에 따라서 다른 결과로 해석하기 때문에 일관성이 없다고 하겠다.

다음으로 월지의 상관은 자신의 마음을 표현하는데, 정관을 보고 있는 상관이어서 그 마음에는 늘 자기 위에 있는 사람을 끌어내리려는 마음이 포함되어 있다고 해석할 수가 있겠다. 급하기가 불 같다고 하는 것은 丙火의 성분이라고 생각되고, 마음에 들고 말고에 따라서 달라지는 것은 정인과 편인의 작용이라고 이해해 본다. 이 정도의 설명으로 완전히 이해가 되리라고는 보지 않지만 책의 한계임을 생각하고 많은 실험을 거쳐 주기 바란다.

【滴天髓】

> 火烈而性燥者. 遇金水之激.
> 화렬이성조자. 우금수지격.

◐ 불이 맹렬하여 성격이 급한 자는 金水의 충격을 받으면 격렬해진다.

【滴天髓徵義】

 火燥而烈. 其炎上之性. 只可純用濕土潤之. 則知禮而成慈愛之德. 若遇金水激之. 則火勢愈烈而不知禮. 災禍必生也. 濕土者, 丑辰也. 晦其光, 斂其性, 則明矣.
 화조이렬. 기염상지성. 지가순용습토윤지. 즉지례이성자애지덕. 약우금수격지. 즉화세유렬이부지례. 재화필생야. 습토자, 축진야. 회기광, 염기성, 즉명의.

➡ 불이 조열하면 그 성질은 불과 같을 터이니 다만 습토로 윤택하게 함이 가능하겠는데, 그렇게 되면 예를 알고 자애의 덕을 이룬다. 만약 金水의 자극을 받는다면 즉 火勢는 더욱 맹렬해져서 예를 모르고 반드시 재앙이 발생할 것이다. 습토는 丑辰의 토를 말하고 그 빛을 흡수하고 성격을 거둬들이는 것이 분명하다.

【 강의 】

사주에 화가 넘치면 성격도 그렇다고 이해하면 되겠다. 성정의 해석 방향을 보면 주로 仁義禮智信에 바탕을 두고 있지 않은가 싶다. 물론 고전적인 방향에서의 심성을 보는 기준이라고는 하겠지만 복잡다단한 현대적인 사회 구조에서는 너무 단순하다는 생각을 할 수도 있겠다. 이러한 점을 참고하고 대입하는 과정을 지켜보는 것이 좋겠다.

己	丙	甲	丙
丑	午	午	戌

壬	辛	庚	己	戊	丁	丙	乙
寅	丑	子	亥	戌	酉	申	未

丙火日元. 生於午月. 年月又透甲丙. 猛烈極矣. 最喜丑時. 干支皆濕土. 能收丙之烈. 能晦午之光. 順其性, 悅其情, 不陵下也. 其人威而不猛. 名利雙輝.

병화일원. 생어오월. 연월우투갑병. 맹렬극의. 최희축시. 간지개습토. 능수병지렬. 능회오지광. 순기성, 열기정, 불릉하야. 기인위이불맹. 명리쌍휘.

➡ 丙火가 午月에 나고 연월에는 甲木과 병화가 투출되었으니 맹렬함이 극에 달했다. 가장 기쁜 것은 시지의 丑土인데, 간지가 모두 습토라서 능히 병화의 열기를 거둬들이고 午火의 빛도 어둡게 하니 그

성품에 순응하여 그 마음을 기쁘게 하며 아래를 업신여기지 않는다. 그 사람은 위엄은 있으되 맹렬하지는 않아서 명리가 모두 빛났다.

【 강의 】

넘치는 불기운을 거둬들이는 상관이 시에 있었던 것이 다행이고, 더욱이 관살이 사주에 보이지 않았다는 점이 좋다. 만약 성격존에 정관이라도 있었다면 '싹수머리 없는 놈'이라고 하셨을지도 모를 일이다. 상관이 대립하면 관성을 쳐버리기 때문이다. 이러한 의미까지 고려한다면 흐름을 타는 것이 가장 아름답다는 말씀은 더욱 의미심장하게 해석되는 것이다.

甲	丙	甲	辛
午	子	午	巳

丙	丁	戊	己	庚	辛	壬	癸
戌	亥	子	丑	寅	卯	辰	巳

丙火生於午月午時. 木從火勢. 烈之極矣. 無土以順其性. 金無根. 水無源. 激其猛烈之性. 所以幼失父母. 依兄嫂而居. 好勇不安分. 年十五六. 身材雄偉. 膂力過人. 好習拳棒. 樂與里黨無賴交游. 放蕩無忌. 兄嫂不能禁. 後因搏虎而被虎噬.

병화생어오월오시. 목종화세. 열지극의. 무토이순기성. 금무근. 수무원. 격기맹렬지성. 소이유실부모. 의형수이거. 호용불안분. 연십오륙. 신재웅위. 여력과인. 호습권봉. 낙여리당무뢰

교유. 방탕무기. 형수불능금. 후인박호이피호서.

➜ 丙火가 午月 午時에 태어나 목은 화로 따라가고, 맹렬함이 극에 달했으니 토의 흡수가 없어 그 성품을 수용할 수가 없으며, 금은 뿌리가 없고 수는 근원이 없어서 맹렬한 성품을 자극시킨다. 그래서 어려서 부모를 여의고 형수에게 의지해서 자랐는데, 늘 안주하지를 못하고 힘겨루기를 좋아하더니 나이 15,6세가 되자 신체가 장대하고 힘이 엄청난 장사였다. 늘 무술 익히기를 좋아하더니 마을의 건달들과 떼거리로 몰려다니면서 행패를 부렸지만 형수도 그것을 말리지 못했다. 후에 호랑이를 잡으러 갔다가 (도리어) 호랑이에게 물려 죽었다.

【강의】

용신은 子水가 되겠고 희신은 辛金이 되겠는데, 서로 무정하게 떨어져 있으니 일간 병화를 제어할 힘이 못 되는 것이 유감이다. 정관의 성격으로 합리적인 사람이라고 해야 하겠는데, 편인이 겹쳐 들면서 부정수용이 강화되고 다시 편인을 거부하는 마음까지 발동하면서 스스로 결단을 내리려고 많은 시도를 하였을 것이다. 겁재는 경쟁심을 유발시키니 누군가 이 사람에게 "넌 용맹하기는 하지만 호랑이는 잡지 못할 거야."라고 약을 올렸다면 당장에 달려갔을 것이고, 특히 그 호랑이가 사람을 해친다는 말을 들었다면 정관이 자극을 받아서 명분도 살아나므로 일을 저지르고 말았을 것이라는 생각을 해 본다. 힘은 넘치지만 계략이나 머리가 따라 주지 않았던 것은 성격존에 식상이 없었기 때문이다.

【滴天髓】

> 水奔而性柔者. 全金木之神.
> 수분이성유자. 전금목지신.

❍ 물이 넘치면서도 성품이 부드러운 것은 금과 목이 유통하는 연유이다.

【滴天髓徵義】

水性本柔. 其沖奔之勢. 剛急爲最. 若逢火沖之. 土激之. 則逆其性而更剛矣. 奔者, 旺極之勢也. 用金以順其勢. 用木以疏其淤塞. 所謂從其旺勢. 納其狂神. 其性反柔. 剛中之德. 易進難退之意也. 雖智巧多能. 而不失仁義之情矣.

수성본유. 기충분지세. 강급위최. 약봉화충지. 토격지. 즉역기성이갱강의. 분자, 왕극지세야. 용금이순기세. 용목이소기어색. 소위종기왕세. 납기광신. 기성반유. 강중지덕. 역진난퇴지의야. 수지교다능. 이불실인의지정의.

➜ 물의 성품은 본래 유연한 것이지만 충분한 세력이 된다면 강력하고 급하기가 으뜸이 된다. 만약 불을 만나 충을 하거나 토로 자극시켜서 격하게 한다면 즉 그 성품에 거역하게 되어 더욱 강해진다. 奔이란 것은 왕이 극에 달하면 넘치는 성분이 되는데, 금을 용해서 그 세력에 순응하거나 목을 용해서 그 막힘을 풀어 준다면 좋다. 이른바 '그 왕성한 세력에 따른다.'고 하는 것이 되어 미쳐서 발광하는

신의 강력한 성분을 부드럽게 수용하는 셈이니 그 성품이 도리어 유순하게 되므로 강한 가운데에서 덕이 된다. 나아가기는 쉬워도 물러나기는 어렵다는 뜻인데, 비록 지혜가 교묘하고 능력이 뛰어나더라도 인의를 잃지 않는 뜻이 있다.

【강의】

그대로 수의 방향을 잡아 주는 것이 좋겠다는 것으로 이해하면 되겠다. 왕성한 물의 성분을 목으로 흘려 주는 것이 가장 좋겠지만, 원문에서 金木의 신으로 인해 부드러움을 얻는다고 한 것을 보면 종강격의 형태가 되는 것까지 포함한 것으로 본다. 혹은 金生水와 水生木을 모두 고려한 것으로 이해하면 되겠는데, 무리가 없는 설명이다.

```
庚  壬  甲  癸
子  申  子  亥
丙 丁 戊 己 庚 辛 壬 癸
辰 巳 午 未 申 酉 戌 亥
```

壬申日元. 生於子月. 年時亥子. 干透癸庚. 其勢沖奔莫遏也. 月干甲木凋枯. 又被金伐之. 不能納水. 反用庚金順其氣勢. 爲人剛柔相濟. 仁德兼資. 積學篤行. 不求名譽. 初運癸亥. 從其旺神. 蔭庇大好. 壬戌, 水不通根. 戌土激之. 刑喪破耗. 辛酉, 庚申, 入泮補廩. 又得四子. 家業日增. 一交己未. 激其沖奔之勢. 連剋三子. 破耗異常. 至戊運而亡.

임신일원. 생어자월. 연시해자. 간투계경. 기세충분막알야.
월간갑목조고. 우피금벌지. 불능납수. 반용경금순기기세. 위인
강유상제. 인덕겸자. 적학독행. 불구명예. 초운계해. 종기왕신.
음비대호. 임술, 수불통근. 술토격지. 형상파모. 신유, 경신, 입
반보름. 우득사자. 가업일증. 일교기미. 격기충분지세. 연극삼
자. 파모이상. 지무운이망.

➡ 壬申일주가 子月에 나고 다시 年과 時에는 亥子水가 있고 천간에
는 癸庚이 투출되었으니 그 세력은 넘쳐 나서 아무도 막을 수가 없
겠다. 월간의 甲木은 시들었고 금에게 극을 받기도 하므로 물을 흡
수하기는 글렀으니, 도리어 庚金을 용해서 그 세력에 따르는 것이
좋겠다. 사람됨은 강과 유를 겸하고 인덕에 자질도 풍부한데다 학문
도 쌓고 행동도 독실했으며 명예를 구하지도 않았다. 초운에서 癸亥
는 왕한 세력에 따르니 부모의 도움이 크게 좋았고, 壬戌에는 물이
통근이 되지 않으니 戌土가 자극을 시켜서 고통이 극심했지만, 辛酉
나 庚申은 반수에서 공부도 하고 창고도 넓혔으며 네 아들까지 얻었
고 가업이 나날이 늘어났다. 그러다가 한번 己未로 바뀌면서 넘치는
수의 세력을 때리니 연이어 세 아들이 죽고 고통이 많았으며 戊운에
서 죽었다.

【 강의 】

  종을 하는 구조라고 설명하시지만 그래도 역시 월간의 식신으로
용신을 삼아야 하지 않을까 하는 생각은 해봐야 하겠다. 금운에서
잘 지낸 것은 금이 용신이어서일지도 모르지만, 혹 金生水로 유통되

기 때문에 가능했다고도 할 수 있기 때문이다. 그리고 어려서 잘살았던 것은 부모의 복이라고 해야 하므로 절대적으로 고려할 필요는 없다고 보겠다. 목운을 겪어 보지 않아서 아쉽기는 하지만 이러한 사주라면 식신을 용하는 것이 원칙이 아닌가 싶다. 다만 희신으로는 재성을 써야 하겠는데, 비겁이 너무 왕해서 재운이 실제로 작용할지는 의문이다. 쟁재의 현상을 염려해야 하겠다.

　심리적으로는 식신이 있어서 학문에 깊은 조예가 있었다고 이해할 수 있겠다. 다만 편인이 겹쳐 있는 것이 문제이다. 즉 부정수용의 거부라고 하겠는데, 삐딱하게 수용하는 면이 포함되어 있었겠지만 아마도 철초 선생 눈에는 식신만 보이고 편인은 보이지 않았는지도 모를 일이다.

```
壬　壬　壬　壬
寅　辰　子　寅
庚 己 戊 丁 丙 乙 甲 癸
申 未 午 巳 辰 卯 寅 丑
```

天干四壬. 生於子月. 沖奔之勢. 最喜寅時. 疏其辰土之淤塞. 納其壬水之旺神. 所以不驕不傲. 秉性穎異. 讀書過目不忘. 爲文倚馬萬言. 甲寅入泮. 乙卯登科. 奈數奇不能得遂所學. 至丙辰, 沖激旺水. 羣比爭財. 不祿.

천간사임. 생어자월. 충분지세. 최희인시. 소기진토지어색. 납기임수지왕신. 소이불교불오. 병성영이. 독서과목불망. 위문의마만언. 갑인입반. 을묘등과. 나수기불능득수소학. 지병진,

충격왕수. 군비쟁재. 불록.

➜ 천간의 네 壬水가 子月에 났으니 넘쳐 나는 세력이다. 가장 반가운 것은 寅時인데, 辰土를 뚫어서 막힘을 해소하고 임수의 왕신을 흡수하기도 하니 교만하거나 오만하지 않고 리더십이 강했다. 또한 책을 읽으면 눈앞을 지나간 것은 잊지를 않았고 말에 기대서서 만가지의 글을 지었다. 甲寅대운에 반수에 들어가 공부하고 乙卯대운에는 벼슬길에 올랐지만, 어쩔거나……. 이러한 기재도 배운 것을 써먹을 운이 따라 주질 않으니, 쯧쯧. 丙辰운이 되자 왕성한 수를 충격시켜서 군비쟁재가 일어나는 바람에 녹이 끊겼으니 말이다.

【 강의 】

성격존에 비견이 겹쳐 있으니 2차존으로 넘어가서 식신의 작용이 극대화되었다고 봐야 할 모양이다. 그리고 기억력이 좋았던 것은 일차존의 편관으로 인해서였다. 흔히 세간에서는 식상을 기억력이 좋은 것으로 이해하기도 하는데, 실은 편관의 몫이라고 수정해야 할 모양이다. 식신은 늘 새로운 방향을 모색하므로 기억을 하기에는 어울리지 않는 성분이고, 상관은 활동적이기 때문에 또한 별로 저장을 하지 않는 스타일이다. 그래서 편관이 기억을 담당하게 되는데, 이렇게 일지에 편관이 있는 경우에는 식당을 가더라도 자신이 가본 식당을 찾게 되고, 사람도 한 번 보면 웬만하면 기억할 수 있다고 하니 이러한 점에서는 매우 좋은 성분이라고 하겠다. 편관이 기억을 잘하는 이유는 아무래도 복종을 해야 하는 성분이기 때문이라고 이해해 본다.

戊	壬	癸	癸
申	子	亥	未

乙	丙	丁	戊	己	庚	辛	壬
卯	辰	巳	午	未	申	酉	戌

　壬子日元. 生於亥月申時. 年月兩透癸水. 只可順其勢. 不可逆其流. 所嫌未戌兩字. 激水之性. 故其爲人, 是非顚倒. 作事不端. 無所忌憚. 初運壬戌. 支逢土旺. 父母皆亡. 辛酉, 庚申. 洩土生水. 雖無賴邪僻之行. 倖免凶咎. 一交己未. 助土激水. 一家五口. 回祿燒死.

　임자일원. 생어해월신시. 연월량투계수. 지가순기세. 불가역기류. 소혐미무량자. 격수지성. 고기위인, 시비전도. 작사부단. 무소기탄. 초운임술. 지봉토왕. 부모개망. 신유, 경신. 설토생수. 수무뢰사벽지행. 행면흉구. 일교기미. 조토격수. 일가오구. 회록소사.

➤ 壬子일주가 亥月의 申時에 났고 연월에는 癸水가 둘이나 나와 있으니 다만 세력에 따르는 것이 좋고, 흐름을 거역하는 것은 불가하다고 하겠다. 싫은 것은 未戌의 두 글자가 있는데 수의 성질을 극하고 있다. 그래서 사람됨이 옳은 것을 틀렸다고 하고 틀린 것을 옳다고 했고, 하는 일은 두서가 없으며 거리낌도 없었다. 초운에서 壬戌은 지지에 토가 왕함을 만났으니 부모가 모두 돌아가시고, 辛酉와 庚申에는 토를 설하고 수를 생하니 비록 무뢰하고 사악하며 요행을 바라는 행동만 하였지만 다행히도 흉한 일은 면했다. 그런데 한번

己未운으로 바뀌면서 토를 도와 수를 격하게 만들어서 한 가정의 다섯 식구가 모두 불에 타서 죽었다.

【 강의 】

일지와 월간에 겁재가 겹쳐 있으므로 심리적으로 경쟁심이 왜곡되었다고 해도 되겠다. 그래서 남이 좋다고 하면 자신은 싫다고 하는 형태가 발생할 수 있고, 시간의 편관은 기억력과 봉사심을 의미하는데 경쟁적 주체성이 너무 강해서 봉사를 하는 방향이 다소 비틀렸다고 할 수도 있겠다. 그런데 사주의 구조로 봐서는 토를 용신으로 하고 화를 희신으로 삼는 구조인데 금수가 희용신이라고 한 설명은 좀 꺼림칙하다. 그러니까 종왕격이라는 의미인 듯한데 현실적으로 대입을 한다면 편관을 용신으로 하고 재성으로 도와야 하는 것으로 해야 하겠다. 己未운에서 가족이 불타 죽은 것은 왕신을 건드려서 액운을 당한 것으로 해석할 수도 있겠다는 의견을 추가한다.

【滴天髓】

木奔南而軟怯.
목 분 남 이 연 겁.

▷ 목이 남으로 달아나면 연약하여 겁난다.

【滴天髓徵義】

木奔南, 洩氣太過. 柱中有金, 必得水以通之. 則火不烈. 如無金, 必得辰土以收火氣. 得其中矣. 爲人恭而有禮. 和而中節. 如無水以濟土. 土以晦火. 發洩太過. 則聰明自恃. 又多遷變不常. 而成婦人之仁矣.

목분남, 설기태과. 주중유금, 필득수이통지. 즉화불렬. 여무금, 필득진토이수화기. 득기중의. 위인공이유례. 화이중절. 여무수이제토. 토이회화. 발설태과. 즉총명자시. 우다천변불상. 이성부인지인의.

➡ 목이 남으로 달아난다는 것은 설기가 지나치다는 말이다. 사주에 금이 있다면 반드시 수를 얻어서 유통되어야 하니 즉 화는 맹렬하지 않게 되는데, 만약 금이 없다면 반드시 辰土라도 얻어서 화의 기운을 거둬들여야 한다. 그러면 그 중화를 얻게 되나니 사람이 공손하고 예가 있으며 화목하고 절도도 있을 것이다. 만약 수가 없이 토로 제어한다면 토는 다시 불을 어둡게 하니 설기가 과다해서 즉 자신의 총명함만 믿고 또 변덕이 죽 끓듯 하니 부인의 인정을 이루게 될 것

이다.

【 강의 】

『삼국지』에 나오는 조조를 일러서 '아녀자의 정'을 갖고 있다고도 하는데, 여름의 나무를 두고 하는 말이라고 이해하면 되겠다. 마음으로는 주고 싶지만 줄 힘은 되지 않는 마음으로 알면 될 것도 같은데, 실로 나무가 여름에 나면 겁을 낼 만도 하겠다는 생각이 든다. 다만 이러한 대입은 모두 월지의 상황만 고려해서 풀이한 것으로 봐야 하겠다. 그리고 보면 예전에는 심리의 구조를 월지의 상황과 일간의 대입에서 읽으려고 시도했다는 생각도 든다. 식상은 인정이고 추진력이 약하면 지속성이 없다고 봐서 아녀자의 인정이라고 말할 수도 있겠다. 물론 사주에 따라서 해석은 얼마든지 달라질 것이다.

丙	甲	壬	庚
寅	午	午	辰

庚	己	戊	丁	丙	乙	甲	癸
寅	丑	子	亥	戌	酉	申	未

甲午日元. 生於午月. 木奔南方. 雖時逢祿支. 丙火逢生. 寅午拱火. 非日主有矣. 最喜月透壬水以濟火. 然壬水, 無庚金之生. 不能剋丙爲用. 庚金無辰土, 亦不能生水. 此造所妙者, 辰也. 晦火, 養木, 蓄水, 生金. 使火不烈. 木不枯. 金不鎔. 水不涸. 全賴辰之一字. 得中和之象. 申運, 壬水逢生. 及乙酉, 金旺水生. 入

泮補廩, 而擧於鄕. 丙戌, 火土竝旺. 服制重重. 丁亥, 壬水得地. 出宰閩中. 德敎竝行. 政成民化. 所謂剛柔相濟. 仁德兼資也.

갑오일원. 생어오월. 목분남방. 수시봉록지. 병화봉생. 인오 공화. 비일주유의. 최희월투임수이제화. 연임수, 무경금지생. 불능극병위용. 경금무진토, 역불능생수. 차조소묘자, 진야. 회 화, 양목, 축수, 생금. 사화불렬. 목불고. 금불용. 수불학. 전뢰 진지일자. 득중화지상. 신운, 임수봉생. 급을유, 금왕수생. 입 반보름, 이거어향. 병술, 화토병왕. 복제중중. 정해, 임수득지. 출재민중. 덕교병행. 정성민화. 소위강유상제. 인덕겸자야.

➡ 甲午일주가 午月에 나서 목이 남으로 달아난다. 비록 시에서 비견을 만나기는 했지만, 丙火가 생을 만나고 寅午의 합으로 화가 되기도 하니 일주의 뿌리가 아니다. 가장 반가운 것은 월간에 壬水가 투출되어서 화를 다스리는 것이다. 그러나 임수도 庚金의 생조가 없었다면 병화를 극하는 용신이 되기에는 불가능했을 것이다. 경금도 辰土가 없었다면 또한 능히 수를 생조하지 못했을 것이다. 이 사주의 묘한 점은 진토이다. 불을 어둡게 하고 나무를 길게 주며 물을 저장하고 금을 생조하며, 불이 맹렬하지 않으니 목은 시들지 않고, 금은 녹지 않으며 수는 말라 버리지 않으니 이 모두가 진토 이 한 글자의 공이니 중화를 얻은 형상이다. 申金대운에서 임수가 생을 만나고 다시 乙酉대운에서는 금이 왕하여 수를 생하니 반수에 들고 창고를 넓혔으며 고향에서 과거에 급제하였다. 丙戌대운에는 火土가 함께 왕하여 줄초상이 났으며, 丁亥에는 임수가 득지를 하니 閩中으로 나아가 벼슬을 하고 덕을 가르치면서 다시 스스로 행동도 하였으며 정치를 잘하여 백성이 교화되었으니, 이른바 강과 유가 서로 조화를 이루어

어짊과 덕을 겸비하였다.

【 강의 】

아따, 참 말씀도 길다. 그래도 사주의 균형이 辰土에 있다는 설명이 멋져서 모두 참을 만하겠다. 그야말로 살인상생격을 넘어서 財生殺印相生格이라고라도 해야 할 모양이다. 비록 화의 세력이 강하다고는 하지만 균형을 이루도록 방향을 잡고 있는 것이 아름답다. 심리적으로 보면 일지에 상관이 최우선으로 작용하여 사교성이 좋다고 하겠고, 다시 시간의 丙火는 궁리를 하는 성분으로서 좋은 작용을 하겠지만 만약 壬水가 없었다면 천하에 자기가 최고인 줄 알고 날뛰는 시건방진 성향이 나타나지 않았을까 하는 생각이 든다. 임수가 있어서 식상을 제어하는 작용이 나타나게 되어 비로소 수용성이 있는 현명하고 센스 있는 사람으로서 어떤 상황에서나 잘 어울리게 마음을 썼을 것이라고 생각된다. 무엇보다도 운에서 관살의 작용이나 인성의 작용을 받아서 더욱 다듬어졌을 것이다. 역시 운의 심리변화에도 늘 관심을 갖고 대입해야 하겠다는 생각을 해본다.

```
丙  甲  甲  丙
寅  申  午  戌

壬 辛 庚 己 戊 丁 丙 乙
寅 丑 子 亥 戌 酉 申 未
```

甲申日元. 生於午月. 兩透丙火. 支會火局. 木奔南方. 燥土不

能晦火. 生金. 無水則申金剋盡. 柔軟極矣. 其爲人暱私恩. 不知大禮. 作事狐疑. 少決斷. 所爲心性多疑. 貪小利. 背大利. 一事無成.

갑신일원. 생어오월. 양투병화. 지회화국. 목분남방. 조토불능회화. 생금. 무수즉신금극진. 유연극의. 기위인닐사은. 부지대례. 작사호의. 소결단. 소위심성다의. 탐소리. 배대리. 일사무성.

➜甲申일주가 午月에 태어나서 丙火가 둘이나 투출되고 지지는 다시 火局이 되었으니 목이 남으로 달아난 것이다. 마른 토는 화를 어둡게 하기가 불가능하고 금을 생할 수도 없으며, 수가 없으니 申金도 이미 죽은 것처럼 부서져서 무력하다. 사람됨이 사사로이 친한 것에는 은혜를 중히 여기면서도 큰 예절은 알지 못하며, 일을 행할 때에도 늘 여우처럼 의심을 하고 결단력이 없었으니 소행이나 마음에 의심이 많았다. 작은 이익을 탐하고 큰 이익은 배신을 하여 한 가지도 이루지 못했다.

【 강의 】

우선 사주에서 용신을 어떻게 정해야 할지가 고민스러운 장면이다. 아무래도 '甲申戊寅 眞爲殺印相生'의 논리에 의해서 申金 속의 壬水를 용신으로 삼아야 할 모양이다. 그리고 寅申충으로 인해서 뿌리가 흔들리는 것이 부담이고, 다시 午月의 화기운이 금을 극하는 것은 탁하다고 해야 할 것이다. 그래서 용신이 무력하고 심리적으로는 편관이 있어서 봉사를 하기는 해야겠는데, 시간의 식신이 있으니 이기적으로 마음이 변해서 처음에는 크게 생각하다가도 결과적으로는 이기적으로 방향을 바꾼다고 해석해 보면 어떨까 싶다. 여하튼 이 사주야말로 겁이 많은 甲木이라고 할 만하다. 뭘 하든지 추진력이 있어야 하는데, 인성이 너무 약해서 추진할 힘이 없었다고 해야 할 모양이다.

【滴天髓】

金見水以流通.
금 견 수 이 류 통.

◐ 금이 수를 보면 유통이 된다.

【滴天髓徵義】

金者, 剛健中正之體也. 能任大事. 能決大謀. 見水則流通. 剛煞之性. 能用智矣. 得氣之正者. 金旺遇水也. 其人內方外圓. 能知權變. 處世不傷廉惠. 行藏自合中庸. 得氣之偏者. 金衰水旺也. 其人作事荒唐. 口是心非. 有挾術待人之意也.

금자, 강건중정지체야. 능임대사. 능결대모. 견수즉류통. 강살지성. 능용지의. 득기지정자. 금왕우수야. 기인내방외원. 능지권변. 처세불상렴혜. 행장자합중용. 득기지편자. 금쇠수왕야. 기인작사황당. 구시심비. 유협술대인지의야.

➡ 금이란 강건한 가운데에서도 중심을 갖는 체이다. 능히 큰일을 감당할 만하고 능히 큰 계획을 도모할 만하다고 하겠다. 수를 보면 흘러서 통하게 되어 강건하면서도 살기가 포함된 성분이 능히 지혜를 용하게 되니, 기운의 얻음이 바르다고 하는 자는 금이 왕하면서 물을 만나는 것이다. 그 사람은 안으로는 반듯하고 밖으로는 원만하며 능히 권위의 변화를 알고 세상을 살아가는 것도 손상되지 않고 청렴하며 베풀 줄을 안다. 스스로 몰래 행하면서도 중용에 부합이 된다.

(그리고) 기운이 편중된 자는 금이 쇠약하면서 왕수를 만난 것인데, 그 사람의 하는 일은 늘 황당무계하고 입으로는 옳은 것을 말하지만 마음으로는 틀린 생각을 하는 사람이며 남을 속이려는 마음으로 기회를 엿보고 있을 수도 있다.

【 강의 】

금의 성분이 기본적으로는 같지만 왕한 금과 약한 금의 차이를 논하는 것을 보면 참 유연한 사고 방식을 갖고 있다고 생각된다. 그리고 금의 설명을 잘하였다고 여기면서도 庚金의 강력한 분위기를 느끼게 하는 대목이 생각난다.

乙	庚	癸	甲
酉	子	酉	申

辛	庚	己	戊	丁	丙	乙	甲
巳	辰	卯	寅	丑	子	亥	戌

庚生酉月. 又年時申酉. 秋金銳銳. 喜其坐下子水. 透出癸水元神. 流通金性. 洩其菁華. 爲人任大事而布置有方. 處煩雜而主張不糜. 且慷慨好施. 剋己利人也.

경생유월. 우년시신유. 추금예예. 희기좌하자수. 투출계수원신. 유통금성. 설기청화. 위인임대사이포치유방. 처번잡이주장불미. 차강개호시. 극기리인야.

➡ 庚金이 酉月에 났고 또 연과 시에도 申酉의 금이 있으니 가을의 금이 날카롭고 또 강하다. 반가운 것은 앉은자리에 子水가 있다는 것이고, 천간에 癸水가 투출되어 있어서 금의 기운이 흘러서 통한다는 것이다. 그 빼어난 기운을 설기하니 사람됨이 능히 큰일을 감당할 만하고 베풀어 가는 모습이 자못 반듯하며, 복잡한 상황에서도 자신의 주장을 굽히지 않고 강경한 성품으로 베풀기를 좋아하며 자기는 억압하면서 남에게 이로움을 베풀려고 하는 사람이었다.

【 강의 】

일지의 상관이나 월간의 상관은 자신의 생각대로 표현하는 성분이면서도 겹쳐 있다 보니 인성의 심리가 약간 발휘된다고는 하겠지만 그래도 설명에 나온 정도의 심리를 가졌다고는 이해가 되지 않는다. 설명으로 봐서는 어딘가에 편관이라도 하나 있어야 할 분위기인데 오히려 정재가 합이 된 채로 시간에 있는 것은 아무래도 물질적인 결실에 집착을 보이는 성분이라고 봐야 하겠기에 철초 선생의 설명과 연관이 되지 않는다. 구태여 긍정적으로 생각해 본다면 다행히도 상관이 관살을 보지 않아서 흐름에 순응하여 격렬하지 않고 안정된 심리를 얻게 되었으며, 상관은 베풀면서 생색을 내는 성분인데 남들이 그러한 것을 알아주니 잘하게 되었다고 하면 어떨까 싶다. 그냥 참고 사항이라고 해둔다.

```
丙　庚　壬　壬
子　辰　子　申
庚己戊丁丙乙甲癸
申未午巳辰卯寅丑
```

庚生仲冬. 天干兩透壬水. 支會水局. 金衰水旺. 本屬偏象. 更嫌時透丙火混局. 金主義而方. 水司智而圓. 金多水少. 智圓行方. 水泛金衰. 方正之氣絶. 圓智之心盛矣. 中年運逢火土. 沖激壬水之性. 刑傷破耗. 財散人離. 半身奸詐. 誘人財物. 盡付東流. 凡人窮達貧富. 數已注定. 君子樂得爲君子. 小人枉自爲小人.

경생중동. 천간량투임수. 지회수국. 금쇠수왕. 본속편상. 갱혐시투병화혼국. 금주의이방. 수사지이원. 금다수소. 지원행방. 수범금쇠. 방정지기절. 원지지심성의. 중년운봉화토. 충격임수지성. 형상파모. 재산인리. 반신간사. 유인재물. 진부동류. 범인궁달빈부. 삭기주정. 군자락득위군자. 소인왕자위소인.

➡ 庚金이 子月에 나서 천간에는 壬水가 둘이 투출되고 지지에는 水局이 형성되었으니 금은 쇠약하고 수는 왕하여 본래는 편고한 형상에 속한다. 다시 싫은 것은 시에 丙火가 투출되어 국을 어지럽힌다는 것이다. 금은 의리를 주관하여 반듯하고, 수는 지혜를 관장하여 원만하니 금이 많고 수는 적으면 지혜가 원만하고 행동이 반듯하겠다. 그런데 수가 넘치고 금이 쇠약하니 반듯하고 바른 기운이 끊기고 원만한 지혜의 마음만 왕성하다. 중년의 운에서 火土가 되어 임수의 성격을 충격하니 형상으로 고통을 겪었으며 재산이 흩어지고

사람은 떠나갔다. 그의 몸은 간특하고 사악하여 남의 재물을 유혹하여 모은 것은 모두 강물에 흘려 보냈으니 보통 사람은 빈부에 대해서만 집착하여 스스로 그렇게 (사소한 것을) 목표로 정하는데〔數己注定〕, 군자는 스스로 즐거움을 찾아서 재미를 얻으니 (그래서) 군자가 되는 것이고 소인은 잘못되어 (재물을 탐하니) 스스로 소인이 되는 것이다.

【 강의 】

본문의 끝부분에서 '數己注定'의 의미가 명확하게 이해되지 않는다. '자주 스스로 만들어 놓은 것에 따르다' 라는 정도로 해석해 봐도 명확하지 않아서 대략 의미만 대입시켜 봤음을 헤아려 주기 바란다. 요약하자면 귀인이든 소인이든 스스로 그 마음으로 지어서 얻어지는 것으로 결국은 자신의 탓이라는 의미로 이해하면 크게 벗어나지 않을 것이다. 심리존으로 본다면 시간의 편관이 있으므로 남의 입장을 많이 헤아린다고 하겠는데, 월간의 식신이 정면으로 극을 하는 바람에 결국은 이기적인 방향으로 바뀌어서 말과 행동이 다르게 나타났다고 이해할 수가 있겠다. 그리고 일지의 편인은 다시 부정수용으로 작용한다면 역시 스스로 그 마음에 늘 이기적인 심리가 존재하는데, 子月의 합으로 인해서 편인의 직관력이 이기적인 목적으로 활용되었다고 봐도 되겠다. 다만 편관이 뿌리가 있어서 좀더 강했더라면 그래도 이 정도는 아니었을 것이라고 생각해 본다. 또한 다시 운에서 관살을 만났음에도 워낙 수의 세력이 강해서 수용하지 못하고 오히려 남을 생각하는 마음이 결과적으로는 자신을 이롭게 하는 방향으로 작용하지 않았을까 싶다.

【滴天髓】

最拗者西水還南.
최요자서수환남.

◐ 가장 잘 꺾이는 것은 가을 물이 남으로 가는 것이다.

【滴天髓徵義】

西方之水. 發源崑崙. 其勢浩蕩. 不可遏也. 亦可順其性. 用木以納之. 則智之性, 行於仁矣. 如用土以制之. 不得其性. 反有沖奔之患. 其性仍逆而强拗. 至於還南. 其沖激之勢. 尤難砥定. 强拗異常. 全無仁禮之性矣.

서방지수. 발원곤륜. 기세호탕. 불가알야. 역가순기성. 용목이납지. 즉지지성, 행어인의. 여용토이제지. 부득기성. 반유충분지환. 기성잉역이강요. 지어환남. 기충격지세. 우난지정. 강요이상. 전무인례지성의.

➜ 가을의 물은 발원이 곤륜산에서 비롯되니 그 세력이 호탕하여 막을 수가 없다. 또한 그 성품에 따르는 것이 옳다고 하겠으니 목을 용하여 수의 성분을 수용하는 것이다. 즉 지혜의 성분이 仁을 행하는 것이다. 그런데 만약 토로써 용하여 강제로 제어한다면 그 성품에 맞지 않아서 도리어 충격을 받아 휩쓸고 다니는 근심이 있을 것이며, 그 성질에 오히려 거역됨으로 해서 강제로 꺾으려고 하니 운이라도 남방으로 흘러간다면 그 충격의 세력으로 더욱 멈추기가 곤란

하여 너무 강제로 꺾으려고 하다가 고장이 날 것이고 인과 예의의 성분은 전혀 없게 된다.

【 강의 】

 가을의 물이 남으로 간다는 것은 운이 역행하는 경우에 해당하는 것으로 이해하면 되겠다. 사주에 가을의 물이 왕성하면 목으로 흘러 가야 하겠지만 그것도 마음대로 되지 않으므로, 혹 남으로 가더라도 사주에 목이 있어서 유통을 시켜 주기만 한다면 구태여 걱정할 정도 는 아니라고 하겠다. 그러나 그렇지 못해서 토를 용신으로 하려면 금왕절의 금기운이 토를 약하게 만들 것이므로 다시 수의 입장에서 는 토의 극을 안중에 두지 않을 염려가 있고 관의 지배를 거부하겠 다는 심리가 발생하는 이상 어딘가에서 문제가 샐 가능성은 항상 있다고 하겠다. 이 경우의 상황을 고려해 본 듯싶다.

```
    甲    壬    庚    癸
    辰    申    申    亥
 壬 癸 甲 乙 丙 丁 戊 己
 子 丑 寅 卯 辰 巳 午 未
```

 壬申日元. 生於亥年申月. 亥爲天門. 申爲天關. 卽天河之口. 正西方之水. 發源最長. 所喜者時干甲木. 得辰土通根養木. 足以 納水. 則智之性行而爲仁. 禮亦備矣. 爲人有驚奇之品彙. 無巧利 之才華. 中年南方火運. 得甲木生化. 名利兩全.

임신일원. 생어해년신월. 해위천문. 신위천관. 즉천하지구. 정서방지수. 발원최장. 소희자시간갑목. 득진토통근양목. 족이납수. 즉지지성행이위인. 예역비의. 위인유경기지품휘. 무교리지재화. 중년남방화운. 득갑목생화. 명리량전.

➡ 壬申일주가 亥年의 申月에 났는데, 亥는 하늘의 문이고 申은 하늘의 빗장이니 즉 天河의 입구로서 바로 서방의 물이 되어 발원이 가장 길다. 반가운 것은 시간의 甲木이다. 辰土를 얻어서 통근하고 목을 기르니 족히 물을 흡수한다. 즉 지혜로운 성품에다 인을 행하며 예도 갖춰지니 사람됨이 놀라운 기재의 품성이 있었지만, 교활하거나 이익을 탐하는 재능은 발휘하지 않았다. 중년에 남방의 火운이 되자 갑목이 생화를 얻어서 명리가 모두 갖춰졌다.

【 강의 】

하늘의 빗장이니 천하의 물이니 하는 것은 명리와는 아무런 상관이 없는 이야기지만 주역의 의미로서 구분 없이 통용되던 내용인가 싶다. 몰라도 되는 이야기라고 봐서 특별히 관심을 기울이지는 않는다. 심성을 보면 외향적 감정형이라고 하겠는데, 성격존이 일간을 중심으로 모두 양의 구조로 형성되어서이다. 그래서 되는 것은 된다고 하고 안 되는 것은 불가하다고 말하는 올곧고 고지식한 사람이었을 것 같다. 그리고 편인이 겹쳐 있어서 부정수용이 상당했겠는데, 그 성분을 자극하는 화가 없어서 驚奇의 의미를 놓고 생각해 보니 아마도 어지간히 괴팍하지는 않았는가 싶다. 잘 쓰지 않는 문자여서이다. 편인이 겹치니까 부정수용성이 발달되어 있으면서 다시 거부하는 심리는 언뜻 보면 편재처럼 보인다. 결단력이 발생하는 구조라고 하겠는데, 다행히 시간의 식신이 있어서 궁리하고 정리하는 성분이 작용하여 쓸모가 있게 되었으리라고 본다. 다만 철초 선생처럼 仁禮가 있었다는 말은 화도 없고 목도 약한데 구태여 언급할 사안이 아닌 것으로 봐야겠다는 생각이 든다. 이타심이 약하고 편중된 형태가 약간 보인다.

```
丙  壬  庚  癸
午  子  申  亥
壬 癸 甲 乙 丙 丁 戊 己
子 丑 寅 卯 辰 巳 午 未
```

　壬子日元. 生於申月亥年. 西方之水. 浩蕩之勢. 無歸納之處. 時逢丙午. 沖激以逆其性. 爲人强拗無禮. 兼之運走南方火土. 家業破敗無存. 至午運强娶人妻. 被人毆死. 俗以丙火爲用. 運逢火土爲佳. 不知金水同心. 可順不可逆. 須逢木運, 生化有情. 可免凶災而人亦知禮矣.

　임자일원. 생어신월해년. 서방지수. 호탕지세. 무귀납지처. 시봉병오. 충격이역기성. 위인강요무례. 겸지운주남방화토. 가업파패무존. 지오운강취인처. 피인구사. 속이병화위용. 운봉화토위가. 부지금수동심. 가순불가역. 수봉목운, 생화유정. 가면흉재이인역지례의.

▶ 壬子일주가 申月의 亥年에 나서 서방의 수가 되어 호탕한 세력을

이뤘으나 돌아갈 곳이 없다. 시에 만난 丙午는 (왕성한 화의 세력을) 충격하니 그 성품에 거역된다. 사람됨이 강요를 하고 무례하였는데, 더불어 운도 남방의 火土로 흐르니 가업이 완전히 망해서 남은 것이 없었다. 午火의 운이 되면서 강제로 남의 처를 빼앗아서 장가를 들었는데, 그로 인해서 맞아 죽었다. 속론으로 말한다면 丙火가 용신이 되어서 운에 火土를 만나니 아름답다고 해야 할 모양이지만, 金水의 마음이 같음을 모르고 하는 말이다. 순응하는 것이 옳고 거역하면 불가하다. 그래서 모름지기 목의 운을 만나야 할 것이고, 그랬더라면 생화하고 유정해서 흉한 일도 면했을 것이며 사람 또한 예를 알았으리라고 본다.

【 강의 】

철초 선생께서 '俗論之'라고 말씀하실 적에는 잘 살펴봐야 한다. 실로 속론지가 타당할 수도 있겠기 때문이다. 이 사주에서도 마찬가지이다. 자신이 그러한 행동을 했으면 운과 상관없이 맞아 죽어도 싸다고 해야 할 것인데 운이 나빠서 그렇다고 한다면 좀 곤란하지 않을까 싶다. 즉 운과 상관없이 자신의 행동으로 말미암아 나타나는 결과는 자기 책임이지 운의 탓이라고만 할 것은 아니라는 생각이 들어서 말이다. 사주를 보면 분명 기인취재격으로 나아가는 구조이며 용신이 화가 되어야 마땅하다고 해석하는 것이 이치에 맞을 것이다. 아마도 午火운에서 무례를 범한 것은 용신의 운에서 쟁탈의 현상이 생기는 바람에 남의 부인을 빼앗을 용기를 냈는지도 모를 일이다. 다만 식상이 있었더라면 솜씨를 발휘해서 노련하게 꾀어냈겠지만 그런 재주가 없으니 강제로 수단을 썼을 것이고 그 결과로 맞아 죽었던 것은 운을 떠나서 자신의 인과라고 해야 하지 않겠느냐는 생각이 든다. 편인이 강력하게 들어오므로 부정수용이 발생하였을 것이고, 일지에 겁재가 있으니 경쟁심이 발휘되었을 것이며, 희망이라고는 편재뿐이므로 마음대로 취하고 싶은 욕심에 저지른 결과라고 생각된다.

【滴天髓】

至剛者東火轉北.
지 강 자 동 화 전 북.

➡ 지극히 강한 자는 봄 불이 겨울로 가는 것이다.

【滴天髓徵義】

東方之火. 火逞木勢. 其炎上之性. 不可禦也. 只可順其剛烈之性. 用濕土以收之. 則剛烈之性, 化爲慈愛之德矣. 一轉北方. 爲制焚烈之勢. 必剛暴無禮. 若無土以收之. 仍行火木之運. 順其氣勢. 亦不失慈讓惻隱之心矣.

동방지화. 화령목세. 기염상지성. 불가어야. 지가순기강렬지성. 용습토이수지. 즉강렬지성, 화위자애지덕의. 일전북방. 언제분렬지세. 필강포무례. 약무토이수지. 잉행화목지운. 순기기세. 역불실자양측은지심의.

➡ 동방의 불이 화세가 날뛰고 목의 세력이 있다면 그 이글거리는 성분은 아무도 막을 수가 없다. 다만 강렬한 성품을 따르는 것이 옳은데, 습토를 써서 강렬한 성분을 거둬들이면 자애의 덕으로 화하게 된다. 한번 북쪽의 수가 강한 방향으로 흘러가면 어찌 불타는 세력을 제어할 것인가. 반드시 강포하고 무례할 것이니 토의 수렴 작용이 없다면 오히려 火木의 운으로 흘러가는 것이 그 세력을 따르는 것이며 또한 자애로움, 사양하는 마음, 측은하게 여기는 마음을 잃

지 않을 것이다.

【 강의 】

東火는 寅卯월의 불이라고 이해해야 하겠는데, 강력한 경우에는 역행의 운을 타면 너무 강해져서 위험하므로 습토가 있어서 열기를 흡수하고 있는지를 살펴보라는 의미이다. 아니면 목이 있어서 水生木하여 木生火로 그 성품을 잡아 주는 것도 가능하겠지만 그렇지 않으면 곤란하다는 의미로 보이는데, 절대로 강제를 하면 안 된다는 주의 사항이라고 생각된다.

己	丙	甲	丙
丑	午	午	寅

壬	辛	庚	己	戊	丁	丙	乙
寅	丑	子	亥	戌	酉	申	未

丙午日元. 生於午月寅年. 年月又透甲丙. 其焚烈炎上之勢. 不可遏也. 最妙丑時. 濕土收其猛烈之性. 爲人有容有養. 驕諂不施. 運逢土金. 仍得丑土之化. 科甲連登. 仕至郡守.

병오일원. 생어오월인년. 연월우투갑병. 기분렬염상지세. 불가알야. 초묘축시. 습토수기맹렬지성. 위인유용유양. 교첨불시. 운봉토금. 잉득축토지화. 과갑련등. 사지군수.

➡ 丙火가 午月의 寅年에 나서 연월에는 또 甲丙이 투출되기도 하여

이글거리는 형상이라고 하겠으니 막을 수가 없다. 가장 묘한 것은 丑時를 얻은 것인데, 습토가 능히 맹렬한 성분을 수렴하니 사람됨이 넉넉하고 교양이 있으며 교만하거나 아첨하지 않았다. 운에서 土金을 만나니 오히려 丑土가 유통을 시켜서 과거에 급제하고 벼슬이 군수에 이르렀다.

【강의】

원문의 내용과 좀 차이가 있는 사주의 예문으로 보인다. 봄의 불이 아니고 여름의 불이기 때문이다. 화의 기운이 넘치는 예문을 인용한 것으로 봐야 하겠다. 심리적으로 보면 우선 상관의 성분이 있어서 사교성과 표현력이 상당했고, 일지의 겁재는 경쟁성이며 불타는 성품이므로 아마도 자극을 받으면 상당히 날뛰지 않았을까 하는 생각을 해본다. 다만 그 마음에 순응을 하면 포용력이 상당했다고 하겠고, 상관이 이기적으로 흐르지 않았다면 아마도 월간의 편인에게 제어를 당해서 양반(!)이 되어서라고 이해할 수도 있다. 그래서 예로부터 傷官佩印格을 총명하면서도 예의가 있는 것으로 이해하지 않았을까 싶다. 이 사주에서 혹 성격존에 관살을 만나기라도 했다면 너그럽지 못했을 것이다.

```
庚  丙  丙  丁
寅  午  午  卯
戊 己 庚 辛 壬 癸 甲 乙
戌 亥 子 丑 寅 卯 辰 巳
```

丙午日元. 生於午月. 年時寅卯. 庚金無根. 置之不用. 格成炎上. 局中無土吐秀. 書香不利. 行伍出身. 至卯運, 得官. 壬運失職. 寅運, 得軍功. 驟升都司. 辛丑運, 生化之機無咎. 一交庚子, 沖激午刃. 又逢甲子年. 雙沖陽刃. 死於軍中.

병오일원. 생어오월. 연시인묘. 경금무근. 치지불용. 격성염상. 국중무토토수. 서향불리. 행오출신. 지묘운, 득관. 임운실직. 인운, 득군공. 취승도사. 신축운, 생화지기무구. 일교경자. 충격오인. 우봉갑자년. 쌍충양인. 사어군중.

➡ 丙午일주가 午月에 나고 연시에는 寅卯가 있는데, 庚金은 뿌리가 없으니 버려 두고 쓰지 않는다. 격은 염상이라고 하겠는데, 국중에 토의 설하는 방법이 없으니 공부는 불리하다. 육군 보병〔行伍〕 출신으로 卯운이 되면서 관을 얻었으나 壬운에는 실직을 하고, 寅운에 다시 군에서 공을 세워서 갑자기 도사의 지위에 올랐다. 辛丑운은 생화의 기틀이 있어서 허물이 없었으나, 한번 庚子대운으로 바뀌면서 午火의 양인을 충격하고 또 甲子년을 만나면서 쌍으로 양인을 충하니 군중에서 죽었다.

【 강의 】

앞의 사주는 습토가 있었지만 이 사주는 군겁쟁재의 형상을 이루고 있다. 그렇더라도 용신은 금에 있는 형상이고 습토를 만나면 발한다고 하겠는데, 卯운에 관을 얻었다는 것은 아마도 염상격으로 해석하는 과정에서 대입이 된 모양이다. 염상격에 辛丑대운의 발복은 설명이 곤란하다. 그래서 아마도 세운의 작용이라고 보고 금 용신에 토를 희신으로 이해하는 것이 좋겠다. 심리적으로는 한 가지 일에 집중하기 어렵고 창의력이나 궁리가 되지 않으므로 군에 들어간 것은 오히려 현명했다고 하겠다. 성질이 괴팍해서 아무도 마주 대응하지 않으려고 했으리라는 생각이 든다. 통제하려고만 하고 수용은 잘 되지 않았을 것이기 때문이다.

【滴天髓】

順生之機. 遇擊神而抗.
순 생 지 기. 우 격 신 이 항.

◐ 순생의 기틀에는 충격을 받으면 저항한다.

【滴天髓徵義】

順者宜順. 逆則宜逆. 則和平而性順矣. 如木旺, 得火以通之. 順也. 土以行之, 生也. 不宜見金水之擊也. 木衰得水以生之. 反順也. 金以助水. 逆中之生也. 不宜見火土之擊也. 我生者爲順. 生我者爲逆. 旺者宜順. 衰者宜逆. 則性正情和. 如遇擊神. 旺者勇急. 衰者懦弱. 如格局得順逆之序. 其性情本和平. 至歲運遇擊神. 亦能變爲强弱. 宜細究之.

순자의순. 역즉의역. 즉화평이성순의. 여목왕, 득화이통지. 순야. 토이행지, 생야. 불의견금수지격야. 목쇠득수이생지. 반순야. 금이조수. 역중지생야. 불의견화토지격야. 아생자위순. 생아자위역. 왕자의순. 쇠자의역. 즉성정정화. 여우격신. 왕자용급. 쇠자나약. 여격국득순역지서. 기성정본화평. 지세운우격신. 역능변위강약. 의세구지.

➤ (흐름에) 따라야 할 것은 따라야 옳고 거역해야 할 경우에는 거역해야 마땅하다. 그러면 화평하여 성품이 순하게 되는데, 만약 목이 왕한 상황에서 화를 얻어 (기운이) 통하면 順이 되는 것이고, 토를

얻어서 흘러가면 生이 되는 것이다. (이때에는) 金水의 자극을 받으면 마땅치 않은 것이다. 쇠약한 목이 수를 만나면 생을 받으니 도리어 순이 된다. 금은 수를 도우니 거역되는 가운데에서의 생조함이다. (이때에는) 火土의 충격을 받으면 옳지 않다. (그러니까) 내가 생하는 것은 순이 되고, 나를 생하는 것은 역이 되는 셈인데, 왕한 사주라면 순이 옳고 쇠한 사주라면 역이 옳으니 즉 성품이 바르고 뜻은 화목하다. 만약 치는 성분을 만난다면 왕한 자는 용감하게 나서서 서두르겠고, 쇠한 자는 더욱 약해질 것이다. 만약 격국에서 순역의 흐름을 얻었다면 그 성품이 바르고 뜻은 화목할 것이나, 운에서 충격을 받으면 능히 강하거나 약하게 변할 것이니 마땅히 잘 생각해야 하겠다.

【 강의 】

내용은 충격을 받으면 어떻게 되겠는가를 생각해 보는 대목으로 보인다. 그리고 이치적으로 매우 타당하다고 하겠는데, 운의 변화에 따라서 사람의 마음이 변한다는 의미가 포함되어 있는 것이 흥미롭다. 실로 이렇게 한 말씀 던져 주는 것으로 인해서 후학은 다시 새로운 심리 분석의 단서로 삼아서 연구를 이어 갈 수 있겠다. 여하튼 이야기를 해야 알지 혼자만 알아서 끙끙거리면 누가 알겠느냐는 생각을 해보게 된다.

```
壬 甲 丙 己
申 寅 寅 亥
戊 己 庚 辛 壬 癸 甲 乙
午 未 申 酉 戌 亥 子 丑
```

甲寅日元. 生於寅月. 木旺得丙火透出. 順生之機. 通輝之象. 讀書過目成誦. 所嫌者, 時遇金水之擊. 年干己土虛脫. 不制其水. 兼之初運北方水地. 不但功名難遂. 而且破耗刑傷. 一交辛酉. 助水之擊. 合去丙火而亡.

갑인일원. 생어인월. 목왕득병화투출. 순상지기. 통휘지상. 독서과목성송. 소혐자, 시우금수지격. 연간기토허탈. 부제기수. 겸지초운북방수지. 부단공명난수. 이차파모형상. 일교신유. 조수지격. 합거병화이망.

➜ 甲寅일주가 寅月에 나서 목이 왕하고 丙火가 투출되었으니 순생의 기틀이며 빛나는 곳으로 통하는 형상이다. 책을 읽으면 눈앞을 지나간 것은 모두 외워 버렸지만, 싫은 것은 시에 金水의 충격을 만난 것과 연간의 己土가 허약한 것이다. 그래서 수를 제어하지 못한 데다 초운이 북방의 수운이 되니 공명이 따르기 어려웠을 뿐만 아니라 온갖 고통이 따랐는데, 한번 辛酉의 운으로 바뀌면서 수의 충격을 돕고 병화를 합거하는 바람에 죽었다.

【 강의 】

 화를 용신으로 하고서 수운을 가려니 고통이 극심했겠는데, 금운에서는 火剋金으로 다스리는 것이 보통임에도 이 경우에는 합이 되는 바람에 용신합의 흉한 일이 발생한 것으로 해석된다. 참으로 무서운 것이 용신의 합이다. 차라리 극을 받을지언정 합은 하지 말아야 하는데, 여기에서 丁火가 하나 없었던 것을 아쉬워해야 할 모양이다. 심리적으로 보면 식신은 궁리하는 성분이고 비견은 주체성이며 임수는 편인이니, 궁리를 거부하는 마음이 발생하는 것으로 보면 되겠다. 식상은 미래 지향적인데 재성이 약해서 결실을 이루지 못한 것이 아쉽다. 그래서 과정만 있고 결과가 없다고 해야 하겠는데, 더구나 보수적인 성향이 강한 관살의 운을 만나면서 타고난 구조를 거역하므로 더욱 고통을 받은 것이라고 해석해 본다.

壬	甲	戊	庚
申	午	寅	寅

丙	乙	甲	癸	壬	辛	庚	己
戌	酉	申	未	午	巳	辰	卯

 甲午日元. 生於寅月. 戊土透出. 寅午拱火. 順生之機. 德性慷慨. 襟懷磊落. 亦嫌時逢金水之擊. 讀書未售. 破耗多端. 兼之中運不齊. 有志未伸. 還喜春金不旺. 火土通根. 體用不傷. 後昆繼起.
 갑오일원. 생어인월. 무토투출. 인오공화. 순생지기. 덕성강

개. 금회뢰락. 역혐시봉금수지격. 독서미수. 파모다단. 겸지중운부제. 유지미신. 환희춘금불왕. 화토통근. 체용불상. 후곤계기.

➜ 甲午일주가 寅月에 나고 戊土는 투출되었는데 寅午가 합이 되면서 순생의 기틀이 되었으니, 덕의 성품과 의기가 있으며 가슴속에는 큰 뜻을 품었다. 그러나 또한 싫은 것은 시에서 金水의 충격을 만난 것이니 책을 읽었어도 등용되지 못했고 고통이 심했으며, 겸해서 중운이 일정하지 않아서 뜻은 있었으나 펼칠 수가 없었다. 도리어 기쁜 것은 봄의 금이 왕하지 않음이라 火土가 통근을 하여 체용이 손상이 되지 않은 것이니 자손은 잘되었던 것이다.

【 강의 】

큰 뜻이라는 것은 일지의 상관으로 인해서 상관이 편관을 봤다고 해석이 되겠다. 월간의 편재는 자기 마음대로 통제를 하고 싶었을 것이고, 시간의 임수는 부정수용이므로 체제의 비판이 가능한 성분이다. 마음대로 운이 와줬다면 뜻을 펼쳤겠으나 여의치 못했던 것으로 보인다. 용신은 상관이 되는 형상인데, 화운이 지나갔으면서도 간지의 배합이 적절하지 못했으니 마음대로 되지 않았던 모양이다.

【滴天髓】

> 逆生之序. 見閑神而狂.
> 역생지서. 견한신이광.

🔵 역으로 생하는 구조에서 한신을 보면 발광한다.

【滴天髓徵義】

逆則宜逆. 順則宜順. 則性正情和矣. 如木旺極. 得水以生之. 逆也. 金以成之. 助逆之生也. 不宜見己丑之閑神也. 如木衰極, 得火以行之. 反逆也. 土以化之. 逆中之順也. 不宜見辰未之閑神也. 此旺極衰極. 乃從旺從弱之理. 非旺衰得中之意. 如旺極見閑神. 必爲狂猛. 衰極見閑神. 必爲姑息. 歲運見之亦然. 火土金水如之.

역즉의역. 순즉의순. 즉성정정화의. 여목왕극. 득수이생지. 역야. 금이성지. 조역지생야. 불의견기축지한신야. 여목쇠극, 득화이행지. 반역야. 토이화지. 역중지순야. 불의견진미지한신야. 차왕극쇠극. 내종왕종약지리. 비왕쇠득중지의. 여왕극견한신. 필위광맹. 쇠극견한신. 필위고식. 세운견지역연. 화토금수여지.

➡ (흐름이) 역으로 가는 경우에는 마땅히 역으로 가야 하고, 순으로 가는 것은 당연히 순으로 흘러야 하니 그렇게 되면 성품이 바르고 뜻이 화평하다. 예를 들어 목이 극히 왕한데 수의 생조를 얻으면 역

이 되는 것이고 금으로써 이루게 하는데, 이것은 역의 생을 돕는 것이다. (이때에는) 己丑의 한신을 만나지 않는 것이 좋다. 만약 목이 극히 쇠약한데 화를 얻어서 가면 거꾸로의 역이 되는데, 토의 化가 있으면 역의 가운데에서도 순이 된다. 辰土나 未土의 한신을 만나면 옳지 않다. 이렇게 극히 왕하거나 극히 쇠하면 왕에 종하거나 약에 종하는 이치가 있는데, 왕쇠에서 중화를 얻은 것이 아니다. 만약 극히 왕해서 한신을 보면 반드시 미쳐서 날뛸 것이며, 극히 쇠한 상황에서 한신을 만난다면 반드시 구차하게 될 것이다. 그러므로 세운에서 보더라도 같이 논하면 되겠고, 火土金水의 상황 역시 이와 같다.

【 강의 】

설명 중에는 辰土나 未土는 만나면 곤란하다고 했는데, 흐름상 진토는 戌土로 바꿔서 봐야 더 합당하겠다는 생각이 든다. 『적천수천미』에도 이렇게 되어 있어서 그대로 두고 의견만 드리는 것을 참고하기 바란다.

참 어려운 말을 골라서 사용하고 있는 것 같다. 당시의 중국 사람들로서는 이러한 말들이 자연스럽게 쓰이는 언어였겠지만 지금 우리 한국에서 의미를 이해하려니 혀가 꼬이는 기분이 들기도 한다. 그냥 게으른 학자의 푸념이다.

역으로 생한다는 것은 이미 왕한 상황에서 다시 그 왕한 상황을 생조하는 경우를 말하는 것으로서 종격의 심리 구조를 설명하는 것으로도 이해할 수가 있겠다. 대체적으로 나타나는 설명의 방향은 오행이 자극을 받으면 성격에서도 그렇게 자극을 받는 것으로 보고 흐름을 타면 심리적으로도 안정을 취한다고 이해하는 것이 아닌가 싶은데 논리적으로 별 문제가 없어 보인다. 다만 설명하는 방식이 좀 난해해 보이지만 이 정도의 설명으로 풀어서 이해하면 납득이 될 것이다. 이 상황에서 기신의 악역은 재성이 맡아야 할 모양이다.

```
甲  甲  辛  壬
子  寅  亥  子
己 戊 丁 丙 乙 甲 癸 壬
未 午 巳 辰 卯 寅 丑 子
```

甲寅日元. 生於亥月. 水旺木堅. 旺之極矣. 一點辛金. 從水之勢. 不逆其性. 安而且和. 逆生之序. 更妙無土. 不逆水性. 初運北方. 入泮登科. 甲寅, 乙卯. 從其旺神. 出宰名區. 丙辰, 尙有拱合之情. 雖落職而免凶咎. 丁巳, 遇閑神冲擊. 逆其性序而卒.

갑인일원. 생어해월. 수왕목견. 왕지극의. 일점신금. 종수지세. 불역기성. 안이차화. 역생지서. 갱묘무토. 불역수성. 초운북방. 입반등과. 갑인, 을묘. 종기왕신. 출재명구. 병진, 상유공합지정. 수락직이면흉구. 정사, 우한신충격. 역기성서이졸.

➔ 甲寅일주가 亥月에 나서 수가 왕하고 목은 견고하니 극히 왕한 형상이다. 일점의 辛金은 수의 세력에 따라가는 형상으로 그 성향을 거역하지 않는다고 하겠으니 안정되고 화평한 역생의 질서를 얻은 셈이다. 더욱 묘한 것은 토가 없다는 것인데 수의 성향을 거역하지 않기 때문이다. 초운에서 북방이 되니 공부를 하여 등과하였으며, 甲寅과 乙卯에는 그 왕성한 목을 따르니 벼슬길에서 이름을 날렸다.

丙辰에는 오히려 합이 되는 뜻이 있어서 비록 낙직은 했어도 흉하지는 않았는데, 丁巳가 되어 한신의 충격을 만나니 그 성품을 거역하여 죽었다.

【강의】

 종격으로 종강격의 구조라고 해야 할 모양이고, 마음으로는 일지의 丙火를 의지하고 싶겠지만 현실적으로 불가능하다고 봐야 하겠기에 일리가 있다고 하겠다. 그래도 요즘의 사주라면 일지의 식신이 용신인지 반드시 확인해 볼 필요가 있는데, 확인이 되지 않으면 종강격으로 봐도 충분하리라고 본다. 설명에는 아무런 문제가 없고 타당하다. 火운에서 손상을 입은 것은 아마도 쟁재의 현상으로 인해서가 아닌가 싶다.

己	甲	辛	壬
巳	寅	亥	寅

己	戊	丁	丙	乙	甲	癸	壬
未	午	巳	辰	卯	寅	丑	子

 甲寅日元. 生於寅年亥月. 辛金順水. 不逆木性. 逆生之序. 所嫌巳時爲閑神. 火土冲剋逆其性. 又不能制水. 初交壬子. 遺緒豊盈. 癸丑. 地支閑神結黨. 刑耗多端. 甲寅. 乙卯. 丁財竝益. 一交丙辰. 助起火土. 妻子皆傷. 又遭回祿. 自患顚狂之症. 投水而亡.

갑인일원. 생어인년해월. 신금순수. 불역목성. 역생지서. 소
혐사시위한신. 화토충극역기성. 우불능제수. 초교임자. 유서
풍영. 계축, 지지한신결당. 형모다단. 갑인, 을묘. 정재병익. 일
교병진. 조기화토. 처자개상. 우조회록. 자환전광지증. 투수이
망.

▶ 甲寅일주가 寅年의 亥月에 나서 辛金은 수를 따르니 목의 성분을
거역하지 않으므로 역생지서에 해당한다. 싫은 것은 巳時의 한신인
데, 火土가 그 성품에 거역하는 까닭이다. 또 (그렇다고 해서) 수를
제어할 수도 없으니, 초운에서 壬子는 부모의 유산이 넉넉했다가 癸
丑에는 한신이 합을 이루니 고통이 많았다. 그러다가 甲寅과 乙卯에
는 재물과 사람들이 모두 늘었는데, 한번 丙辰운으로 바뀌면서 火土
를 도와 일으키는 바람에 처자가 다 상하고 화재까지 만나서는 스스
로 간질병이 발작하여 물에 빠져 죽었다.

【 강의 】

이 사주는 『적천수천미』에는 보이지 않는 명식이다. 낙오 선생이
슬쩍 끼워 넣은 것인지, 『적천수천미』에서 누락된 것인지는 알 수가
없다. 내용을 보면 용신은 식신생재로 가야 하는데, 논리의 전개가
좀 무리라는 생각이 든다. 丙火대운도 나쁠 이유가 없고 辰土는 망할
정도는 아니라는 생각이 들어서 이해하기 어려운 대목인데, 아무래
도 낙오 선생이 삽입한 내용인가 싶기도 하다. 그리고 전광증은 간
질의 증세로 보면 되겠다. 내용에서도 성정과는 무관하게 종하는 사
주의 형상에 대한 설명만 있는 것도 문제이다. 이 점 참고하고 이해

하면 되겠는데, 심리적으로는 정재와 합이 되어 있는 사람이 처자식이 불에 타서 다 죽었다면 그 마음이 뒤집힐 만도 하겠다는 생각이 든다.

己	甲	丁	戊
巳	寅	巳	戌

乙	甲	癸	壬	辛	庚	己	戊
丑	子	亥	戌	酉	申	未	午

　甲寅日元. 生於巳月. 丙火司令. 雖坐祿支. 其精神洩盡. 火旺木焚. 喜土以行之. 此衰極從弱之理. 初運戊午己未. 順其火土之性. 祖業頗豊. 又得一衿. 庚申, 逆火之性. 洩土之氣. 至癸亥年. 沖激火勢而亡.

　갑인일원. 생어사월. 병화사령. 수좌록지. 기정신설진. 화왕목분. 희토이행지. 차쇠극종약지리. 초운무오기미. 순기화토지성. 조업파풍. 우득일금. 경신, 역화지성. 설토지기. 지계해년. 충격화세이망.

➔甲寅일주가 巳月의 초여름에 태어나고 또 丙火가 당령하였으니 비록 비견에 앉아 있다고는 하지만 그 정신은 이미 탈진되었다고 하겠다. 불이 왕하여 나무가 타버린다고 하겠으니 토를 따라 흐르는 것이 반갑겠다. 이것은 쇠약함이 극에 달하여 약함을 따라가는 이치가 된다. 초운에서 戊午와 己未로 흐를 적에는 그 火土의 성질을 따르므로 조상의 유업이 풍족했고 벼슬도 하나 했는데, 庚申대운에서

는 화의 성질을 거역하고 토의 기운도 설하니 癸亥년이 되자 화의 세력을 충격하여 죽었다.

【 강의 】

설명을 보면 종아생재의 의미로 이해가 된다. 운의 흐름에서 그렇게 나타난다고 하므로 달리 이견은 없는데, 그럼에도 의심이 되는 것은 일지에 寅木을 두고 火土로 흘러갈 수가 있겠느냐는 점이다. 혹 甲木이 己土를 보고 化格의 형태가 되면서 종을 하였던 것은 아닌가 싶은데, 그래도 실제로 이러한 사주를 만난다면 일단 신약용겁격의 구조인지를 먼저 확인하는 것이 좋겠다.

【滴天髓】

陽明遇金, 鬱而多煩.
양명우금, 울이다번.

➡ 밝은 가운데 금을 만나면 우울하고 번잡함이 많다.

【滴天髓徵義】

陽明之氣. 本多暢遂. 如遇濕土藏金. 則火不能剋金. 金又不能生水. 而成憂鬱. 一生得意者少. 而失意者多. 則心鬱志灰, 而多煩悶矣. 必要純行陰濁之運. 引通金水之性. 方遂其所願也.
양명지기. 본다창수. 여우습토장금. 즉화불능극금. 금우불능생수. 이성우울. 일생득의자소. 이실의자다. 즉심울지회, 이다번민의. 필요순행음탁지운. 인통금수지성. 방수기소원야.

➡ 양명한 기운은 본래 활짝 펴짐이 많은데, 만약 습토 속에 암장된 금을 만난다면 화는 그 금을 극할 수가 없고 금 또한 수를 생하기가 불가능하니 우울한 상황이 발생하여 일생 뜻을 이루는 자는 적고 잃는 자는 많다. 즉 마음이 우울하면 뜻이 재처럼 식어지기 때문이니 번민이 많아서이다. 반드시 음습하고 혼탁한 기운으로 순수하게 흘러가면 金水의 성분을 유통시켜서 바야흐로 그 원하는 바를 이룰 수가 있는 것이다.

【 강의 】

陽의 성분이면서 밝다는 것은 화의 기운이 많음을 설명하는 것인데, 여기에 다시 금을 보면 우울하고 고민이 많다는 설명은 놀라운 관찰력으로 이해된다. 그러니까 우울한 증세의 원인을 규명하는 것이라고 봐도 되겠는데, 이러한 접근은 그대로 심리적인 질환의 치료에 적용될 수도 있지 않을까 싶어서 관심이 많이 가는 대목이기도 하다. 우울증으로 고통받는 사람의 사주를 찾아보면 뭔가 힌트가 될 수도 있을 것 같아서 자료를 찾아봤는데 실제로 완전히 부합되는 것은 아니어서 하나의 논리 전개의 과정이라고 이해하면 되겠다는 생각이 든다.

```
庚   丙   丙   乙
寅   午   戌   丑

戊 己 庚 辛 壬 癸 甲 乙
寅 卯 辰 巳 午 未 申 酉
```

丙火日主. 支全寅午戌. 食神生旺. 眞神得用. 格局最佳. 初運乙酉甲申. 引通丑內藏金. 家業頗豊. 又得一衿. 所嫌者, 地會火局. 時上庚金臨絶. 又有比肩爭奪. 不能作用. 丑中辛金. 伏鬱於內. 是以十走秋闈不第. 且少年運走南方. 三遭回祿. 四傷其妻. 五剋其子. 至晚年孤貧一身.

병화일주. 지전인오술. 식신생왕. 진신득용. 격국최가. 초운을유갑신. 인통축내장금. 가업파풍. 우득일금. 소혐자, 지회화

국. 시상경금림절. 우유비견쟁탈. 불능작용. 축중신금. 복울어
내. 시이십주추위부제. 차소년운주남방. 삼조회록. 사상기처.
오극기자. 지만년고빈일신.

➜丙火일주가 지지에 寅午戌을 두고 식신은 생왕하니 진신을 용신
으로 얻었기에 격국은 가장 좋다고 하겠다. 초운에서 乙酉와 甲申 대
운은 丑土 속의 암장된 辛金을 이끌어 내어 가업이 자못 풍성했고 또
약간의 벼슬도 했는데, 싫어하는 것은 지지에 火局을 이루어 시간의
庚金이 절지에 임하고 또 비견이 쟁탈전을 벌이는 것이니 용신이 되
기가 불가능한 것이다. 축토 속의 신금은 속에 들어서 속만 썩이고
있는 꼴이니 이로 말미암아 열 번이나 무과에 진출했지만 합격을 못
했다. 또 소년의 운이 남방으로 달리면서 화재를 세 차례나 만났고
네 처를 극하고 아들은 다섯이 죽었으며, 만년이 되어서는 그 외로
움과 가난을 한 몸으로 받아야 했다.

【 강의 】

그러니까 용신은 습토가 되고 희신은 금이 되는 형상으로 이해하
면 되겠는데, 그 금이 습토 속에 들어 있으면서 제어가 되지 않으니
문제라고 하지만 실은 운이 아니어서 발하지 못했다고 해야 더욱 타
당할 것이다. 그러니까 운에서 土金으로 방향을 잡아 주면 아무런
문제가 없겠지만, 木火의 운을 달리면 결국 암장된 용신이 작용을
하지 못한다는 것으로 이해해야 하겠다. 심리적으로 보면 강력한 주
체성으로 뭐든지 자기 마음대로 하고 싶지만 연구나 궁리가 되지를
못해서 답답하다고 하겠고, 표현할 방법이 없으니 더욱 답답했을 것

이다. 그래서 늘 낙방한 것이 아니겠느냐는 생각을 해본다. 만약 축토가 일간의 가까이에 있었다면 매우 좋은 암시를 갖게 되었을 터인데 너무 멀고 乙木에게 제어를 받고 있는 것이 유감이라고 해야 하겠다.

```
己    丙    丙    壬
丑    寅    午    戌

甲 癸 壬 辛 庚 己 戊 丁
寅 丑 子 亥 戌 酉 申 未
```

丙寅日元. 生於午月. 支全火局. 陽明之象. 此緣劫刃當權. 壬水無根. 置之不用. 不及前造多矣. 丑中辛金伏鬱. 所喜者, 運走西北陰濁之地. 出身吏部. 發財十餘萬. 異路出仕. 升州牧. 名利兩全而多暢遂也.

병인일원. 생어오월. 지전화국. 양명지상. 차연겁인당권. 임수무근. 치지불용. 불급전조다의. 축중신금복울. 소희자, 운주서북음탁지지. 출신리부. 발재십여만. 이로출사. 승주목. 명리량전이다창수야.

➔ 丙寅일주가 午月에 나서 지지에 火局을 이루니 양명한 형상이다. 이로 인해서 비겁이 월령을 잡았고 壬水는 뿌리가 없으니 버려 두고 쓰지 않는다. 앞의 사주에 비해서 많이 떨어지는 형상이다. 丑土 속의 辛金은 암장되어 우울한데, 운에서 서북 金水의 음탁한 방향으로 흘러가니 매우 반갑다. 이부 벼슬로 시작해서 수십억의 재물을 벌었

으며 이로에 벼슬을 해서 주목에까지 올랐고, 명리가 모두 갖춰져 뜻대로 되는 것이 많았다.

【 강의 】

역시 되고 말고는 운에 달렸다는 의미를 다시 생각해야 하겠다. 같은 양명우금에 해당하면서도 이 사주는 운이 좋아서 잘되었다고 하는데, 용신은 己丑으로 삼게 되니 실은 양명우금에 해당하는 자료라고 보기도 어렵겠다. 오히려 양명우습(陽明遇濕)이라고 해야 할 모양이다. 그래서 이 자리에는 어울리지 않지만 丑土의 辛金을 고려하는 입장에서만 서로 닮았다고 보고 고개만 끄덕끄덕해 드리도록 하겠다. 오히려 음양의 배합이 잘되어 있다고 하겠고, 더구나 열기를 거둬들이는 상관의 표현력이 시간에 있으니 이미 우울할 필요가 없다고 해야 하겠기 때문이다.

【滴天髓】

陰濁藏火. 包而多滯.
음 탁 장 화. 포 이 다 체.

◐ 음기가 탁한데 화가 암장되면 막혀서 답답함이 많다.

【滴天髓徵義】

陰晦之氣. 本難奮發. 如遇濕木藏火. 陰氣太盛. 不能生無焰之火. 而成濕滯之患. 故心欲速而志未逮. 臨事而模稜少決. 所爲心性多疑. 必須純行陽明之運. 引通木火之氣. 則豁然通達矣.

음회지기. 본난분발. 여우습목장화. 음기태성. 불능생무염지화. 이성습체지환. 고심욕속이지미체. 임사이모릉소결. 소위심성다의. 필수순행양명지운. 인통목화지기. 즉활연통달의.

➔ 음습하고 어두운 기운은 본래 분발하기 어려운데, 만약 습목이 화가 암장되어 있다면 음기가 너무 왕성해서 불꽃을 만들기가 불가능하니 습하고 막힘의 근심이 된다. 그래서 마음으로는 빨리 하고자 하지만 뜻은 따르지를 않으니 일에 임하여 (마음으로는) 잘할 것으로 생각하면서도 결정은 잘 내리지 못한다. 그래서 심성에는 의심이 많으니 반드시 양명의 운으로 잘 흘러가기를 요하고, (그래서) 木火의 기운을 유통시킨다면 즉 갑자기 통달하게 된다.

【 강의 】

　이 구절은 앞의 양명우금과 서로 대치되는 내용을 다루고 있다. 즉 앞에서는 木火의 기운이 넘쳐서 금기운이 기를 죽이고 있는 상황이고, 반대로 여기에서는 金水 기운이 넘쳐서 화기운이 숨을 죽이고 있는 상황이다. 그리고 의미도 매우 깊다고 하겠는데, 이론적으로는 그렇다고 해도 현실적으로 반드시 일치한다고 보기는 어렵다. 다만 논리적인 접근 방식으로서는 흠잡을 것은 없고, 이러한 논리가 명리학의 발전에 어떤 힌트가 될 수도 있음을 생각하면 여하튼 궁리해 본 것은 글로 남겨서 전해 줘야 할 필요가 있다고 본다.

		壬	癸	辛	癸				
		戌	丑	酉	亥				
癸	甲	乙	丙	丁	戊	己	庚		
丑	寅	卯	辰	巳	午	未	申		

　癸水生於仲秋. 支全酉亥丑. 爲陰濁. 天干三水一辛. 逢戌時, 陰濁藏火. 亥中濕木. 不能生無焰之火. 喜其運走東南陽明之地. 引通包藏之氣. 身居鼎甲. 發揮素志也.
　계수생어중추. 지전유해축. 위음탁. 천간삼수일신. 봉술시, 음탁장화. 해중습목. 불능생무염지화. 희기운주동남양명지지. 인통포장지기. 신거정갑. 발휘소지야.

➡ 癸水가 酉月에 나서 지지에는 酉亥丑이 모여 있으니 음탁이 되었

고, 천간에 3水와 1辛이 있으며 지지에서 戌時를 만났으니 음탁장화가 된 것이다. 亥水에는 습목이 있으니 불길을 만들기에는 불가능하다. 반가운 것은 그 운이 동남의 木火운으로 가는 것이니 포장된 기운을 유통시켜서 영의정이 되었으며 자신의 타고난 능력을 발휘하였던 것이다.

【 강의 】

본문의 내용과 잘 어울리는 사주라고 하겠다. 실로 너무나 음습해서 戌土 속의 정화가 용신이 되기는 하겠지만 목의 도움 없이는 아무런 도움이 되지 않는다. 다행히도 운이 남방으로 가는 바람에 자신의 목적을 이뤘다고 하겠다. 심리적으로는 주체성과 경쟁성과 봉사성과 부정수용으로 봐서 상당히 비관적인 심리의 소유자가 아니었을까 싶은데 운이 발전하면서 좋은 방향으로 전개되었다고 해석해 본다.

癸	癸	辛	丁
亥	亥	亥	丑

癸	甲	乙	丙	丁	戊	己	庚
卯	辰	巳	午	未	申	酉	戌

地支三亥一丑. 天干二癸一丁. 陰濁之至. 年干丁火. 雖不能包藏. 虛而無焰. 亥中甲木. 無從引助. 喜其運走南方陽明之地. 又逢丙午丁未流年. 科甲連登. 仕至觀察.

지지삼해일축. 천간이계일정. 음탁지지. 연간정화. 수불능포장. 허이무염. 해중갑목. 무종인조. 희기운주남방양명지지. 우봉병오정미류년. 과갑련등. 사지관찰.

➜ 지지에 亥水가 셋이고 丑도 있는데다 천간에는 두 癸水와 하나의 丁火가 있으니 음탁의 기운이 이미 지극하다. 연간의 정화가 비록 포장되지는 않았으나 허약하고 불꽃이 없지만 해수의 甲木은 이끌어서 도와 줄 수가 없다. 반가운 것은 운이 남방의 양명한 기운으로 흐르는 것이며, 또 丙午와 丁未의 세운에서 벼슬이 연달아 올라가서 관찰사에 이르렀다.

【 강의 】

종도 잘한다고 말하는 철초 선생이 어쩐 일인지 이 사주는 그냥 정격으로 화를 사용하셨다. 물론 그래야 할 모양인데, 참으로 무력한 사주이다. 그래도 이러한 사주를 갖고서 관찰사를 했다니 만사는 운에 달렸다고밖에 달리 설명할 길이 없다. 격으로 봐서 해석한다면 月劫格에 토도 못 쓰고 목도 못 쓰니 아무짝에도 쓸모가 없다고 해야 할 성싶은데 그 상황에서 관찰사의 벼슬을 했다는 것은 사주만 봐서는 뭐라고 말하기 어려울 것이다. 심리적으로 보면 역시 부정수용과 주체성과 경쟁성이 별로 도움이 되지 않을 구조인데, 다행히도 일지의 甲木이 상관이라 이 작용으로 인해 미래 지향적으로 생각해서 목적을 이뤘던 것으로 이해해도 되겠다. 물론 이것도 결과를 놓고 생각해 본 것인데, 이보다 나은 사주도 별수가 없는 경우를 많이 보기 때문이다. 참고만 하면 되겠다.

癸	辛	己	辛
巳	酉	亥	丑

辛	壬	癸	甲	乙	丙	丁	戊
卯	辰	巳	午	未	申	酉	戌

支全丑亥酉. 月干濕土. 逢辛癸陰濁之氣. 時支巳火. 本可煖局. 大象似比前造更美. 不知巳酉丑金局. 則亥中甲木受傷. 巳火丑土之財官. 竟化梟而生劫矣. 縱運行火土. 不能援引. 出家爲僧.

지전축해유. 월간습토. 봉신계음탁지기. 시지사화. 본가난국. 대상사비전조갱미. 부지사유축금국. 즉해중갑목수상. 사화축토지재관. 경화효이생겁의. 종운행화토. 불능원인. 출가위승.

➜지지에 丑亥酉가 모이고 월간의 습토, 辛金과 癸水가 있으니 음탁장화의 형상이다. 시지의 巳火는 본래 국을 따스하게 할 만도 하나, 대체적인 형상을 보면 앞의 사주보다는 나을 것 같지만 巳酉丑의 금국이 되는 것을 알지 못하고 하는 말이다. 亥水 속의 甲木이 손상을 받고 사화는 丑土의 재관으로 마침내 편인을 화해서 비겁을 도와 주는데 운이 火土로 가면서 이끌어 낼 수가 없으니 출가하여 중이 되었다.

【 강의 】

이렇게 세상을 살아가다가 마음대로 되지 않는 사람이 중이 되는 것을 많이도 보신 철초 선생이니 절이나 지으라는 말에서 시주금을 받아먹고 살려고 하는 마음을 읽었는지도 모를 일이다.

설명 중에서 亥水의 甲木이 금에게 극을 받는다는 설명은 편견이라고 하겠다. 물 속에 든 나무를 아무리 친들 극이 되겠는가. 용신은 화가 되겠고, 기를 펼칠 운이 왔음에도 마음대로 되지 않았던 모양인데, 火土운에서 출가한 것이 반드시 나쁘다고 할 것은 아니다. 절에 가서도 얼마든지 재미있게 살아갈 방법이 있기 때문이다. 아마도 철초 선생의 생각이 그랬다고 보고, 운의 흐름에서는 남방의 화운에서 발전했다고 해석할 수가 있겠다. 이러한 점도 참고해야 하겠다.

참고 자료

辛	庚	庚	辛
巳	辰	子	亥

壬	癸	甲	乙	丙	丁	戊	己
辰	巳	午	未	申	酉	戌	亥

이 항목에 어울리는 사주로 생각되어 삽입하여 보여 드린다. 그대로 음탁장화이다. 이 사주를 놓고 운세를 설명해 달라기에 나름대로 화운에서 발하게 된다고 했는데, 후에 이야기를 들으니 저능아여서 운과는 상관없이 희망이 없다는 것이었다. 그래서 기본적으로 사람

의 능력이 되어 있는가를 먼저 보고 나서야 비로소 자신의 운이 왔을 적에 그 운을 수용할 수 있다고 봐야 하겠다. 그리고 심리적인 해석도 하지 않아야 하겠는데, 구태여 해본다면 부정수용을 하는 심리는 일지의 편인인데 실로 부정수용을 하려면 머리가 상당히 총명해야 하므로 저능아에게는 무리라고 할 수 있다. 주체성이 강하다는 것도 역시 자신의 주관이 있을 때에 가능하지만 현실적으로 어린아이의 수준이라고 본다면 또한 어려운 문제이므로 모든 것을 팔자로 해석하려 하다가는 이러한 함정에 걸려들 수가 있다는 점을 잘 알아두는 것이 좋겠다.

참고 자료

壬	乙	丙	己
午	丑	子	亥

甲	癸	壬	辛	庚	己	戊	丁
申	未	午	巳	辰	卯	寅	丑

이 사주는 여명이다. 우울증 때문에 정신 병원으로 요양원으로 전전하던 여성인데, 이 사람을 발견하고서 양명우금의 구조가 분명하다고 생각했다. 그런데 보시다시피 사주는 음탁장화의 구조를 하고 있음을 보고서 혼란에 빠질 수 있다는 것을 생각해야 한다는 말씀을 드리는 것이다. 그래서 우울한 사주에서는 음탁장화도 가능하다는 점을 확인해 드리는 자료이다. 사주를 보면 상관의 표현력이 시간의 정인에게 제어를 당하고 있어서 활발하지 못하여 우울한 상황이 발

생할 수가 있다고 해석되고, 일지의 丑土는 자기 마음대로 처리하고 싶다는 마음과 자신을 억압하는 편관까지 포함되어서 심리적으로 혼란을 겪게 되는지도 모르겠다. 근래에는 잘 활동하는 것으로 보인다. 그렇지만 과거의 상황을 보면 분명 우울증이 극심했던 것이다.

【滴天髓】

> 陽刃局, 戰則逞威, 弱則怕事. 傷官格, 淸則謙和, 濁則剛猛.
> 양인국, 전즉령위, 약즉파사. 상관격, 청즉겸화, 탁즉강맹.
> 用神多者, 情性不常. 時支枯者, 虎頭蛇尾.
> 용신다자, 정성불상. 시지고자, 호두사미.

● 양인이 국을 이루면 싸움이 일어날 경우 사납게 되고, 약하다면 일을 두려워한다. 상관격에서는 청하면 겸손하고 화평하지만, 탁하면 강력하고 맹렬하다. 용신이 많으면 마음에 변덕이 많고, 시지가 메마른 자는 호랑이 머리에 뱀의 꼬리이다.

【滴天髓徵義】

陽刃局旺. 則心高志傲. 戰則恃勢逞威. 弱則多疑怕事. 合則矯情立異. 如丙日主. 以午爲陽刃. 干透丁火爲露刃. 支會寅戌. 或逢卯生. 干透甲乙. 或逢丙助. 皆謂之旺. 支逢子爲沖. 遇亥申爲制. 得丑辰爲洩. 干透壬癸爲剋. 逢己土爲洩. 皆謂之弱. 支得未爲合. 遇巳爲幇. 則中和矣.

傷官須分眞假. 而身弱有印, 不見財, 爲淸. 假而身旺有財, 不見印爲貴. 眞者, 月令傷官. 或支會傷局. 又透天干者, 是也. 假者滿局比劫. 無官星以制之. 雖有官星, 氣力不能敵. 柱中不論食神傷官. 皆可作用. 縱無才亦美. 只不宜見印. 見印破傷爲凶. 凡傷官格, 淸而得用. 爲人恭而有禮. 和而中節. 人才卓越. 學問淵深. 反此者傲而多驕. 剛而無禮. 以強欺弱. 奉勢趨利. 用神多者.

少恒一之志. 多遷變之心.

　時支枯者. 狐疑少決. 始勤終怠. 夏木之見水. 必先有金. 則水有源. 冬金之遇火. 須身旺有木. 則火有焰. 富貴無疑. 若夏水無金. 冬火無木. 淸枯之象. 名利皆虛也.

　양인국왕. 즉심고지오. 전즉시세령위. 약즉다의파사. 합즉교정립이. 여병일주. 이오위양인. 간투정화위토인. 지회인술. 혹봉묘생. 간투갑을. 혹봉병조. 개위지왕. 지봉자위충. 우해신위제. 득축진위설. 간투임계위극. 봉기토위설. 개위지약. 지득미위합. 우사위방. 즉중화의.

　상관수분진가. 이신약유인, 불견재, 위청. 가이신왕유재, 불견인위귀. 진자, 월령상관. 혹지회상국. 우투천간자, 시야. 가자만국비겁. 무관성이제지. 수유관성, 기력불능적. 주중불론식신상관. 개가작용. 종무재역미. 지불의견인. 견인파상위흉. 범상관격, 청이득용. 위인공이유례. 화이중절. 인재탁월. 학문연심. 반차자오이다교. 강이무례. 이강기약. 봉세추리. 용신다자. 소항일지지. 다천변지심.

　시지고자. 호의소결. 시근종태. 하목지견수. 필선유금. 즉수유원. 동금지우화. 수신왕유목. 즉화유염. 부귀무의. 약하수무금. 동화무목. 청고지상. 명리개허야.

◆ 양인의 국세에 신왕하다면 마음은 높고 뜻은 거만한데 (혹 사주에서) 싸움을 한다면 세력을 믿고서 날뛸 것이나 약하다면 의심이 많고 일을 두려워할 것이다. 합을 하면 마음속에 우러나오는 감정을 억누르고 나타내지 않으며 다른 것을 보이게 된다. 만약 丙火일주가 午火로 양인을 삼는데 천간에 丁火가 투출되면 露刃이라고 하고, 지

지에 寅戌이 있거나 卯의 생을 만나고 천간에 甲乙의 목이 있거나 혹은 병화가 돕는다면 이것은 모두 왕하다고 본다. 지지에 子水를 만나 충이 되어도 亥水나 申金을 만나면 제어를 할 수가 있는데, 丑土나 辰土를 만나면 설이 되고 천간에 壬癸의 수가 있어 극을 하거나 己土를 만나 설하거나 모두 약하다고 본다. 지지에 未土를 얻어 합이 되거나 巳火를 만나면 도움이 되는데, (그렇게 되면) 즉 중화가 된다.

　상관은 모름지기 진가(眞假)를 구분하게 된다. 신약하고 인성이 있으며 재성이 보이지 않으면 청하다고 하며, 신왕하고 재성이 있는데 인성을 보지 않으면 귀하다고 한다. 진이란 월령의 상관이 혹 지지에 상관의 국을 이루거나 천간에 투출이 되면 이렇게 말한다. 가라고 하는 것은 비겁이 가득한 경우에 관성의 아름다움이 없고 다만 인성만 보인다면 옳지 않은데, 인성이 상관을 보면 깨어지므로 흉하다고 해석을 한다. 대저 상관격이 청하고 용신을 얻으면 사람됨이 공손하고 예가 있으며 화목하고 절도도 있고 재능도 탁월하며 학문도 깊은 연못과 같은데, 이에 반하면 오만하고 교만함이 많으며 강력하고 무례하다. 그리고 강함으로써 약한 사람을 속이기도 하고 세력을 받들고 이익을 따르기도 한다. 용신이 많으면 한 가지 일을 꾸준히 하지 못하고 의심과 변덕이 많음을 본다.

　시지가 말랐다는 것은 여우처럼 의심을 해서 결정을 내리지 못하는 것을 말하는데, 처음에는 잘 시작해도 끝은 흐지부지된다. 여름의 나무가 수를 본다면 먼저 금이 있어서 수의 근원이 되어야 하고, 겨울의 금이 화를 만나면 모름지기 신왕하면 목이 있어 불꽃을 일으키는데 부귀는 의심하지 않아도 되겠다. 만약 여름 물이 금이 없고 겨울 불이 목이 없다면 청고(淸枯)한 상이라 명리가 다 뜬구름이라고 하겠다.

【 강의 】

앞에서 차근차근 설명을 하다가 갑자기 한 뭉텅이로 묶어서 처리하는 것을 보면 뭔가 급한 일이 생기셨던 모양이다. 그렇지 않고서야 양인에 대해서든 상관에 대한 이야기든 용신이 많은 부분이든 별도로 구분을 하지 않을 이유가 없다. 낙오 선생도 이렇게 생각하셨는지 자신의 『적천수보주(滴天髓補註)』에서는 이 부분을 각각 나눠서 해석하고 있다.

어떤 경우에는 양인도 겁재와 다를 바가 없다그 설명하고, 또 어떤 경우에는 별도로 구분하기도 하는 것을 보면 크게 구분을 하지 않았던 것으로 생각된다. 다만 공부하는 사람의 일관성을 위해서 특별한 이유가 없다면 살벌한 느낌의 양인보다는 겁재로 통용하는 것이 이치에도 타당하다고 본다. 물론 겁재라고 해서 의미가 좋은 것은 아니겠지만 적어도 용어의 통일을 가져 보자는 의미에서 이해하는 것이 좋겠다.

내용을 보면 무례하다는 양인도 조화에 적합하면 예가 있게 된다는 의미이고, 날뛰는 상관이라도 오행의 균형이 잘 이뤄지면 얼마든지 청아하게 작용한다는 원문의 설명을 보면 이미 유백온 선생도 용어에 의한 선악은 의미가 없다고 판단하신 것이 분명하다. 그럼에도 일반 명리서에는 흉신이니 길신이니 해서 용어에서부터 길흉의 의미를 부여하는 것은 깊은 통찰력이 결여된 견해라고 해야 하겠다. 반드시 길흉은 사주의 배합에서 논할 일이지 용어에서 정할 것은 아니라고만 이해한다면 내용은 충분히 파악되리라고 본다.

壬   丙   甲   丙
辰   申   午   寅
壬 辛 庚 己 戊 丁 丙 乙
寅 丑 子 亥 戌 酉 申 未

　丙火生於午月. 陽刃局, 逢寅午生拱. 又逢比助. 旺可知矣. 最喜辰時. 壬水透露. 更妙申辰, 洩火生金而拱水. 正得旣濟. 所以早登科甲. 仕版連登. 掌兵刑重任. 執生殺大權.

　병화생어오월. 양인국, 봉인오생공. 우봉비조. 왕가지의. 최희진시. 임수투로. 갱묘신진, 설화생금이공수. 정득기제. 소이조등과갑. 사판련등. 장병형중임. 집생살대권.

➡ 丙火가 午月에 나서 양인의 국을 이뤘고 寅午의 생합을 만났으며 다시 비견의 도움을 얻었으니 왕함을 가히 알겠다. 가장 반가운 것은 辰時인데, 壬水가 투출되어 다시 묘하게도 申辰이 만났으니 화의 기운을 설하여 금을 생하고 물을 머금으니 바로 기제를 이뤘다고 하겠다. 그래서 일찍이 과거에 급제하여 벼슬이 계속 올라가 군대에서 중책을 맡아서 생살의 대권을 장악했던 것이다.

【 강의 】

　시간의 편관이 용신이라고 해야 하겠는데, 설명만 봐서는 辰土가 용신이라고 혼동할 수도 있겠다. 신왕하고 편관이 힘을 얻으니 용신이 청하다고 하겠는데, 여기에서 월지의 양인은 별다른 의미를 부여하지 않아도 된다. 이름에 매이지 말라는 말씀을 드리는 것인데, 壬水가 진토에 뿌리를 내리면 이미 진토는 火生土의 작용이 아니라 수의 뿌리로서 역할을 수행하게 된다는 점도 아울러 알아 두면 좋겠다. 그리고 내친김에 부연 설명을 드리면 癸丑의 경우에도 丑土는 癸水의 뿌리로서의 의미가 있다는 점을 이해하면 되겠다. 토의 역할은 늘 그 상황에 따라서 해석이 달라질 가능성이 많으므로 주의해야 한다는 말씀도 덧붙인다.

```
壬  丙  甲  丙
辰  寅  午  申

壬 辛 庚 己 戊 丁 丙 乙
寅 丑 子 亥 戌 酉 申 未
```

此與前造八字皆同. 前坐下申金. 生拱壬水有情. 此則申在年支遠隔. 又被比劫所奪. 至申運生殺. 又甲子流年. 會成殺局. 沖去陽刃. 中鄕榜. 以後一阻雲程. 與前造天淵之隔者. 申金不接壬水之氣也.

차여전조팔자개동. 전좌하신금. 생공임수유정. 차즉신재년지원격. 우피비겁소탈. 지신운생살. 우갑자류년. 회성살국. 충거양인. 중향방. 이후일조운정. 여전조천연지격자. 신금부접임수지기야.

➡ 이 사주는 앞의 경우와 다 같은데, 앞의 사주는 앉은자리에 申金이 있어서 壬水의 뿌리가 되어 유정하였는데, 이 사주는 신금이 연

지에 있으니 멀리 떨어졌고 또 비겁이 쟁탈을 하고 있음이 보인다. 申金대운에서 살을 생조하고 甲子년에서 살의 국을 이뤄서 양인을 충거하므로 향방에 올랐지만 이후로 벼슬길이 막혀 버리니, 앞의 사주와는 하늘과 땅 차이인 것은 신금이 임수와 붙어서 기운이 통하지 못한 연고이다.

【 강의 】

지당하신 말씀이고 그 차이는 명확하게 드러난다고 봐야 하겠다. 운도 완전히 같은 상황에서 살아가는 구조가 틀린다면 이것은 확실히 사주의 申金의 차이 때문이라고 해석해도 무리가 없다. 흔히 오행의 숫자나 글자가 같다는 것으로 같은 의미를 부여하는 초학자가 있는데, 이런 대목에서 눈이 활짝 열릴 수 있지 않을까 싶다. 위치에 따라서 전혀 다른 의미가 된다는 것을 알고 조심한다면 벌써 많은 실수를 줄인다고 해도 되겠다.

```
戊  丙  戊  戊
戌  辰  午  子
丙 乙 甲 癸 壬 辛 庚 己
寅 丑 子 亥 戌 酉 申 未
```

丙日午提. 刃强當令. 子沖之. 辰洩之. 弱可知矣. 天干三戊. 竊日主之精華. 兼之運走西北金水之地. 則陽刃更受其敵. 不但功名蹭蹬. 而且財源鮮聚. 至甲寅年. 會火局. 疏厚土. 恩科發榜.

병일오제. 인강당령. 자충지. 진설지. 약가지의. 천간삼무.
절일주지정화. 겸지운주서북금수지지. 즉양인갱수기적. 부단
공명층등. 이차재원선취. 지갑인년. 회화국. 소후토. 은과발방.

➡ 丙火가 午月에 나서 양인이 강력하게 월령을 잡았는데 子午충과 辰土의 설기로 약함을 가히 알겠다. 천간의 세 戊土는 일주의 기운을 훔쳐 가고 아울러 운이 서북의 金水운으로 흐르니 즉 양인이 다시 그 적을 만난 셈이라 공명이 미끄러졌을 뿐만 아니라 재물도 매우 가난했다. 甲寅년이 되어서 火局이 되자 두터운 토를 해소하니 국가의 경사로 베풀어 준 과거에서 수석으로 합격하게 되었다.

【 강의 】

세운에서 벼슬을 한 번 하게 된 것도 운이라고 봐야 하겠다. 대운이 언제인지는 모르겠지만 아마도 왕이 아들이라도 얻어서 특별 과거를 열어 준 모양이다. 그렇게라도 기회를 얻어서 출세를 하는 것은 자신의 운이 좋아서라고 봐야 하겠다. 상관용인격에 인성이 무력해서 목운을 기다리는데 운이 느지막이 들어오는 바람에 앞에서는 곤란하다가 뒤로 가면서 발하게 되었다고 볼 수 있다.

壬	庚	乙	庚
午	午	酉	午

癸	壬	辛	庚	己	戊	丁	丙
巳	辰	卯	寅	丑	子	亥	戌

庚生仲秋. 支中官星三見. 則酉金陽刃受制. 五行無土. 弱可知矣. 喜其時上壬水爲輔. 吐其秀氣. 所以聰明權勢爲最. 第月干乙木透露. 戀財而爭合. 一生所愛者財. 不知急流勇退. 但財臨刃地. 日在官鄕. 官能制刃. 財必生官. 官爲君象. 故運走庚寅. 金逢絶地. 官得生拱. 其財仍歸官矣. 此前淸權相和(?)命造也.

경생중추. 지중관성삼견. 즉유금양인수제. 오행무토. 약가지의. 희기시상임수위보. 토기수기. 소이총명권세위최. 제월간을목투로. 연재이쟁합. 일생소애자재. 부지급류용퇴. 단재림인지. 일재관향. 관능제인. 재필생관. 관위군상. 고운주경인. 금봉절지. 관득생공. 기재잉귀관의. 차전청권상화(?)명조야.

➡ 庚金이 유월에 나서 지지에 관성이 셋이나 보이니 즉 酉金의 양인은 제어를 받는다. 오행에 토가 없어 그 약함을 가히 알겠다. 반가운 것은 시간의 壬水가 보호를 해주는 것인데 그 빼어난 기운을 설하여 총명한 권세가 뛰어났다. 다음으로 월간의 乙木이 투출되어 재물을 그리워하여 다투어 합을 하니 일생 사랑한 것은 재물이었고 급류를 당해서도 (재물에 빠져서) 물러날 줄을 몰랐다. 다만 재성이 양인에 임하고 일간은 관에 앉아 있어 관이 능히 양인을 제어하고 재성은 반드시 관성을 생조하니 관은 임금의 형상이라. 그래서 운이 庚寅으로 갈 적에 금이 절지를 만나 관이 생합을 얻어 그 재물은 오히려 관으로 돌아가니 이것은 전 청나라 권상화의 사주이다.

【 강의 】

모처럼 사주의 이름까지 밝힌 내용이다. 이렇게 해서 지금까지 이름을 밝힌 사주는 자신과 건륭 황제와 이 사람의 사주이다. 원문을 보면 이름에서 자전에 나타나지 않은 글자가 있어서 번역하는 사람을 곤란하게 하여 그냥 물음표를 넣음으로써 대응할 요량이다. 『적천수천미』를 보면 화중당(和中堂)의 팔자라고 되어 있으므로 참고하면 되겠다. 『적천수천미』에는 설명의 끝 부분에 추가된 말이 있는데 "이로 보건대 재물은 사람에게 해를 끼치는 물건인데 욕망을 제거하지 않고서 불을 보고 달려드는 부나방처럼 자신의 몸을 태우고 나서야 끝이 나니 후회를 해봐도 이미 늦은 것이다."라는 설명이 보인다. 본문의 내용을 볼 적에 이 사람은 오로지 일생을 재물 모으는 일로 보냈던가 싶다. 그런데 이러한 마음은 어디서 나오는 것인가 하고 묻는다면 일간이 정재와 합을 하는데 또 다른 경금도 정재와 합을 하므로 빼앗기지 않으려는 마음에 집착하게 된다고 설명할 수 있겠다. 성격존에서 자신이 합하는 성분에 대해서 집착을 하는 것이 가장 우선한다고 봐서 가능한 해석이라고 하겠다.

그리고 낙오 선생의 설명을 보면, 이 사람의 이름을 청화곤(淸和坤)이라고 하고 건륭 15년 9월 1일에 태어나서 가경 4년에 죽었으니 나이는 63세이며 임씨가 (『적천수징의』에서) 庚午일로 설명한 것은 잘못 적힌 것이므로 바로잡는다고 되어 있다. 이로 미루어 짐작해 보면 낙오 선생이 확인한 바의 사주는 다음과 같다.

```
壬  庚  乙  庚
午  子  酉  午
癸 壬 辛 庚 己 戊 丁 丙
巳 辰 卯 寅 丑 子 亥 戌
```

일지의 午火가 子水로 바뀌는데, 청화곤의 심리를 살펴보면 오히려 이 자수의 방향이 더 타당하다고 봐야 하겠다. 앞의 사주에서는 일지의 정관이 되어서 원칙을 준수하는 심리 구조가 보여야 하는데 이기적으로 살았던 모양이므로, 오히려 일지의 상관으로 인해서 자신의 능력을 과시하고 싶은 마음과 남이 알아주는 것에 대한 만족감 등을 고려한다면 이쪽이 훨씬 현실적이라는 생각이 든다. 그리고 권력을 누리는 맛에 취해 있었다고 한다면 상관견관의 형태라고 봐도 말이 되지 않을까 싶다. 다만 마음대로 바꾸기가 좀 뭣해서 그대로 두고 여기에 그 경위를 설명함으로써 읽으시는 벗님의 판단에 맡기도록 할 요량이다. 낭월의 생각에는 庚子일주가 더 타당한 것으로 본다는 의견을 덧붙인다.

```
戊  壬  丙  己
申  辰  子  丑
戊 己 庚 辛 壬 癸 甲 乙
辰 巳 午 未 申 酉 戌 亥
```

壬水生於子月. 官殺竝透通根. 全賴支會水局. 助起陽刃. 謂殺

刃兩旺. 惜乎無木. 秀氣未吐. 身出寒微. 喜其丙火敵寒解凍. 爲人寬厚和平. 行伍出身. 癸酉運, 助刃幫身, 得官. 壬申運, 一歲九遷. 仕至極品. 一交未運制刃. 至丁丑年, 火土竝旺, 又剋合子水. 不祿.

임수생어자월. 관살병투통근. 전뢰지회수국. 조기양인. 위살인량왕. 석호무목. 수기미토. 신출한미. 희기병화적한해동. 위인관후화평. 행오출신. 계유운, 조인방신, 득관. 임신운, 일세구천. 사지극품. 일교미운제인. 지정축년, 화토병왕, 우극합자수. 불록.

➜ 壬水가 子月에 나서 관살이 함께 투출되고 통근도 했으니 오로지 의지할 것은 水局으로 모인 것이다. 양인이 도와서 일으켜 주니 살인이 함께 왕한데, 아깝게도 목이 없어서 수기를 토하지 못한다. 가난한 집안 출신인데 반갑게도 丙火가 추위를 막고 해동시키므로 사람됨은 너그럽고 후덕하며 화평했다. 군인 출신으로 癸酉운에서 양인을 도우니 관을 얻었고, 壬申운에서는 한 해에 아홉 번 벼슬을 이동하여 극품에 이르렀다. 그러다가 한번 未운으로 바뀌면서 양인을 제어하고 丁丑년이 되자 火土가 함께 왕하여 子水와 합하여 극하니 녹이 끊겼다.

【 강의 】

사주의 구조를 보면 약하지 않은데 약하다는 설명에서 토의 세력을 상당히 크게 본 듯하다는 생각이 든다. 다만 金水운에서 발했다고 하니 달리 할 말은 없는데, 혹 丁未시에 태어난 것은 아닐까 하는 약간의 의심을 제기해 본다. 정미시가 된다면 신약이라고 해야 하겠기 때문이다. 물론 이러한 발상이 위험한 것임은 잘 알지만 그대로 해석하기에 부담스러울 적에는 참고용 정도로 살펴볼 수 있지 않을까 싶어서 가끔 응용한다. 그렇게 놓고 봐야 이해가 쉽기 때문이다. 그리고 예전의 시간이 얼마나 정확했겠느냐는 점도 고려해 본다면 이 정도의 오차는 충분히 생길 수 있으므로 참고할 만하다고 본다. 벗님도 혹 고전의 사주를 볼 적에 이해가 되지 않으면 한 번 정도 시도해 보시라고 권해 드린다. 공범을 만들기 위해서이다.

```
庚  甲  乙  辛
午  子  未  卯
丁 戊 己 庚 辛 壬 癸 甲
亥 子 丑 寅 卯 辰 巳 午
```

甲子日元. 生於未月午時. 謂夏木逢水. 傷官佩印. 所喜者卯木剋住未土. 則子水不受其傷. 足以沖午. 有病得藥. 去濁留淸. 天干甲乙庚辛. 各立門戶. 不作混論. 乃滋印之喜神. 更妙運走東北水木之地. 體用合宜. 一生宦途平順.

갑자일원. 생어미월오시. 위하목봉수. 상관패인. 소희자묘목극주미토. 즉자수불수기상. 족이충오. 유병득약. 거탁류청. 천간갑을경신. 각립문호. 부작혼론. 내자인지희신. 갱묘운주동북수목지지. 체용합의. 일생환도평순.

➤ 甲子일주가 未月의 午時에 났으니 여름의 나무가 수를 만나 傷官

佩印格이 되었다. 반가운 것은 卯木이 未土를 극하는 것이니 즉 子水는 손상을 받지 않아서 午火를 충하기에 족한 것이다. 병이 있고 약을 얻었으니 탁을 제거하고 청을 머물러 둔 것이라고 하겠는데, 천간의 甲乙庚辛은 각기 문호를 세웠다고 봐야지 혼잡이라고 논하지 않으며 인성을 도와 주는 희신이 된다. 다시 묘하게도 운이 동북의 水木으로 달리니 체용이 합당하여 일생 벼슬길이 평탄했다.

【 강의 】

동북의 운에서 발했다는 것을 보니 신약용인격으로 잡은 것으로 생각된다. 未月의 상황이고 辛卯로 묘목이 무력하다고 봐서 사주에서 급한 것은 水分이라고 한다면 타당하다고 보겠다. 정인의 직관력과 편관의 봉사를 합하므로 어른들에게 사랑을 받았겠고, 겁재는 경쟁 심리이기는 하지만 연간의 신금에게 제어를 당해서 무례하지 않은 것으로 해석할 수 있다.

```
    庚   甲   壬   庚
    午   戌   午   午

庚 己 戊 丁 丙 乙 甲 癸
寅 丑 子 亥 戌 酉 申 未
```

甲木生於午月. 支中三午一戌. 火炎土燥. 傷官肆逞. 月干壬水無根. 全賴庚金滋水. 所以科甲聯登. 其仕路蹭蹬者. 祗因地支皆火. 天干金水. 本無託根之地. 神有餘而精不足也.

갑목생어오월. 지중삼오일술. 화염토조. 상관사령. 월간임수 무근. 전뢰경금자수. 소이과갑련등. 기사로충등자. 지인지지개 화. 천간금수. 본무탁근지지. 신유여이정부족야.

→甲木이 午月에 나서 지지에 3午에 1戌이 가세하니 화염토조한 형상이라 상관이 날뛰는데, 월간의 壬水는 뿌리가 없어 오로지 庚金에 의지해서 수분을 공급받는다. 그래서 과거에 연달아 급제하였는데도 벼슬길이 순탄하지 못하고 발을 헛디뎌서 미끄러진 것은 지지가 모두 화이기 때문이다. 천간의 금수는 뿌리를 내릴 곳이 없기 때문이니 神氣는 넉넉했지만 精氣가 부족했다고 하겠다.

【 강의 】

대단히 조열한 사주가 되어 오로지 월간의 壬水를 목마르게 기다리는 형상이 느껴진다. 물론 庚金이 도와야 하겠지만 무슨 힘으로 돕겠느냐는 생각이 든다. 북방의 운을 앞두고 丙戌대운쯤에서 난리가 나지 않았을까 짐작해 본다.

庚	庚	丙	甲
辰	辰	子	子

甲	癸	壬	辛	庚	己	戊	丁
申	未	午	巳	辰	卯	寅	丑

庚金生於仲冬. 金水寒冷. 月干丙火. 得年支甲木生扶. 解其寒

凍之氣. 謂冬金得火. 但子辰雙拱. 日元必虛. 用神不在丙火而在辰土. 比肩佐之. 所以運至庚辰, 辛巳. 仕版連登.

경금생어중동. 금수한랭. 월간병화. 득년지갑목생부. 해기한동지기. 위동금득화. 단자진쌍공. 일원필허. 용신부재병화이재진토. 비견좌지. 소이운지경진, 신사. 사판련등.

➡ 庚金이 子月에 나서 금은 차갑고 수는 냉한데, 월간의 丙火를 연지의 甲木이 뿌리가 있어 생부하고 추위를 막아 주니 겨울의 금이 화를 얻었다고 하겠다. 다만 子辰이 쌍으로 합을 하니 日元은 반드시 허하게 되는데, 용신은 병화에 있는 것이 아니라 辰土에 있고 비견은 다시 도움을 주고 있다고 하겠다. 그래서 庚辰, 辛巳의 운이 되면서 벼슬이 계속 올라갔다.

【 강의 】

철초 선생은 신약용인격으로 보신 듯싶은데, 그보다는 그냥 편관 丙火를 용신으로 하는 것이 좋겠다. 그리고 일간도 많이 왕한 것은 아니라고 봐서 인성도 나쁘지 않은 것으로 해석하는 것이 좋겠는데, 벼슬이 계속 올라갔다는 것으로 미루어 크게 틀리지 않는다고 봐야 하겠다.

```
丁 辛 壬 丁
酉 巳 子 巳
甲 乙 丙 丁 戊 己 庚 辛
辰 巳 午 未 申 酉 戌 亥
```

辛金生於仲冬. 金寒水冷. 過於洩氣. 全賴酉時扶身. 巳酉拱而佐之. 天干丁火. 不過取其敵寒解凍. 非用丁火也. 用神必在酉金. 故運至土金之地. 仕路顯赫. 一交丁未. 敗事矣. 凡冬金喜火. 取其暖局之意. 非作用神也.

신금생어중동. 금한수랭. 과어설기. 전뢰유시부신. 사유공이좌지. 천간정화. 불과취기적한해동. 비용정화야. 용신필재유금. 고운지토금지지. 사로현혁. 일교정미. 패사의. 범동금희화. 취기난국지의. 비작용신야.

➜ 辛金이 子月에 나서 금은 차고 수는 냉하며 설기가 너무 심하니 오로지 酉時의 도움을 의지하는데 巳酉합으로 돕는 것이 반갑다. 천간의 丁火는 추위를 녹이는 것으로 이용하는 것에 불과할 뿐 용신으로 정화를 쓰는 것은 아니다. 용신은 酉金에 있는 것이 확실하다. 그래서 운이 土金으로 가면서 벼슬이 크게 빛났다가 한번 丁未운으로 바뀌면서 하는 일이 깨어졌으니, 대저 겨울의 금이 화를 좋아하는 것은 사주를 데우는 의미를 취하는 것이지 용신으로 삼는 것은 아니다.

【 강의 】

이 사주에서는 금이 용신인 것으로 봐도 되겠다. 앞의 사주는 대략 중심이 있어서 그런대로 버틸 만하겠는데, 이 사주에서는 중심도 약해서 화를 의지하기가 어렵다. 그리고 그에 앞서서 이미 사주에는 열기가 충분하다 못해 넘친다고 해야 할 상황이다. 그래서 오히려 신약용인격의 구조라고 하는 것이 앞의 사주와 혼동하지 않아야 할 부분이다. 매우 타당한 의견이라고 생각된다. 다만 겨울의 금은 다른 구조에 비해서 다소 약해 보여도 현실적으로 관살의 화를 용신으로 쓰는 경우가 적지 않다는 것을 보면서 그 정도의 문제이기는 하지만 크게 약하지 않으면 관살을 쓰고 크게 약하면 인성을 쓴다는 것을 참고하면 되겠다.

「성정」편 정리

별도로 설명할 것은 없지만 그래도 심리에 대한 부분이기에 약간의 소견을 올려 볼까 하고 나눠 보았다. 우선 심리 분석을 하는 과정에서 드러나는 것은 仁義禮智信에 바탕을 두고 있다는 것이 두드러진다. 당시로서는 오행의 심리 구조를 이해하는 보편적인 기준이 되었다고 생각해도 되겠다. 그런 의미에서 우울증까지 취급한 것은 상당히 획기적이라고 할 수 있는데, 다만 그러한 점이 그대로 적용되었는지는 예문에서도 보여 드렸듯이 일치하지 않음을 종종 발견한다. 그래서 질병에 대한 부분은 일단 보류하고 운의 해석에 비중을 두되 심리적인 접근은 융의 방식대로 여덟 가지로 구분하는 것에 바탕을 두고 하건충 선생의 방식대로 대입하고 낭월이 고안한 식으로 성격존의 구조를 우선해서 해석하노라면 상당한 의미를 얻어낼 수도 있을 것으로 생각된다.

그래서 이 부분에 대해서만큼은 분명히 발전했다고 자부해도 되겠는데, 실은 이것으로 다 된 것이 아니라는 점이다. 앞으로 하건충 선생의 심리 분석에 대해서 좀더 정리해 봐야 하겠는데 벗님도 기회가 되신다면 좀더 깊이 있는 연구를 해보라고 권해 드린다. 분명히 더욱 깊은 이치를 밝힐 수가 있을 것이다. 이렇게 연구를 하노라면 결국 세상의 모든 학문에서 자평명리의 이론을 수용하게 될 가능성이 있다는 점을 생각하고 더욱 정밀한 논리 전개와 대입이 요구된다고 하겠다.

이제 성정에 대해서는 이렇게 줄이지만 낭월의 논리가 철초 선생이 설명하신 부분과 완전히 일치하지 않는 것으로 보이는 경우가 왕왕 있음을 살필 수 있다. 물론 어느 부분이 잘못되었는지는 모르겠으나 심리 구조라는 것은 어찌 보면 관찰자가 어떤 시각으로 보느냐에 따라서 상당히 많은 변수가 있음을 미루어 볼 때 혹 동시에 같은 상황을 보고 토론했더라면 좀더 근접한 해석이 될 수도 있었겠다는 생각을 해본다.

제2장 질병(疾病)

【滴天髓】

五行和者. 一世無災.
오 행 화 자. 일 세 무 재.

◐ 오행이 화목하면 일생에 병이 없다.

【滴天髓徵義】

　五行在天爲五氣. 在地爲五行. 在人爲五臟. 肝, 心, 脾, 肺, 腎, 也. 人爲萬物之靈. 得五行之全. 故人身爲一小天地. 以臟腑各配五行. 而陰陽屬焉. 凡一臟配一腑. 腑皆屬陽. 故爲甲丙戊庚壬. 臟皆屬陰. 故爲乙丁己辛癸. 或不和或太過不及則病. 有風, 熱, 濕, 燥, 寒, 之症矣. 不特八字五行宜和. 卽臟腑五行, 亦宜和也. 八字五行之和. 以歲運和之. 臟腑五行之和. 以五味和之, 和者, 解之意也. 若五行和. 五味調. 則災病無矣. 故五行之和. 非生而不剋, 全而不缺, 爲和也. 其要貴在洩其旺神. 瀉其有餘. 有餘之旺神瀉. 不足之弱神受益矣. 此之爲和也. 若强制旺神. 寡不敵衆, 觸怒其性. 旺神不能損. 弱神反受傷矣. 是以旺神太過者宜洩. 不太過者, 宜剋. 弱神有根者, 宜扶. 無根者, 反宜傷之. 凡八字, 須得一神有力. 制化合宜. 主一世無災. 非全而不缺爲美. 生而不剋爲和也.

오행재천위오기. 재지위오행. 재인위오장. 간, 심, 비, 폐, 신, 야. 인위만물지령. 득오행지전. 고인신위일소천지. 이장부각배오행. 이음양속언. 범일장배일부. 부개속양. 고위갑병무경임. 장개속음. 고위을정기신계. 혹불화혹태과불급즉병. 유풍, 열, 습, 조, 한, 지증의. 불특팔자오행의화. 즉장부오행, 역의화야. 팔자오행지화. 이세운화지. 장부오행지화. 이오미화지, 화자, 해지의야. 약오행화. 오매조. 즉재병무의. 고오행지화. 비생이불극, 전이불결, 위화야. 기요귀재설기왕신. 사기유여. 유여지왕신사. 부족지약신수익의. 차지위화야. 약강제왕신. 과부적중, 촉노기성. 왕신불능손. 약신반수상의. 시이왕신태과자의설. 불태과자, 의극. 약신유근자, 의부. 무근자, 반의상지. 범팔자, 수득일신유력. 제화합의. 주일세무재. 비전이불결위미. 생이불극위화야.

➜ 五行이 하늘에 있으면 五氣가 되고, 땅에 있으면 五行이 되며, 사람에 있으면 五臟이 되니 간심비폐신(肝心脾肺腎)이다. 사람이 만물의 영장인 것은 오행을 완전하게 얻었기 때문이니, 고로 사람의 몸은 소우주라고도 하는 것이다.

장부(臟腑)는 각기 오행에 배합이 되는데, 음양으로 속하게 되어 있다. 대저 하나의 장에는 하나의 부가 배속되는데, 부는 모두 양에 속하니 甲丙戊庚壬이고 장은 모두 음에 속하니 乙丁己辛癸가 된다. 혹은 불화하거나 태과하기도 하고 불급하기도 하니 이것이 병이 되어 풍열습조한(風熱濕燥寒)의 증세가 나타나는데. 특히 팔자의 오행이 화목해야 할 뿐만 아니라 장부의 오행도 화해야 한다. 팔자의 오행이 화하고 세운에서도 화하며 장부의 오행이 화하고 다섯 가지의 맛〔五味〕이 화하니, 和란 것은 (갈등을) 해소한다는 의미가 된다.

만약 오행이 화목하면 오미가 고르니 병이 없는 것이다. 그래서 오행의 화목은 생조를 말하는 것이 아니라 극하지 않음을 의미하고, 완전하게 되어 결함이 없다면 화목하다고 한다.

그 중요한 점은 왕한 글자를 설기하는 귀함에 있고 그 넘치는 것을 설하는 것에 있으나, 넘쳐 나는 왕신은 설하고 부족한 약신은 도움을 받아야 하니 이것을 화목하다고 하는 것이다. 만약 왕신을 강제로 제어하면 적은 수로 많은 무리를 대적할 수 없어 오히려 그 노함을 사게 될 것이니, 왕신은 손상시킬 수가 없는 것이고 (자칫하면) 약신만 도리어 손상을 받게 된다. 그러므로 왕신이 태과하면 설함이 마땅하고, 태과하지 않은 경우에는 극하는 것이 옳다. 약신이 뿌리가 있을 때는 도와 줌이 마땅하지만 뿌리가 없을 때에는 도리어 극함이 옳으니, 대저 팔자는 모름지기 한 글자의 유력함을 얻고 제하고 화함이 올바르게 부합된다면 그 사람은 일평생 재난이 없을 것이다. 완전하지는 않더라도 결함이 없으면 좋은 것이니 생조하고 극하지 않으면 화함이 되는 것이다.

【 강의 】

내용을 보면 오행의 기운이 골고루 균형을 이루고 있는 사람은 평생에 병이 없다는 말씀이고 치우치고 혼탁하면 건강하지 못하다는 설명이라고 이해하면 되겠다. 그리고 특히 중요한 언급은 상생하는 것이 중요한 것이 아니라 극하지 않는 것이 중요하다는 의미이다. 생만이 필요한 것은 아니라는 이야기인데, 가장 좋은 것은 和平이라는 언급에서 사주가 일그러지고 손상을 받았더라도 마음이 흔들림이 없이 화평하다면 질병은 없지 않겠느냐고 생각할 수도 있겠다. 전혀 틀린 말은 아니라고 생각되는데, 그렇다면 마음먹기에 따라서는 사주가 균형을 잃었더라도 스스로 다스릴 수 있겠다는 희망도 생긴다. 일생 병 없이 살다가 생을 마친다면 그보다 행복한 삶도 없겠다는 생각이 든다.

이 부분에 대해서는 낭월의 평소 생각을 좀 말씀드려야 하겠다. 질병에 대한 부분은 명리학자로서는 참으로 고민되는 부분일 것이다. 더러는 '언제 죽을 것인지를 능히 알아야 사주쟁이라고 하지 그것도 모르고 무슨 사주를 보느냐'고 호통을 치시는 분도 계시다는데 그렇게 말씀하시는 분의 능력이 어느 정도인지는 몰라도 적어도 순수한 자평명리학자라고 하기는 어렵지 않을까 싶다. 다시 말씀드리면 인간의 질병은 사주로써 다 알기가 어려우며 알아내려고 노력해도 답이 나오지 않는다면 애초에 그만두는 것이 인생의 낭비를 줄이기 위해서도 효율적이라는 생각을 해본다.

질병을 유발시키는 요인

1) 유전적인 부분
아마도 이 부분이 가장 강력한 영향을 미칠 것으로 생각하고 있다. 그러니까 기본적으로 이 몸은 부모의 소산이므로 그 건강하고 허약한 점도 모두 물려받는다고 봐야 한다는 생각이 든다. 여기에서 무슨 의미를 얻을 수 있는가 하면 같은 사주라도 부모가 다르니 질병도 당연히 다를 수 있다는 의미를 부여하자는 것이다. 그렇다면 유전 인자도 같고 사주도 같으면 어떻게 될까? 당연히 같은 병이 나타날 것이라고 해석할 수 있겠다. 그리고 실제로 일란성 쌍둥이를 키우는 어머니의 말씀을 들어 보면 하나가 아프면 다른 하나도 아프다고 한다. 직접 들은 이야기다. 팔자명리의 논리로 보아도 당연하다고 하겠다.

그런데 경우에 따라서는 어느 한 쪽이 먼저 단명을 하는 경우도 있다. 그래서 이러한 점에 대해서는 자평명리로써는 해석할 방법이 없음을 생각지 않을 수 없겠고, 심리적으로도 비슷하지만 뭔가 다른 차이점에 대해서도 어떻게 말을 할 것인지는 난해한 순위로 첫손가락에 꼽히지 않을까 싶다. 여하튼 벗님이야 이러한 방향으로 추구하시거나 말거나 관심이 없는데, 다만 낭월의 이러한 의견이 참고가 되신다면 시간의 낭비를 줄일 수도 있을 것 같아서 팔자로만 대입하기에는 벅차다는 말씀을 분명히 해드리고 싶은 것이다. 실로 낭월은 아마도 30퍼센트 이상은 유전적인 요소가 작용한다고 보고 있으므로 앞으로 유전자 분석이 2004년경에 완성된다는 말에 기대를 걸어 보는 것이 좋지 않을까 싶다. 즉 자평명리학자는 질병에 대해서는 너무 깊이 파고들지 않는 것이 낭비를 줄이겠다는 생각이 든다. 그 이유도 이렇게 명백하다는 것을 헤아리고 잘 판단하시기 바란다. 인생의 시간은 그렇게 중요하고 또 중요하기 때문이다. 한번 흘러간 시간은 돌아오지 않으며 벗님의 삶도 이미 정해진 것이다. 유전 인자의 요소에 의해서 기본적인 결정이 난 상태이기 때문에(정확히 알 수는 없지만……) 스스로 그 주어진 시간을 어떻게 운용해야 하는 가를 신중히 생각하지 않는다면 반드시 후회할 것이고, 어쩌면 다시 그 나머지를 수행하기 위해서 윤회를 거쳐야 할지도 모를 일이 아닐 까…….

2) 환경적인 요소

이 점도 유전적인 요소 못지않게 중요한 비중을 차지하리라고 본다. 독가스실에서 살아 남을 가능성은 유전 인자의 환경이 아무리 좋다고 해도 별 의미가 없다는 것이다. 그래서 일단 태어난 다음에는 환경이 두번째로 중요한 요소라고 생각하고 있다. 서울의 공기와 계룡산의 공기는 상당한 차이가 나며 식수도 많은 영향을 미친다고 알고 있다. 그래서 공기와 물을 포기하고 문화 생활을 누릴 것인지, 아니면 문화 생활을 포기하고 청학동으로 가서 맑은 공기와 물을 얻을 것인지에 대한 선택은 한마디로 단언하기 어렵다는 생각이 든다. 아마도 그 가치는 개인적으로 큰 차이가 있겠지만 건강이 좋은 사람은 환경이 다소 불리하더라도 삶의 행복을 누리기 위해서 부귀를 추구할 것이고, 건강이 약한 사람이라면 부귀공명보다는 편안한 삶에 더 점수를 부여할 것이다. 물론 모두 이러한 것은 아닐 것이다. 중요한 것은 환경은 어떤 형태로든 인간의 건강에 영향을 미칠 것이고, 특히 물의 오염이나 공기의 오염은 엄청난 영향을 미칠 것이 틀림없다는 것이다.

이 부분에 대해서 좀더 생각해 보자. 중금속의 오염이나 프레온가스의 대기권 파괴도 심각하고 농약 문제도 적지 않으며 특히 근래에는 유전자가 변형된 곡식들이 또한 유럽 지역을 중심으로 엄청난 반발에 휩싸이고 있는 모양이다. 우리는 아직 별 대응을 하지 않는 듯싶은데, 머지않아서 이러한 모든 환경적인, 그러니까 후천적인 요인들로 인해서 엄청난 재앙이 다가올 것이고 사주가 좋거나 운이 좋거나 간에 모두 같은 환경에 노출된 것이라면 아마도 그 결과는 같지 않을까 싶다. 특히 얼마 전에는 어머니의 모유에서 무슨 독성을 지닌 성분이 엄청난 양으로 검출되었다는 보고가 세상을 놀라게 하고 모유를 지지하던 사람들에게 큰 혼란을 주기도 했다. 이렇게 환경은 점점 더 오염되어 가고 있으니 참으로 뭐가 더 급한 일인지 알 수 없는 상황에 처하고 만다. 환경 오염에 대해서는 엄청난 중벌을 내려도 되겠다는 생각을 하면서도 어느 몇몇 사람이 문제가 아니라 그러한 것을 간접으로 조장한 모두에게 공동 책임을 지워야 한다고 본다. 그러나 참으로 고양이 목의 방울과 같은 현실이다. 왜냐하면 당장 공기를 정화시키기 위해서는 자동차를 굴리지 않으면 되겠지만 이렇게 이야기하면서도 차를 팔아야겠다는 생각을 할 수가 없는 현실이 되고 보니 말이다…….

　여기에서 중요한 것은 타고난 팔자보다는 오히려 환경에 의해서 질병이 발생할 가능성이 더 많다고 보는 것이다. 예전에야 철초 선생이 임상을 하던 시절에는 환경으로 인한 질병의 요인이 많지 않았으므로 어느 정도 적중이 될 수 있었겠다는 생각도 해본다. 다만 오행 공부를 하는 관점에서 본다면 사주 팔자로는 金이 아무런 문제가 없어도 도심의 오염된 공기 속에서 살고 있는 사람에게는 호흡기의 질환이 발생할 가능성이 많다는 것을 생각지 않을 수 없는 것이다. 이러한 외인성(外因性) 질병에 대해서 생각을 해봤는데, 내인성(內因性)인들 없겠느냐는 생각도 해본다. 환경적인 요소는 적어도 30퍼센트 이상의 작용력이 있을 것으로 봐야 할 것이다.

3) 심리적인 요소

엄청난 스트레스를 받고 살아가는 직장인들의 하루하루를 보면서 그 사람들의 속이 올바르게 작동하는 것이 기적이라고 여겨지기도 한다. 열을 받았다가 또 냉각시켰다가를 반복하노라면 아마도 견딜 장사가 없지 않을까 싶다. 특히 첨예한 긴장감으로 살아가는 고급의 노동자들일수록 그러한 내인성의 환경에 노출될 가능성이 많다. 그래서 연구를 하다가 쓰러지기도 한다는데 과로로 순직했다고 표창장이야 준다고 하지만 죽고 난 다음에 그 종이 조각이나 훈장이 무슨 의미가 있으랴⋯⋯. 다 쓸모 없는 것일 뿐이다. 그냥 위로할 말이 없으므로 가문에서 영광으로 삼으라고 주는 것일까⋯⋯?

특히 염려스러운 부분이 있다. 바로 주식 시장이다. 전광판의 글자색에 따라서 얼굴이 붉어졌다 파래졌다 한다니 과연 그렇게 열을 받은 신체가 어떻게 견딜 것인지를 생각지 않을 수 없다. 그러한 몸은 결국 머지않아서 지쳐 버리게 될 것이고 수명의 단축에 엄청난 작용을 할 것이라는 것은 쉽사리 짐작이 된다. 그러니까 주식을 투자하더라도 아무런 부담이 없는 여유 자금으로 안전한 회사에다 1년이고 2년이고 묶어 놓고 자기 일만 보고 있으면 자동으로 알아서 증자된 금액이 자신의 통장으로 들어오면 되는데, 성급한 사람들의 마음과 부합해서인지 요즘에는 주식을 사서 세 시간을 갖고 있으면 장기 투자라고 한다니 그렇게 해서 얼마간의 돈(비록 수십억이라고 할 망정)을 벌었다고 쳐도 그 몸이 상하는 것에 비한다면 무슨 의미가 있을 것인가. 돈이야 벌건 말건 중요치 않다. 오로지 건강에 무슨 작용이 되겠는가를 생각하는 질병의 장이기 때문에 여기에서는 질병에 대해서만 고려해 보고 있는 것이다. 이러한 환경은 심리적으로 스트레스를 줄 것이 확실하고 건강에도 많은 부담을 줄 것이 틀림없다는 해석이 무리라고 하실 벗님은 아무도 없을 것이다.

혹 모르겠다. 돈을 따면(하나의 노름판으로 간주해서) 기분이 좋아서 엔도르핀이 나오므로 건강에 도움이 될 수도 있다는 반론을 제기할 수도 있겠다. 그렇지만 어림도 없는 자기 속임수이다. 돈을 따기 위해서는 그만큼, 아니 그보다 몇십 배의 투자를 해야 한다는 현실을 몰라서 하는 말인가를 물어야겠다. 그리고 부처님의 말씀을 해서 죄송하지만 실로 너무 기뻐하는 것도 몸에 좋지 않다고 한다. 이나 저나 심장에 부담을 주는 의미에서는 다 같은 하나의 증세일 뿐이라는 결론에 참으로 머리를 숙이게 되는데, 현대 의학에서도 이러한 정도는 충분히 설명해 줄 수 있으리라고 본다. 벗님도 이런 방면에 인연이 있다면 몸조심하시기 바란다는 당부의 말씀을 드리지 않을 수 없겠다.

4) 자평명리로 접근하는 영역

이상 세 가지의 경우를 생각해 봤는데, 이러한 작용을 고려한다면 사주팔자의 오행의 의미는 별로 중요하지 않을지도 모르겠다. 그렇다면 팔자로써는 질병에 대해서는 아예 포기해야 하느냐고 질문하실 순간이 되지 않았는가 싶다. 다만 명리학으로 추적해 볼 만한 것이 있다면 심리적으로 어떤 마음을 쓰고 살아갈 사람인가를 분석하는 정도가 아닐까 싶어서 스트레스를 잘 받는 사람인지 대충 넘어가는 사람인지 정도의 분류를 해보는 것만으로도 많은 참고가 될 것이다. 그리고 사주로 보는 것 중의 하나는 운의 흐름에 따라서 어떤 형태로든 그 부위에 부담을 받을 암시가 된다는 정도의 접근은 가능하리라고 본다. 그래서 질병의 장에서는 오장육부의 기능에 대해서 이해함으로써 그러한 작용이 심리적인 부분과는 어떤 식으로 연결될 것인가를 고려해서 참고하는 정도라면 충분한 가치가 있다고 보겠다. 이렇게 말씀드리는 것은 애초에 너무 황당한 목적을 갖고서 무슨 병이 언제부터 발병했는지, 어떻게 증세가 나타나는지, 언제 좋아질 것인지를 일일이 족집게처럼 알아보겠다는 망상(?)은 처음부터 하지 말라고 당부하고 싶어서이다. 믿거나 말거나 벗님의 자유지만 낭월은 이렇게 생각하고 있음을 미리 말씀드리는 것이다. 그러면 얼마나 홀가분해질지 생각만 해도 속이 편하기 때문이다. 쓸데없는 고민으로 시간을 보내는 것은 학자의 아까운 연구 시간을 좀먹는 바이러스이다. 이 정도로 줄이고 사주의 해석을 살펴보도록 한다.

庚	戊	甲	癸
申	戌	寅	未

丙	丁	戊	己	庚	辛	壬	癸
午	未	申	酉	戌	亥	子	丑

戊生寅月. 木旺土虛. 喜其坐戌通根. 足以用金制殺. 況庚金亦坐祿支. 力能伐木. 所謂不太過者, 宜剋也. 雖年干癸水生殺. 得未土制之. 使其不能生木. 喜者有扶. 憎者得去. 五行和矣. 且一路運程, 與體用不背. 壽至九旬. 耳目聰明. 行止自如. 子旺孫多. 名利福壽俱全. 一世無災無病.

무생인월. 목왕토허. 희기좌술통근. 족이용금제살. 황경금역좌록지. 역능벌목. 소위불태과자, 의극야. 수년간계수생살. 득미토제지. 사기불능생목. 희자유부. 증자득거. 오행화의. 차일로운정, 여체용불배. 수지구순. 이목총명. 행지자여. 자왕손다.

명리복수구전. 일세무재무병.

→ 戊土가 寅月에 나서 목은 왕하고 토는 허하다. 반가운 것은 앉은 자리의 戊土에 통근을 했다는 점인데, 족히 금을 용하고 살을 제어할 만하다. 하물며 庚金이 녹지에 앉아 있으니 힘으로 능히 목을 치게 된다. 이른바 '태과하지 않은 자는 극을 해야 마땅하다.'고 하겠는데, 비록 연간의 癸水가 살을 생조하기는 하지만 未土의 제어를 얻어서 목을 생조할 수가 없으니 반가운 것을 도와 주고 미운 것을 제거하여 오행이 화평하니 좋다. 또 운이 좋은 방향으로 흘러서 체용을 배반하지 않으니 수명은 90을 살았고 귀와 눈이 총명하였으며 돌아다니고 머무는 것도 마음대로 되었다. 자식도 왕하고 손자도 많았으며 명리가 모두 갖춰지게 되었고 일생 재난과 질병이 없었다.

【 강의 】

참 복도 많으신 노인인가 보다. 설명에서 추가할 내용은 약간의 신약한 구조인 듯싶은데 식신으로 제어했느냐는 점이다. 운을 보면 토금의 운과 화의 운까지도 연결이 된 것으로 봐서 우선은 식신으로 살을 제어하고 결국은 인성으로 의지하여 신약용인격이 되는 것으로 해석하는 것이 무난하겠다는 생각이다. 결국은 운의 도움을 받았다고 해석해도 되겠다.

|甲|戊|庚|甲|
|寅|寅|午|寅|

戊丁丙乙甲癸壬辛
寅丑子亥戌酉申未

　　局中七殺五見. 一庚臨午無根. 所謂弱神無根宜去之. 旺神太過宜洩之也. 用午火則和矣. 喜其午火當令. 全無水氣. 雖運逢金水. 不能破局而無礙. 運走木火. 名利兩全. 此因神氣足. 精氣自生. 是以富貴福壽. 一世無災. 子廣孫多. 後嗣繼美.

　　국중칠살오견. 일경림오무근. 소위약신무근의거지. 왕신태과의설지야. 용오화즉화의. 희기오화당령. 전무수기. 수운봉금수. 불능파국이무애. 운주목화. 명리량전. 차인신기족. 정기자생. 시이부귀복수. 일세무재. 자광손다. 후사계미.

▶사주에 편관이 다섯이나 보이고 하나의 庚金은 午火에 앉아서 뿌리가 없다. 이른바 '약신이 뿌리가 없으니 제거함이 마땅하고 왕신이 태과하면 설기함이 마땅하다.'고 해야 할 모양이다. 오화를 용신으로 하고 화평하게 되는데, 반가운 것은 오화가 당령을 했음이고 수의 기운이 전혀 없는 것이다. 비록 운에서 金水를 만났지만 파국으로 가기는 불가능하니 거리낄 것이 없다. 운이 木火로 흘러 명리가 모두 갖춰졌는데, 이로 인해서 신기가 넉넉하니 정기가 저절로 생조된다는 이야기이다. 그리하여 부귀복수를 누리게 되니 일평생 재난이 없었고 자식도 넓고 손자도 많았으며 후사도 아름답게 이어졌다.

【 강의 】

 편관이 다섯이라고 하니 살중용인격으로 이름지으면 되겠다. 인성이 월령을 잡은 것이 좋다고 하는데, 기왕이면 일지에 午火가 있었더라면 더 좋지 않았겠느냐는 생각도 해본다. 월지에 있는 것에 비해서 일지에 있는 것이 더 유용하겠다는 실용성이 보여서이다. 사주에 수가 없으니 신장에 무슨 일이 없을까 묻고 싶기도 한데, 어쩌면 없는 성분에 대해서는 거론하지 않는 것이 좋을 것 같다는 생각도 든다. 즉 있는 것이 병이고 없는 것은 무관하다고 생각해 보면 어떻겠느냐고 하겠는데, 이 점에 대해서는 또 다른 견해도 있을 수 있겠다. 꼭 필요한 것이 없다면 그것은 병이 되고 필요하지 않은 것은 없어야 좋다고 말한다면 일리가 있지 않을까 싶다.

乙	癸	丙	甲
卯	亥	子	子
甲	癸	壬	辛	庚	己	戊	丁
申	未	午	巳	辰	卯	寅	丑

 癸亥日元. 年月坐子. 旺可知矣. 最喜卯時洩其菁英. 裏發於表. 木氣有餘. 火虛得用. 謂精足神旺. 喜其無土金之雜. 有土則火洩. 不能止水. 反與木不和. 有金則木損. 更助其汪洋. 其一生無災者. 緣無土金之混也. 年登耄耋. 而飮啖愈壯. 耳目聰明. 步履康健. 見者疑爲五十許人. 名利兩全. 子孫衆多.
 계해일원. 연월좌자. 왕가지의. 최희묘시설기청영. 이발어

표. 목기유여. 화허득용. 위정족신왕. 희기무토금지잡. 유토즉 화설. 불능지수. 반여목불화. 유금즉목손. 갱조기왕양. 기일생 무재자. 연무토금지혼야. 연등모질. 이음담유장. 이목총명. 보 리강건. 견자의위오십허인. 명리량전. 자손중다.

➜ 癸亥일주가 연월에 子水를 보니 왕함을 가히 알겠다. 가장 반가운 것은 卯時에서 그 맑은 기운을 설하니 속에서 밖으로 표출되는 것이다. 목의 기운이 넉넉하니 허한 불이 용신을 얻어서 정이 족하고 신이 왕하다고 하겠다. 반가운 것은 土金의 혼잡됨이 없는 것으로 토가 있었다면 화가 설기될 것이고 수를 멈추기도 어려울 것이니 도리어 목과 불화만 하게 된다. (그리고) 금이 있었다면 목이 손상을 받았을 것이고 다시 넘치는 물을 돕게 될 것이니, 일생 재앙이 없었던 것은 土金의 혼잡이 없음을 인연해서이다. 오래도록 살면서 더욱 건강해지고 귀와 눈이 총명하고 걸음걸이도 강건해서 보는 사람은 나이가 한 50은 되었는가 하는 정도였다. 명리가 모두 갖춰지고 자손이 많았다.

【 강의 】

사주가 청하다는 것은 분명한데 역시 오행이 모두 있어야 할 필요는 없는 것인가 보다. 水生木으로 해서 木生火로 흐르게 되는 것만 좋다는 것으로 이해하면 되겠다. 그리고 운의 흐름에서도 특별히 부담을 주지 않아서 다행이고, 늙어 가면서 더욱 기운이 난다는 것은 참 행복한 사람이라고 해야 하겠는데, 아무래도 사주도 청하지만 타고나기를 건강하게 타고났다고 해야 하지 않을까 싶다.

【 滴天髓 】

> 血氣亂者. 生平多疾.
> 혈 기 란 자. 생 평 다 질.

◯ 혈기가 어지러우니 일생 질환이 많다.

【 滴天髓徵義 】

血氣亂者. 五行背而不順之謂也. 五行論水爲血. 人身論脉卽血也. 心胞主血. 故通手足. 厥陰經心屬丁火. 心胞主血. 膀胱屬壬水. 丁壬相合. 故心能下交於腎. 則丁壬化木. 而神氣自足. 得旣濟相生. 血脉流通而無疾病矣. 故八字貴乎剋處逢生, 逆中得順, 而爲美也. 若左右相戰. 上下相剋. 喜逆逢順. 喜順逢逆. 火旺水涸. 火多焚木. 水旺土蕩. 水泛沈金. 土旺木折. 土重晦火. 金旺火虛. 金多洩土. 木旺金缺. 木多滲水. 此五行顚倒相剋之理. 犯此者必多災病.

혈기란자. 오행배이불순지위야. 오행론수위혈. 인신론맥즉혈야. 심포주혈. 고통수족. 궐음경심속정화. 심포주혈. 방광속임수. 정임상합. 고심능하교어신. 즉정임화목. 이신기자족. 득기제상생. 혈맥류통이무질병의. 고팔자귀호극처봉생, 역중득순, 이위미야. 약좌우상전. 상하상극. 희역봉순. 희순봉역. 화왕수학. 화다분목. 수왕토탕. 수범침금. 토왕목절. 토중회화. 금왕화허. 금다설토. 목왕금결. 목다삼수. 차오행전도상극지리. 범차자필다재병.

➜혈기가 어지러운 자는 오행이 배신을 하고 순리를 따르지 않음을 두고 하는 말이다. 오행에서 水를 혈액으로 논하는데, 사람에게는 혈맥을 혈이라고 한다. 심포는 혈을 주관하므로 手足으로 통하고, 궐음 경락은 心에 속하여 丁火가 된다. (그래서) 심포는 혈이 되는 것이다. 방광은 壬水에 속하는데 丁壬이 합을 이루니 심장이 아래로 신장과 교류하여 정임은 化木이 되는 것이고 신기가 스스로 족하여 기제의 공을 이루게 되어 상생한다. 혈맥이 유통을 하니 질환이 없는 것이다. 그래서 팔자가 귀하려면 극을 받는 곳에서 생을 만나고, 거역하는 가운데에서도 순응함을 얻는 아름다움이 있는 것이다.

만약 좌우가 서로 싸우고 상하가 서로 극하거나, 역행을 좋아하는데 순행을 하거나, 순을 기뻐하는데 역을 만나는 것이니, 화가 왕하면 물이 마르고 화가 많으면 목이 불타며, 수가 왕하면 토가 진흙탕이 되며 수가 넘치면 금은 물에 잠기고, 토가 왕하면 목이 꺾이고 토가 중하면 화가 어두워지며, 금이 왕하면 불은 허해지고 금이 많으면 토가 설기되며, 목이 왕하면 금이 부스러지고 목이 많으면 물이 스며들게 된다. 이것은 오행이 거꾸로 작용하는 이치이니 이것을 범하면 반드시 재난의 병이 많은 것이다.

【 강의 】

궐음경(厥陰經)은 인체의 경락에 대한 이름이다. 내용으로 들어가면 사람에는 12개의 경맥[十二正經]이 있고, 후에 발견되었다는 말도 있지만 8개의 기이한 경맥(奇經八脈)이 있다고 한다. 이름을 보면 대체로 장부의 명칭이 붙어 있음을 볼 수 있는데 혹 관심이 있다면 한의학 관련 서적을 보시면 되겠다. 여기에서는 낭월이 이 분야의 전문가도 아니므로 길게 설명은 하지 않겠다.

아마도 자신의 사주는 혈기가 난잡하지 않기를 원하는 것이 사람의 희망 사항일 터이지만 현실은 냉혹해서 태어나는 순간에 이미 정해져 버리는 것이 또한 운명이라고 해야 할 모양이다. 혈기가 어지럽게 되어 일생 병이 많은 사람은 어떤 사주인지 구경 좀 하자.

庚	丁	乙	丙
戌	未	未	申

癸	壬	辛	庚	己	戊	丁	丙
卯	寅	丑	子	亥	戌	酉	申

丁生季夏. 未戌燥土. 不能晦火生金. 丙火足以焚木剋金. 則土愈燥而不洩. 申中壬水涸而精必枯. 故初患痰火. 亥運水不敵火. 反能生木助火. 正杯水車薪. 火勢愈烈. 吐血而亡.

정생계하. 미술조토. 불능회화생금. 병화족이분목극금. 즉토유조이불설. 신중임수학이정필고. 고초환담화. 해운수부적화. 반능생목조화. 정배수거신. 화세유렬. 토혈이망.

▶ 丁火가 未月에 생하였다. 未戌 조토는 불을 어둡게 하고 금을 생조하기가 불가능하다. 丙火는 목을 태우고 금을 극하기에 충분한즉 토는 더욱 조열하여 설기되지 않으니 申金 속의 壬水는 마르게 되어 정기가 더욱 고갈된다. 그래서 처음에는 담화의 질환이 있더니 亥水 대운에서는 수가 화를 대적하지 못하고 도리어 목을 생하고 화를 도우니, 바로 한 잔의 물로 짚수레의 불을 끄는 꼴과 같아 화세는 더욱

맹렬해져서 피를 토하고 죽었다.

【 강의 】

피를 토하고 죽었다니 참 딱한 일이다. 이런 사주에서는 너무 건조하여 생동감이 없어 보이는 것은 사실이다. 설명대로 돌아간 상황이 이해가 되는데, 이런 경우라면 아무래도 사주에 따라서 정해진 병이 있을지도 모르겠다. 그런데 용신은 금이 되는 것으로 보겠고, 운에서는 수가 들어오면 좋겠는데 문제는 사주의 열기가 너무 왕해서 감당이 되지 못한 것을 보면 이미 어떤 운이 오더라도 감당할 수 없다는 예고가 가능하지 않을까 싶다.

```
甲   丙   丁   壬
午   申   未   寅

乙 甲 癸 壬 辛 庚 己 戊
卯 寅 丑 子 亥 戌 酉 申
```

丙火生於未月午時. 年干壬水無根. 申金遠隔. 本不能生水. 又被寅沖午劫. 則肺氣愈虧. 兼之丁壬相合. 化木從火. 則心火愈旺. 腎水必枯. 所以病犯遺泄. 又有痰嗽. 至戌運, 全會火局. 肺愈絶. 腎水燥. 吐血而亡.

병화생어미월오시. 연간임수무근. 신금원격. 본불능생수. 우피인충오겁. 즉폐기유휴. 겸지정임상합. 화목종화. 즉심화유왕. 신수필고. 소이병범유설. 우유담수. 지술운, 전회화국. 폐

유절. 신수조. 토혈이망.

→ 丙火가 未月의 午時에 났고 연간의 壬水는 뿌리가 없으며 申金은 멀리 떨어져 있으니 본래는 수를 생조하기가 불가능하다. 또 寅木의 충과 午火의 겁탈을 당하니 즉 폐의 기운은 더욱 일그러지고 더불어 丁壬이 서로 합을 하니 목으로 화하여 불을 생조한다. 그래서 심장의 화가 더욱 왕해지고 신장의 수는 반드시 말라 버리니 정액이 흘러 나오는 병에 걸렸고 또 담수로 기침이 심했는데, 戌運이 되면서 火局으로 모이니 폐는 더욱 끊어지고 신수는 메말라서 피를 토하고 죽었다.

【 강의 】

금의 기운이 집중적으로 공격을 받고 있는 모습이 안쓰럽다. 아마 폐결핵인지도 모르겠다는 생각을 해본다. 운이 북방으로 들어가기만 했어도 무난했겠는데, 그 이전에 이미 戌土에서 손상이 되어 버렸으니 도리 없이 운명이라고 해야 할 따름이겠다.

壬	丙	丙	甲
辰	寅	寅	辰

甲	癸	壬	辛	庚	己	戊	丁
戌	酉	申	未	午	巳	辰	卯

木當令. 火逢生. 辰本濕土. 能蓄水. 被丙寅所剋. 脾胃受傷.

肺金自絶. 木多滲水. 而腎水亦枯. 至庚運, 木旺金缺. 金水竝見. 木火金肆逞矣. 吐血而亡. 此造木火同心. 可順而不可逆. 反以壬水爲忌. 故初行丁卯, 戊辰, 己巳, 等運. 反無礙.

목당령. 화봉생. 진본습토. 능축수. 피병인소극. 비위수상. 폐금자절. 목다삼수. 이신수역고. 지경운, 목왕금결. 금수병견. 목화금사령의. 토혈이망. 차조목화동심. 가순이불가역. 반이임수위기. 고초행정묘, 무진, 기사, 등운. 반무애.

➜목은 당령이 되고 화는 생을 만나며 辰土는 본래 습토이니 능히 수를 흡수하지만 丙寅에게 극을 받았으니 비위가 손상을 받으며, 폐의 금기는 스스로 설기가 되니 목이 많아서 물이 스며드는 형상이다. 그리고 신장의 수기운도 메마르게 되는데, 庚金대운이 되어 목이 왕하여 금이 손상을 받으니 金水가 함께 보여 木火金이 날뛰어서 피를 토하고 죽었다. 이 사주의 경우에는 木火가 마음이 같아서 흐름을 따라야지 거역함은 불가했는데, 도리어 壬水가 꺼림이 되었던 것이다. 따라서 초운의 丁卯나 戊辰, 己巳에서는 오히려 거리낌이 없었던 것이다.

【 강의 】

종강격의 형상으로 봐야 하겠는데, 壬水가 있으니 고민스러운 장면이다. 인성이 많아서 왕하기 때문에 관살을 쓰기보다는 재성을 의지해야 하겠으나 재성이 없으니 관살이나 식상을 의지하는 형상인데, 시지의 辰土가 화기를 흡수하는 성분으로 의지할 수가 있겠다. 다만 이러한 대입이 자연스럽지 않아 보이는 것은 임수가 이미 진토를 차지하였으므로 오히려 임수의 뿌리로 봐야 할 진토를 용신으로 삼을 수 있겠는가 하는 점 때문이다. 설명을 봐서는 종강격으로 이해해야 할 것 같은데 혈기난자의 구조라고 하기에도 좀 그렇기는 하다. 그냥 그런가 보다 해야 할 참이다.

【滴天髓】

忌神入五臟而病凶.
기신입오장이병흉.

▶ 기신이 오장으로 깊이 들어가니 병이 흉하다.

【滴天髓徵義】

忌神入五臟者. 陰濁之氣. 埋藏於地支也. 陰濁深伏. 難制難化. 爲病最凶. 如其爲喜. 一世無災. 如其爲忌. 生平多病. 土爲脾胃. 脾喜緩. 胃喜和. 忌木而入土. 則不和緩而病矣. 金爲大腸肺. 肺宜收. 大腸宜暢. 忌火而入金. 則肺氣上達. 大腸不暢而病矣. 水爲膀胱腎. 膀胱宜潤. 腎宜堅. 忌土而入水. 則腎枯膀胱燥而病矣. 木爲肝膽. 肝宜條達. 膽宜平. 忌金而入木. 則肝急而生火. 膽寒而病矣. 火爲小腸心. 心宜寬. 小腸宜收. 忌水而入火. 則心不寬, 小腸緩, 而病矣. 又要看有餘不足. 如土太旺. 木不能入土. 則脾胃自有餘之病. 脾本忌濕. 胃本忌寒. 若土濕而有餘. 其病發於春冬. 反忌火以燥之. 土燥而有餘. 其病發於夏秋. 反忌水以潤之. 如土虛弱. 木足以疏土. 若土濕而不足. 其病發於夏秋. 土燥而不足. 其病發於冬春. 蓋虛濕之土. 遇夏秋之燥. 虛燥之土. 逢春冬之濕. 使木託根而愈茂. 土受其剋而愈虛. 若虛濕之土. 再逢虛濕之時. 虛燥之土. 再逢虛燥之時. 木必虛浮不能盤根. 土反不畏其剋也. 餘倣此.

기신입오장자. 음탁지기. 매장어지지야. 음탁심복. 난제난

화. 위병최흉. 여기위희. 일세무재. 여기위기. 생평다병. 토위비위. 비희완. 위희화. 기목이입토. 즉불화완이병의. 금위대장폐. 폐의수. 대장의창. 기화이입금. 즉폐기상달. 대장불창이병의. 수위방광신. 방광의윤. 신의견. 기토이입수. 즉신고방광조이병의. 목위간담. 간의조달. 담의평. 기금이입목. 즉간급이생화. 담한이병의. 화위소장심. 심의관. 소장의수. 기수이입화. 즉심불관, 소장완, 이병의. 우요간유여부족. 여토태왕. 목불능입토. 즉비위자유여지병. 비본기습. 위본기한. 약토습이유여. 기병발어춘동. 반기화이조지. 토조이유여. 기병발어하추. 반기수이윤지. 여토허약. 목족이소토. 약토습이부족. 기병발어하추. 토조이부족. 기병발어동춘. 개허습지토. 우하추지조. 허조지토. 봉춘동지습. 사목탁근이유무. 토수기극이유허. 약허습지토. 재봉허습지시. 허조지토. 재봉허조지시. 목필허부불능반근. 토반불외기극야. 여방차.

➡ 기신이 오장에 들어갔다는 것은 음탁한 기운이 지지의 장간에 매장되었다는 말이다. 음탁의 성분이 깊이 숨어 버리면 제어도 되지 않고 교화도 되지 않으니 병이 되는 것이 가장 흉할 것이고, 만약 그 성분이 길한 것이라면 일평생 재앙이 없을 것이다. 만약 기신이 될 경우에는 일평생 병이 많다. 토는 비위가 되는데 비는 느슨함을 좋아하고 위는 화평함을 좋아하며, 싫어하는 목이 토로 들어오면 화평하지도 느슨하지도 못하여 병이 된다. 금은 대장과 폐로서 폐는 흡수를 잘해야 하고 대장은 펴지는 것이 좋은데, 꺼리는 화가 금으로 들어오면 즉 폐의 기운이 위로 치솟고 대장은 펴지지 않으니 병이 된다. 수는 방광과 신장으로서 방광은 윤택함을 좋아하고 신장은 단

단함을 좋아하는데, 꺼리는 토가 수로 들어오면 즉 신장은 메마르고 방광은 건조해지니 병이 되는 것이다. 목은 간과 담으로서 간은 조달을 잘해야 하고 쓸개는 평안함을 좋아하는데, 꺼리는 금이 목으로 들어오면 즉 간은 급해져서 불을 생조하고 담은 차가워져서 병이 된다. 화는 소장과 심장으로서 심장은 너그러워야 하고 소장은 수렴을 잘해야 하는데, 꺼리는 물이 화로 들어오면 즉 심장은 급박해지고 소장은 느슨해지니 병이 된다.

또 중요한 것은 그 남는 것과 부족한 것을 잘 살펴야 한다. 만약 토가 너무 왕하면 목이 토에 들어갈 수가 없으니 즉 비위는 스스로 남는 것이 병이 된다. 비는 본래 습을 꺼리고 위는 차가운 것을 꺼리는데, 만약 토가 습하면서 넉넉하다면 봄이나 겨울에 발병하고 도리어 화의 건조함을 꺼리게 된다. 토가 건조하면서 넉넉하다면 여름이나 가을에 발병하게 된다.

도리어 수가 윤택하면 꺼리게 되기도 하는데 토가 허약하면 목은 족히 토를 트이게 하니 만약에 토가 습하면 부족해지므로 그 병은 여름이나 가을에 발하고, 토가 건조하면서 부족하면 그 병은 겨울이나 봄에 발하게 된다. 그러하니 대개 허하면서도 습한 토가 여름이나 가을의 건조함을 만나거나, 허하면서 건조한 토가 봄이나 겨울의 습토를 만나면 목이 뿌리를 내리니 더욱 무성해지고 토는 그 극을 받으니 더욱 허약해진다. 만약 허습한 토가 다시 허습한 때를 만나거나, 허조한 토가 다시 허조한 때를 만난다면 목은 반드시 허하면서 떠 있는 모양이 되어 뿌리를 내리기가 불가능하니 토는 도리어 그 극을 두려워하지 않는 것이다. 나머지도 이에 준해서 참고하라.

【 강의 】

설명을 보면 오장육부의 작용과 그 특성에 따라서 병이 생기는 연유를 밝혔는데, 일일이 이해하자면 한도 끝도 없을 것이지만 대략 요약은 할 수 있겠다. 도표를 만들어서 이해를 돕도록 해본다.

臟腑		天干	속성	상태	발병
土	脾	己	緩(느슨함)	木入	不緩(긴장)
	胃	戊	和(화평)		不和(불화)
金	肺	辛	收(흡수)	火入	肺氣上達(상기)
	大腸	庚	暢(펴짐)		不暢(퍼지지 않음)
水	腎	癸	堅(단단함)	土入	枯(메마름)
	膀胱	壬	潤(윤택)		燥(건조함)
木	肝	乙	條達(소통)	金入	急(급박함)
	膽	甲	平(균형)		寒(차가움)
火	心	丁	寬(편안함)	水入	不寬(편안하지 못함)
	小腸	丙	收(흡수)		緩(느슨함)

설명이 올바르게 되었는지 모르겠다. 아무래도 전문가가 못 되어서 한의학의 원론적인 부분에 대해서 정확히 이해했다고 하기 어려울 것이다. 혹 이 분야에 더욱 깊은 관심이 있으시다면 관련 서적을 살펴보기 바란다. 다만 『적천수』에 언급된 점을 살펴서 이해를 돕도록 해보았다.

그리고 계절에 따라서 발병하는 상태도 설명은 되어 있는데, 이 또한 일일이 대입하기에는 만만치 않은 내용이라서 관심이 있는 경우에 한해서 더욱 깊이 있는 책을 보라고 권해 드리고 그냥 자평명리만 공부하는 경우라면 이 정도에서 넘어가는 것이 더 좋지 않을까 싶다. 이렇게 하다 보면 또 다른 이야기가 될 가능성이 매우 많기 때문이다. 여하튼 질병은 이 시대에서는 너무나 전문화되고 세분화되어 있는 대목이다. 그만큼 놀라울 정도로 발전되기도 했으니 이렇게 개괄적인 이야기를 배워서는 별 도움이 되지 않는다는 생각이 들어서 낭월은 깊이 연구하지 않는다. 물론 공부를 하지 않는 것이 자랑은 아니지만 이 질병 분야는 그냥 글자의 해석을 넘어설 생각이 없음을 헤아려 주시기 바란다. (다만 설명을 깊이 하지 못하여 죄송한 마음을 머금고…….)

```
乙    丙    己    庚
未    子    丑    寅
丁 丙 乙 甲 癸 壬 辛 庚
酉 申 未 午 巳 辰 卯 寅
```

丙火生於季冬. 坐下子水. 火虛無焰. 用神在木. 木本凋枯. 雖處兩陽. 萌芽未動. 庚透臨絶. 爲病甚淺. 所嫌者月支丑土. 使庚金通根. 丑內藏辛. 正忌神深入五臟. 又己土乃庚金嫡母. 晦火生金. 足以破寅. 子水爲腎. 丑合之. 不能生木. 化土. 反能助金. 丑土之爲病. 不但生金. 抑且移累於水. 是以病患肝腎兩虧. 至卯運能破丑土. 名列宮牆. 乙運庚合. 巳丑拱金. 虛損之症. 不治而卒.

병화생어계동. 좌하자수. 화허무염. 용신재목. 목본조고. 수

처량양. 맹아미동. 경투림절. 위병심천. 소협자월지축토. 사경금통근. 축내장신. 정기신심입오장. 우기토내경금적모. 회화생금. 족이파인. 자수위신. 축합지. 불능생목. 화토, 반능조금. 축토지위병. 부단생금. 억차이루어수. 시이병환간신량휴. 지묘운능파축토. 명렬궁장. 을운경합. 사축공금. 허손지증. 불치이졸.

➜ 丙火가 丑月에 나서 앉은자리에는 子水라 허약한 불이니 용신은 목에 있다. 목은 본래 시들고 메말라 있으니, 비록 二陽이 머물러 있으나 어린 싹이 아직 움직이지 않고 庚金이 투출되어 절에 임했으니 병이 되지만 깊지는 않다고 하겠다. 싫어하는 것은 월지의 丑土인데 경금이 통근을 하고 丑에는 辛金이 암장되어 바로 기신이 오장에 들어간 경우에 해당한다고 하겠다. 또 己土는 경금의 어머니이니 불을 어둡게 하고 금을 생조하여 寅木을 파하기도 족하다. 자수는 신장이 되는데 축과 합하니 목을 생하기가 불가능하고, 토로 화하여 도리어 금을 생조하니 축토도 병이 된다. 다만 금을 생조할 뿐만 아니라 수를 누르기까지 하는 허물이 있다. 이런 까닭으로 병환은 간과 신이 함께 일그러지고 卯운이 되어서 능히 축토를 파하여 벼슬을 하였지만, 乙운에 경금과 합하면서 巳丑으로 금국이 되니 허약하고 손상이 되는 증세를 고치지 못하고 죽었다.

【 강의 】

설명이 상당히 구체적이다. 子丑합이 아니더라도 子水는 未土에게 제어를 당해서 무력하다고 할 수가 있고, 용신은 목이 되는데 乙木은 가깝지만 寅木은 멀고 약해서 건강에 문제가 있다고 해석해도 되지 않을까 싶다. 다만 토가 병이라고 하는 것은 꿰어 맞추기가 아닌 가 싶은데, 아마도 철초 선생과 가까운 사람이어서 어째서 죽었는지 를 사주로 곰곰이 생각하다가 이렇게 결론을 내린 것 같은 분위기도 느껴진다. 그냥 참고만 하는 것이 좋겠다는 생각이다. 왜냐하면 이 런 식으로 사주를 놓고 한참 궁리해서 찍어 보지만 실제로 그렇게 신통한 결과가 나타나지는 않는다는 점을 느낀다면 허탈해질까 염 려해서이다.

```
壬  辛  辛  丁
辰  未  亥  亥
癸 甲 乙 丙 丁 戊 己 庚
卯 辰 巳 午 未 申 酉 戌
```

辛金生於孟冬. 丁火剋去比肩. 日主孤立無助. 傷官透以當令. 竊去命主元神. 用神在土. 不在火也. 未爲木之庫根. 辰乃木之餘 氣. 皆藏乙木之忌. 年月兩亥. 又是木之生地. 亥未拱木. 此忌神 入五臟, 歸六腑. 由此論之. 謂脾虛腎泄. 其病患頭眩遺泄. 又更 甚於胃脘痛. 無十日之安. 至己酉運. 日主逢祿. 采芹得子. 戊運, 剋去壬水, 補廩, 申運, 壬水逢生. 病勢愈重. 丁運, 日主受傷而 卒.

觀右兩造. 其病症與八字五行之理. 顯然相合. 果能深心研究. 其壽夭窮通. 豈不能預定乎.

신금생어맹동. 정화극거비견. 일주고립무조. 상관투이당령. 절거명주원신. 용신재토. 부재화야. 미위목지고근. 진내목지여기. 개장을목지기. 연월량해. 우시목지생지. 하미공목. 차기신 입오장, 귀육부. 유차론지. 위비허신설. 기병혼두현유설. 우갱심어위완통. 무십일지안. 지기유운. 일주봉록. 채근득자. 무운, 극거임수, 보름, 신운, 임수봉생. 병세유중. 정운, 일주수상이 졸.

관우량조. 기병증여팔자오행지리. 현연상합. 과능심심연구. 기수요궁통. 기불능예정호.

➤ 辛金이 亥月에 나서 丁火는 비견을 극해서 제거하고 일주는 고립되어 도움이 없다. 상관이 투출하여 당령을 차지하니 일주의 원신인 토의 기운을 훔쳐 가서 용신은 토에 있고 화에 있는 것이 아니다. 未土는 목의 고근이 되고 辰은 목의 여기이니 모두 乙木의 기신을 포함하고 있으며, 연월의 亥水는 또 목의 생지이면서 亥未가 목으로 합하니 이것은 기신이 오장에 들어온 것일 뿐만 아니라 육부에까지 들어간 것이다. 이로 말미암아 논하건대 비는 허하고 신은 설기되어 그 병환은 현기증과 유정이다. 또다시 위경련도 심하여 10일을 편히 살아 보지 못했다. 己酉운이 되면서 일주가 녹을 만나니 벼슬도 하고 아들도 얻었으며, 戊운에서는 임수를 극하여 창고를 넓혔으나 申운이 되면서 壬水가 생조를 만나니 병세가 더욱 악화되어 丁운에 일간이 극을 받아 죽었다.

이렇게 두 사주를 살펴봤는데, 그 병증은 팔자와 오행의 이치를 벗어나지 않고 있다는 것을 충분히 알겠다. (그러니까) 마음을 깊이 모아서 연구를 한다면 그 장수와 요절의 상황을 어찌 미리 정하지 못하겠는가.

【 강의 】

내용 중에 遺泄이라는 것은 즉 遺精의 증세로 정액이 저절로 흘러 나오는 것을 이르는 말이라고 이해된다. 과연 말씀대로 마음을 모아서 궁리하여 이렇게 어떤 상태의 질병이 될 것이고 어떻게 약을 쓰면 나을 것이며 또한 약을 써도 효력이 없을 것인지를 알 수만 있다면 참으로 많은 의미에서 참고가 되리라고 판단하겠다. 문제는 설명은 이렇게 되어 있지만 실제로 환자를 보면서 일치가 되겠느냐는 점에 대해서는 아마도 많은 연구가 필요하지 않을까 싶고, 여기에 대해서만 궁리한다고 해도 수년이 걸리거나 더 길게 잡아야 할지도 모르겠다는 생각이 든다. 이 점에서 본다면 질병에 대해서는 나중에 시간이 한가로울 적에 궁리해 보시라고 권장하고 싶다. 그러니까 질병은 전문가인 의사에게 물어 보자는 것인데, 이렇게 자평명리에서 질병을 제거하고 싶은 것은 역시 엉터리라는 말을 들을 가능성이 매우 많은 분야이기 때문이며, 혹 건강에 대해서 확신도 없으면서 그리고 자격도 없으면서 말을 함부로 해서 만에 하나라도 국민의 건강을 해치기라도 한다면 이것은 망신의 차원이 아니라 망국의 차원이라고 해야 할 모양이다.

이러한 낭월의 조심에 대한 판단을 잘 헤아려 주시고, 질병과 연관된 학문인 오운육기(五運六氣) 등의 원리를 잘 이해하고 이 부분과 연결시켜 본다면 어떤 힌트가 있을지도 모르겠다는 정도의 의견을 드리고 줄인다.

【滴天髓】

> 客神游六經而災小.
> 객신유육경이재소.

➡ 객신이 육경을 떠돈다면 재앙은 크지 않다.

【滴天髓徵義】

客神游六經者. 陽虛之氣. 浮於天干也. 陽而虛露. 易制易化, 爲災必小. 猶病之在表. 外感易於發散. 不至大患. 故災小也. 究其病源. 仍從五行陰陽, 以分臟腑. 五臟而論臟. 亦勿以天干爲客神論虛. 地支爲忌神論實. 必須究其虛中有實. 實處反虛之理. 其災祥了然有驗矣.

객신유육경자. 양허지기. 부어천간야. 양이허로. 이제이화, 위재필소. 유병지재표. 외감이어발산. 부지대환. 고재소야. 구기병원. 잉종오행음양, 이분장부. 오장이론장. 역물이천간위객신론허. 지지위기신론실. 필수구기허중유실. 실처반허지리. 기재상료연유험의.

➡ 객신이 육경을 떠돈다는 말은 허약한 양의 기운이 천간에 (뿌리도 없이) 떠 있다는 말이다. 양이 허하게 노출되어 있다면 제어도 쉽고 교화도 쉬워 재앙은 반드시 작은 것이니, 마치 병이 표면에 있는 것과 같아서 밖에서 감염된 것이니 발산하기도 쉬워서 큰 병으로까지는 이르지 않는다. 그래서 재앙이 작다고 한 것이다. 그 병의 근원을

연구하면 오히려 오행과 음양의 이치에 부합되니 장부로써 나누고 오장은 장으로 논하면 된다. 또한 천간의 객신이라고 해서 허하다고만 논하지 말고 지지는 기신이라서 실하다고만 논하지도 말아야 하니, 반드시 허한 가운데에서도 실함이 있고 실한 가운데에서도 허함이 있음을 연구해야 한다. 그렇게만 되면 재앙과 상서로운 일을 그대로 정확하게 알 수가 있으리라.

【 강의 】

옳으신 말씀이다. 아마도 기신이 천간에서 무력하게 떠 있는 상황을 두고 하시는 말씀이라고 생각되는데 그대로 일리가 있다고 하겠다. 그리고 더욱 중요한 것은 지지에 있다고 해서 모두 실하다고 생각지 말라는 말씀이다. 논리적으로는 전혀 하자가 없으므로 무난한 의미로 수용하면 되겠다. 그리고 여기에서 허실(虛實)에 대해 이해가 부족하신 벗님도 계실 듯하여 낭월이 이해하고 있는 선에서 약간 설명을 드리도록 한다.

① 虛란 정기(精氣)가 허약한 것이다.
그러니까 기운이 빠져서 기진맥진한 상태를 허하다고 한다. 즉 병의 상태는 아니고 어쩌면 그렇게 될지도 모르는 상태이므로, 아마도 저항력이 많이 떨어진 상태를 두고 허하다고 하는 것이라고 이해하고 있다.

② 實이란 사기(邪氣)가 넘치는 것이다
사기는 이미 질병의 증세가 나타난 것을 말한다. 즉 감기로 기침

을 하고 고열이 나서 펄펄 끓으면 사기가 실하다고 하는데, 이러한 점을 혼동해서 실은 건강하다는 것으로, 허는 질병의 상태로 이해하게 될까 봐 낭월이 아는 대로 말씀을 드렸다. 이렇게 글자의 의미는 사뭇 상식을 비웃을 경우도 있음을 생각해야 하겠다.

```
丙    庚    甲    壬
戌    午    辰    辰
壬 辛 庚 己 戊 丁 丙 乙
子 亥 戌 酉 申 未 午 巳
```

庚午日元. 生於辰月戌時. 春金殺旺. 用神在土. 月干甲木. 本是客神. 得兩辰蓄水藏木. 不但游六經. 而且入五臟. 且年干壬甲相生. 不剋丙火. 初運南方生土. 所以脾胃無病. 然熬水燥金, 而患弱症. 至戊申運. 土金竝旺. 局中以木爲病. 木主風. 金能剋木. 接連己酉, 庚戌, 三十載. 發財十餘萬. 辛亥運, 金不通根. 水得長生, 忽患風疾而卒.

경오일원. 생어진월술시. 춘금살왕. 용신재토. 월간갑목. 본시객신. 득량진축수장목. 부단유육경. 이차입오장. 차년간임갑상생. 불극병화. 초운남방생토. 소이비위무병. 연오수조금, 이환약증. 지무신운. 토금병왕. 국중이목위병. 목주풍. 금능극목. 접련기유, 경술, 삼십재. 발재십여만. 신해운, 금불통근. 수득장생, 홀환풍질이졸.

➡ 庚午일주가 辰月의 戌時에 났으니 봄의 금이 살은 왕하여 용신은

토에 있다. 월간의 甲木은 본래 객신인데 양 辰土가 水木을 저장하고 있으니 육경뿐만 아니라 오장으로도 들어간다. 또 연간의 壬甲은 서로 상생을 하니 丙火를 극지도 않아서, 초운의 남방에서 토를 생조할 적에는 비위에 아무런 병이 없었지만 금이 메마르고 물도 졸아들어서 약한 증세의 병환이 있었다. 戊申운이 되면서 토금이 함께 왕성하니 사주에 목이 병이 되었다. 목은 풍의 질환을 주관하는데, 금이 능히 목을 극하여 이어지는 己酉대운과 庚戌대운까지의 30년은 재물도 수십억을 벌었고 (건강도 좋았는데) 辛亥운이 되면서 금은 통근이 되지 못하고 수는 장생을 얻으니 갑자기 중풍을 맞아서 죽었다.

【 강의 】

참으로 무서운 병이 중풍이다. 흔히 중풍을 일러서 '바람을 맞았다'고 하는데, 바람 風과 맞을 中으로 해서 중풍이 되는 모양이다. 中은 百發百中의 中과 같은 의미로 이해하면 되겠다. 실로 아침에 멀쩡하다가 저녁에 갑자기 죽어 버리는 무서운 질환이고, 일명 '腦卒中'이라고도 하는데 과연 만만치 않은 병인 모양이다. 근래에는 이러한 병을 예방한다고 엄지손가락의 뿌리 부근인 손바닥의 도톰한 위치를 칼로 따고 비지 같은 것을 빼내는 사람이 인기가 있다는 말도 들었는데, 과연 그러한 것이 얼마나 효과가 있을지는 문외한인 낭월로서는 믿기가 어려우나 다만 그 질환이 사람에게 두려움을 주는 것은 사실이다. 여하튼 이 사주의 주인공이 운의 작용에 의해서 질병이 발생했다는 것은 의미가 있다고 하겠고, 이런 정도의 추측이라도 할 수가 있다면 미리 어떤 대안을 세울 수도 있을 것 같다. 무엇보다도 토가 용신이고 목이 기신이어서 큰 장애가 발생했을 것으로 추리할 수는 있지만, 그렇다고 해서 모든 사람이 다 이와 같은 구조에서는 같은 질병에 걸린다고 하기는 어렵지 않을까 싶다. 참고하기에는 충분한 자료이다.

```
庚    壬    戊    癸
戌    寅    午    丑
庚 辛 壬 癸 甲 乙 丙 丁
戌 亥 子 丑 寅 卯 辰 巳
```

　壬寅日元. 生於午月戌時. 殺旺又逢財局. 殺愈肆逞. 所以客神不在午火. 反在寅木. 助其火勢. 客神又化忌神. 戊癸化火. 則金水相傷. 運至乙卯. 金水臨絶. 得肺腎兩虧之症. 聲啞而嗽. 於甲戌年正月, 木火幷旺而卒.

　임인일원. 생어오월술시. 살왕우봉재국. 살유사령. 소이객신부재오화. 반재인목. 조기화세. 객신우화기신. 무계화화. 즉금수상상. 운지을묘. 금수림절. 득폐신량휴지증. 성아이수. 어갑술년정월, 목화병왕이졸.

➜ 壬寅일주가 午月의 戌時에 나서 살은 왕하고 또 재성은 국을 이뤘으니 살이 더욱 날뛰게 된다. 그래서 객신은 午火에 있지 않고 도리어 寅木에 있겠는데, 그 화의 세력을 도우니 객신은 또 기신으로 화했다. 戊癸는 화로 화하니 金水가 서로 손상을 받게 되고, 운이 乙卯에 이르면서 금수가 절지에 임하니 폐와 신이 디지러지는 증세를 얻

어 벙어리가 되고 기침이 심했는데 甲戌년 정월에 木火가 함께 왕하
여 죽었다.

【 강의 】

설명을 보면 역시 결과에 맞춰서 이해하는 형식이 아닌가 싶은데, 그렇더라도 사주의 구조를 보면서 인성의 상황을 살피면 그럴 만도 하겠다는 생각이 든다. 기본적으로 생동감이 없고 메마르고 부실한 상황을 생각해 보면 운이 돕지 않을 때에는 건강도 견디지 못하겠다는 이해가 된다. 이러한 의미를 잘 연결해서 질병에 대한 부분으로 발전시킨다면 뭔가 한 소식을 얻을 수도 있지 않을까 싶다.

```
  庚   丙   庚   乙
  寅   子   辰   亥
壬 癸 甲 乙 丙 丁 戊 己
申 酉 戌 亥 子 丑 寅 卯
```

丙子日元. 生於季春. 濕土司令. 蓄水養木. 用神在木. 得亥之生. 辰之餘. 寅之助. 乙木雖與庚金合而不化. 庚金浮露天干爲客神. 不能深入臟腑而游六經也. 水爲精. 亥子兩見. 辰又拱而蓄之. 木爲氣. 春令有餘. 寅亥生合. 火爲神. 時在五陽. 進氣, 通根. 年月氣貫生時. 精氣神三者俱足. 則邪氣無從而入. 行運又不背. 一生無疾. 名利裕餘. 唯土虛濕. 又金以洩之. 所以脾胃虛寒. 不免泄瀉之病耳.

병자일원. 생어계춘. 습토사령. 축수양목. 용신재목. 득해지생. 진지여. 인지조. 을목수여경금합이불화. 경금부로천간위객신. 불능심입장부이유육경야. 수위정. 해자량견. 진우공이축지. 목위기. 춘령유여. 인해생합. 화위신. 시재오양. 진기, 통근. 연월기관생시. 정기신삼자구족. 즉사기무종이입. 행운우불배. 일생무질. 명리유여. 유토허습. 우금이설지. 소이비위허한. 불면설사지병이.

➜ 丙子일주가 辰月에 나니 습토가 당령을 하여 굴을 저장하고 목을 기른다. 용신은 목에 있는데 亥水를 얻어 생하고, 辰土는 여기에 寅木의 도움도 받으며, 乙木은 비록 庚金과 합이 되지만 化하지는 않으니 경금은 천간에 뜬 이슬과 같은 객신이면서도 장부에 깊이 파고들지는 못하는 형상이라 육경에서 논다고 하겠다. 수는 精이 되는데 亥子가 둘이 보이고 진토는 또 합으로 물을 저장하며, 목은 氣가 되는데 봄의 계절에 (기운이) 넉넉하며 寅亥는 다시 생조하는 합이다. 화는 神이 되는데 계절은 5양에 속하여 진기가 되어 통근한다. 연월의 기운이 生時에 통하여 精氣神의 세 성분이 넉넉함을 갖췄으니 즉 사기는 들어올 곳이 없다. 운도 어기지 않으니 일생 질병이 없고 명리가 넉넉했으나, 오직 토가 허하고 습하며 금이 설하여 비위가 허하면서도 차갑게 되니 설사병만 면하지 못했을 뿐이다.

【 강의 】

　설명은 잘하셨지만 상황을 보면 목이 금에게 제어를 받는 것이 상당히 부담이 되는 형상이 아닌가 싶다. 그래도 다행인 것은 수가 있어서 생조를 해준다는 것으로 위안을 삼아야 하겠는데, 이러한 설명을 보면 일간에게 가깝거나 하는 것에는 별 비중이 없는 것으로 보고 단지 전체적인 비중이 어떤가를 생각하는 것으로 기준을 삼으면 될 것 같다. 금이 목에 비해서 세력이 약한 연고로 객신이 된 것이 다행이라고 봐야 하겠고, 설사병 정도는 중병에 속하지 않았던 모양이다.

【滴天髓】

> 木不受水者, 血病.
> 목불수수자, 혈병.

◐ 목이 물을 받아들이지 못하니 혈의 병이다.

【滴天髓徵義】

春木不受水者. 喜火之發榮也. 冬木不受水耆. 喜火之解凍也. 夏木之有根而受水者. 去火之烈, 潤地之燥也. 秋木得地而受水者. 洩金之銳, 化殺之頑也. 春冬生旺之木. 要其衰而受水. 夏秋休囚之木. 要其旺而受水. 反此, 則不受. 不受, 則血不流行. 故致血病矣.

춘목불수수자. 희화지발영야. 동목불수수자. 희화지해동야. 하목지유근이수수자. 거화지렬, 윤지지조야. 추목득지이수수자. 설금지예, 화살지완야. 춘동생왕지목. 요기쇠이수수. 하추휴수지목. 요기왕이수수. 반차, 즉불수. 불수, 즉혈불류행. 고치혈병의.

➔ 봄의 목이 수를 받아들이지 않는 것은 불이 발생하여 영화롭게 함을 반기는 것이고, 겨울 나무가 물을 받아들이지 않는 것은 화의 해동을 기뻐하기 때문이며, 여름 나무가 뿌리가 있으면서도 물을 받아들이는 것은 화의 더움을 제거하고자 함이며 땅의 건조함을 윤택하게 하기 위함이다. 가을의 목이 득지를 했으면서도 수를 받아들이는

것은 금의 날카로움을 설하고자 함이며 살의 완고함을 화하기 위함이다. 봄이나 겨울에는 생왕한 나무지만 혹 쇠약하다면 물을 받아야 하고, 여름이나 가을에는 나무가 휴수하지만 왕하다고 해도 물을 받아야 한다. 이에 반하는 것은 즉 (물을) 받지 못하는 것이니, 받지 않으면 피가 흐르지를 못하여 혈액의 병이 되는 것이다.

【 강의 】

이 대목은 상당히 재미있는 설명이어서 뭔가 한 겹 벗겨지는 것 같은 기분이 들기도 한다. 그러니까 간단한 원문에 지혜로운 설명이라고 하겠는데, 의미심장해서 곰곰 씹어 보고 싶은 대목이라는 생각이 든다. 우선 『적천수』 원문부터 살펴보도록 하자. 계절별로 나무의 입장을 설명한 것인데, 원문에서 보면 나무가 물을 흡수하지 않으면 혈병이라고 했다. 과연 겨울의 나무는 다소 물이 부족해도 이미 겨울의 차가운 기운으로 말미암아 성장이 멈춰 있는 상황이니 구태여 물을 흡수하지 않을 것이며, 여름 나무는 뿌리가 있더라도 물을 받아들인다는 것은 여름에는 불기운이 넘치므로 寅木이나 卯木이나 혹은 천간에 목이 있더라도 역시 목이 마른 것은 마찬가지이니 특히 이렇게 여름 나무가 비겁이 있으면서도 물을 받아들인다는 것은 자연의 상태를 이해하는 방향에서 의미가 있겠다. 과연 여름에 왕성한 나무는 인성이 필요 없을 것인가? 이 점에 대해서는 좀더 궁리를 해봐야 하겠지만 그냥 일상적으로 뿌리가 있다는 정도로는 당연히 인성이 필요하겠는데, 여기에서 인성과 비겁의 차이를 극명하게 느낀다고 하겠다.

다만 혹 오해의 소지가 될 수도 있다고 보는 것은 '木=나무'의 관계로 이해할 수도 있겠다는 점이다. 그러니까 이 대목에서는 목과 나무를 완전히 동일하게 놓고 설명하고 있는데, 그 때문에 목은 나무일 뿐 그 이상은 아니라는 선입견이 생기면 곤란하다는 말씀을 드린다. 이 점도 참고하면 도움이 되지 않을까 싶다.

그나저나 혈병이라면 무슨 병일까? 혹 백혈병? 혈병이라고 하니 그 정도밖에 생각나지 않는 것이 피에 대해서는 너무 아는 바가 없나 보다. 여하튼 혈액이 탁하거나 고이거나 묽거나 부족하거나 등등의 상황이 발생할 수 있겠다는 생각을 해볼 뿐이다.

```
己  乙  丁  丁
卯  亥  未  亥

己 庚 辛 壬 癸 甲 乙 丙
亥 子 丑 寅 卯 辰 巳 午
```

乙木生於未月休囚之位. 年月兩透丁火. 洩氣太過. 最喜時祿通根. 則受亥水之生. 潤其燥烈之土. 更妙會局幫身, 通輝之象. 至甲辰運. 虎榜居首, 科甲連登. 格取傷官用印也.

을목생어미월휴수지위. 연월량투정화. 설기태과. 최희시록통근. 즉수해수지생. 윤기조렬지토. 갱묘회국방신, 통휘지상. 지갑진운. 호방거수, 과갑련등. 격취상관용인야.

➜ 乙木이 未月의 휴수되는 계절에 태어나 연월에 두 丁火가 투출되니 설기가 너무 지나치다. 가장 반가운 것은 시의 녹지에 통근을 한 것인데 즉 亥水의 생을 받아들여서 그 조열한 토를 윤택하게 한다.

다시 묘하게도 목국으로 일간을 도우니 광채를 뿌리면서 휘날리는 형상이다. 甲辰운에 이르러 호방의 우두머리가 되고 등과하여 연이어 벼슬이 오르니 격은 상관용인격이 된다.

【 강의 】

　질병의 장임을 갑자기 까먹으신 것은 아닌가 싶다. 질병에 대해서 전혀 언급이 없기 때문에 해본 생각이다. 다만 설명은 없지만 분위기로 봐서는 여름 나무가 물이 이미 충분하므로 더 이상 물을 받아야 할 필요가 없다는 의미인 것 같다. 물이 충분하므로 사주가 좋아서 벼슬도 하고 병도 없이 잘살았다고 하시고 싶은 것이 아닌가 싶다. 다만 亥卯는 가능하지만 亥의 합은 별 의미가 없는 것으로 봐도 되겠고, 용신은 인성에 있다고 설명하는데 생각하기에 따라서는 반드시 약하다고 하지 않아도 될 형상이므로 화의 흐름에 따를 수도 있겠다. 甲辰대운에 잘 나간 것은 수가 용신이라서 그렇다고도 하겠지만 木生火로 약한 정화를 도와서 발했다고 해도 틀린 말이 아닐 듯싶어서 생각을 해보았다.

丁	乙	乙	丙
亥	巳	未	戌
癸 壬 辛 庚 己 戊 丁 丙
卯 寅 丑 子 亥 戌 酉 申

乙木生於未月. 干透丙丁. 通根巳戌. 發洩太過. 不受水生. 反

以亥水爲病. 格成順局. 從兒. 初交丙申丁酉. 得丙丁蓋頭. 平順
之境. 戊戌運. 剋盡亥水. 名利兩得. 至己亥. 水地. 病患膨脹. 只
因四柱火旺. 又逢燥土. 水無所歸. 故得此病而亡.

　을목생어미월. 간투병정. 통근사술. 발설태과. 불수수생. 반
이해수위병. 격성순국, 종아. 초교병신정유. 득병정개두, 평순
지경. 무술운, 극진해수. 명리량득, 지기허, 수지. 병환팽창. 지
인사주화왕. 우봉조토. 수무소귀. 고득차병이망.

➡ 乙木이 未月에 나서 천간에 丙丁이 나타나고 巳戌에 통근도 하여 설기가 너무 심한 상태인데 물을 받지 않으니 도리어 亥水가 병이 되어 종아격이 된다. 처음에 丙申과 丁酉대운에서는 丙丁의 화가 천간에 덮여 있어서 편안하게 잘 지냈고, 戊戌운에는 해수를 완전히 제거하여 명리가 모두 이뤄졌다. 그러나 己亥의 운이 되자 지지가 수이니 병환이 팽창병이었는데, 다만 사주에 화가 너무 왕성하고 조열한 토도 있으므로 수는 돌아갈 곳이 없으니 이 병을 얻어서 죽었다.

【 강의 】

　팽창병은 흔히 배가 몹시 붓다가 죽는 병이라고 하니 복수(腹水)가 찬다는 말도 하는가 싶다. 또 고창증이라는 말도 들은 적이 있는데 같은 증세를 가리키는 것 같다. 그런데 과연 이 사주가 종아에 해당하느냐에 대해서는 그대로 수용하기가 어렵다는 점을 따지고 넘어가야 하겠다. 亥水가 있음에도 그대로 버리고 종아를 했다는 것은 상식적으로 이해가 되지 않는다. 물론 철초 선생이야 실제 상황이

그렇다면 믿어야 한다고 하시겠지만 그렇게 주체가 없어서는 학자의 견해가 일관성을 잃을지도 모르겠다는 염려가 되어서 다시 이 자료를 곰곰이 살펴본 끝에 혹 丙戌시가 아닐까 하는 생각을 해본다. 병술시는 앞당기는 시가 되겠는데, 대체로 사주에 문제가 있을 경우에 앞당겨 보면 해결점이 보이는 사주가 몇몇 보여서 다시 생각을 해보는 것이다. 그러니까 이 사주가 어떤 연유로 亥時로 알려지기는 했지만 실제의 자연 시간은 戌時였을 가능성도 있다고 봐야 하겠다. 그렇다면 종아격으로 나타난다고 하겠기에 이러한 방향으로 이해해 보는 것도 무의미하지는 않으리라고 본다. 그리고 이 사주처럼 도저히 납득이 되지 않을 경우에는 시를 다소 앞뒤로 당기거나 밀어서 대입해 보는 것도 한 방법이라고 하겠다.

【滴天髓】

土不受火者, 氣傷.
토불수화자, 기상.

○ 토가 화를 받아들이지 않으니 기가 상한다.

【滴天髓徵義】

燥實之土不受火者. 喜水之潤也. 虛濕之土不受火者. 忌木之剋也. 冬土有根而受火者. 解天之凍, 去地之濕也. 秋土得地而受火者. 制金之有餘, 補土之洩氣也. 遇燥則地不潤. 過濕則天不和. 是以火不受. 木不容. 遇燥必氣虧. 過濕必脾虛. 不受則病矣.

조실지토불수화자. 희수지윤야. 허습지토불수화자. 기목지극야. 동토유근이수화자. 해천지동, 거지지습야. 추토득지이수화자. 제금지유여, 보토지설기야. 우조즉지불윤. 과습즉천불화. 시이화불수. 목불용. 우조필기휴. 과습필비허. 불수즉병의.

➔ 건조하면서도 단단한 토가 화를 받아들이지 않는 것은 수의 윤택함을 기뻐하기 때문이며, 허하고 습한 토가 화를 받아들이지 않는 것은 목의 극을 꺼리기 때문이다. 얼어 있는 토가 뿌리가 있으면서도 화를 받아들이는 것은 하늘이 얼어 있는 것을 해소하기 위함이며 지지의 습기를 제거하기 위함이다. 가을의 토가 지지를 얻고서도 화를 받아들이는 것은 금의 남는 것을 제거하기 위함이며 토의 설기함을 보충하기 위함이다. 조열함을 만나면 땅은 윤택하지 않고 (그렇

다고 해서) 너무 습하면 하늘이 불화한즉 화를 받아들이지 않고 목을 용납하지 않으니, 너무 조열하면 반드시 기운이 일그러지고 지나치게 습하면 반드시 비가 허해지니 받아들이지 않은즉 병이 된다.

己	戊	辛	己
未	戌	未	巳

癸 甲 乙 丙 丁 戊 己 庚
亥 子 丑 寅 卯 辰 巳 午

戊土生於未月. 重疊厚土. 喜其天干無火. 辛金透出. 謂裏發於表. 其精華皆在辛金. 運走己巳戊辰. 生金有情. 名利裕如. 丁卯運, 辛金受傷. 地支火土並旺. 不能疏土. 反從火勢. 則土愈旺. 辛屬肺. 肺受傷. 血脉不能流通, 病患氣血兩虧而亡.

무토생어미월. 중첩후토. 희기천간무화. 신금투출. 위리발어표. 기정화개재신금. 운주기사무진. 생금유정. 명리유여. 정묘운, 신금수상. 지지화토병왕. 불능소토, 반종화세. 즉토유왕. 신속폐. 폐수상. 혈맥불능류통, 병환기혈량휴이망.

➡️戊土가 未月에 나서 두터운 토가 중첩되어 있으니 반가운 것은 그 천간에 화가 없다는 것이다. 辛金이 투출되어 속에서 밖으로 발산된 것이라고 하겠으니 그 빼어난 기운은 모두 신금에 있다. 운이 己巳와 戊辰으로 흐르면서 금을 생조하여 유정하니 명리가 넉넉하였다. 그러나 丁卯운에는 신금이 손상을 받았고 지지에 火土가 함께 왕하여 토를 제어할 수가 없고 도리어 화의 세력을 돕게 되니 즉 토는 더

욱 왕성해져서 신금이 폐에 속하는 고로 폐가 상하였고 혈맥은 유통되기가 불가능하여 기와 혈이 이지러지는 병환으로 죽었다.

【 강의 】

참 답답한 구조의 사주라고 하겠다. 비겁이 이렇게 왕성하고 건조하니 辛金이 병이 들었다고 해도 말이 되겠는데, 과연 이러한 사주를 보면 타고난 질병의 상황을 사주를 통해서 어느 정도 읽을 수가 있다고 해도 되겠다는 생각이 든다. 그렇더라도 사주에서의 암시는 병으로 치면 아직은 증세가 나타나지 않는다고 할 수 있고, 다만 보균자처럼 가능성에 대한 암시를 갖고 있다는 말로써 대신할 수 있겠다. 즉 발병은 해당하는 글자가 작용을 받을 경우에 가능하다고 하겠는데, 역시 질병에 대해서도 운의 작용이 있다는 것을 이해하면 되겠다.

그러니까 운이 잘 흘러서 해당하는 병균이 활동할 기회를 주지 않는다면 병이 발생하지 않을 것이니, 이것은 사주만 놓고서 병을 논하지 말고 사주에서는 가능성이 있다는 것을 읽는 것으로 생각하라는 말씀이다. 그러므로 이 사주에서 악성 바이러스는 丁火가 되겠고, 정화는 지장간에 암장되어서 노출되지는 않고 있다는 것을 전제로 하고, 그 의미는 신금이 용신이므로 정화를 그렇게 평가한다는 것이다. 다시 원국에서 己土가 있으므로 어느 정도 방어의 기능은 발휘되겠지만 정화의 세균이 들어왔을 적에 기본적으로는 원국의 기토가 막아 줄 수 있었는데 지지의 戌土나 未土와 巳火의 반응이 더욱 민감해져서 기토의 보호벽은 이내 허물어지고 말았다고 이해할 수 있겠다.

원문의 내용에서 암시하는 것을 연결해 보면 이 사주는 토가 너무 건조해서 다시 화의 기운을 흡수할 의사가 없다고 하겠다. 다시 말하면 조열한 토의 상황이라고 할 수 있다. 토가 조열하면 금이 부서지는 것은 당연하므로 폐의 기운이 상하는 것이라고 이해가 된다.

```
壬   己   己   庚
申   亥   丑   辰
丁 丙 乙 甲 癸 壬 辛 庚
酉 申 未 午 巳 辰 卯 寅
```

己亥日元. 生於丑月. 虛濕之地. 辰丑蓄水藏金. 庚壬透而通根. 只得順其虛濕之氣. 反以水爲用, 而從財也. 初運庚寅辛卯. 天干逢金生水. 地支遇木剋土. 蔭庇有餘. 壬辰癸運. 不但財業日增. 抑且名利宮墻. 巳運, 剋妻, 破財. 此造四柱無火. 得申時壬水逢生. 格成假從財. 故遺業豊厚. 讀書入學. 妻子兩全. 若一見火. 爲財多身弱. 一事無成. 至甲午運. 木無根而從火. 己巳年, 火土竝旺. 氣血必傷. 患腸胃血症而亡.

기해일원. 생어축월. 허습지지. 진축축수장금. 경임투이통근. 지득순기허습지기. 반이수위용, 이종재야. 초운경인신묘. 천간봉금생수. 지지우목극토. 음비유여. 임진계운. 부단재업일증. 억차명리궁장. 사운, 극처, 파재. 차조사주무화. 득신시임수봉생. 격성가종재. 고유업풍후. 독서입학. 처자량전. 약일견화. 위재다신약. 일사무성. 지갑오운. 목무근이종화. 기사년. 화토병왕. 기혈필상. 환장위혈증이망.

➜己亥일주가 丑月에 나서 허습한 땅이고 辰土와 丑土도 물과 금을 머금고 있는데다 庚金과 壬水는 투출되어 통근도 되었으므로 다만 그 허습한 기운을 따르는 것이 좋겠으니, 도리어 수가 용신이 되는 형상이라서 종재격이 되었다. 초운에 庚寅과 辛卯에는 천간의 금이 수의 생조를 만나고 지지에는 목이 토를 극함을 만나니 부모의 그늘이 넉넉했고, 壬辰과 癸水대운에는 다만 재물이 늘어났을 뿐만 아니라 궁궐의 벽에 이름을 날렸으나 巳火운에는 처를 극하고 재물도 깨어졌다. 이 사주에서는 화가 없고 申時를 얻어 임수가 생을 만났으니 격이 假從財가 된 것이다. 그래서 부모의 유산도 풍성했고, 책을 읽어서 학교에 들어갔으며 처자가 모두 안전했는데, 만약 하나의 화만 봤더라도 재다신약의 구조가 되어서 한 가지도 이룰 수가 없었을 것이다. 甲午운에서 목이 뿌리가 없고 화를 따라 종하며 己巳년에서 火土가 함께 왕하여 반드시 기혈이 상하니 장과 위에 혈병의 증세로 인해서 죽었다.

【 강의 】

글쎄…… 설명은 이해를 하면서도 과연 종재를 하게 되었는지에 대해서는 다시 의문이 든다. 아무래도 신약용겁격이 되어야 할 구조가 아닌가 싶어서 좀 미심쩍은 것이다. 다만 수운은 잘 보내고 화운에 흉하게 되었다고 하니 달리 할 말이 없는데, 기세의 흐름으로 봐서는 종재가 불가능하다고만 할 수는 없겠다. 그런데 다소 어색한 부분이 나타난다. 화가 없어서 처자가 모두 안전했다는 말이 뒤에 나오는데, 앞에서 巳火대운에 처가 상했다는 내용과 좀 꼬이는 느낌이 든다. 글자가 잘못되었는지 해석을 잘못했는지 살펴보기 바란다.

『적천수천미』에서도 같은 내용인데, '종재격이 되었다.'는 『적천수 징의』와 달리 '가종재가 되었다.'고 하는 차이만 있다. 같은 말이라고 봐서 상관없겠지만 假자가 있는 것이 더 타당하다고 생각되어 챙겨 넣었다.

【 滴天髓 】

金水傷官, 寒則冷嗽. 熱則痰火. 火土印綬,
금 수 상 관. 한 즉 랭 수. 열 즉 담 화. 화 토 인 수.
熱則風痰, 燥則皮痒. 論痰多木火. 生毒鬱火金.
열 즉 풍 담. 조 즉 피 양. 논 담 다 목 화. 생 독 울 화 금.
金水枯傷而腎經虛. 水木相勝而脾胃泄.
금 수 고 상 이 신 경 허. 수 목 상 승 이 비 위 설.

◉ 겨울의 금이 차가우면 냉기침을 하고 더우면 마른 가래가 되며, 여름의 토는 열기가 많으면 풍담이고 메마르면 피부병이며 담과 관련된 병은 주로 木火에서 연관되어 있고, 독울이 생기는 경우는 火金의 마찰에서 발생하며, 金水가 메마르고 상하면 신경이 허하고, 水木이 서로 싸우면 비위가 설기되는 것이다.

【 滴天髓徵義 】

金水傷官, 過於寒者. 其氣辛涼. 眞氣有虧. 必主冷嗽. 過於熱者. 水不勝火. 火必剋金. 水不勝火者, 心腎不交也. 火能剋金者. 肺家受傷也. 冬令虛火上炎. 故主痰火.

火土印綬, 過於熱者. 木從火旺也. 火旺焚木. 木屬風. 故主風痰. 過於燥者. 火炎土焦也. 土潤, 則血脉流行而榮衛調和. 皮屬土. 土喜緩. 緩, 卽潤也. 所以過燥則皮痒. 過濕則生瘡. 夏土宜濕. 冬土宜燥. 在人則無病. 在物則發生. 總之火多主痰. 水多主嗽.

木火多痰者. 火旺逢木. 木從火勢. 則金不能剋木. 水不能勝火. 火必剋金而傷肺. 不能下生腎水. 木又洩水氣. 腎水必燥. 陰虛火炎. 痰則生矣. 生毒鬱火金者. 火烈水涸. 火必焚木. 木被火焚. 土必焦燥. 燥土能脆金. 金鬱於內. 脆金逢火. 肺氣上逆. 肺氣逆則肝腎兩虧. 肝腎虧則血脉不行. 加以七情憂鬱而生毒矣.

土燥不能生金. 火烈自能暵水. 腎經必虛.

土虛不能制水. 木旺自能剋土. 脾胃必傷.

凡此五行不和之病. 細究之, 必驗也. 然與人事可相通也. 不可專執而論. 如病不相符. 可究其六親之吉凶. 事體之否泰. 必有應驗者.

如日主是金. 木是財星. 局中火旺. 日主不能任其財. 必生火而助殺. 反爲日主之忌神. 卽或有水. 水仍生木. 則金氣愈虛. 金爲大腸肺. 肺傷而大腸不暢. 不能下生腎水. 木洩水而生火. 必主腎肺兩傷之病.

然亦有無此病者. 必財多破耗, 衣食不敷, 以當其咎也.

然亦有無病而財源旺者. 其妻必陋惡. 子必不肖也. 此數者必有一驗. 其中亦有妻賢子肖而無病, 且財源旺者. 歲運一路土金之妙也.

然亦有局中金水, 如木火停勻, 而得肺腎之病者. 或財多破耗. 或妻陋子劣者. 亦因歲運一路木火, 而金水受傷之故也. 宜仔細推詳. 不可執一而論.

금수상관, 과어한자. 기기신량. 진기유휴. 필주랭수. 과어열자. 수불승화. 화필극금. 수불승화자, 심신불교야. 화능극금자. 폐가수상야. 동령허화상염. 고주담화.

화토인수, 과어열자. 목종화왕야. 화왕분목. 목속풍. 고주풍

담. 과어조자. 화염토초야. 토윤, 즉혈맥류행이영위조화. 피속토. 토희완. 완, 즉윤야. 소이과조즉피양. 과습즉생창. 하토의습. 동토의조. 재인즉무병. 재물즉발생. 총지화다주담. 수다주수.

목화다담자. 화왕봉목. 목종화세. 즉금불능극목. 수불능승화. 화필극금이상폐. 불능하생신수. 목우설수기. 신수필조. 음허화염. 담즉생의. 생독울화금자. 화렬수학. 화필분목. 목피화분. 토필초조. 조토능취금. 금울어내. 취금봉화. 폐기상역. 폐기역즉간신량휴. 간신휴즉혈맥불행. 가이칠정우울이생독의.

토조불능생금. 화렬자능한수. 신경필허.

토허불능제수. 목왕자능극토. 비위필상.

범차오행불화지병. 세구지, 필험야. 연여인사가상통야. 불가전집이론. 여병불상부. 가구기륙친지길흉. 사체지부태. 필유응험자.

여일주시금. 목시재성. 국중화왕. 일주불능임기재. 필생화이조살. 반위일주지기신. 즉혹유수. 수잉생목. 즉금기유허. 금위대장폐. 폐상이대장불창. 불능하생신수. 목설수이생화. 필주신폐량상지병.

연역유무차병자. 필재다파모, 의식불부, 이당기구야.

연역유무병이재원왕자. 기처필루악. 자필불초야. 차수자필유일험. 기중역유처현자초이무병, 차재원왕자. 세운일로토금지묘야.

연역유국중금수, 여목화정균, 이득폐신지병자. 혹재다파모. 혹처루자렬자. 역인세운일로목화, 이금수수상지고야. 의자세추상. 불가집일이론.

➜ 겨울의 금이 너무 차가우면 그 기운이 맵고도 서늘하여 진기가 이지러지니 반드시 그 사람은 냉기침을 하고, 너무 뜨거워서 수가 화를 이기지 못할 지경이라면 화는 반드시 금을 극할 것이며, 수가 화를 이기지 못하는 자는 심장과 신장이 교류되지 않을 것이다. 화가 능히 금을 극하는 자는 폐의 집안이 손상을 받을 것이며, 겨울에 화가 허하여 불이 위로 솟을 것이니 그 사람은 마른 담이 생길 것이다.

토가 여름에 태어나 지나치게 뜨거운 자는 목도 왕성한 화를 따라가니 왕성한 불이라면 능히 목을 태울 것이고, 목은 風을 주관하니 그 사람은 풍의 질환을 겪게 된다. 너무 건조한 자는 불이 뜨겁고 토는 갈라 터지는데, 토가 윤택하면 혈맥이 유통할 것이고 영양이 고르게 균형을 이룰 것이다. 피부는 토에 속하는데 토는 느슨한 것을 좋아하니 느슨하면 즉 윤택해지는 것이다. 그러니 너무 건조한즉 피부에 병이 생기고 너무 축축하다면 종기가 생길 것이니, 여름의 토는 축축해야 마땅하고 겨울의 토는 건조해야 옳으니 사람에게는 병이 없고 만물에 있어서는 발생을 하게 된다. 한마디로 불이 많은 사람은 가래가 많고 물이 많은 사람은 기침이 많은 것이다.

木火가 많으면 가래라고 하는 것은 화가 왕하여 목을 만나면 목은 화의 세력을 따라가므로 금은 목을 극하기가 불가능하고 수는 화를 이길 수 없으니, 화는 반드시 금을 극하여 폐가 상하게 된다. 그래서 아래로 腎水를 생하지 못하고 목이 수기를 설하여 신장의 물이 반드시 건조해지니 음이 허하고 불이 이글거려 바로 담이 생기는 것이다.

火金에서 독울이 생긴다는 것은 불이 뜨거워서 물이 말라 버리므로 화는 반드시 목을 태우고 목은 불에게 타버리니, 토는 반드시 타서 메마르게 된다. 그렇게 된 토는 능히 금을 부스러지게 하니 금이 속에서 울체가 되고, 부서진 금은 다시 불을 만나니 폐기가 위로 솟구쳐서 간과 신이 다 이지러지며, 간과 신이 이지러지면 혈맥이 흐르지 못하고 더하여 칠정이 우울해져서 독이 발생한다.

토가 건조하면 금을 생하기가 불가능하고 화는 절로 뜨거워져서 능히 물을 말려 버리니 신장의 경락이 반드시 허하게 된다.

토가 허하면 수를 제어하기가 불가능하고 목은 스스로 왕해져서 토를 극하니 비위가 반드시 상하게 된다.

대저 이렇게 오행의 불화로 병이 되는데, 잘 연구하면 반드시 잘 맞는다. 그러나 사람의 일은 반드시 서로 통하는 바가 있으니 오로지 이 논리에 집착할 것은 아니라고 본다. 만약 병이 잘 부합되지 않을 것 같으면 그 사람의 육친에 대한 길흉을 연구해 보면 일의 좋고 나쁜 것이 반드시 나타난다.

만약 일주가 금이면 목은 재성이 되니 사주에 화가 왕하면 일주는 그 재성을 마음대로 하기가 어려울 것이고, 그러면 반드시 (그 재성은) 불을 생조해서 살을 도울 것이니 도리어 일주의 기신이 되는데, 혹 물이 있다면 물은 도리어 목을 생조하여 금의 기운은 더욱 허약해진다. 금은 대장과 폐가 되니 폐가 상하고 대장은 펴지지 못하여 아래로 신장의 물을 생하지 못하고, 목은 수를 설해서 화를 생조하니 반드시 그 사람은 신장과 폐가 함께 상하는 병이 발생한다.

그러나 또한 이와 같은 병이 없다면 반드시 재물에 큰 손실이 있을 것이고 의식도 넉넉지 못할 것이니 마땅히 그 허물인 것이다.

그러나 또한 이러한 병도 없고 재물도 넉넉하다면 반드시 그 사람의 처가 누추하고 못될 것이며 자식은 반드시 어리석을 것이다. 이 몇 가지는 반드시 그중 하나가 맞게 되어 있지만, 그 가운데에서도 또한 처도 어질고 자식도 현명하고 병도 없으며 재물도 넉넉한 자는 운의 흐름이 土金으로 흐르기 때문이다.

그러나 국중에서 金水가 있고 더불어 木火도 균형을 이루고 있는데 폐와 신에 병이 있거나 재가 많이 손상되거나 혹은 처가 누추하고 자식이 어리석거나 하다면 또한 운의 흐름이 한 가지로 木火로 흘러서 금수가 손상을 받고 있는 까닭이다. 마땅히 자세하고 상세하게 추리하도록 하고 한 가지에 집착하지는 말아야 하겠다.

【 강의 】

조금씩 나눠서 설명하다가는 갑자기 한 뭉텅이로 적어 버리는 것을 보니 일일이 설명하는 정성을 보이다가 그만 권태로워져서 한꺼번에 처리해 버리는 듯한 기분이 든다. 이러한 느낌은 앞의 「성정」편에서도 그대로 나타나고 있는데, 양인 등에 대한 이야기를 뭉뚱그려서 한꺼번에 해결했듯이 이 질병에서도 또 모아서 처리를 해버린다. 아마도 인내심이 좀 부족한 탓이 아니겠는가 싶은데 그래도 하실 말씀은 다 하고 넘어가니 뭐라고 탓하지도 못하겠다.

내용에서 腎을 腎臟이라고 하는 것이 옳지 않은 줄은 알지만 그냥 관례로 그렇게 적어 봤는데 혹 이 분야의 전문가가 보신다면 멍청하다고 탓하실 일이다. 그래서 약간의 언급을 드린다면 '心=心臟'이 아니라는 것으로 이해하면 되겠고, 肺도 허파와 같은 것으로 이해하면 곤란하다는 점을 짚고 넘어가야 할 모양이다. 그러니까 여기에서의 心은 심경락(心經絡)을 말하는데 이는 심장의 장기를 포함한 주변의 한 경락이라고 이해해야 올바르다고 하겠다. 즉 膀胱은 방광경락을 두고 하는 말이라고 한다면, 짐작컨대 그 방광경은 방광을 포함하고 일정한 길을 흘러가고 있는 기의 경로라고 이해하면 되겠다. 다시 말해 해부학적으로 장기와 동일하게 이해하면 올바르지 않다는 정도로 알고 넘어가야 할 것이다. 여기에서 상식삼아 경락에 대해서 약간의 소개 말씀을 드리도록 한다.

• 경락의 존재에 대해서

해부학적으로 경락의 존재를 확인하기란 매우 어려운 것으로 알고 있다. 그러니까 신체적으로 존재하는 것은 사실이지만 어떻게 생겨서 어떻게 작용하고 있는지를 구체적으로 관찰하기에는 적당하지 않다는 점으로 말미암아 서양 의학에서는 존재 자체를 인정받지 못하고 있는 경우라고도 한다. 물론 최근의 의학 소식에 대해서는 정확히 안다고 할 수 없는 점을 참고해 주시고, 배를 갈라서 경락의 존재를 확인하는 일이 그만큼 어렵다고 이해하면 충분하겠다.

어느 한의학자는 토끼를 이용해서 경락을 촬영하는 데 성공했다는 이야기를 싣고 있는데, 또 어떤 학자는 이 실험 자체를 부정하는 듯하기도 해서 그 실제의 상황에 대해서는 뭐라고 말씀을 못 드리겠다. 여하튼 믿거나 말거나 인체에 경락이 있는 것은 확실하고, 그 존재가 확실하다면 뭔가 하는 일도 확실할 것이다. 실로 동양 의학에서는 모든 질환의 상태가 이 경락을 통해서 밖으로 관찰된다고 이해하여 거의 실제로 존재하는 것처럼 인식되고 있다. 그 대표적인 처치법이 지압이나 침술에 나타나고 있는데, 묘한 적은 반응점이 반드시 몸의 어느 표면에 있다는 것이고, 따라서 해당 부위를 갈라서 확인하지 않더라도 그 반응점을 살펴서 속의 상태를 짐작할 수 있다는 것이다. 그리고 병이 없더라도 이 경락에 자극을 줌으로써 건강해질 수도 있고 인체의 기운이 원활하게 흘러가도록 유도한다는 논리가 태극권(太極拳)이나 팔괘장(八卦掌) 등의 무술이라고 하는데 의미심장하다고 생각된다. 그렇다면 기왕 말을 꺼낸 김에 상식적이라는 의미를 부여하면서 12경락의 명칭 정도라도 알아 두는 것이 좋으리라고 생각된다. 한번 살펴보도록 하자.

1. 수태음폐경(手太陰肺經)
2. 수양명대장경(手陽明大腸經)
3. 족양명위경(足陽明胃經)
4. 족태음비경(足太陰脾經)
5. 수소음심경(手少陰心經)
6. 수태양소장경(手太陽小腸經)
7. 족태양방광경(足太陽膀胱經)
8. 족소음신경(足少陰腎經)
9. 수궐음심포경(手厥陰心包經)
10. 수소양삼초경(手少陽三焦經)
11. 족소양담경(足少陽膽經)
12. 족궐음간경(足厥陰肝經)

혹 "왜 반야심경은 없쑤?"라고 하실 벗님도 있지 않을까 싶다. 무슨 경의 이름처럼 나열되어 있어서 말이다. 그중에서도 이해가 되지 않는 명칭이 보인다면 이미 벗님은 상당히 관심이 많은 분이라고 해야 하겠다. 바로 9번의 心包와 10번의 三焦라고 하는 것이다. 이것은 장기의 명칭과 아무런 상관이 없이 부여된 이름이기 때문인데, 학자들 간에는 이 부분의 존재 위치에 대한 많은 연구가 있었다. 그 가운데 삼초라는 것은 세 가지의 초로서 上中下로 나뉘는데, 인체를 전부 감싸고 있는 어떤 호르몬 계통을 가리키는 말이 아닌가 싶다. 그리고 심포는 '심보'라고 하는 것과 같다고 말하는 이도 있고, 심장을 감싸고 있는 어떤 막을 말한다고도 하는데, 역시 추측을 하고 있는 것으로 생각된다. 이런 식으로 궁리를 하다 보니 또 다른 세상으로 접근하는 것 같은 기분이 든다.

위의 12경락은 正經으로 이름하기도 하는데, 정경이 있다면 반드시 偏經이 있어야 음양의 배합이 맞지 않겠느냐는 생각을 하신다면 아마도 팔자에 정인이 있으신 것으로 생각된다. 당연히 편경이 있는데, 이름은 기경(奇經)이라고 하는가 보다. 기경은 흔히 붙여서 기경팔맥(奇經八脈)이라고도 하는데, 정경이 있고 기경이 있다는 것이 재미있다. 다시 이름이나마 참고하시라고 나열해 본다면 다음과 같다.

1. 독맥(督脈)
2. 임맥(任脈)
3. 대맥(帶脈)
4. 충맥(衝脈)
5. 음유맥(陰維脈)
6. 양유맥(陽維脈)
7. 음교맥(陰蹻脈)
8. 양교맥(陽蹻脈)

이상 여덟 가지의 기맥인데, 아마도 무협지를 많이 본 벗님이라면 임독맥을 유통시켜서 공력이 증가한다는 등의 얘기를 들어 보셨을 것이다. 그러한 이름을 여기에서 만나니 반가울지도 모르겠다. 그렇다면 정맥과 기맥이 있다면 다시 그 음과 양을 묶어 주는 중맥(中脈)

은 없느냐고 질문한다면 이미 음양에 대해서는 한 소식을 얻으신 것으로 봐도 되겠다. 음양에는 반드시 그 중간이 있어야 한다는 생각을 하신다면 상당한 관점을 얻었다고 할 수 있겠기에 드리는 말씀이다. 그리고 당연히 그러한 부분이 있음을 생각하면 참으로 오묘할 따름이다. 그 부분은 바로 낙맥(絡脈)이라고 불리는데, 서로의 경맥을 연결시켜 주는 교차로 역할을 한다고 이해하면 되지 않을까 싶다.

　이 이야기는 이 정도에서 줄이고 혹 더 관심이 있다면 해당 서적을 찾아보시는 것이 좋겠다. 우리의 목표는 의사가 되는 것이 아니라 오행의 균형에 대해서 연구하는 것이므로 이쯤에서 다시 본업(?)으로 방향을 바꾸도록 한다.

　본문의 설명이 다소 길기는 하지만 논리적으로는 그대로 부합되어서 흠잡을 곳이 없다. 다만 현실적으로 과연 부합이 되느냐는 점은 이제 관심이 있어서 임상을 해보면 알 일인데, 다만 뒷부분에서 그럴 필요도 없다는 힌트가 나와 있으니 참고하면 되겠다. 즉 오행이 불화하면서도 병이 없다면 해당하는 육친이 속을 썩일 것이고, 또 해당하는 육친도 속을 썩이지 않는다면 물질적으로 고통을 받을 것이고, 그것도 아니라면 운이 좋을 것이라는 뒷문(?)을 만들어 뒀기 때문이다. 뒷문은 여차하면 도망 갈 공간이므로 매우 중요한 곳이다. 사실 낭월도 늘 앞문을 하나 만들면 뒷문은 두 개를 만든다. 그래야 막혔을 적에 도망을 간다는 것을 너무나 잘 알고 있기 때문이다.

　실로 36계의 마지막 가르침은 바로 도망이라는 것을 벗님도 알고 계실 것이다. 이것을 비겁하다고 생각한다면 아마도 인생에서 실패

할 가능성이 매우 많다고 해야 할 것이다. 전진을 하는 군인도 여차하면 후퇴가 있기 때문에 전진할 수가 있는 것이고, 자동차가 앞으로 나아갈 적에도 여차하면 뒤로도 갈 수 있기 때문에 전진할 수가 있는 것임을 우리는 너무도 잘 알고 있다. 만약 앞으로밖에 갈 수 없는 자동차를 만들었다면 어떨까? 그 차가 시속 300킬로미터를 달릴 수 있고 연료는 조금밖에 먹지 않으며 가격은 단돈 100만 원이면 된다고 할 적에 벗님은 그 차를 고려하실 것인가? 아마도 고개를 가로 저어야 할 것이다. 결국 그 차는 어느 담벼락이나 고랑에 처박히고 말 것이다. 그야말로 체면이고 뭐고 구겨지고 마는 것이다. 낭월이 과연 허풍을 떠는지 곰곰 생각해 보시기 바란다.

그리고 도저히 뒷문을 만들 수가 없으면 아예 정문을 폐쇄시켜 버리는 것이 가장 현명하다는 것을 너무도 잘 알고 있기에 어리석은 문을 만들어 놓고서 궁지에 몰리지 않는 것이다. 얼른 들으면 약삭빠르다고 할지도 모를 일이지만 이것은 운영의 묘라고 생각된다. 그럼 무슨 뒷문을 그리 많이 만들고 또 뒷문을 만들지 못한 것은 무엇이냐고 하신다면 물론 다 말씀드릴 참이다.

• 낭월의 뒷문 1번—족집게를 포기하라

바로 이것이다. 이미 누누이 이야기했기 때문에 갑자기 싱거워졌다고 생각하겠지만 이 뒷문이 아니고서는 도저히 명리학을 연구할 자신이 없었다. 이 학문을 족집게의 형태로 생각하기 때문에 달아날 문을 만들지 못하고 그대로 자멸하고 마는 현상이 발생하는 것을 보면서 고민하고 연구한 끝에 나온 결론이 바로 족집게를 포기하는 선언이 확실한 뒷문임을 깨닫게 되었던 것이다. 혹 비겁하다고 하실지도 모르겠다. 그렇다면 스스로 족집게를 선언하시고 그렇게 스트레스를 받다가 자멸하시기 바란다. 그리고 그 지경이 되고 나서야 낭월을 부러워해 봐야 이미 도망 갈 구멍이 없다는 사실을 깨닫게 되겠지만 이미 늦은 일을…… 쯧쯧.

그러니까 족집게는 100퍼센트가 되지 않으면 얻을 수 없는 이름인데, 세상에 어떤 학자든지 자신의 판단이 100퍼센트로 정확한 사람은 없다는 것을 너무도 잘 알고 있는 낭월이다. 아마도 족집게라고 하는 선생님들의 상황은 대략 이러한 전략이 아닐까 싶다.

"맞으면 100퍼센트, 틀리면 0퍼센트 복걸복이다, 까짓거!"

낭월은 대략 80~90퍼센트를 추구한다. 이것이 가장 현명한 협상의 기준이 아닌가 싶다. 그리고 벗님도 그러한 작전에 말려들었다고 해도 되겠다. 물론 눈을 치뜨고 낭월을 노려보실 필요는 없다. 이미 현명한 선택을 하신 것이다. 낭월의 사전에는 '100퍼센트는 영원히 없다'로 되어 있기 때문이다. 그러니까 세상은 그렇게 80~90퍼센트의 이해만 된다면 충분히 참고를 삼고 인생의 길을 물을 만하다고 생각하고 있다는 점만 알아주시면 낭월의 판단이 옳은지 판단이 되시리라고 본다. 진정으로 각자의 삶을 소중히 여긴다면 절대로 100퍼센트를 선언할 수 없다는 것을 너무도 뼈저리게 느꼈고, 그래서 오늘도 내일도 이러한 마음으로 살아가려고 생각하고 있다. 오히려 스스로 족집게인 양 착각하지 않도록 경계하고 있는지도 모르겠다.

- 낭월의 뒷문 2번 — 과거를 물어 봐라

알고 보면 이미 벗님에게 다 일러드린 내용들이다. 혼자서만 급하면 도망 가려고 비상구의 열쇠를 숨겨 두지는 않았다는 점을 알아달라는 것이다. 이렇게 만들어 둔 뒷문이 있기에 그렇게도 마음놓고 방문자와 더불어 상담의 시간을 즐길 수가 있는 것이다. 언제든지

도망을 가면 되기 때문이다. 갯벌에 놀러 가면 진흙 속에서 농게가 나와서 까불고 놀다가 사람이 다가가면 잽싸게 흙을 한 덩이 물고는 구멍으로 들어간다. 그렇게 할 수가 있기 대문에 그놈도 그렇게 한가롭게 자유를 즐길 수 있는 것이다. 그리고 벗늪도 당연히 그 자유를 누릴 수가 있다. 낭월이 일러드린 대로만 하신다면 말이다. 물론 알고서도 수용하지 않는 것이야 낭월인들 어찌할 방법이 없겠다.

• 뒷문이 없어 폐쇄한 정문— 신살과 운성론 등
또한 이미 시시콜콜하게 언급한 내용들이니 다시 재론할 필요가 없겠다. 이외에도 뒷문이 없는 상황으로 판단하고 정문도 닫아 버린 것으로는 각종 刑, 破, 害, 六合, 方合化論 등등이 있다. 물론 정문을 닫아 버렸다는 것은 다시는 사용하지 말자는 것이고, 이것은 건드리기만 하는 것으로도 이미 곤란한 지경에 처할 스 있다는 점을 확인하고 뒷문을 만들어 보려고 시도하다가 여의치 않아서 포기한 것이다. 즉 논리성이 보이지 않아서이다. 물론 낭월보다 현명한 학자가 있어서 혹 이러한 것들에 대해서 뒷문을 만들 수만 있다면 얼마든지 활용하실 수가 있을 것이다. 그리고 잘만 쓴다면 무슨 탈이 있겠느냐는 생각도 든다. 다만 낭월의 소견으로는 정문을 닫아 버리는 것이 가장 현명한 사업이라고 판단하게 된 것이다.

• 이 방법은 모두 철초 선생께 배운 것이다
그렇다. 낭월도 눈치는 약간 있어서 철초 선생의 글을 몇 차례 보는 사이에 그 틈새로 뭔가 묘한 구조를 읽을 수 있었는데, 바로 뒷문을 만들어서 자유롭게 드나든다는 것을 파악하고 나서 큰 깨달음을 얻었다고 해야 할 모양이다. 이 질병의 장에서도 보면 알겠지만 앞에서는 이러한 팔자의 구조를 누가 벗어나겠느냐고 하면서 틀림없이 그렇게 병이 든다고 해놓고는 결국에는 뒷문을 만들어서 살짝 열어 둔 것이 보일 것이다. 즉 '金水가 병이 되지 않는다면 육친이 잘 못될 수도 있지 않은지 봐라. 틀림없을 것이다.' 라고 해놓고서도 또 뭔가 찜찜해서는 다시 '그리고 아프지도 않고 육친에도 문제가 없다면 재물이 날아가는 것이 보일 것이다. 틀림없다.' 고 하는 것이다. 이것이 바로 달아날 뒷문이며 구멍이 되는데, 물론 학자의 견해로서는 그게 당연하겠지만 뒷문을 열어 놓고서 마음대로 휘두르는 모습이 마치 날쌘 검객을 보는 것 같다. 그래서 낭월도 자신도 모르는 사이에 그 비법(?)을 깨닫고서는 언제라도 속이 편안하도록 작전을 펴 나가는 것이고, 이 작전은 이미 벗님도 자기도 모르는 사이에 체득하신 그 내용들이라는 점을 알고 나면 참 공부하는 것이 이렇게도 재미있는 것이구나 하는 것을 깨닫는 순간이 된다고 하겠다. 그렇게 하다 보면 어느 사이에 안목이 높아지고 그럼으로써 점차 대가의 줄에 다가간다고 보는 것이다. 물론 이러한 내용들이 마음에 들지 않으면 다시 다른 선생을 찾아가시는 것은 전적으로 벗님의 자유 의지에 달렸다. 아무도 막을 수가 없고 그래서 될 일도 아니다. 이 정도로 '철초 선생의 마음'에 대해서 설명을 드리고 다음 단계로 넘어가도록 하겠다. 그러고 보니 아직도 살펴봐야 할 사주가 남았다는 것을 까맣게 잊고 있었던 모양이다. 나머지 사주를 좀더 살펴보도록 하자.

```
己   辛   壬   壬
丑   酉   子   辰
庚 己 戊 丁 丙 乙 甲 癸
申 未 午 巳 辰 卯 寅 丑
```

辛金生於仲冬. 金水傷官. 局中全無火氣. 金寒水冷. 土濕而凍. 初患冷嗽. 然傷官佩印. 格局純淸. 讀書過目成誦. 早年入泮. 甲寅乙卯. 洩水之氣. 家業大增. 至丙辰運. 水火相剋而得疾. 丙寅年, 火土旺水愈激. 竟成弱症而亡.

신금생어중동. 금수상관. 국중전무화기. 금한수랭. 토습이동. 초환랭수. 연상관패인. 격국순청. 독서과목성송. 조년입반. 갑인을묘. 설수지기. 가업대증. 지병진운. 수화상극이득질. 병인년, 화토왕수유격. 경성약증이망.

➡ 辛金이 子月에 나서 금수상관인데 사주에 화기라고는 전혀 없으니 금은 차갑고 물은 얼어 있으며 토는 습하면서 얼게 되어 처음에는 냉수의 질병이 있었지만, 상관패인으로 격이 순청하니 글을 읽으면 보는 대로 외워 버렸고 어려서 반수에서 공부하고 甲寅대운과 乙卯대운에서는 수의 기운을 설하니 가업이 크게 늘어났다. 그런데 丙辰대운이 되면서 水火가 서로 극을 하니 질환을 얻었는데, 丙寅年에 火土가 다시 왕수를 극하니 더욱 자극을 받아서 마침내 약증으로 죽었다.

【강의】

　책에는 '火金旺水愈激'으로 되어 있으나 火土가 옳으므로 고쳤다. 자주 등장하는 증세 중에서 담(痰)이라는 글자가 있는데, 이것은 그 증세가 간단하지 않다고 들었다. 가래라고 해석해야 하겠지만 목에 걸려 있는 가래는 열담(熱痰)이라고 하고, 겨울에 토하면 뭉클뭉클한 것이 한 주먹씩 나오는 것을 냉담(冷痰)이라고 한다니까 증세에 따라서 가래의 형태도 여러 가지임을 알겠다. 일반인이 생각하는 또 '담이 결렸다'는 의미로 쓰이는 신체의 부위에 뜨끔뜨끔하게 통증이 오는 경우에도 담이라고 하는데, 이러한 것은 돌아다닌다고 해서 풍담(風痰)이라 한다고 들었다. 그러고 보니 담의 의미도 다양하다는 것을 알 수 있는데, 간단하게 가래라고만 안다면 이러한 소식을 모두 이해하는 데 장애가 있을 수 있다는 점을 설명드리면 참고가 되지 않을까 싶다.

　그리고 알 수 없는 것은 독울(毒鬱)이라는 것인데, 좀더 연구를 해봐야 하겠다. 아시는 벗님이 한 수 일러주시기 바란다.

壬	辛	丙	己
辰	酉	子	丑
戊 己	庚	辛	壬 癸 甲 乙
辰 巳	午	未	申 酉 戌 亥

　金水傷官. 丙火透露. 去氣寒凝. 故無冷嗽之病. 癸酉, 入學, 補廩, 而擧於鄉. 或問金水傷官喜見官星. 何以癸酉金水之運. 而

得功名. 不知金水傷官喜火. 不過要其煖局. 非取以爲用也. 取火爲用者. 十無一二. 取水爲用者. 十有八九. 取火者, 必要木火齊來. 又要日元旺相. 此造日元雖旺. 局中少木. 虛火無根. 必以水爲用神也. 壬申運, 由敎習得知縣. 辛未運, 丁丑年, 火土並旺. 合去壬水. 子水亦傷. 得疾而亡.

금수상관. 병화투로. 거기한응. 고무랭수지병. 계유, 입학, 보름, 이거어향. 혹문금수상관희견관성. 하이계유금수지운. 이득공명. 부지금수상관희화. 불과요기난국. 비취이위용야. 취화위용자. 십무일이. 취수위용자. 십유팔구. 취화자, 필요목화제래. 우요일원왕상. 차조일원수왕. 국중소목. 허화무근. 필이수위용신야. 임신운, 유교습득지현. 신미운, 정축년, 화토병왕. 합거임수. 자수역상. 득질이망.

➧겨울의 금이 丙火가 투출되어 떠 있어 한기를 제거하니 냉수의 병이 없다. 癸酉대운에 공부를 시작하고 창고를 넓히며 고향에서 과거를 보았다. 혹자가 묻기를 금수상관에 관성을 기뻐한다고 하면서 어떻게 癸酉의 金水운에서 공명을 얻게 되느냐고 하는데, 금수상관에 화를 좋아하는 것은 사주의 차가움을 데워 주는 것에 불과하고 용신으로 취하는 것이 아님을 모르고 하는 말이다. 화를 취해서 용신으로 삼는 자는 열에 한둘도 되지 않고, 수를 취하여 용신으로 삼는 자는 열에 팔구는 되니 화를 취하는 것은 반드시 木火가 함께 와주기를 요하고 또 일주가 왕하기를 요하는데, 이 사주는 일주가 비록 왕하기는 하지만 사주에 목이 적고 허약한 화는 뿌리가 없으니 반드시 수로써 용신을 삼는 것이다. 壬申운에서 공부를 하여 지현을 얻었고, 辛未운의 丁丑년에는 火土가 함께 왕하여 壬水를 합거하고 子水

도 손상을 받아 질환을 얻어 죽었다.

【 강의 】

설명에는 아무런 문제가 없는 상황이다. 사주에 목이 없어서 화를 용신으로 쓰지 못했다는 의미로 보이는데, 그렇다면 목이 있었더라면 화로 용신을 삼을 수도 있었겠다는 의미도 되겠다. 그리고 壬申 대운에 잘되었다고 하므로 철초 선생의 말씀은 틀림이 없고, 다만 혹 모르니까 반드시 화의 운에서는 어떻게 살아가는지에 대해서도 확인해 볼 필요가 있겠다. 혹시 놓칠지도 모른다는 조심성 때문에 드리는 말씀이다.

```
丙   庚   丙   甲
戌   子   子   戌
甲 癸 壬 辛 庚 己 戊 丁
申 未 午 巳 辰 卯 寅 丑
```

庚金生於子月. 丙火竝透. 地支兩戌燥土. 乃丙之庫根. 又得甲木生丙. 過於熱也. 運至戊寅, 己卯. 而患痰火之症. 庚辰比肩幇身. 支逢濕土. 其病勿藥而愈. 加捐出仕. 辛巳, 長生之地. 名利兩全. 其不用火者. 身衰之故也.

凡金水傷官用火. 必要身旺逢財. 中和用水. 衰弱用土也.

경금생어자월. 병화병투. 지지량술조토. 내병지고근. 우득갑목생병. 과어열야. 운지무인, 기묘. 이환담화지증. 경진비견방신. 지봉습토. 기병물약이유. 가연출사. 신사. 장생지지. 명리량전. 기불용화자. 신쇠지고야.
 범금수상관용화. 필요신왕봉재. 중화용수. 쇠약용토야.

➡ 庚金이 子月에 나서 丙火는 둘이나 투출되었고 지지에는 건조한 戌土가 둘이나 있으니 병화의 고근으로 뿌리가 되며, 또 甲木을 얻어서 병화가 생조를 받고 있으니 지나치게 뜨겁다. 운이 戊寅과 己卯로 흐르면서 병은 痰火의 증세이다. 경금 비견이 일간을 도와 주고 또 습토가 도움을 주니 그 병은 약이 없이도 저절로 나았다. 돈을 내고 벼슬에 나아가서 辛巳대운에는 장생의 지지이니 명리가 다 갖춰졌는데, 화를 용신으로 쓰지 않은 것은 일주가 쇠약한 연고이다.
 대저 금수상관에 화를 용하는 경우에는 반드시 일주가 왕하고 재성을 만나야 하며, 중화되면 수를 용신으로, 쇠약하면 토를 용한다.

【 강의 】

 당연한 말씀이고, 분명히 인성이 필요한 것으로 봐야 하겠다. 그리고 금수상관에 무조건 화를 용신으로 써야 한다는 당시의 주장에 대해서 그 불가함을 역설하는 것으로 미루어 볼 때 너무 관습에 젖어서 사주를 해석하는 당시의 풍조에 대한 반발심도 약간 느낄 수가 있다.

```
丙  己  庚  己
寅  亥  午  巳
壬 癸 甲 乙 丙 丁 戊 己
戌 亥 子 丑 寅 卯 辰 巳
```

己土生於仲夏. 火土印綬. 己本濕土. 又坐下亥水. 丙火透而逢生. 年月又逢祿旺. 此之謂熱. 非燥也. 寅亥化木生火. 夏日可畏. 兼之運走東南, 木地. 風屬木. 故患風疾. 且己亥體陰用陽. 得午助. 心與小腸愈旺. 亥逢寅洩. 庚金不能下生. 腎氣愈虧. 又患遺泄之症. 幸善調養. 而病勢無增. 至乙丑, 運轉北方. 前病皆愈. 甲子, 癸亥. 水地. 老而益壯. 又納妾生子. 發財數萬.

기토생어중하. 화토인수. 기본습토. 우좌하해수. 병화투이봉생. 연월우봉록왕. 차지위열. 비조야. 인해화목생화. 하일가외. 겸지운주동남, 목지. 풍속목. 고환풍질. 차기해체음용양. 득오조. 심여소장유왕. 해봉인설. 경금불능하생. 신기유휴. 우환유설지증. 행선조양. 이병세무증. 지을축, 운전북방. 전병개유. 갑자, 계해. 수지. 노이익장. 우납첩생자. 발재수만.

➜ 己土가 午月에 나서 火土의 인수가 되었는데, 己土는 본래 습토인데다가 앉은자리는 亥水이고 丙火는 투출되어 생조를 만나고 연월에는 또 녹왕이 있으니, 이것은 뜨거운 것이지 건조한 것은 아니다. 寅亥로 化木하면서 불을 생조하니 여름의 태양이 가히 두려울 지경이다. 겸해서 운이 동남으로 흘러가니 목지가 되고 목은 풍에 속하니 풍의 질환이 있었다. 또 己亥로 일간의 체는 음이면서 용은 양이 되

고 午火의 도움도 얻어서 심장과 소장은 더욱 왕해진다. 해수는 寅木을 만나 설기되지만 庚金은 아래로 생하기가 불가능하여 신기는 더욱 이지러진다. 또 유정의 증세도 있었는데, 다행히도 음식물을 잘 섭취해서 병세가 더 깊어지지는 않았다. 乙丑운이 되어 운이 북방으로 흐르면서 앞의 병은 모두 다 나았고, 甲子와 癸亥의 수운을 만나면서 나이가 들어 더욱 건강해지고 또 첩을 들여 아들도 얻었으며 재물도 수억을 벌었다.

【 강의 】

내용을 보면 유정의 증세가 있었다고 하는데, 이러한 증세가 생기면 몸의 정이 허약해져서 죽게 된다고 한다. 이 병에 대해 간간이 언급하고 있는 것으로 미루어 역시 치료가 잘 되지 않는 병으로 취급된 듯한데, 이 사람은 약과 음식을 잘 써서 유지가 되었던 모양이다. 사주는 상관생재로 보면 되겠는데, 운이 좋아지면서 병이 나아지는 과정이 재미있다. 즉 운이 나쁘면 약을 써도 병이 잘 낫지 않을 수도 있으므로 이러한 경우에는 병원측으로서는 반가운 고객이 되겠지만 의사 입장에서는 따분한 환자일 수밖에 없다. 허구한 날 인상을 찡그리고 대하는 환자가 즐거울 리는 없으리라고 봐서이다. 뭔가 생각해 볼 점이 있는 설명이다.

```
丁  戊  戊  辛
巳  戌  戌  未
庚 辛 壬 癸 甲 乙 丙 丁
寅 卯 辰 巳 午 未 申 酉
```

戊土生於戌月. 未戌皆帶火燥土. 時逢丁巳. 火土印綬. 戌本燥土. 又助其印. 時在季秋. 此之謂燥. 非熱也. 年干辛金. 丁火剋之. 辛屬肺. 燥土不能生金. 初患痰症. 肺家受傷之故也. 其不致大害者. 運走丙申, 丁酉. 西方金地也. 至乙未, 甲午. 木火相生. 土愈燥. 竟得蛇皮瘋. 所謂皮痒是也. 癸巳運, 水無根. 不能剋火. 反激其焰. 其疾卒以亡身. 此火土煽乾癸水. 腎家絕也.

무토생어술월. 미술개대화조토. 시봉정사. 화토인수. 술본조토. 우조기인. 시재계추. 차지위조. 비열야. 연간신금. 정화극지. 신속폐. 조토불능생금. 초환담증. 폐가수상지고야. 기불치대해자. 운주병신, 정유. 서방금지야. 지을미, 갑오. 목화상생. 토유조. 경득사피풍. 소위피양시야. 계사운, 수무근. 불능극화. 반격기염. 기질졸이망신. 차화토픽건계수. 신가절야.

➡ 戊土가 戌月에 태어나고 未戌의 불을 낀 건조한 토가 있으며 시에는 다시 丁巳가 되니 토일간이 화의 인성을 봤는데, 戌은 본래 건조한 토인데다가 다시 인성이 돕고 있으므로 계절은 늦가을이지만 이렇게 건조하니 뜨거운 것은 아니다. 연간의 辛金은 丁火가 극하는데, 신금은 폐에 속하고 건조한 토는 금을 생조하기가 불가능하니 처음에 가래의 증세가 있었던 것은 폐의 집안이 손상을 받았기 때문이

다. 그것이 큰 해로 이어지지 않았던 것은 운이 丙申과 丁酉의 서방 금운이기 때문이고, 乙未와 甲午의 木火가 상생하는 운에서는 토가 더욱 조열해져서 마침내 (피부가 뱀 껍질처럼 되는) 사피풍에 걸렸으니 이른바 피부병이라고 하는 것이 이것이다. 癸巳운에는 수가 뿌리가 없어 화를 극하기가 불가능하여 도리어 그 불꽃의 공격을 받으니 그 병으로 죽게 되었다. 이것은 火土가 癸水를 말려 버렸기 때문에 신장의 집안이 끊긴 연고이다.

【 강의 】

뜨거운 사주가 아니고 건조한 사주라는 말씀이 일리는 있지만 전반적인 상황을 보면 뜨겁기도 하다고 해야 하겠다. 丁巳시의 열기도 상당하기 때문에 이 정도라면 이미 온도가 꽤 높다고 해야 하겠기 때문이다. 다만 이러한 말씀에서 생각해 볼 것은 화가 많아서 뜨거운 것과 조열한 토가 많아서 건조한 것을 구분할 필요도 있겠다는 점이다. 그래서 피부병은 건조함에서 생긴다는 것을 알려 주는 자료라고 하겠는데, 다만 피부병 중에서도 옴과 같이 세균으로 인해서 발생하는 것은 생략하고 체질적으로 발생하는 질병에 대해서만 고려해야 하겠다. 그리고 옻나무 때문에 접촉성 피부염으로 고생하는 경우도 있는데, 낭월도 예전에 옻닭이 몸에 좋다고 해서 한 번 얻어 먹었다가 엄청 고생한 경험이 있다. 옻은 그 성분이 열성이라고 봐서 습한 사람에게는 화를 공급해서 균형을 맞춰 주지만 이미 건조한 경우에는 오히려 부작용으로 이렇게 옻을 타는 체질이 되는 것이 아닌가 싶다. 어떤 스님의 경우에는 옻의 액을 숟가락으로 퍼먹기도 하던데, 이 정도라면 엄청나게 냉하다고 이해해드 될 것이다.

乙	己	丁	己
丑	亥	丑	丑

己	庚	辛	壬	癸	甲	乙	丙
巳	午	未	申	酉	戌	亥	子

己土生於季冬. 支逢三丑. 日主本旺. 過於寒濕. 丁火無根. 不能去其寒濕之氣. 乙木凋枯. 置之不用. 書香難就. 己土屬脾. 寒而且濕. 故幼多瘡毒. 癸酉壬申運. 財雖大旺. 兩脚寒濕瘡. 數十年不愈. 又中氣大虧. 亦乙木凋枯之意也.

기토생어계동. 지봉삼축. 일주본왕. 과어한습. 정화무근. 불능거기한습지기. 을목조고. 치지불용. 서향난취. 기토속비. 한이차습. 고유다창독. 계유임신운. 재수대왕. 양각한습창. 수십년불유. 우중기대휴. 역을목조고지의야.

➡️ 己土가 丑月에 나서 丑土를 셋이나 보고 일주는 본래 왕한데 너무 한습하다. 丁火는 뿌리가 없으니 그 한습한 기운을 제거하기가 불가능하고, 乙木은 시들어 있으니 버려 두고 쓰지 않는다. 공부는 하기 어려웠고, 己土는 비에 속하는데 차갑고 또 과습하니 어려서는 종기가 많이 생겨서 고통을 받았다. 癸酉와 壬申운에는 재물은 비록 매우 많았지만 두 다리에는 한습창이 발생하여 수십 년이 되어도 나을 줄을 몰랐던 것은 中氣가 상해서이고 을목이 시들었기 때문이라고 봐야 하겠다.

【 강의 】

앞의 사주는 너무 건조해서 병이었고, 이 사주는 너무 냉습해서 병이 되었으니 사주를 봐서 충분히 이해할 수 있겠다. 이들 두 사주만 봐서는 사주를 통해 그 사람의 질병을 읽을 수가 있겠다는 생각도 든다. 그런데 여기에서 용신은 목으로 쓰고 희신을 화로 하는 구조라고 이해해야 할 모양이다. 이미 토가 왕하므로 다시 춥다는 이유만으로 丁火를 용신으로 삼을 필요는 없다고 하겠고, 다만 질병의 균형은 용신과는 또 별개로 작용하고 있는 것이라고 이해해야 하지 않겠느냐는 생각을 해보는 자료이다.

庚	甲	己	丙
午	戌	亥	戌

丁	丙	乙	甲	癸	壬	辛	庚
未	午	巳	辰	卯	寅	丑	子

甲木生於亥月. 印雖當令. 四柱土多剋水. 天干庚金無根. 又與亥水遠隔. 戌中辛金. 鬱而受剋. 午丙引出戌中丁火. 亥水被戌土制定. 不能剋火. 所謂鬱火金也. 庚爲大腸. 丙火剋之. 辛爲肺. 午火攻之. 壬爲膀胱. 戌土傷之. 謂火毒攻內. 甲辰運. 木又生火. 沖出戌中辛金. 被午剋之. 生肺癰而亡.

갑목생어해월. 인수당령. 사주토다극수. 천간경금무근. 우여해수원격. 술중신금. 울이수극. 오병인출술중정화. 해수피술토제정. 불능극화. 소위울화금야. 경위대장. 병화극지. 신위폐.

오화공지. 임위방광. 술토상지. 위화독공내. 갑진운, 목우생화. 충출술중신금. 피오극지. 생폐옹이망.

➡ 甲木이 亥月에 나서 인성이 비록 당령은 했지만 사주에 토가 많아서 수를 극하고 천간의 庚金은 뿌리가 없다. 또 亥水는 멀리 떨어져 있는 상황이니 戌土 속의 辛金은 우울하게 극을 받는다. 午火나 丙火는 술토 속의 丁火를 인출하여 해수는 술토에게 제어를 당하므로 화를 극하기가 불가능하니, 이른바 '火金이 우울하다.'고 하는 것이다. 경금은 대장이 되는데 병화가 극을 하고, 신금은 폐가 되는데 오화가 공격을 하며, 壬水는 방광이 되는데 술토가 공격을 하여 상하게 되니 '화독이 속에서 공격한다.'고 말한다. 甲辰운에서는 목이 또 화를 생조하고 술토 속의 신금을 충으로 끌어내니 오화에게 극을 받아서 폐암으로 죽었다.

【 강의 】

辰土대운에 충으로 辛金이 나와서 극을 받았다고 하지 않더라도 辰戌충 자체로 이미 속의 금은 손상을 받는 것으로 해석해야 하지 않을까 싶다. 그리고 이미 폐에 병이 있어서 죽었다는 것을 놓고 대입을 시켰으므로 이렇게 해석되지 않았겠느냐는 생각도 들고, 진토에서 폐암으로 죽었느냐는 점에서는 토의 기운이 생조를 받을 수가 없었던 모양이라고 생각은 되지만 그래도 목의 운을 두고서 진토운에서 사망한 것은 선명하게 이해가 되지 않는 대목이다.

```
甲  甲  癸  庚
戌  午  未  寅
辛庚己戊丁丙乙甲
卯寅丑子亥戌酉申
```

木火傷官用印. 得庚金貼身. 生癸水之印. 純粹可觀. 讀書過目不忘. 惜庚癸兩字. 地支不載. 更嫌戌時. 會起火局. 不但金水枯傷. 而且火能焚木. 命主元神洩盡. 幼成弱症, 肺腎兩虧. 至丙戌運, 熰水剋金而殀.

목화상관용인. 득경금첩신. 생계수지인. 순수가관. 독서과목불망. 석경계량자. 지지부재. 갱혐술시. 회기화국. 부단금수고상. 이차화능분목. 명주원신설진. 유성약증. 폐신량휴. 지병술운, 픽수극금이요.

➜ 木火의 상관에서 인성을 용신으로 삼는데, 庚金이 바짝 붙어서 癸水 인성을 생조하여 순수함이 볼 만하다. 글을 읽으면 보는 대로 외워 버렸는데, 아깝게도 庚癸의 두 글자는 지지에서 실어 주지를 않고 다시 戌時가 싫은 것은 火局을 만들기 때문이다. 다만 金水를 고갈시킬 뿐만 아니라 화가 능히 목을 태우게 되니, 이 사람의 원신은 설기가 극심하여 어려서부터 약증이 발생하더니 폐와 신이 다 이지러지고 丙戌운이 되어서는 물을 말리고 금을 극하여 죽었다.

【강의】

메마른 甲木의 상황이 그대로 이해가 된다. 癸水의 도움이 매우 아쉬운 것도 알겠고, 용신이 편고한 형상이라고 봐서 철초 선생의 설명에 아무런 문제가 없다고 하겠다. 戊土대운에서 죽었다는 것도 이치에 합당하다고 본다. 그래서 질병에 대한 어떤 큰 테두리는 대략 음미할 만하다는 생각도 든다. 다만 깊은 연구가 따르지 않고서는 마음놓고 응용하기에는 늘 조심스럽다고 할 것이다.

```
戊  庚  乙  癸
寅  戌  卯  酉
丁 戊 己 庚 辛 壬 癸 甲
未 申 酉 戌 亥 子 丑 寅
```

春木當權. 卯酉雖沖. 木旺金缺. 土亦受傷. 更嫌卯戌. 寅戌. 拱合化殺. 本主脾虛肺傷之疾. 然竟一生無病. 但酉弱卯强. 妻雖不剋. 而中冓難言. 生二子, 皆不肖. 爲匪類. 故免其病. 財亦旺也.

춘목당권. 묘유수충. 목왕금결. 토역수상. 갱혐묘술. 인술, 공합화살. 본주비허폐상지질. 연경일생무병. 단유약묘강. 처수불극. 이중구난언. 생이자, 개불초. 위비류. 고면기병. 재역왕야.

➡ 卯月의 목이 당권을 했으니 卯酉가 비록 충을 만났다고 하더라도

목이 왕하여 금이 부서지는 형상이며, 토도 손상을 받고 있다. 다시 卯戌이 싫은데 寅戌이 합하여 살로 화하기 때문이다. 본래는 비가 허하고 폐가 상하는 질병이었는데, 죽을 때까지 병이 없었던 것은 다만 酉金이 약하고 卯木이 강해서이다. 처는 비록 극하지 않았지만 부부 관계는 또한 말로 하기 어려운 일이며 두 아들을 낳았으나 모두 우둔하여 빼어나지 못했으니 그 병을 면하였던 것이고 재물 또한 왕했다.

【 강의 】

이렇게 끝까지 어떤 예외의 상황에 대해서도 고려하는 점에서 존경을 받고도 남는다는 생각을 하지 않을 수 없다. 웬만하면 자신의 주장을 합리화하기 위해서 이러한 자료는 없애 버리고 넘어가는 것이 보통 사람의 마음이겠는데, 그보다는 좀더 합리적으로 이치에 접근하는 길을 막지 않으려고 하는 노력에서 학자의 개방된 사고 방식을 그대로 읽을 수가 있다. 그리고 실로 사주팔자로써 인간의 모든 것들, 특히 질병에 대해서는 정확히 읽어 내기 어렵다는 점을 생각하셨다는 데에 존경을 표하며 앞으로 이 부분에 대해서도 더욱 구체적으로 노력할 필요가 있겠는데, 현재로서는 너무 큰 기대는 하지 않는 것이 좋으리라고 보는 낭월이다. 오히려 그보다는 자신의 마음을 미리 알아내는 노력이 살아가는 길에서의 자평명리학을 응용하는 부분에서 더 효과적이 아닐까 하는 생각을 하기도 한다. 끝으로 인간의 숙제라고 해야 할 암의 질환에 대해서 한번 집중적으로 살펴볼 생각이다.

여기에서 생각해 보고 싶은 것은 어떤 특정한 암과 그에 해당하는 장기의 연관성을 살펴볼 수 있겠는가 하는 점이다. 그러니까 토가 병인데 위암이 발생했거나 금이 병인데 폐암으로 죽었느냐는 점을 고려해 보고 싶은 것이다. 벗님도 이 부분에 대해서는 관심이 있으시리라고 생각되는데, 또 폐암에 걸린 사람과 흡연은 필연적인 연관이 있는지, 간암의 경우에는 술로 세월을 보냈는지에 대해서도 함께 생각해 보는 시간을 마련하고 싶다. 이러한 자료를 얻기 위해서 인터넷 낭월명리학당의 문답게시판을 통해 공개해도 좋은 정확한 자료를 메일로 보내 주시면 고맙겠다는 글을 드렸는데, 여기에 적극적으로 동참해 주신 벗님들께도 이 자리를 빌려 감사의 말씀을 전해 드린다.

1. 폐암

1) 乾命 이 모씨

辛	乙	庚	丙
巳	酉	子	戌

51	41	31	21	11	01
丙	乙	甲	癸	壬	辛
午	巳	辰	卯	寅	丑

이 사람이 戊辰년이라면 나이는 43세가 되고 대운은 乙木대운이었다. 당시 그는 노동자로서 직장 생활을 하고 있었는데, 자신의 사주를 봐달라고 해서 봤더니 위와 같은 명식이었다. 사주를 보면 子月

의 乙木이 매우 신약한 상황에서 금의 기운이 온통 자신을 포위하고 있어서 신약한 을목은 오로지 인성을 의지하는 수밖에 없는 형상이다. 그리고 연간의 丙火는 혹 약의 역할을 할지도 모르겠다는 생각이 들지만 이미 신약한 을목으로서는 다시 병화의 설기까지 만나는 셈이므로 그대로 사주의 흉신은 금이라고 하겠는데, 실제로 폐암에 걸려서 삶의 의욕을 잃고 있는 상황이었다. 그가 건강에 대해서 질문을 하기에 당시의 단순한 생각으로 살펴서 금이 병이니 폐 쪽에 병이 발생할 수 있겠다고 했더니 자신은 이미 폐암 말기에 가까워서 삶을 포기한 상태로 죽을 날만 기다리고 있는 상황이라는 이야기를 참담하게 전해 준다. 그 이야기를 듣고 괜히 폐가 병이라고 말했는가 하는 생각도 들었지만 내심 과연 사주팔자에 타고난 병이 이렇게도 정확한가 싶어서 절대로 잊지 않고 기록해 뒀던 기억이 새로운 자료이다.

이미 삶을 포기해서인지도 모르겠지만 담배는 어지간히 피워대는 모습이었는데, 아마도 담배와 무관하게 이 정도의 사주에서 대운이 무력한 을목이고 다시 세운에서도 재성의 운으르 火生土를 하여 土生金으로 흐르는 戊辰년의 상황이었다면 견디기 어려웠으리라는 생각이 들었다. 짐작컨대 戊辰년이나 己巳년을 넘기지 못했을 것이고 庚午년은 더욱 부담이 컸을 것이며 약이 없다고 해도 과언이 아니겠다. 질병 관계에서 벗님의 사주와 어떤 연관성을 찾아보실 수도 있겠다는 생각을 해보는 자료이다.

2) 坤命 박 모씨

```
戊  乙  壬  己
寅  丑  申  亥

59  49  39  29  19  09
戊  丁  丙  乙  甲  癸
寅  丑  子  亥  戌  酉
```

이 사주의 주인공은 己卯년 당시 폐암 말기에 해당하고 암은 이미 뇌에까지 전이되었다는 이야기를 해줬는데, 기묘년의 나이는 41세이고 대운은 丙火에 속하고 있다. 사주를 보면 申月의 乙木이 신약하여 인성이 필요하고 바로 옆에서 壬水의 도움을 받고 있으므로 그렇게 나쁘다고 할 상황은 아닌 듯한데 폐암으로 죽음을 기다리고 있다는 것은 아무래도 유전 인자에 어떤 비밀이 숨어 있는 것은 아닌가 생각되는 자료이다. 그래서 사주만 봐서는 도저히 납득하기 어렵다고 하겠는데, 앞의 사주에서는 도리어 금이 병이어서 폐암이라고 하면 말이 되겠지만 이 자료에서는 무슨 연유로 폐암이 되었다고 할 참인지 설명할 방법을 모르겠다. 실로 낭월이 사주를 보고 질병을 판단하기를 주저하는 것은 바로 이러한 점 때문이다. 벗님이 혹 그 연결 고리를 사주로써 찾을 수가 있다면 낭월보다 안목이 월등히 좋다고 해야 하겠다. 연구해 보시기 바란다.

2. 간암

1) 坤命 강 모씨

```
甲   己   癸   己
子   未   酉   亥
   42  32  22  12  02
   戊   丁   丙   乙   甲
   寅   丑   子   亥   戌
```

　이 사주의 주인공은 1996년(丙子년)에 간암 수술을 한 경우이다. 다행히 회복이 되었지만 사주의 구조로 미루어서는 가을의 금왕절에 태어난 己土가 신약하다고 봐서 인성이 필요한데 인성은 보이지 않아서 비견을 용신으로 삼는 구조에 목이 병이니 간암이라고 할 만도 하겠다. 그후의 소식은 모르겠는데, 목이 병인 것은 확실하므로 일리가 있는 자료이다.

2) 乾命 홍 모씨

庚	乙	甲	己
辰	丑	戌	亥

58 48 38 28 18 08
戊 己 庚 辛 壬 癸
辰 巳 午 未 申 酉

사주를 보면 戌月의 乙丑으로 매우 신약하므로 인성인 연지의 亥水나 일지의 丑土에 있는 癸水를 의지하는 구조인데, 유감인 것은 시간의 庚金이라고 하겠다. 土金이 병이고 목이 약신이라면 오히려 폐암 환자라고 해야 명리학자의 시각으로는 이해가 빠르겠는데, 학문적으로는 잘 이해가 되지 않는다고 해야 하겠다. 그리고 이 사람의 동생도 이미 간암으로 죽었다고 한다. 그래서 암에는 유전적인 요소가 오히려 더 큰 비중을 차지하고 있는 것이라고 하겠다. 참고로 이 사람은 술이라고는 입에도 대지 않는다고 하니, 술이 간암을 유발시키는 하나의 요인이 될 수는 있지만 반드시 그와 연관되어서 발병하는 것은 아니라는 점도 참고로 해둬야 할 모양이다.

3) 乾命 김 모씨

```
癸   壬   壬   壬
卯   辰   寅   辰
 56  46  36  26  16  06
 戊   丁   丙   乙   甲   癸
 申   未   午   巳   辰   卯
```

　이 사주의 주인공은 일란성 쌍둥이로서 죽은 사람은 형이다. 사주는 같다. 간암으로 甲戌년경에 죽었는데, 당시 나이는 43세로 대운은 午火에 속하고 있다. 대운이 오화이면 寅午로 열기가 넘쳐서 수의 기운이 고갈되는 상황에서 세운이 갑술년이면 戌土가 끼여들어 火局을 만드는 바람에 일간의 기운이 고갈되었고, 다시 辰戌충까지 발생하는 바람에 병이 들었다고 하겠으니 매우 불리한 상황임은 틀림없다. 그렇다고 해서 한 사람이 암으로 죽었다면 살아 있는 한 사람에게는 뭐라고 말해야 할 것인지 뒷말을 이을 수가 없다. 그래서 역시 자평명리학의 난해한 부분은 쌍태아의 경우라고 해야 할 모양이다. 그리고 간암이 발병했다는 연결 고리도 찾기가 어렵다. 토가 병이라면 또 일리가 있겠는데, 간암이라면 목이 수의 기운을 설하여 그렇다고 해야 할지…… 모르겠다.

4) 乾命 김 모씨

丙	戊	丁	壬
辰	午	未	辰

59	49	39	29	19	09
癸	壬	辛	庚	己	戊
丑	子	亥	戌	酉	申

 이 사주의 주인공은 己卯년에 간암으로 사망했는데, 나이는 48세로서 대운은 亥水가 되는 구조이다. 운으로 봐서는 오히려 용신의 운에 해당하는데, 세운과 연합해서 亥卯未의 목국이 되는 것이 어떤 변수가 있었는지는 모를 일이다. 사주의 구조에서는 인성이 태왕하고 비겁도 왕하여 재성을 용신으로 삼고 희신은 금이 와야 하는 형상인데, 금은 없고 해수가 들어오면서 대운에서의 辛金도 사라지는 바람에 용신이 시달렸다는 말을 할 수도 있지 않을까 싶다. 수가 병이면 방광암이 되거나 해야 할 것이고 화가 병이면 심장병이 되어야 이해가 쉽겠는데, 간암이라는 것은 목이 병이라고 해야 하겠다. 여기에서 목은 보기에 따라서 병이 되기도 하지만 이것이 암으로까지 진행되었는지는 또 복잡한 문제라고 해야 할 것 같다. 여하튼 참고 하시라고 올려 드린다.

5) 乾命 이 모씨

	모	辛	甲	戊
	름	酉	寅	子
60	50	40	30	20	10
	庚	己	戊	丁	丙	乙
	申	未	午	巳	辰	卯

　이 사주의 주인공에 대해서는 시를 모른다. 그래서 신지 말까도 생각해 보았지만 늘 그렇듯이 상담실의 상황에서는 시를 모르는 사람의 상담을 할 경우도 많으므로 차제에 그 요령을 참고삼을 겸 올려 드린다. 우선 삼주만 갖고서 해석을 하시라는 말씀을 드린다. 寅月의 辛酉일로서 월주가 甲寅이고 연지에서는 다시 水生木을 하는데, 일간 辛酉에서는 생조를 해주는 戊土가 연간에서 다 죽어 있는 상황이어서 신약하다고 결론을 내릴 참이다. 그리고 실제로 그러했는지를 알기 위해서는 살아온 흐름을 살피는 것이 가장 현명한데, 남방의 운에서 고생을 많이 했다고 한다면 일단 신약하다고 해도 되겠다. 그래서 인성이 용신인 것으로 하고, 그렇게 되면 재성이 병이니 간암에 걸릴 가능성도 있다고 해석할 수가 있다. 간암으로 수술을 두 번 했지만 기회를 놓쳤는데, 처음에는 성공했으나 음주로 인해서 재발했다고 하니 술을 엄청나게 좋아했다는 후문이다. 죽은 나이를 보면 丙寅년이고 그해는 38세로서 대운은 巳火가 되는 것이다. 여기에서 뭔가 느껴지는 것은 木火의 이글거리는 세력이라고 하는 것이다. 그러니까 일단 목이 병이라고 한다면 간암은 그대로 연결된

다. 이렇게 산뜻하게만 들어오면 시가 없어도 얼마든지 해석이 가능한 것이다. 참고가 될 만한 자료이다.

6) 坤命 최 모씨

모	丙	壬	壬
름	申	寅	午

63	53	43	33	23	13	03
乙	丙	丁	戊	己	庚	辛
未	申	酉	戌	亥	子	丑

寅月의 丙申일주이니 약하다고 해야 할 모양인데, 寅申충으로 寅木이 부서지고 午火는 壬水에게 제어를 당하는 형상에서 丙火는 고립되었다고 해석해야 하겠다. 인성이 필요하고 결과적으로 木火의 운을 기다리게 되는데, 폐암에 걸린 것을 보면 그대로 금이 병이었다고 해야 할 성싶다. 이 자료를 보면 또한 상황에 따라서 사주의 구조가 상당히 가깝게 접근한다고도 할 수 있겠다. 사망 연도는 丙子년쯤 되었을 것으로 생각되는데, 나이는 55세경이고 대운은 丙火이니 대운과 세운이 서로 자기 갈 길을 갔다고 해야 할 모양이다. 전반적으로 酉金의 대운에서 병이 자랐을 것이고 그 결과로 丙火대운에서 사망했으니, 죽는 운도 중요하지만 과정의 운도 살피지 않을 수가 없겠다는 생각이 든다. 참고 자료가 되는 형상이다.

3. 위암

1) 乾命 한 모씨

乙	甲	乙	庚
丑	戌	酉	午

76	66	56	46	36	26	16	06
癸	壬	辛	庚	己	戊	丁	丙
巳	辰	卯	寅	丑	子	亥	戌

사주의 구조를 보면 酉月의 甲戌일이니 매우 신약한 상황에서 인성은 없고 너무 무력한 구조이다. 庚辰년에 위암 말기로 판정이 나서 죽음을 기다리고 있는 상황인데, 사주를 보면 무력한 甲木에게 조열한 戌土가 병이라고 본다면 戌은 양토로서 위에 해당한다고 하는 말이 통하겠다. 더구나 庚辰년에 나이는 71세로 대운이 辰土에 머물러 있는데, 土生金으로 일간이 더 피곤하고 일지는 다시 辰戌충이 되어서 토가 더욱 병이 되어 위암으로 발전했다고 이해하면 되겠다.

2) 乾命 이 모씨

丙	甲	庚	丙
寅	辰	寅	申

39	29	19	09
甲	癸	壬	辛
午	巳	辰	卯

 이 사주의 주인공은 戊寅년 가을에 사망하였으니 나이는 43세이고 대운은 甲木대운에서 午火로 넘어가기 직전이라고 하겠으며, 寅月의 상황을 고려한다면 이미 오화로 넘어갔을 수도 있겠다. 사주를 보면 庚寅월의 甲辰일주가 매우 혼탁한 구조를 하고 있다. 월지를 얻었지만 庚金이 올라타고 있고 경금은 다시 丙火가 제어하고 있으며, 연지와 월지는 또 寅申충이 발생하고 있는 상황에서 시간에는 다시 병화가 일주의 기운을 설하고 있으니 필시 인성이 필요하다고 해야 할 모양이다. 그런데 금과 목이 싸우니 폐암이든 간암이든 걸리면 또한 말이 되겠는데, 위암은 무슨 이치를 대입시켜야 할지 다시 난감해진다. 토는 별로 부담이 된다고 하기 어렵겠기 때문이다. 또한 이 자료도 벗님의 명철한 연구를 기대해야 할 것 같다. 낭월의 시각으로는 뭐라고 연결을 시키지 못하겠다.

3) 乾命 강 모씨(쌍둥이)

모름	己亥	乙未	丙寅

70	60	50	40	30	20	10
壬寅	辛丑	庚子	己亥	戊戌	丁酉	丙申

이 사주의 주인공은 쌍둥이 형제이다. 형은 10년 전인 庚午년의 61세에 辛金대운에서 죽고, 동생은 丙子년에 71세로 죽었는데 모두 위암이었다고 한다. 그렇다면 유전 인자에서 이미 위암의 요소를 물려받았는지도 모를 일인데, 환경이 중요하다고 생각해야 할 것은 어째서 같은 사주를 갖고 있으면서도 한 사람은 10년을 더 살아서 천수를 다했다고 해도 좋을 만한 나이에 죽었는데 다른 사람은 10년이나 미리 세상을 떠났느냐는 점에 대한 해석으로써 적절한 대입이 되리라고 본다. 참고 사항이 될 것 같아 올리기는 하지만 시를 몰라서 약간 아쉬움은 남는다. 그러나 매우 신약한 사주에서 인성이 용신인 것으로 보고 운이 불리했다는 정도의 해석은 충분히 할 수가 있으리라고 봐서 자료로 삼았다는 점도 참고하기 바란다.

결론

이상과 같이 암과 연관된 자료를 살펴봤는데. 더러는 이해가 되고 또 더러는 이해가 되지 않는다. 그래서 명확한 설명은 할 수가 없겠고, 다만 그렇게 된 이면에는 공통적으로 운이 상당히 나쁘다는 사실은 살필 수가 있다. 그렇다면 어떤 암이거나 간에 그 성분은 선천적으로 유전 인자에 포함되어 있고, 발병은 운이 나쁠 적에 가능하다는 식으로 해석하는 것이 가장 타당하리라고 생각해 본다. 사주의 구조로는 이보다 못해도 암에 걸리지 않고 거뜬히 넘어가는 사람도 부지기수인데 어쩌면 유전 인자가 없으므로 암에 걸려서 죽고 싶어도 마음대로 되지 않는지도 모를 일이다. 그리고 혹자는 마음을 조급하게 쓰지 않으면 암에 걸리지 않으므로 명상을 많이 하라고 하는데, 또한 소용없는 말이라는 것을 알게 된다.

실로 마음을 쓰는 것이 도인급이라고 자타가 인정하는 사람도 암으로 사망하는 경우를 보면 과연 마음을 잘 쓰는 것도 담배를 피우지 않거나 술을 과하게 먹지 않는 것과 같이 발병 가능성을 줄일 수 있는 한 방편은 되지만 절대적인 해결책은 될 수가 없는 것이라고 해야 할 것이다. 그러니까 너무 전전긍긍하지 말고 마음이나 편하게 살아가는 것이 좋겠고, 술이 좋으면 술을 즐기고 담배가 좋으면 담배를 즐기는 것이 오히려 좋지 않을까 싶기도 하다. 다만 권장하지는 않는다. 낭월은 담배에 대해서는 아무리 봐도 정이 들지 않아서 말이다. 그래서 혹 금이 용신이면 담배를 싫어하고 불이 용신이면 담배를 좋아하지 않겠느냐는 생각으로 임상을 해봤지만 실제로 연관을 찾을 수가 없기에 역시 포기했던 경험도 생각난다.

이제 질병 부분에 대한 낭월의 생각은 모두 전달해 드렸다. 그러므로 이 다음의 과정은 관심이 있으신 벗님의 노력을 기다려야 할 모양이다. 낭월은 질병에 대해서는 더 이상 접근할 생각이 (아직은) 없다. 그래서 각자 관심이 가는 대로 연구를 하면 되겠지만 구태여 권장하지는 않는다. 그 결과에 대해서는 마음대로 되지 않을 것이라는 생각이 들어서이다. 그보다는 오히려 심리적인 변화에 대해서 깊이 연구하는 것이 더 현명한 결론을 얻어서 삶의 조언자로서 역할을 할 수 있지 않을까 생각한다. 그래서 이 분야는 이 정도의 소식을 전하는 것으로 줄이고 넘어가는 것을 헤아려 주시기 바란다.

제12부 출신지위

제1장 출신(出身)

【滴天髓】

> 巍巍科第邁等倫. 一個元機暗裏存.
> 외 외 과 제 매 등 륜. 일 개 원 기 암 리 존.

➡ 높고 높은 과거에 급제하여 벼슬길을 가는 것은, 하나의 원기가 그 속에 존재한다.

【滴天髓徵義】

凡命, 論人之出身最難. 故有元機存焉. 元機者, 不特格局淸奇廻異. 用神眞假之分. 須究支中藏神司令. 包羅用神喜神. 使閑神忌神. 不能爭戰. 反有生拱之情. 又有格局本無出色處. 而名冠羣英者. 必先究其世德之美惡. 次論山川之靈秀. 所以鍾靈毓秀. 從世德而來. 不論命也. 然看命之要. 非殺印相生爲貴. 官印雙淸爲美也. 如顯然殺印財官, 動人心目者. 必非佳造. 若用神輕微. 喜神暗伏. 秀氣深藏者. 初看竝無好處. 越看越有精神. 其中必有元機. 宜仔細搜尋.

　범명. 논인지출신최난. 고유원기존언. 원기자, 불특격국청기회이. 용신진가지분. 수구지중장신사령. 포라용신희신. 사한신기신. 불능쟁전. 반유생공지정. 우유격국본무출색처. 이명관군영자. 필선구기세덕지미악. 차론산천지령수. 소이종령육수. 종세덕이래. 불론명야. 연간명지요. 비살인상생위귀. 관인쌍청위미야. 여현연살인재관, 동인심목자. 필비가조. 약용신경미. 희신암복. 수기심장자. 초간병무호처. 월간월유정신. 기중필유원기. 의자세수심.

➜ 대저 명리학에서 그 사람의 출신을 구분하기가 가장 난해하다. 그래서 원기가 그 속에 있는가를 보는데, 원기란 특히 격국이 청하거나 기이함을 두고 하는 말도 아닐 뿐더러 용신의 진가를 구분하는 것도 아니다. 모름지기 지지에 암장되어 사령한 글자는 용신이나 희신에 포함되는지를 봐야 하겠고, 기신이나 한신과 싸우지 않아야 하는데 도리어 생하고 합하여 유정하게 되거나, 또 격국은 본래 특별하게 뛰어난 곳이 없더라도 벼슬이 높고 빼어난 사람도 있으니, 반드시 우선 운에서 도와 주는지를 살펴야 하겠지만 다음으로는 조상이 명당에 있는지, (태어나 성장한) 주변의 경관이 또한 (풍수학적으로) 빼어난 곳이어서 인재를 길러 주는 것인지를 논하고 그에 좇아서 명을 논하지 않으면 안 된다. (참고해야 한다.)

　그리고 운명을 감정하는 데 중요한 것은 살인상생격이 되면 귀하고 관인쌍청격이 되면 아름답다고 할 수도 없는 것이니, 살인이나 재관이 뚜렷하게 나타나서 사람의 마음을 쏠리게 하더라도 반드시 아름답지 않은 사주도 있는 것이다. 만약 용신이 미약하고 희신은 암장되어 있으며 빼어난 기운은 깊이 숨겨져 있는 경우에 처음에 봐서는 별로 좋은 곳이 없어 보이지만 두고두고 살펴보면 볼수록 (맑은) 정신이 있는 것으로 느껴진다면 그 사주의 가운데에는 반드시 빼어난 기틀이 있을 것이니 마땅히 자세하게 살피고 궁리해 봐야 할 것이다.

【 강의 】

내용 중에서 산천의 종령(鍾靈) 등의 말이 나오는데, 이것에 대해서 낭월은 풍수학적인 의미를 참고해야 한다는 정도로 이해해 보았다. 혹 다른 의미가 있다면 죄송한 일이지만 대략 이 정도라고 봐도 적절하지 않을까 싶다. 그러니까 사주를 놓고 참고를 해야 하겠지만 그 이면에는 자연의 구조도 많은 영향을 미칠 수 있다는 점에서 명리 외적인 요소가 존재할 수 있음을 생각해야 한다는 의미로 해석된다. 그런데 용어 중에서 세덕(世德)은 사주의 운을 말하는 것인지 아니면 역시 풍수학적인 용어인지에 대해서는 명확히 모르겠다. 참고하기 바란다.

다시 말하면 인재는 사주도 잘 타고나지만 특히 산천의 혈맥에서 만들어지기도 하므로 사주를 볼 적에 처음에는 신통치 않게 보여도 자꾸 보는 사이에 뭔가 빼어난 기운이 서려 있는 듯한 느낌이 든다면 함부로 판단하지 말고 깊이 살펴봐야 한다는 것이고, 겉으로 재관쌍미거나 살인상생이라고 해서 너무 비중을 두지 말고 그 속의 기운 즉 원기를 살펴봐야 한다는 의미심장한 내용이다. 음미해 볼 만한 내용이라고 하겠다. 즉 산천이 길러 주는 인재라면 필시 사주의 어딘가에도 그 흔적이 보이지 않겠느냐는 뜻으로 역시 사주쟁이다운 해석법을 찾아내려고 노력한다는 표시가 역력함을 느끼겠다. 다만 설명은 이렇게 되어 있지만 실제로 이러한 조짐을 알아내기에는 많은 노력이 필요할 것이다. 그래서 혹 해석이 되지 않는 이름난 사람들을 놓고 원기가 있는지를 살펴봐야 할 필요도 있겠는데, 사주를 보면서 어떤 사주에서 원기가 있는 것인가에 대해서 참고해 보는 것이 좋겠다.

```
戊   己   壬   壬
辰   未   寅   辰

庚 己 戊 丁 丙 乙 甲 癸
戌 酉 申 未 午 巳 辰 卯
```

己土生於孟春. 官當令. 天干覆以財星. 生官有情. 然春初己土. 濕而且寒. 年月壬水. 通根身庫. 喜其寅中丙火司令爲用. 伏而逢生. 所謂元機暗裏存也. 至丙運, 元神發露. 戊辰年比助時干. 劫去壬水. 則丙火不受剋. 大魁天下. 以俗論之. 官星不透. 財輕劫重. 爲平常命也.

기토생어맹춘. 관당령. 천간복이재성. 생관유정. 연춘초기토. 습이차한. 연월임수. 통근신고. 희기인중병화사령위용. 복이봉생. 소위원기암리존야. 지병운, 원신발로. 무진년비조시간. 겁거임수. 즉병화불수극. 대괴천하. 이속론지. 관성불투. 재경겁중. 위평상명야.

➡️ 己土가 초봄에 나서 관성이 월령을 잡았고 천간에는 재성이 덮여

있으니 관을 생조하여 유정하다고 하겠다. 그러나 이른봄의 기토이니 습하고 추운데다가 연월의 壬水는 身庫에 통근을 하였으니 寅中의 丙火가 월령을 잡고 있는 것이 반가워서 용신으로 삼는데, 숨어 있지만 생조를 만나니 이른바 '원기가 그 속에 있다.'고 하는 것이다. 丙火운이 되어서 원신이 노출되어 戊辰년에는 비견이 시간에서 돕고 겁재는 임수를 제거하여 병화가 극을 받지 않아서 천하의 우두머리가 되었으니, 속론으로 '관성이 투출되지 않았고 재성은 약하고 겁재는 강하니 별수없는 사주다.'라고 하지 않겠느냔 말이다.

【강의】

설명을 보면 원기라고 하는 것은 어떤 가능성에 대해서 점수를 줘야 한다는 것으로 이해가 된다. 비록 월령에 암장되어 있기는 하지만 당령이 된 병화이니 용신으로 삼고 운에서 발하게 되는 것을 주의해서 봐야 한다는 정도로 이해하면 충분하겠다. 좀더 살펴보도록 하자.

```
丙　甲　甲　壬
寅　戌　辰　戌
壬 辛 庚 己 戊 丁 丙 乙
子 亥 戌 酉 申 未 午 巳
```

甲木生於季春. 木有餘氣, 又得比祿之助. 時干丙火獨透. 通輝純粹. 年干壬水. 坐下燥土之制. 又逢比劫之洩. 轉輾相生. 則丙火更得其勢. 至戊運, 戊之元神. 透出制壬. 兩冠羣英. 三元及第. 其仕路未能顯秩者. 運走西方金地. 洩土生水之故也.

갑목생어계춘. 목유여기, 우득비록지조. 시간병화독투. 통휘순수. 연간임수. 좌하조토지제. 우봉비겁지설. 전전상생. 즉병화갱득기세. 지무운, 술지원신. 투출제임. 양관군영. 삼원급제. 기사로미능현질자. 운주서방금지. 설토생수지고야.

➡️ 甲木이 늦봄에 나서 목의 여기가 있는데, 또 비견의 도움도 얻은 상황에서 시간의 丙火는 홀로 투출되어 순수한 기운을 휘날린다. 연간의 壬水는 앉은자리에 건조한 토가 제어를 하며 비견이 설하기도 하니 흘러 흘러 생조가 되어 병화는 다시 세력이 발생한다. 戊土대운에는 戊의 원신이 투출되어 임수를 제어하여 두 가지의 벼슬에 세 번의 급제를 하였으나 크게 뛰어나지 못한 것은 운이 서방의 금운이었기 때문이니 토를 설하고 수를 생한 연고이다.

【 강의 】

이번에는 원기가 암리존으로 있지 못하고 투출이 된 상황보다도 더 좋은 투출되었음에도 운이 돕지 않으니 실제로는 크게 발하지 못했다고 하는 설명인데, 과연 운의 도움이 얼마나 영향을 미치는가 하는 점을 고려하게 된다. 결국 원기가 암리존이라도 운이 돕지 않으면 실로 큰 기대를 하기 어렵다는 의미도 포함되어 있는 것으로 보면 되겠다.

```
庚  丁  丁  甲
戌  卯  丑  寅
乙甲癸壬辛庚己戊
酉申未午巳辰卯寅
```

丁火生於季冬. 局中印綬疊疊. 弱中變旺. 足以用財. 庚金虛露. 本無出色. 喜其丑內藏辛爲用. 亦是元機暗裏存也. 丑乃日元之秀氣. 能引比肩來生. 又得卯戌合, 而丑土不傷. 所而身居鼎右, 探花及第.

정화생어계동. 국중인수첩첩. 약중변왕. 족이용재. 경금허로. 본무출색. 희기축내장신위용. 역시원기암리존야. 축내일원지수기. 능인비견래생. 우득묘술합, 이축토불상. 소이신거정우, 탐화급제.

▶丁火가 늦겨울에 나고 사주에는 인수가 중첩되어 있어 약한 가운데에서도 왕한 구조로 변했으니 족히 재성을 용신으로 삼겠다. 庚金은 천간에 허약하게 떠 있으니 별로 색깔이 좋다고는 못하겠다. 반가운 것은 丑土 속의 辛金을 용신으로 한다는 것인데, 또한 원기암리존에 해당한다. 축토는 일주의 빼어난 기운이니 능히 비견이 와서 생조하며 卯戌의 합도 얻었으므로 축토가 상하지 않아서 우의정이 되었고 장원 급제도 하였던 것이다.

【 강의 】

　시간의 庚金보다는 월지의 辛金이 원기암리존에 더 가깝다고 생각하는 것이고, 실제로 이렇게 될 경우에 기본적인 용신은 경금이라고 하겠지만 그 이면에 축토 속의 신금이 있는 것과 없는 것의 차이점을 헤아려서 훨씬 좋은 사주의 배합이라고 하는 것을 생각하면 되겠다. 명리 공부를 하는 경우에 기본적으로 용신이 금이 되면 어느 금이 용신이냐는 질문을 많이 받곤 하는데, 실은 어느 것이든 실제로 어떤 작용을 하느냐에 따라서 정해지는 것이지 구태여 논리적으로 공식을 만들 수는 없다는 점을 생각하게 된다. 그래서 이 경우처럼 시간의 경금을 무시하고 축토 속의 신금을 용신으로 하는 이유가 무엇이냐고 따질 수도 있고, 밖으로 나온 용신을 버리고 암장된 용신을 쓰는 이유가 뭐냐고 묻기도 하는데 이러한 질문을 받으면 다음과 같은 예를 설명하기도 한다.

　가령 나무가 있는데, 폭풍우에 중간이 꺾인 나무가 있고, 그 옆에 새로 싹이 돋는 싱싱한 어린 나무가 있을 경우에 과연 꺾인 나무를 그냥 의지하고 되살아나기를 기다려야 할 것인지 아니면 아직은 비록 어리지만 그래도 앞으로 싹수가 있는 묘목을 돌봐야 할 것인지를 고려해 보는 것이 좋겠다. 그래서 어린 싹이 희망이 될 수도 있고, 비록 꺾이기는 했지만 그런대로 사용할 수가 있다면 그대로 사용할 것이니 이것은 상황에 따라서 그 적용을 달리한다는 것을 이해하기 바란다.

　이렇게 설명하곤 하는데, 눈치가 빠르신 벗님은 이미 의미를 파악하셨으리라고 생각된다. 이 사주의 경금은 이미 호기를 설하여 土生金으로 생조를 받고 있는 구조가 아니라고 봐야 하겠으니 다시 축토 속의 신금으로 자연스럽게 눈의 초점이 돌아간다면 이미 오행의 변화에 상당한 안목이 있는 실력이라고 하겠다. 만약 무슨 말인지 전혀 모르겠다면 아직은 완전히 이해한 것은 아니므로 반복해서『적천수강의』를 보시라고 권유해 드린다. 언젠가는 알게 되실 내용이라고 믿기 때문이다. 중요한 것은 서둘러서 되는 일은 아니라는 점만 믿으면 되겠다.

```
辛   庚   壬   丁
巳   子   子   亥
甲 乙 丙 丁 戊 己 庚 辛
辰 巳 午 未 申 酉 戌 亥
```

庚金居於仲冬. 傷官太旺. 過於洩氣. 用神在土. 不在火也. 柱中之火. 不過取其暖局耳. 四柱無土. 取巳中藏戊. 水旺剋火. 火能變土. 亦是元機暗裏存也. 至戊運, 丙辰年. 火土相生. 巳中元神竝發. 亦居鼎右.

경금거어중동. 상관태왕. 과어설기. 용신재토. 부재화야. 주중지화. 불과취기난국이. 사주무토. 취사중장무. 수왕극화. 화능변토. 역시원기암리존야. 지무운, 병진년. 화토상생. 사중원신병발. 역거정우.

➡ 庚金이 子月에 나고 상관은 태왕하여 설기가 과중하니 용신은 토

에 있는 것이지 화에 있는 것이 아니다. 사주의 화는 추운 사주를 데우는 용도에 불과할 뿐이다. 사주에 토가 없으니 巳火 속의 戊土를 용신으로 삼는데, 수가 왕하여 화를 극하고 화가 능히 토로 변하니 역시 원기가 그 속에 있다고 하겠다. 戊土대운의 丙辰년에서 火土가 상생하여 巳火 속의 원신이 함께 나오니 또한 우의정을 누리게 되었다.

【 강의 】

툭하면 겨울 금은 화를 용해야 한다는 말들을 하니까 거의 본능적으로 반발적인 반응을 보이는 것으로 생각된다. 운이 도와서 발하게 되지만 그 발하는 정도는 원기가 그 속에 있는 경우의 상황이 훨씬 좋다는 점을 강조하는 것으로 이해하면 되겠다.

【滴天髓】

> 淸得盡時黃榜客. 雖存濁氣亦中式.
> 청 득 진 시 황 방 객. 수 존 탁 기 역 중 식.

○ 맑은 기운을 완전히 얻으면 귀한 가문이겠고, 비록 탁기가 있더라도 또한 과거에 합격하는 사람이다.

【滴天髓徵義】

淸得盡者, 非一行成象, 兩氣雙淸, 之謂也. 雖五行盡出. 而淸氣獨逢生旺. 或眞神得用. 或淸氣深藏者. 皆爲淸得盡. 黃榜標名也. 若淸氣當權. 閑神忌客不司令. 不深藏. 得歲運制化者. 亦發科發甲也. 淸氣當權. 雖有濁氣. 安放得所. 不犯喜用. 雖不能發甲, 亦發科也. 淸氣雖不當令. 得閑神忌客. 不黨濁氣. 匡扶淸氣. 或歲運安頓者. 亦可中式也.

청득진자, 비일행성상, 양기쌍청, 지위야. 수오행진출. 이청기독봉생왕. 혹진신득용. 혹청기심장자. 개위청득진. 황방표명야. 약청기당권. 한신기객불사령. 불심장. 득세운제화자. 역발과발갑야. 청기당권. 수유탁기. 안방득소. 불범희용. 수불능발갑, 역발과야. 청기수불당령. 득한신기객. 부당탁기. 광부청기. 혹세운안돈자. 역가중식야.

➡ 맑음을 얻어서 다했다는 말은 일행득기로 형상이 된 것을 말하는 것도 아니고 양기성상으로 청한 구조를 두고 하는 말도 아니다. 비

록 오행이 다 노출되어서 청한 기운이 홀로 생왕함을 만나고 혹 (월령을 잡은) 진신을 용신으로 하거나 청한 기운이 깊이 암장되어도 다 淸得盡으로 보는 것이니 귀한 가문에 이름있는 사람이 되는 것이다. 만약 청기가 월령을 잡고 한신이나 기신은 당령을 하지 못하고 깊이 숨어 있지도 않는다면 세운에서 制化를 하여 과거에 급제하게 되는 것이다. 청한 기운이 월령을 잡으면 비록 탁한 기운이 있다고 해도 자기 편할 대로 버려 두면 될 것이니 희용신을 범하지 않을 것이라. 비록 장원으로 급제는 못하더라도 또한 급제는 가능하다고 보는 것이다. 청기가 비록 월령을 잡지는 못했더라도 한신이나 기신이 탁기와 한 덩어리가 되지 않고 도리어 청기를 돕거나 세운에서 편안하게 작용한다면 또한 과거에 급제할 수가 있는 것이다.

【 강의 】

청기는 희용신이 기구신을 보지 않음을 말하고, 탁기는 기구신이 희용신을 억압하고 충돌하는 것을 말한다. 설명을 보면 가문의 귀하고 천함을 청탁의 기로써 가늠하려 한다고 생각되는데, 그렇다면 앞의 청탁에 대한 대목을 참고하는 것도 의미가 있겠다. 이 대목에서는 청하기는 한데 탁한 기운이 포함된 경우를 설명하는 것이고, 청하면서도 탁함이 포함되면 그럭저럭 넘어간다는 의미로 이해하면 되겠다.

```
丙  己  乙  戊
辰  卯  卯  辰
癸 壬 辛 庚 己 戊 丁 丙
亥 戌 酉 申 未 午 巳 辰
```

　己土生於卯月. 煞旺提綱. 乙木元神透露. 支類東方. 時干丙火生旺. 局中不雜金水, 淸得盡者也. 若一見金. 不但不能剋木. 而金自傷觸其旺神. 徒與木不和. 爲不盡也.

　기토생어묘월. 살왕제강. 을목원신투로. 지류동방. 시간병화생왕. 국중부잡금수, 청득진자야. 약일견금. 부단불능극목. 이금자상촉기왕신. 도여목불화. 위부진야.

➡️己土가 卯月에 나서 살이 월령을 잡고 왕한데. 乙木 원신도 투출되었고 지지는 동방의 목이며 시간에는 丙火가 생왕한데 사주에는 金水의 혼잡이 없으니 청함을 얻었다고 한다. 만약 일주가 금을 봤더라도 목을 극하지 못할 뿐더러 금이 스스로 왕신을 건드려서 자기만 손상을 당할 것이니 이로 인해서 목과는 불화가 되어 다하지 못했다고 하는 것이다.

【 강의 】

　사주의 구조에서는 살중용인격이 되는 형상인데, 살이 이렇게 많으니 인성이 절대로 필요하고 그 인성이 수를 브지 않은 것은 청하다는 의미로 해석이 되겠다. 그리고 만약 사주에 금이 있었다면 목을 제어하지도 못하고 사주만 혼란스러워질 터이므로 그러한 성분이 없어서 청하다고 해석할 수 있다. 초보 벗님들은 사주에 오행이 골고루 있지 않으면 나쁜 사주가 아니냐는 질문을 곧잘 하시는데, 공부가 조금만 깊어지면 그러한 질문은 전혀 의미가 없음을 스스로 깨닫게 된다. 그러므로 질문의 상황을 보면 사주 공부가 어느 지점에 머물러 있는지를 대략은 짐작할 수 있고, 자신이 깨달은 만큼만 보이는 것이 참으로 묘하다고 하겠다. 병진시는 오류인데, 내용 설명으로 봐서는 병인시가 옳을 듯싶다. 참고하시기 바란다.

```
甲    庚    己    癸
申    子    未    未

辛 壬 癸 甲 乙 丙 丁 戊
亥 子 丑 寅 卯 辰 巳 午
```

庚金生於未月. 燥土本難生金. 喜其坐下子水. 年透元神. 謂三伏生寒. 潤土養金. 雖然土旺水衰. 妙在申時拱子. 有洩土生水扶身之美也. 更妙火不顯露. 淸得盡也. 初交戊午丁巳丙運. 生土熇水. 功名蹭蹬. 家業破耗. 辰運, 支全水局. 擧於鄕. 交乙卯, 制去己未之土. 入詞林. 又掌文柄. 仕路顯赫.

경금생어미월. 조토본난생금. 희기좌하자수. 연투원신. 위삼복생한. 윤토양금. 수연토왕수쇠. 묘재신시공자. 유설토생수부신지미야. 갱묘화불현로. 청득진야. 초교무오정사병운. 생토픽수. 공명층등. 가업파모. 진운, 지전수국. 거어향. 교을묘, 제거기미지토. 입사림. 우장문병. 사로현혁.

➡ 庚金이 未月에 나서 조열한 토는 본래 금을 생조하기가 어려운데, 반갑게도 앉은자리에 子水가 있고 연간에는 원신인 癸水가 투출되었으니 三伏에 찬 기운이 발생한다고 하겠다. (마른) 토를 적셔 주고 금을 길러 주니 비록 토가 왕하여 수가 쇠하지만 묘하게도 申時가 자수와 합이 되어서 토를 설하여 수를 생하며 일간을 돕는 것이 아름답다. 다시 묘하게도 화가 나타나질 않으니 청함을 얻은 것인데, 초운에서 戊午와 丁巳, 丙火의 운에서는 토를 생하고 물을 말리니 공명이 모두 미끄러지고 말았고 가업도 기울어졌다. 辰土운에서는 지지에 水局이 되니 고향에서 과거에 급제하였고, 乙卯운으로 바뀌면서 己未의 토를 제어하니 사림에 들어갔고 문서와 연관된 중요한 일을 맡았으며 벼슬이 빛났던 것이다.

【 강의 】

시지의 申金이 어떻게 土生金이 되는지는 납득이 가지 않아서 그냥 그런가 보다 할 뿐이다. 왜냐하면 서로 이어지지 못한 상황에서 생금이 된다고 보기는 어렵기 때문이다. 다행인 것은 자수가 신금에게 생조를 받고 있다는 것이고, 연간의 계수는 비록 투출은 되었다고 해도 실제로 별 도움이 된다고 보기는 어렵다. 자수가 아니면 아무것도 되지 않을 것이라고 이해해야 하겠다. 수 용신에 토에게 용신이 제어를 당하는 모습이므로 희신은 목이 되는 것으로 이해하면 되겠고, 금의 운도 좋다고 하겠다.

丁	甲	癸	癸
卯	午	亥	未

乙	丙	丁	戊	己	庚	辛	壬
卯	辰	巳	午	未	申	酉	戌

甲木生於亥月. 癸水竝透. 其勢泛濫. 冬木喜火. 最喜卯時. 不特丁火通根. 抑且日主臨旺. 又會木局. 洩水生火扶身. 更妙無金. 淸得盡矣. 至己未運. 制其癸水. 丙辰流年. 捷南宮. 入翰苑. 官居淸要.

갑목생어해월. 계수병투. 기세범람. 동목희화. 최희묘시. 불특정화통근. 억차일주림왕. 우회목국. 설수생화부신. 갱묘무금. 청득진의. 지기미운. 제기계수. 병진류년. 첩남궁. 입한원. 관거청요.

➜ 甲木이 亥月에 나서 癸水는 둘이나 투출되어 그 세력이 범람했으니 겨울의 나무는 불이 반갑다. 가장 기쁜 것은 卯時를 얻은 것으로 특히 丁火의 뿌리가 될 뿐만 아니라 일주가 왕하게 되고 또 목국이 되는 것이니 수를 설하여 화를 생하고 일간도 돕기 때문이다. 더욱 묘한 것은 금이 없는 것으로 청득진이 되었는데, 己未대운에서 계수를 제어하고 丙辰년에는 남궁에 이름이 붙었고 사림에 들어가 벼슬은 청렴하게 요직[淸要]에 머물렀다.

【 강의 】

丁火가 투출된 것은 청하고 午火가 亥水를 본 것은 탁하다고 해야 하겠는데, 사주에 재성이 보이지 않는 것이 아쉽다. 설명하신 대로 금이 없어서 좋다고 하겠는데, 금이 있었다면 수는 더욱 왕해지고 화는 금을 극하려다 보면 혼탁해져서 청함을 잃게 되는 것이 타당하다고 보겠다. 옳으신 말씀이다.

乙	癸	己	壬
卯	卯	酉	辰
丁 丙 乙 甲 癸 壬 辛 庚
巳 辰 卯 寅 丑 子 亥 戌

癸卯日元. 食神太重. 不但日元洩氣. 而且制煞太過. 喜其秋水通源. 獨印得用. 更妙辰酉合而化金. 金氣愈堅. 局中全無火氣. 淸得盡矣. 所以早登雲路. 名高翰苑. 惜中運逢木. 仕路不能顯秩也.

계묘일원. 식신태중. 부단일원설기. 이차제살태과. 희기추수통원. 독인득용. 갱묘진유합이화금. 금기유견. 국중전무화기. 청득진의. 소이조등운로. 명고한원. 석중운봉목. 사로불능현질야.

➔ 癸卯일주가 식신이 너무 많으니 일간의 기운을 과중하게 설할 뿐만 아니라 살을 지나치게 제어하는데, 반가운 것은 가을 물이 (월령

의) 금에 통근한 것이다. 홀로 인성을 얻어 용신을 삼고 다시 辰酉가 합하여 금으로 화하니 금의 기운이 더욱 강화되는데 사주에 화기는 전혀 없으니 청득진이다. 그래서 일찍이 벼슬길에 올라 이름이 한원에 높았는데, 아깝게도 중간의 운에서 목을 만나는 바람에 벼슬이 크게 발전하지 못했다.

【 강의 】

책에는 '金無火氣'로 되어 있는데 金은 全의 오식으로 봐서 고치는 것이 옳겠다. 이 사주는 생하는 구조가 계속해서 이어지지 못함을 아쉬워하는 형상이라고 해야 하겠다. 그리고 사주의 구조에서는 청하다고 하기보다는 월령에 용신이 있어서 다행이라는 정도가 아닌가 싶다. 그렇게 청한 구조로 보이지는 않아서이다. 혹 酉金이 일지에 있었다면 좀더 청하다고 해도 될 성싶은데, 이 정도의 구조로써 청을 논하는 것은 좀 아부성 발언이라고 할 수도 있겠다.

```
丙 庚 甲 己
子 子 戌 亥
丙 丁 戊 己 庚 辛 壬 癸
寅 卯 辰 巳 午 未 申 酉
```

庚金生於戌月. 地支兩子一亥. 干透丙火. 剋洩交加. 喜其印旺月提. 雖嫌甲木生火剋土. 得甲己合而化土. 清得盡也. 至己巳流年. 印星有助. 沖去亥水甲木長生. 名題雁塔.

경금생어술월. 지지량자일해. 간투병화. 극설교가. 희기인왕월제. 수혐갑목생화극토. 득갑기합이화토. 청득진야. 지기사류년. 인성유조. 충거해수갑목장생. 명제안탑.

➔ 庚金이 戌月에 나서 지지에 두 子水와 한 亥水가 있고 다시 천간에는 丙火가 투출되어 있으니 극하고 설하는 것이 교차된다. 반가운 것은 왕성한 인성이 월지를 잡고 있는 것인데, 비록 甲木이 화를 생하고 토를 극하는 것이 싫기는 하지만 甲己의 합을 얻어서 토로 화하니 청득진이라고 하겠다. 己巳년에서 인성의 도움으로 甲木 장생지인 亥水를 날려보내니 진사에 급제하였다.

【 강의 】

글쎄다…… 甲己합이 化土가 되었는지는 의문이다. 그래서 이 사주는 청하다고 보기는 무리가 아닌가 싶고 오히려 재성이 인성을 누르고 있어서 탁하다고 해야 할 모양이다. 세운에서 진사를 했다고 해서 청하다고 하기는 어렵고, 사주의 구조에서는 그야말로 극설이 교차되니 청하지는 않은 형상으로 보인다.

辛	庚	丙	己
巳	子	子	亥

戊	己	庚	辛	壬	癸	甲	乙
辰	巳	午	未	申	酉	戌	亥

庚金生於仲冬. 地支兩子一亥. 干透丙火. 剋洩竝見. 喜其己土
透露. 洩火生金. 五行無木. 清得盡也. 至己巳年. 印星得助. 名
高翰苑. 所不足者. 印不當令. 又己土遙列而虛. 故降職知縣.

경금생어중동. 지지량자일해. 간투병화. 극설병견. 희기기토
투로. 설화생금. 오행무목. 청득진야. 지기사년. 인성득조. 명
고한원. 소부족자. 인부당령. 우기토요렬이허. 고강직지현.

➥ 庚金이 子月에 나서 지지에 두 子水와 한 亥水이며 천간에 丙火가
투출되니 극과 설이 함께 보이는데, 반가운 것은 己土가 투출된 것
이다. 화를 설하고 금을 생하는데 오행에 목이 없으니 청득진이다.
己巳년에 인성이 도움을 얻어서 이름이 한원에 높았는데, 부족한 것
은 인성이 당령을 하지 못하고 또 기토가 바라다보고 있어서 허약한
것이니 지현으로 지위가 떨어진 것이다.

【 강의 】

앞의 사주와 유사한 것으로 봐서 대조해 보려고 올린 자료가 아닌
가 싶다. 앞의 사주는 월령을 잡아서 좋았는데 이 사주는 그렇지를
못해서 크게 뻗어 나가지 못했다고 하시는데, 일리는 있는 말씀이지
만 용신이 너무 멀어서 역시 청하다고 보기는 좀 그렇다.

```
壬  丙  壬  丙
辰  子  辰  申
庚 己 戊 丁 丙 乙 甲 癸
子 亥 戌 酉 申 未 午 巳
```

丙火生於季春. 兩殺竝透. 支會煞局. 喜其辰土當令, 制殺. 辰中木有餘氣而生身. 病在申金. 會而盡也. 所以天資過人. 丁卯年, 合殺而印星得地. 中鄕榜. 辛未年去其子水. 木火皆得餘氣. 春闈亦捷. 究竟申金爲嫌. 不得大用歸班. 更嫌運走西方. 酒色爲事也.

병화생어계춘. 양살병투. 지회살국. 희기진토당령, 제살. 진중목유여기이생신. 병재신금. 회이진야. 소이천자과인. 정묘년, 합살이인성득지. 중향방. 신미년거기자수. 목화개득여기. 춘위역첩. 구경신금위혐. 부득대용귀반. 갱혐운주서방. 주색위사야.

➡ 丙火가 늦봄에 나서 두 살이 투출되고 지지는 수국이 되었으니, 반가운 것은 辰土가 당령이 되어 살을 제어하는 것이다. 진토 속에는 목의 여기가 있어 일주를 생조하기도 하니 병은 申金에 있는 것인데 합이 되어서 청득진이 되었다고 하겠다. 그래서 타고난 천성이 사람을 능가하였는데, 丁卯년에 살과 합하고 인성이 득지하는 바람에 향방에 합격하고 辛未년에는 子水를 제거하고 목화가 다 여기를 얻었으니 태자궁의 과거〔春闈〕에 급제하였다. 그러나 결국은 신금이 꺼려지는 구조이니 크게 쓰임새를 얻지는 못하였다. 다시 싫은 것은

운이 서방으로 달리는 것이니 주색으로 세월을 보냈다.

【 강의 】

역시 별수없는 사주라고 해야 할 모양이다. 용신도 암장되어 힘이 없는데 운까지 돕지를 않으니 무슨 일이든 마음대로 되지 않았을 것이다. 辰土가 목의 여기라고는 하지만 壬辰이 되면 이미 물창고로서 결정이 나버리는 셈이므로 목의 여기로 보기는 어렵다. 그래서 진토 속의 乙木을 청기가 속에 있는 것이라고 하기에는 좀 아쉽다고 해야 하겠다.

戊	乙	辛	庚
寅	卯	巳	戌

己	戊	丁	丙	乙	甲	癸	壬
丑	子	亥	戌	酉	申	未	午

乙木生於巳月. 傷官當令. 足以制官伏煞. 坐下祿支扶身. 時逢寅支. 藤蘿繫甲. 至庚辰年. 支類東方. 中鄕榜. 不發甲. 只因四柱無印. 戊土洩火生金之故也. 同胞雙生. 其弟生卯時. 雖亦得祿. 不及寅中甲木, 有力而藏之爲美. 故遲至己亥年. 印星生拱, 而始中鄕榜也.

을목생어사월. 상관당령. 족이제관복살. 좌하록지부신. 시봉인지. 등라계갑. 지경진년. 지류동방. 중향방. 불발갑. 지인사주무인. 무토설화생금지고야. 동포쌍생. 기제생묘시. 수역득록. 불급인중갑목, 유력이장지위미. 고지지亠해년. 인성생공, 이시중향방야.

▶乙木이 巳月에 나서 상관이 당령을 했으니 관살을 제어하기에 넉넉하다. 앉은자리의 녹지는 일간을 돕고 시에 寅木은 등라계갑으로 을목을 돕고 있는데, 庚辰년이 되면서 지지에 동방이 되어 향방에 올랐으나 크게 발전하지 못했으니 다만 사주에 인성이 없고 戊土는 화를 설하여 금을 생하는 까닭이다. 쌍둥이로 태어났는데 그 동생은 卯時에 나서 비록 비견을 얻었지만 인중의 甲木에는 비교할 수가 없겠으니 힘이 있으면서 암장되어 아름다운 것이다. 그래서 느지막이 己亥년에 인성이 생으로 합하니 비로소 향방에 합격하였다.

【강의】

책에는 '乙未生於巳月'로 되어 있는데 未는 大의 오식으로 봐서 고치는 것이 좋겠다. 이 사주는 쌍둥이의 사주로서 이 사람은 형이었는데, 卯時보다는 寅時가 더 좋아서 빨리 출세한 것 같지만 크게 발하지 못한 것은 마찬가지였던 모양이다. 사주는 인성이 많이 필요한 상황이겠는데 전혀 보이지 않으니 또한 청득진이라기보다는 탁하고 약한 사주라고 해야 할 것이다. 이러한 사주가 청기가 있는 것으로 보인다는 것이 오히려 신기해서 또 다른 견해가 필요한 것은 아닌가 하는 의구심도 들지만 초지일관 청기가 없다고 밀어붙일 작정이다.

甲	戊	乙	癸
寅	午	卯	亥

丁	戊	己	庚	辛	壬	癸	甲
未	申	酉	戌	亥	子	丑	寅

戊土生於仲春. 官殺竝旺, 臨祿. 又財星得地, 生扶. 雖坐下午火印綬. 虛火不能納土. 格成棄命從煞. 官煞一類. 旣從不作混論. 至子運, 沖去午火. 庚子年, 金生水旺. 沖盡午火. 中鄕榜.

무토생어중춘. 관살병왕, 임록. 우재성득지, 생부. 수좌하오화인수. 허화불능납토. 격성기명종살. 관살일류. 기종부작혼론. 지자운, 충거오화. 경자년, 금생수왕. 충진오화. 중향방.

➨戊土가 卯月에 나서 관살이 함께 왕하니 녹에 앉아 있지만 또 재성이 득지를 하고 있어 생부를 받으니 비록 앉은자리의 午火가 인수지만 허약한 불이 토를 생조하기는 불가능하여 격이 종살로 흘러간다. 관살은 같은 성분으로 되니 이미 종을 하면 혼잡에 대해서는 논하지 않는다. 子水운이 되면서 오화를 충으로 날려보내니 庚子년에 金生水로 왕해져서 오화를 완전히 제거하여 향방에 합격하였다.

【강의】

참 어렵기는 어렵다. 살중용인격으로 봐야 할 구조를 놓고 무슨 종살을 논한단 말인가. 아무래도 종격에 재미를 들이신 모양이지만 이 경우에는 아무리 할인을 해서 봐도 인성이 용신인 것으로 해석해야 오행의 이치에 부합되지 않을까 싶다. 다만 子水대운 庚子년에 벼슬을 하게 된 것에는 달리 할 말이 없다. 아무리 답변이 궁해도 이러한 사주를 놓고서 종살격을 논한다면 명리학의 뿌리가 흔들린다고 해야 할 듯하다. 오히려 생일에 무슨 오류가 없는지를 확인해 보는 것이 더 현명하다고 하겠는데, 실은 철초 선생인들 이러한 정황을 몰라서 그대로 종살이라고 했겠느냐는 생각이 들기는 한다. 그래서 때로는 해석할 수 없는 경우도 있지 않겠느냐는 말로 도망을 가지만 적어도 지금 이와 같은 사주를 만난다면 당연히 살중용인격으로 봐야 한다고 주장하고 싶다.

癸	庚	壬	戊
未	寅	戌	子
庚 己 戊 丁 丙 乙 甲 癸
午 巳 辰 卯 寅 丑 子 亥

庚金生於戌月. 印星當令. 金亦有氣. 用神在水. 不在火也. 至庚申流年. 壬水逢生, 又洩土氣. 北闈奏捷. 所嫌者, 戊土元神透露. 不利春闈. 兼之中運木火. 財多破耗.

경금생어술월. 인성당령. 금역유기. 용신재수. 부재화야. 지경신류년. 임수봉생, 우설토기. 북위주첩. 소혐자, 무토원신투로. 불리춘위. 겸지중운목화. 재다파모.

➡ 庚金이 戌月에 나서 인성이 당령을 했고 금도 기운이 있으니 용신은 수에 있고 화에 있는 것이 아니다. 庚申년에서 壬水가 생조를 받

고 토의 기운도 설하여 겨울의 무과에 급제하였는데, 싫은 것은 戊土의 원신이 천간에 투출된 것이라 봄의 무과는 불리했다는 점이다. 겸해서 중간의 운이 木火로 가서 재물이 많이 손상되었다.

【 강의 】

수가 용신이라고 하니 그런가 보다 하지만 실로 일간의 상황이 별로 왕하다고 생각되지는 않는 구조이다. 木火운에 발하지 못한 것은 토금이 용신이라도 그렇게 해석할 수 있는 것이고, 庚申년에 잘되었다고 하면 금이 용신이라고 하는 것이 더 타당하겠는데 壬水가 생조를 받아서 그렇다고 하는 것도 다소 무리가 아닌가 싶다. 어쩌면 庚金이 절대적으로 약하지 않은 것이라고 주장할 확고한 원리가 있는지도 모를 일이지만, 아무래도 신약한 구조로 봐야 할 사주인 것 같다는 의혹을 남기면서 넘어간다.

```
    戊   辛   己   戊
    子   亥   未   子

 丁 丙 乙 甲 癸 壬 辛 庚
 卯 寅 丑 子 亥 戌 酉 申
```

辛金生於季夏. 局中雖多燥土. 妙在坐下亥水. 年時逢子. 潤土養金. 以亥邀未拱木爲用. 至丁卯年, 全會木局. 有病得藥. 棘闈奏捷.

신금생어계하. 국중수다조토. 묘재좌하해수. 연시봉자. 윤토양금. 이해요미공목위용. 지정묘년, 전회목국. 유병득약. 극위 주첩.

➡ 辛金이 늦여름에 태어나서 사주에는 비록 조토가 많지만 묘하게도 앉은자리에는 亥水가 있고 연과 시에는 子水가 있으니 토를 윤택하게 하고 금을 길러 준다. 해수로써 未土를 맞이해서 木局이 되어 용신이 되는데, 丁卯년에서 완전한 목국이 되니 병이 있고 약을 얻은 셈이라 무과에 급제하게 되었다.

【 강의 】

일리가 있는 설명이라고 봐야 하겠다. 상관이 용신이고 목이 없어 유감인데, 亥未가 합이 되었다는 말은 다 믿지 못하겠지만 丁卯년에 완전하게 합이 되었다는 말은 일리가 있다고 하겠다. 棘闈는 무과의 시험장을 이르는 말이므로 여기에서 급제한 것으로 보면 되겠다.

그나저나 무슨 사주가 이렇게 많으냐고 투덜댈 벗님이 계시지 않을까 걱정이다. 과히 항목에 어울리지 않아 보이는 사주까지 늘어놓고 설명하시니 뭐라고 할 수는 없지만 해석을 하고 설명을 하려니까 또한 지면의 소용이 부담스럽기도 하다. 그렇다고 애써 모은 자료를 버릴 수는 없는 일이니 그대로 수용하기는 하면서도 자꾸 구시렁거리는 마음이야 어쩔 수가 없겠다. 오히려 좀더 중요한 대목에서 많은 자료를 넣어 주셨더라면 더 좋았을 것이라는 아쉬움도 든다. 그래도 이제 거의 막바지가 보이므로 조금만 인내심을 갖고 따라가 보도록 하자.

【滴天髓】

> 秀才不是塵凡子. 清氣還嫌官不起.
> 수재불시진범자. 청기환혐관불기.

◐일생 공부만 하고 벼슬을 못하는 것도 평범한 사람은 아닌데, 청기가 있으면서도 관성이 일어나지 못함을 아쉬워한다.

【滴天髓徵義】

秀才之命. 與異路貧富人, 無甚分別. 細究之, 必有淸氣存焉. 官星不起者. 非官星不透之謂也. 如官星太旺. 日主不能用其官. 如官星太弱. 官星不能剋日主. 如官旺用印, 見財者. 如官衰用財, 遇劫者. 如印多洩官星之氣者. 如官多無印者. 如官透無根. 地支不載. 如官坐傷位. 傷坐官位. 如忌官逢財. 喜官遇傷者. 皆謂之官星不起也. 縱有淸氣. 不過一衿終身. 有富而秀者. 身旺財旺. 與官星不通也. 或傷官顧財不顧官也. 有貧而秀者. 身旺官輕. 財星受劫也. 或財官太旺. 印星不現. 或傷官用印. 見財不見官也. 有學問過人, 竟不能得一衿, 老於儒童者. 此亦有淸氣存焉. 格局原可發秀. 只因運途不齊. 破其淸氣. 以致終身不能稍舒眉曲也. 亦有格局本可登科發甲者. 亦因運途不齊. 屢困場屋. 終身不能得一衿也. 有格局本無出色. 竟能科甲連登. 此因一路運途合宜. 助其淸氣官星. 去其濁氣忌客故也.

수재지명. 여이로빈부인, 무심분별. 세구지, 필유청기존언. 관성불기자. 비관성불투지위야. 여관성태왕. 일주불능용기관.

여관성태약. 관성불능극일주. 여관왕용인, 견재자. 여관쇠용재, 우겁자. 여인다설관성지기자. 여관다무인자. 여관투무근. 지지부재. 여관좌상위. 상좌관위. 여기관봉재. 희관우상자. 개위지관성불기야. 종유청기. 불과일금종신. 유부이수자. 신왕재왕. 여관성불통야. 혹상관고재불고관야. 유빈이수자. 신왕관경. 재성수겁야. 혹재관태왕. 인성불현. 혹상관용인. 견재불견관야. 유학문과인. 경불능득일금, 노어유동자. 차역유청기존언. 격국원가발수. 지인운도부재. 파기청기. 이치종신불능초서미곡야. 역유격국본가등과발갑자. 역인운도부재. 누곤장옥. 종신불능득일금야. 유격국본무출색. 경능과갑련등. 차인일로운도합의. 조기청기관성. 거기탁기기객고야.

→ 일생 공부만 하고 벼슬을 하지 못하는 사람〔秀才〕의 팔자는 옆길로 출세하면서 가난한 사람이나 부자와 더불어 크게 분별할 수는 없다. 잘 연구해 보면 반드시 청기가 있음을 보는데, 관성이 일어나지 않는다는 것은 관성이 투출된 것을 의미하는 것은 아니다.

만약 관성이 너무 왕하고 일주는 그 관을 감당할 수가 없거나, 관성이 너무 약해서 관성이 일주를 극할 수 없는 경우거나, 관성이 왕하여 인성을 용신으로 하는데 재성을 만나거나, 관성이 쇠하여 재성으로 용신을 삼는데 비겁을 만난 경우거나, 인성이 많아서 관성의 기운을 설하거나, 관성이 너무 많은데 인성이 없거나, 관성이 투출되어 뿌리가 없는데 지지에서 실어 주지 않거나, 관성이 상관에 앉아 있거나, 상관이 관성에 앉아 있거나, 또는 관성을 꺼리는데 재성을 만나고 관성을 기뻐하는데 상관을 만나는 것들은 모두 관성이 일어나지 않았다〔官不起〕고 말하는데, 비록 청한 기운은 있더라도 작은 벼슬을 하나 얻는 것에 불과할 것이다.

　재물이 있으면서 수재인 사람은 신왕하고 재성도 왕한데 관성과 통하지 않은 경우이거나, 상관이 재성만 돌보고 관성은 돌보지 않은 경우일 수도 있다. 가난하면서 수재인 사람은 신왕하고 관이 약한데 재성이 겁재에게 제어를 당하고 있는 경우이거나, 재성이나 관성이 너무 왕한데 인성이 없거나, 상관이 많아서 인성을 용신으로 했는데 재성을 보고 관성은 보지 못한 경우이다. 학문은 사람을 능가하면서도 마침내는 벼슬 하나도 하지 못하고 늙어서까지 유생의 관을 쓰고 있는 경우도 있는데, 이 또한 청기가 있다고 봐야 하겠다. 격국도 원래는 빼어날 수가 있었는데 다만 운이 돕지를 않아서 그 청기를 파손하는 연유이니 그로 말미암아 종신토록 구부러진 눈썹을 펼 날이 없는 것이다.

　또한 격국은 본래 과거에 급제하여 출세할 만한데 또한 운이 돕지 않음으로써 시험에 자주 낙방하여 죽을 때까지 작은 벼슬도 하지 못한다. 격국은 본래 볼품이 없지만 마침내 등과하여 벼슬을 하는 사람은 운이 적절했기 때문이니 그 청기한 관성을 돕고 탁기의 기구신을 제거한 연고이다.

【 강의 】

　상당히 긴 설명이 이어지고 있다. 책에는 '不過一衿終身'에서 終자가 비어 있는데, 『적천수천미』에서 확인하였다. 내용을 보면 머리도 좋고 학문도 깊은데 무슨 연고인지 시험만 보면 낙방하여 늘 삼층짜리 관을 써보지 못하는 사람의 이야기인데, 우리도 이러한 사람을 '萬年秀才'라고 부른다. 흔히 고시촌에서 늙어 가는 사람들이 많이 해당한다고도 하겠는데, 보통 생각하기에는 그냥 포기하고 다른 일에 뛰어들면 그보다는 나을 성싶은데 그는 실로 다른 것에 대해서는 전혀 아는 바가 없고 오로지 잘하는 것이라고는 책 보는 것뿐이어서 죽으나 사나 그냥 공부만 하고 있는 사람이 상당수 있는 모양이다. 그리고 그 결론은 역시 운이 약한 것이 문제라고 봐야 하겠는데, 늘 사주보다는 운이 중요하다는 것을 생각하는 것이 가장 현명하다고 하겠다.

戊	乙	壬	癸
寅	卯	戌	巳

甲	乙	丙	丁	戊	己	庚	辛
寅	卯	辰	巳	午	未	申	酉

　乙卯日元. 坐於季秋. 得寅時之助. 日主不弱. 足以用巳火之秀氣. 戌土火庫收之. 壬癸當頭剋之. 格局本無出色. 且辛金司令. 壬水進氣通源. 幸得時透戊土. 去濁留淸. 故文望若高山北斗. 品行似良玉精金. 中運逢火. 丙子年, 優貢. 惜乎水得地. 難得登龍.

　을묘일원. 좌어계추. 득인시지조. 일주불약. 족이용사화지수기. 술토화고수지. 임계당두극지. 격국본무출색. 차신금사령. 임수진기통원. 행득시투무토. 거탁류청. 고문망약고산북두. 품행사량옥정금. 중운봉화. 병자년, 우공. 석자수득지. 난득등용.

▶乙卯일주가 늦가을에 앉아서 寅時의 도움을 얻으니 약하지 않아서 巳火의 빼어난 기운을 용신으로 삼기에 족하다고 하겠다. 戌土는

불의 창고이니 불기운을 거둬들이고, 壬癸는 천간에서 극을 하고 있으니 격국은 별로 볼품이 없다고 하겠다. 또 辛金이 사령을 해서 壬水의 진기로 통근이 되었는데, 다행히도 시에 戊土가 투출되어 탁한 임수를 제거하고 청한 화를 머물러 있게 한다. (땅에서는) 높은 산과 같고, (하늘에서는) 북두칠성과 같았으며, 품행은 귀한 옥으로 다듬은 보물과 같았다. 중간의 운이 화를 만나면서 丙子년에는 우공이라는 벼슬을 했는데, 아깝게도 子水가 득지를 하는 바람에 등용되지는 못했던 것이다.

【 강의 】

말로는 수기라고 하지만 巳火는 癸水에게 제어를 당하고 멀기도 해서 별로라고 해야 하겠다. 다만 그나마도 필요한 상황이라고 이해해야 하지 않을까 싶다. 그리고 중간의 운이 화로 갈 적에 한자리한 모양인데, 세운의 丙子년에서 막혔다는 것은 좀 궁색한 대입이 아닌가 싶기도 하다. 사주를 보면 흐름이 발생하지 않아서 좀 탁하다고 해야 할 형상이다. 그래서 문망이든 품행이든 사회적으로의 성취가 약했고, 운이 남방으로 가는데도 발하지 못한 것을 보면 아쉽다고 해야 하겠다.

乙	甲	庚	癸
亥	申	申	亥

壬	癸	甲	乙	丙	丁	戊	己
子	丑	寅	卯	辰	巳	午	未

甲申日元. 生於孟秋. 庚金兩坐祿旺. 喜亥時絶處逢生. 化殺有情. 癸水元神透出. 淸可知矣. 但嫌殺勢太旺. 日主虛弱. 不能假煞爲權. 所以起而不起也. 廩貢終身. 不能一第.

갑신일원. 생어맹추. 경금량좌록왕. 희해시절처봉생. 화살유정. 계수원신투출. 청가지의. 단혐살세태왕. 일주허약. 불능가살위권. 소이기이불기야. 늠공종신. 불능일제.

➡갑신일주가 초가을에 나서 (월간의) 庚金이 두 비견을 깔아서 왕하니 반가운 것은 亥時에 절처봉생을 만난 것이다. 亥水가 살을 화하여 유통시키니 유정하다고 하겠고, 癸水의 원신이 투출되었으니 청함을 가히 알겠다. 다만 싫은 것은 살의 세력이 너무 왕성하고 일주가 약한 것이니 살로써 용신을 삼기에는 불가능하다. 그래서 일어나도 일어나지 않은 것이라고 하겠는데 일생을 늠공으로 마쳤으나 한번도 급제를 하지는 못했다.

【 강의 】

이 사주의 구조를 보면 살중용인격으로 인성의 운에서 발하겠는데, 화운이나 기타의 운은 도움이 되지 않겠다. 수운이 좀더 일찍 왔더라면 좋겠다는 생각이 든다. 너무 늦은 운이 유감이고, 초중의 운이 火土인 것은 역시 도움이 되지 않는 것으로 봐야 하겠다.

```
己  丁  甲  壬
酉  巳  辰  午
壬 辛 庚 己 戊 丁 丙 乙
子 亥 戌 酉 申 未 午 巳
```

丁火生於季春. 官星雖起. 坐下無根. 其氣歸木. 日主臨旺. 時財拱會有情. 却與官星不通. 且中年運走土金. 財星洋溢. 官星有損. 功名不過一衿. 家業數十萬. 若換酉年午時. 名利雙輝矣.

정화생어계춘. 관성수기. 좌하무근. 기기귀목. 일주림왕. 시재공회유정. 각여관성불통. 차중년운주토금. 재성양일. 관성유손. 공명불과일금. 가업수십만. 약환유년오시. 명리쌍휘의.

→ 丁火가 辰月에 나서 관성이 비록 일어나기는 했지만 앉은자리가 무근하고 그 기운이 목으로 돌아간다. 일주는 왕에 임하고 시에 재성이 회국을 하니 유정하다고 하겠는데, 도리어 관성과 더불어 통하지를 못한다. 또 중년의 운이 土金으로 달아나니 재성이 넘치지만 관성의 기운은 약해지니 공명은 겨우 말단이었으나 가업의 재산은 수십억이었다. 만약 酉年과 午時를 서로 바꿀 수만 있었다면 명리가 모두 빛났을 것이다.

【 강의 】

일주는 왕하고 관성은 약하므로 식신생재격이라고 해야 하겠는데, 문제는 식신생재는 벼슬을 못하느냐고 되묻고 싶은 설명이다.

식신생재도 얼마든지 마음대로 능력을 발휘할 수 있을 터인데 어째서 그냥 관성의 운만을 바라다보고 있었는지 뭔가 석연치 않은 점이 나타나고 있다. 여기에서 생각해 볼 것은 과연 관성을 용신으로 쓴다면 실제로 식상의 운이나 재성의 운이 오는 식신생재의 경우에도 벼슬을 할 수 없는가 하는 것이다. 다시 말하면 관성을 용하고 있으면 구조적으로는 그대로 식신생재격이라고 하더라도 관운에서 벼슬을 하겠는가 하는 점도 생각을 해봐야 하겠는데, 일리가 있는 대입이 아닌가 싶다. 다만 벼슬은 못했지만 장사를 해서인지는 몰라도 재물이 엄청 많았는데, 요즘 같으면 그대로 만족되었겠으나 예전에는 아무리 돈이 많아도 벼슬을 하지 않으면 상등 사회에서 대접을 받지 못했으므로 심리적으로 만족도가 떨어질 수도 있었겠다는 생각도 든다. 이러한 점은 시대에 따라서 달라지는 가치의 평가라고 해야 하겠다.

丁	丙	乙	癸
酉	午	卯	未

丁	戊	己	庚	辛	壬	癸	甲
未	申	酉	戌	亥	子	丑	寅

丙午日元. 坐於卯月. 局中木火兩旺. 官坐傷位. 一點財星劫盡. 謂財劫官傷. 壬運雖得一衿. 貧乏不堪. 子運回沖. 又逢未破剋妻. 辛運. 丁火回劫. 剋子. 亥運. 會木生火而亡.

병오일원. 좌어묘월. 국중목화량왕. 관좌상위. 일점재성겁진. 위재겁관상. 임운수득일금. 빈핍불감. 자운회충. 우봉미파극처. 신운, 정화회겁, 극자. 해운, 회목생화이망.

➤ 丙午일주가 卯月에 앉아서 사주에 木火가 모두 왕하다. 관은 상관에 앉아 있는데, 일점의 재성은 겁재에게 탈진되어 있으니 '재는 겁재에 빼앗기고 관은 상관이 겁탈한다.'는 말을 할 수도 있겠다. 壬水대운에서 비록 작은 벼슬을 했지만 가난함을 참을 수가 없었고, 子水대운에는 충을 만나고 또 未土를 만나서 처가 극을 받았다. 辛金운에서는 丁火가 겁탈을 하니 자식을 극하고, 亥水대운에는 목국이 되어서 화를 생조하자 죽었다.

【 강의 】

설명 중에서 '未破剋妻'의 의미가 다른 뜻도 포함되어 있는지 혹 살펴보시기 바란다. 未자가 명확하지 않을 수도 있다고 생각되어서이다. 대단히 왕성한 사주이므로 관살을 쓰고 싶지만 이미 무력하여 식상을 써야 하겠는데, 未土는 이미 설기를 하지 않으니 소용이 없다고 보고 재성을 쓰려고 해도 역시 쟁탈이 되어 버렸으니 설명이 그대로 적절했다고 봐야 하겠다. 그래도 강제로 용신을 정한다면 土金으로 토가 용신이고 금이 희신인 것으로 봐야 하지 않을까 싶기는 하지만 운의 흐름이 아쉬우니 참으로 딱한 사주의 구조라고 해야 하겠다.

```
甲    壬    庚    戊
辰    申    申    申
  戊 丁 丙 乙 甲 癸 壬 辛
  辰 卯 寅 丑 子 亥 戌 酉
```

此造殺生印. 印生身. 食神淸透. 連珠相生. 淸而純粹. 學問過人. 品行端方. 惜乎無火. 淸而少神. 用土則金多氣洩. 用木則金銳木凋. 兼之運走西北, 金水之地. 讀書六十年. 不克博一衿. 家貧出就外傅. 四十年來. 受業者登科發甲. 而自己不獲一衿. 莫非命也.

차조살생인. 인생신. 식신청투. 연주상생. 청이순수. 학문과인. 품행단방. 석호무화. 청이소신. 용토즉금다기설. 용목즉금예목조. 겸지운주서북, 금수지지. 독서륙십년. 불극박일금. 가빈출취외부. 사십년래. 수업자등과발갑. 이자기불획일금. 막비명야.

➜ 이 사주는 살이 인을 생조하고 인성은 일간을 생조하며 식신은 맑게 투출되어 구슬을 꿴 듯이 연결되어 있으니 맑고도 순수하다. 그리하여 학문은 사람들보다 뛰어나고 품행이 단정했는데, 아깝게도 화가 없으니 맑으면서도 신기가 적다고 하겠다. 토를 용신으로 하려니 즉 금의 기가 많이 설하고, 목을 용신으로 하려니 금이 날카로워서 목이 시들게 된다. 겸해서 운이 서북으로 달리니 金水의 지지라 책을 60년간 읽었지만 벼슬은 한 번도 하지 못했고 집안은 가난했으며 밖에 나가서 후견인이 되었는데, 40년 이래로 자신에게 공부를

배운 사람은 모두 수석으로 등과했지만 자기는 작은 벼슬도 하지 못했으니 참으로 그 명이 아니라고 해야 하겠다.

【 강의 】

참 많이 갑갑했겠다. 자신은 벼슬을 생각하고 준비했는데, 자기 제자들은 모두 급제를 하였지만 정작 자신은 아무것도 하질 못했다니 얼마나 뒷맛이 씁쓰레했겠는가. 그런데 사주의 구조는 인성이 과다하므로 기인취재격이 되어야 할 구조인데, 아쉽게도 재성이 전무하니 참으로 아쉽다고 해야 하겠다. 재성은 결실에도 해당하니, 그래서 마무리를 하지 못했던 것이 아닌가 싶기도 하다. 여하튼 이런 경우는 요즘도 일어나는 일이리라는 생각이 든다. 그런데 이해가 되지 않는 것은 丙火나 丁火의 대운에서도 무슨 일을 하지 못했을까 하는 것인데, 잠시라도 출세를 해보지 못한 것을 보면 운도 운이지만 가문에서도 도움이 없었는가 보다.

```
戊    壬    癸    己
申    申    酉    亥
乙 丙 丁 戊 己 庚 辛 壬
丑 寅 卯 辰 巳 午 未 申
```

此造官殺竝透無根. 金水太旺. 遠不及前造之純粹也. 喜其運走南方火土. 精足神旺. 至未運, 早游泮水. 午運, 科甲連登. 己巳, 戊辰. 仕路光亨. 與前造天淵之隔者. 非關命造. 實運之美也.

차조관살병투무근. 금수태왕. 원불급전조지순수야. 희기운주남방화토. 정족신왕. 지미운, 조유반수. 오운, 과갑련등. 기사, 무진. 사로광형. 여전조천연지격자. 비관명조. 실운지미야.

➜ 이 사주는 관살이 함께 투출되었지만 뿌리가 없고, 金水는 너무 왕하니 앞 사주의 순수함에 비한다면 너무 많이 부족하다고 하겠다. 반가운 것은 운이 남방의 火土로 간다는 것인데, 정기가 족하고 신기는 왕하다고 봐야 하겠기 때문이다. 未土운이 되면서 일찍이 반수에서 공부를 했고 午火대운에서는 벼슬이 연이어 올랐으며 己巳와 戊辰은 더욱 빛나게 되었으니, 앞 사주와 천지의 차이가 난 것은 사주의 구조에 있는 것이 아니라 실은 운의 아름다움에 있다.

【 강의 】

이것이 자평법이라고 해야 하겠다. 원국의 상황을 읽는 것은 얼마나 귀하게 살 수 있느냐를 본다기보다는 오히려 운의 길흉을 살피기 위한 것으로 이해해야 하겠다는 점이다. 과연 이 사주와 앞의 사주는 큰 차이가 난다. 앞의 사주는 식신을 용하고 청하다고 할 수도 있지만, 이 사주는 목이 전혀 없으니 무력한 관성을 용신으로 삼아야 하는 구조이고, 운이 도와 줌으로써 오히려 크게 발하는 것이 현실이라고 해야 할 모양이다. 누굴 탓하겠느냐는 생각이 절로 드는 명식들이다.

【滴天髓】

異路功名莫說輕. 日干得氣遇財星.
이로공명막설경. 일간득기우재성.

◐ 이로에서 공명 얻는다고 가벼이 말하지 말라. 일간이 기운을 얻고 다시 재성을 만난다면. (대발한다.)

【滴天髓徵義】

異路功名, 有刀筆成名者. 有捐納出身者. 雖有分別. 總不外日干有氣. 財官相通也. 或財星得用. 暗成官局. 或官伏財鄕. 兩意情通. 或官衰逢財. 兩神和協. 或印旺官衰. 財星破印. 或身旺無官. 食傷生財. 或身衰官旺. 食神制官. 必有一種淸純之氣. 方可出身. 其仕路之高卑. 須究格局之氣勢. 運途之損益, 可知矣, 不能出身者. 日干太旺. 財輕無食傷. 喜官而官星不通, 或無官也. 如日干太弱, 財星官星竝旺者. 有財官雖通, 傷官劫占者. 有財星得用, 暗成劫局者. 有喜印逢財, 忌印逢官者. 皆不能出身也.

이로공명, 유도필성명자. 유연납출신자. 수유분별. 총불외일간유기. 재관상통야. 혹재성득용. 암성관국. 혹관복재향. 양의정통. 혹관쇠봉재. 양신화협. 혹인왕관쇠. 재성파인. 혹신왕무관. 식상생재. 혹신쇠관왕. 식신제관. 필유일종청순지기. 방가출신. 기사로지고비. 수구격국지기세. 운도지손익, 가지의, 불능출신자. 일간태왕. 재경무식상. 희관이관성불통, 혹무관야. 여일간태약, 재성관성병왕자. 유재관수통, 상관겁점자. 유재성득용, 암성겁국자. 유희인봉재, 기인봉관자. 개불능출신야.

→ 다른 길에서 공명을 이룬다는 것은 도필로 출세하는 사람이나 돈을 내고 벼슬을 사는 사람들을 두고 하는 말이다. 비록 분별은 있겠지만 한마디로 한다면 일간이 유기한 것에 벗어나지 않으며, 재관이 서로 통하고 있는 것이다. 혹 재성이 용신을 얻거나 운에서 관성의 국을 이루거나, 혹은 관이 재의 고향에 숨어 있어서 두 뜻이 서로 통하거나, 관이 쇠한 상황에서 재를 만나서 두 신이 화합하거나, 혹은 인이 왕하고 관이 쇠약한데 재성이 인성을 극해 주거나, 신왕하고 관성이 없는데 식상이 재를 생조하거나, 신약하고 관이 왕한데 식신이 관을 제어한다면 반드시 일종의 청순한 기운이 있게 되어 바야흐로 출세가 가능한 것이다. 그 벼슬이 높고 낮은 것은 모름지기 격국의 기세를 연구하고 운의 손익을 살피면 알 수가 있다.

출세가 불가능한 것은 일간이 너무 왕하거나 재성이 약한데 식상이 없거나, 관성을 기뻐하는데 관성이 뿌리가 없거나, 혹은 관이 없는 경우 등이다. 만약 일간이 너무 약한데 재성과 관성이 함께 왕하다면 비록 재관이 있고 뿌리에 통하여 있더라도 상관과 비겁이 재관을 극하거나, 재성이 용신이 되는데 운에서 겁재의 국이 되거나, 인성을 기뻐하는데 재성을 만나거나 인성을 꺼리는데 관성을 만나는 경우에도 모두 출세가 불가능하다.

【 강의 】

앞에서 다룬 내용은 그야말로 부모를 잘 만나서 귀한 집안에서 태어나 잘 나간 귀족급에 해당한 부분을 설명한 것이라면, 이 부분은 그야말로 태어난 것은 별 볼일이 없지만 스스로 자립하여 출세한 사람들에 대한 대목이라고 하겠다. 그래서 이름을 이로공명이라고 한 모양인데, 요즘 세상에서는 또한 별 의미가 없다고도 할 수가 있겠다. 예전의 봉건 사회처럼 부모의 영향이 지대하고 부모가 정승이면 아들도 정승이어야 하는 구조에서라면 출신의 의미가 대단히 크다고 하겠지만 지금은 별로 중요하지 않다. 요즘 세상의 구조로 본다면 누구나 능력이 있으면 자신의 타고난 분야에서 명성을 얻을 수가 있고, 능력이 없다면 또한 아무 일도 할 수 없는 처지가 되기도 하니 확실히 세상은 능력 위주로 변화하고 있다는 것을 알겠다.

이 시대의 이로공명에 해당하는 사람을 찾아본다면 아마도 연예인이나 스포츠맨, 예술가 등을 꼽을 수가 있겠는데, 이들이 뼈대 있는 집안인지 아닌지에 대해서는 아무런 의미가 없고 오로지 자신의 능력을 발휘해서 출세를 할 수 있느냐는 점에 대해서만 고려해야 하겠다. 그리고 이로에서 출세할 수 있는 사람도 팔자에서 읽을 수가 있다는 것이 이 항목에서 주장하는 것이고, 사주가 일종의 청기를 갖고 있으면 가능하다는 방향으로 설명되고 있음을 살필 수도 있겠다.

```
戊   甲   壬   己
辰   寅   申   巳
甲 乙 丙 丁 戊 己 庚 辛
子 丑 寅 卯 辰 巳 午 未
```

甲木生於孟秋. 七煞當令. 巳火食神貪生己土. 忘剋申金. 兼之戊己竝透. 破印生煞. 以致祖業難保. 書香不繼. 喜其秋水通源.

日坐祿旺. 明雖冲剋. 暗却相生. 由部書出身. 至丁卯丙寅運. 扶身制煞. 仕至觀察.

갑목생어맹추. 칠살당령. 사화식신탐생기토. 망극신금. 겸지무기병투. 파인생살. 이치조업난보. 서향불계. 희기추수통원. 일좌록왕. 명수충극. 암각상생. 유부서출신. 지정묘병인운. 부신제살. 사지관찰.

▶甲木이 초가을에 나서 편관이 월령을 잡고 巳火 식신은 己土를 생조하느라 申金을 극하는 것도 잊어버리고 겸하여 戊己土가 함께 투출되어 인성을 깨고 살을 생조하니, 그로 인해서 조상의 유업을 지키지 못하고 공부도 하지 못하였다. 반가운 것은 가을의 물이 통근을 한 것이고 일주는 녹왕에 앉아 있는 것이다. 그리하여 겉으로는 비록 충극이 있지만 속으로는 도리어 상생이 되니 부서 출신으로 말미암아 丁卯와 丙寅의 대운에서 일간을 돕고 살을 제어하여 벼슬이 관찰사에 이르렀다.

【 강의 】

앉은자리의 힘을 얻어서 도움이 되었다고 하는 것도 일리가 있지만, 월간의 壬水는 월지에 통근을 하여 생동감이 있으니 이 정도라면 운의 도움을 받아서 힘을 얻을 만도 하겠다는 생각이 든다. 부서 출신이란 무관을 일컫는 듯한데 경찰관서가 아닌가 싶다. 운이 도와서 관찰사까지 했으니 그만하면 미련이 없겠다.

```
丁 乙 丙 庚
丑 卯 戌 午
甲癸壬辛庚己戊丁
午巳辰卯寅丑子亥
```

乙卯日元. 生於季秋. 丙丁竝透通根. 五行無水. 庚金置之不論. 最喜財星歸庫. 木火通輝. 性孝友. 尤篤行誼. 由部書出身. 仕至州牧. 其不利於書香者. 庚金通根在丑也.

을묘일원. 생어계추. 병정병투통근. 오행무수. 경금치지불론. 최희재성귀고. 목화통휘. 성효우. 우독행의. 유부서출신. 사지주목. 기불리어서향자. 경금통근재축야.

➡ 乙卯일주가 戌月에 나서 丙丁火가 투출되고 통근까지 했는데 오행에서 수가 없으니 庚金은 버려 두고 논하지 않는다. 가장 반가운 것은 재성이 고에 돌아가고 木火는 빛을 내는 것인데 성품이 효성스러우며 우애가 있었고, 더욱이 행동이 옳고 독실했다. 부서 출신으로 주목에까지 이르렀으나 공부를 하지 못했던 것은 경금이 丑土에 통근을 했기 때문이다.

【 강의 】

설명을 보면 공부를 하지 못하고 부서 정도로 출발한 것을 알 수 있는데, 앞의 사주도 마찬가지인 것을 볼 때 시험을 보지 않고 관리가 된 경우에 특히 이로공명이라는 의미를 부여하는 것 같다. 요즘 같으면 국회 의원 중에도 자신의 경력으로 신망을 얻어서 학력과 상관없이 당선되는 경우도 이로공명에 해당한다고 하겠다. 경력을 보면 다들 무슨 대학 정치학과를 졸업했다고 되어 있지만 그중에는 연예계 스타로 출세해서 국회에까지 진출하는 그야말로 이로공명자도 없지 않은데, 코미디언으로 출발해서 국회 의원 배지까지 달아 본 이주일 씨의 경우라면 이로공명이라고 할 수도 있겠다.

```
癸   戊   庚   己
亥   申   午   丑

壬 癸 甲 乙 丙 丁 戊 己
戌 亥 子 丑 寅 卯 辰 巳
```

戊土生於午月. 印星秉令. 時逢癸亥. 正日元得氣遇財星也. 但金氣太旺. 又年支濕土. 晦火生金. 日元反弱. 則印綬暗傷. 書香難遂. 捐納出身. 至丙寅丁卯運. 木從火勢. 生化不悖. 仕至黃堂. 喜其午火眞神得用. 爲人忠厚和平. 後運乙丑. 晦火生金不祿.

무토생어오월. 인성병령. 시봉계해. 정일원득기우재성야. 단금기태왕. 우년지습토. 회화생금. 일원반약. 즉인수암상. 서향난수. 연납출신. 지병인정묘운. 목종화세. 생화불패. 사지황당. 희기오화진신득용. 위인충후화평. 후운을축. 회화생금불록.

➔ 戊土가 午月에 나서 인성이 월령을 잡고 시에는 癸亥가 있으니 바로 일주가 득기하고 다시 재성을 만난 것에 해당한다고 하겠다. 다만 금의 기운이 너무 왕하고 또 연지에는 습토가 있으니 불을 어둡

게 하고 금을 생조하여 일주는 도리어 약해지는데, 그로 말미암아 일주는 손상을 받게 되어 공부를 하지 못하고 돈을 내고 벼슬을 시작했다. 丙寅과 丁卯운이 되면서 목이 화를 따라가니 생하고 화하는 것이 일그러지지 않아서 벼슬이 황당에 이르렀고, 반가운 것은 午火의 진신을 얻어 용신으로 썼으니 사람됨이 충성스럽고 너그러우며 화평했다. 후에 운이 乙丑으로 가면서 불을 어둡게 하고 금을 생조하여 죽었다.

【 강의 】

식신과 재성이 강하고 인성은 약하여 무력해 보이는데, 운이 도와서 발하게 되었다고 해야 할 모양이다. 운이 일찍 와서 빨리 가버리니 뒤로 길게 활동을 하지 못한 것은 유감이고, 그래도 인성이 월지에 있어서 보기보다 힘을 발했다는 것은 이치에 합당하다고 보겠다. 참고로 황당의 벼슬은 후에 태수라고도 불렸다고 한다. 丑土가 부담이 되는 것도 관찰한다는 것을 차제에 알아 두면 되겠다.

丙	戊	甲	壬
辰	戌	辰	子

壬	辛	庚	己	戊	丁	丙	乙
子	亥	戌	酉	申	未	午	巳

戊戌日元. 生於季春. 時逢火土. 日元得氣. 雖春時虛土. 而殺透通根. 兼主壬水得地. 貼身相生. 此謂身煞兩停. 非身强煞淺

也. 天干壬水剋丙. 所以書香不利. 喜其初運南方. 緣納出身. 仕名區. 宰大邑. 但財露生煞爲病. 恐將來運走西方. 水生火絶. 捐其人好奢少儉. 若不急流勇退. 難免不測風波.

무술일원. 생어계춘. 시봉화토. 일원득기. 수춘시허토. 이살투통근. 겸주임수득지. 첩신상생. 차위신살량정. 비신강살천야. 천간임수극병. 소이서향불리. 희기초운남방. 연납출신. 사명구. 재대읍. 단재로생살위병. 공장래운주서방. 수생화절. 연기인호사소검. 약불급류용퇴. 난면불측풍파.

→ 戊戌일주가 辰月에 나서 시에는 火土를 만나 일주가 기운을 얻으니 비록 봄날의 허약한 토라고는 하지만 살이 투출되어 통근도 되었다. 겸해서 壬水가 득지를 하여 바짝 붙어서 甲木을 생조하니, 이를 일러서 일주와 편관이 함께 머물러 있다고 하는 것이지 일간은 강하고 살은 약하다고 하지 않는다. 천간의 임수가 丙火를 극해서 공부는 하지 못했지만 반가운 것은 초운에서 남방의 화운을 만난 것이니, 세금을 내고 벼슬길에 나아가서 명구의 벼슬을 하고 큰 읍에서 관리가 되었다. 다만 재성이 무력하게 노출되어 병이 된 것이라 아마도 장래에 운이 서방으로 가면서 수는 생조를 받고 화는 절지에 임하게 되면 (아마도) 그 사람이 사치스럽고 검소할 줄로 모르는 것이 화근이 되어 헤아리지 못할 풍파가 일어날까 걱정스럽다.

【 강의 】

철초 선생이 서방의 운에서 문제삼고 있는 것은 식상이 이기적인 성분이며 관살과 대립하면 아마도 사치성 때문에 국비를 축내고 세무 감사를 받게 되지 않을까 염려해서인 듯싶은데, 금운을 조심스럽게 본 것은 목이 용신이므로 기신의 운으로 관찰했기 때문이라고 봐야 하겠다. 물론 타당한 의미이다. 그리고 특별히 이로공명이라고 하지 않아도 될 듯한데, 초운에서 목화로 흐르는 바람에 공부를 못했다는 것으로 이로공명에 대입시킨 것으로 봐야 하겠다.

```
庚  丙  甲  癸
寅  戌  寅  巳

丙 丁 戊 己 庚 辛 壬 癸
午 未 申 酉 戌 亥 子 丑
```

丙火生於孟春. 官透爲用. 淸而純粹. 惜乎金水遙隔. 無相生之意. 且木火竝旺. 金水無根. 書香不繼. 游幕捐納縣令. 究竟財官不通門戶. 丁丑年, 大運在戌. 火土當權. 得疾而亡.

병화생어맹춘. 관투위용. 청이순수. 석호금수요격. 무상생지의. 차목화병왕. 금수무근. 서향불계. 유막연납현령. 구경재관불통문호. 정축년. 대운재술. 화토당권. 득질이망.

➡ 丙火가 寅月에 나서 관성이 투출되어 용신인데 청하고 순수하다. 아깝게도 金水가 서로 떨어져 있으니 상생의 의미가 없고 木火는 함께 왕성하며 금수는 뿌리가 없으니 공부를 하지 못하고 천막 뒤에서 놀다가 돈을 내고 현령에 올랐다. 연구를 해보면 결국은 재관이 문호에 통하지 못했는데, 丁丑년은 대운이 戌土인데 火土가 월령을 잡았으니 병을 얻어서 죽었다.

【 강의 】

천막에서 놀았다는 말은 아마도 관 브로커 등으로 왕래했다는 의미가 아닌가 생각된다. 재관이 무력하므로 힘이 없어서 운의 도움을 받아야만 발전할 것인데, 운이 순탄하지 못해서 더 이상 발전하지 못했다고 해야 하겠다.

```
丁 辛 甲 壬
酉 酉 辰 辰

壬 辛 庚 己 戊 丁 丙 乙
子 亥 戌 酉 申 未 午 巳
```

辛金生於季春. 支逢辰酉. 干透壬丁. 似乎佳美. 不知地支濕土逢金. 丁火虛脫無根. 甲木雖能生火. 地支辰酉化金. 亦自顧不暇. 捐納部屬. 不但財多破耗. 而且不能得缺. 雖壬水生甲. 遺業十餘萬. 但運走土金. 未免家業退而子息艱也.

신금생어계춘. 지봉진유. 간투임정. 사호가미. 부지지지습토봉금. 정화허탈무근. 갑목수능생화. 지지진유화금. 역자고불가. 연납부속. 부단재다파모. 이차불능득결. 수임수생갑. 유업십여만. 단운주토금. 미면가업퇴이자식간야.

➡ 辛金이 辰月에 나서 지지에 辰酉를 만나고 천간에 壬丁을 만났으니 아름다운 것처럼 보이지만, 지지의 습토가 금을 만나고 丁火는 허탈하고 뿌리가 없음을 알지 못하는 것이다. 甲木은 비록 화를 생

조하겠지만 지지에 진유는 금으로 화하는 형상이니 또한 자신을 돌아볼 겨를도 없다. 돈을 내고 부속이 되었으나 돈만 많이 쓰고 결정을 얻지 못했으니, 비록 壬水가 갑목을 생조하지만 부모의 유산이 수십억이었으나 운이 土金으로 흐르면서 가세도 기울고 자식도 얻지 못하였던 것이다.

【 강의 】

근래에 국회에 나가고 싶어서 서너 차례씩 돈을 내는 바람에 결국은 알거지가 되었다는 사람도 더러 있는데, 예전에도 정치를 하고 싶어서 돈을 많이 쓴 사람이 있었던 모양이다. 이 사주의 용신은 丁火로 봐야 할 것이고, 희신은 목이 되겠지만 辰酉합을 거론하지 않더라도 정화가 약한 것은 틀림없다고 하겠다. 그리고 보면 국회 의원도 돈을 내고 출마하므로 이로공명에 해당한다고 해도 되겠다.

이렇게 해서 출신에 대한 자료를 살펴봤는데, 특별히 별도로 다뤄야 할 필요는 없지만 참고로 살펴볼 만은 하겠다는 생각이 든다.

제2장 지위(地位)

【滴天髓】

> 臺閣勳名百世傳. 天然淸氣發機權.
> 대 각 훈 명 백 세 전. 천 연 청 기 발 기 권.

➡ 대궐 뜰에서 빛나는 이름을 백년토록 전하는 자는 자연적으로 맑은 기운이 권력을 잡고 발하는 사주이다.

【滴天髓徵義】

　臺閣宰輔. 以及封疆之任. 淸氣發乎天然. 秀氣出乎純粹. 四柱之內. 皆與喜神有情. 格局之中. 竝無可嫌之物. 所用者, 皆眞神. 所喜者, 皆眞氣. 此謂淸氣顯機權也. 度量寬宏. 能容物. 施爲必正. 不貪私. 有潤澤生民之德. 懷任重致遠之才也.
　대각재보. 이급봉강지임. 청기발호천연. 수기출호순수. 사주지내. 개여희신유정. 격국지중. 병무가혐지물. 소용자, 개진신. 소희자, 개진기. 차위청기현기권야. 도량관웅. 능용물. 시위필

정. 불탐사. 유윤택생민지덕. 회임중치원지재야.

➡ 대궐에서 재상을 보필하고 봉강의 지위를 누리는 자는 맑은 기운이 자연적으로 발생하는 사람이고 빼어나고 순수한 기운이 있으며, 사주 내에서 다 희신과 유정하고 격국 가운데에서는 기구신의 흉물이 보이지 않는다. 용신이 되는 자는 모두 진신이고 희신이 되는 것은 모두 진기이니, 이를 일러서 맑은 기운이 나타나 권력을 잡는 것〔淸氣顯機權〕이라 한다. 도량이 넉넉하고 크며 만물을 용납하고 베풀되 반드시 바르게 하며 사사로운 이익을 탐하지 않고 백성에게 덕을 베풀어서 윤택하게 하니 중임을 만나서 오래도록 생각하는 재목이다.

【 강의 】

출신과 지위는 서로 많은 연관성이 있지만 옛날이야기이고 지금은 오히려 지위에 더 큰 비중이 있다고 하겠다. 귀족 사회에 등록하는 사람들은 대체로 이러한 사주의 구조를 하고 있다는 이야기이다. 그래서 돈을 벌면 자기네들끼리 인맥을 형성하고 졸부는 경멸하며 귀족 사회니 상류 사회니 해가면서 권세를 누리는 모양인데, 큰 눈으로 보면 참 가소로운 인간의 군상이지만 많은 사람들이 그러한 부류에 들고 싶어서 힘을 쓰기도 하는 것이 또한 현실이라고 하겠다.

이렇게 사주가 좋고 운도 도와 준다면 당연히 지위도 높겠는데, 그렇게 높은 지위에서 백성의 삶을 생각하고 행복을 염려하는 마음만 갖고 있다면 충분히 자격이 있다고 하겠다. 그러나 자기 자식에게는 군대를 보내지 않으려고 혜택을 베풀고 남의 자식이 대신 그 자리를 차지하도록 당당하지 못하게 처신하는 사람이나, 자기 자식은 안전한 외국에서 호의호식하면서 살게 조치를 취하고 자신은 나라만 사랑하는 애국자라고 떠벌리는 위선자들은 지위가 높거나 말거나 상관없이 천박하다고 해야 할 모양이다. 그런데 실은 그러한 사람조차도 지위가 높다는 이유 하나만으로 모든 것이 용납되는 것은 아닌가 싶은 생각이 많이 드는 것은 아마도 庚辰년에 낭월의 팔자에 상관이 작용하는 까닭인지도 모르겠다. 다만 사주가 청하면서 지위가 높은 사람과 일시적으로 운의 바람을 타고서 지위가 높은 사람은 구분해야 할지 모르겠지만, 유난히 지위가 높은 사람을 부러워하는 사람이 더러 있는 것을 보면 여하튼 높은 자리가 좋긴 좋은가 보다.

```
戊   戊   庚   庚
午   辰   辰   申
```

此天然淸氣在庚金也(第二篇論體用中和節)
차천연청기재경금야(제이편론체용중화절)

➜ 이 사주는 자연의 청기가 庚金에 있다.

【 강의 】

　대운도 적지 않고 원국의 상황만 설명하고 있으므로 좀 싱겁기는 하지만 이미 앞에서 다룬 사주이기 때문에 그렇게 한 것으로 생각된다. 자연의 청기가 경금에 있다고 한 이유는 火生土하고 土生金으로 흐르는데 그 기운에 머무는 곳이 경금이기 때문에 흐름을 따라서 청기라고 하겠다. 만약 경금의 옆인 연간에 丙火라도 있었다면 청기라고 하지 않고 손상을 받았다고 할 모양이다. 이해가 된다고 하겠다.

```
甲  己  丙  甲
子  丑  寅  子
```

此天然淸氣在丙火也(見第二篇論體用眞假節)
차천연청기재병화야(견제이편론체용진가절)

➜ 이 사주는 자연의 청기가 丙火에 있다.

【강의】

여기에서는 연지의 子水로 시작해서 水生木하고 木生火하고 다시 火生土를 한다. 일주가 약한 구조이기 때문에 목을 설해서 일간을 생조하는 이유로 丙火에 청기가 있다고 하고, 또 연간에 壬水 등이 없으니 청하다고 말하게 된다. 그런데 이러한 설명을 보면서 '군소리가 좀 많군······.' 하고 느끼신다면 이제 상당히 힘을 얻으셨다고 해야 하겠다. 왜냐하면 이제 청기가 보이신다는 이야기가 되기 때문이다.

乙	丙	壬	壬
未	子	寅	申

此天然淸氣在乙木也(詳見第二篇論體用眞假節)
차천연청기재을목야(상견제이편론체용진가절)

➡ 이 사주는 자연의 청기가 乙木에 있다.

【 강의 】

여기에서는 청기가 乙木에 있다고 했는데, 寅申충으로 丙火는 무력하게 되었고 주변에 壬水와 子水까지 버티고 있는 상황에서 병화는 시간의 을목을 의지해야 하는데 을목은 금을 보지 않아서 청기가 있다고 하겠다. 반면에 寅木은 申金에게 충돌을 당해서 청기라고 하지 않는다는 정도는 헤아릴 수 있을 것으로 본다

庚	庚	丁	己
辰	申	卯	亥

此天然淸氣在丁火也(詳見第一篇干支總論)
차천연청기재정화야(상견제일편간지총론)

➡ 이 사주는 자연의 청기가 丁火에 있다.

【 강의 】

　여기에서는 庚金이 토의 지원까지 받아서 너무 왕하니 극하는 丁火가 있어서 청하다고 하겠다. 그래서 청기라고 하지만 실은 정화가 卯木의 도움을 받고 있고, 그 묘목은 다시 亥水의 생조를 받고 있어서 더욱더 청하다고 해야 하겠다. 공부를 하다 보니 이제 청하다는 느낌이 자연스럽게 다가오는 것 같은데, 그래서 시간이 중요한가 보다. 이러한 소식은 하루아침에 얻어지는 것이 아닌 것은 분명한 듯싶다. 노력하면 다 얻을 수가 있다고 확신한다.

【滴天髓】

> 兵權獬豸幷冠客. 刃殺神清氣勢特.
> 병 권 해 치 병 관 객. 인 살 신 청 기 세 특.

◐ 병권을 잡고 올바르게 처신하는 사람은 양인과 편관의 기운이 맑고 세력은 특이한 구조이다.

【滴天髓徵義】

掌生殺大權, 兵刑重任者. 其精神淸氣. 自然超特. 必以刃旺敵煞. 氣勢出入也. 局中煞旺無財. 印綬用刃者. 或無印而有陽刃者. 此謂殺刃神淸也. 氣勢特者刃旺當權也. 必文官而掌生殺之任. 刃旺者, 如春之甲用卯刃. 乙用寅刃. 夏之丙, 用午刃. 丁用巳刃. 秋之庚, 用酉刃. 辛用申刃. 冬之壬, 用子刃. 癸用亥刃. 陰陽皆以旺爲刃也. 若刃旺敵殺. 局中無食神印綬而有財官者. 氣勢雖特. 神氣不淸. 乃武將之命也. 如刃不當權. 雖能敵殺. 不但不能掌兵權. 亦不能貴顯也. 其人疾惡太嚴. 如刃旺殺弱, 亦然. 必傲物而驕慢也.

장생살대권, 병형중임자. 기정신청기. 자연초특. 필이인왕적살. 기세출입야. 국중살왕무재. 인수용인자. 혹무인이유양인자. 차위살인신청야. 기세특자인왕당권야. 필문관이장생살지임. 인왕자, 여춘지갑용묘인. 을용인인. 하지병, 용오인. 정용사인. 추지경, 용유인. 신용신인. 동지임, 용자인. 계용해인. 음양개이왕위인야. 약인왕적살. 국중무식신인수이유재관자. 기

세수특. 신기불청. 내무장지명야. 여인부당권. 수능적살. 부단
불능장병권. 역불능귀현야. 기인질악태엄. 여인왕살약, 역연.
필오물이교만야.

➜ 죽이고 살리는 권세를 손바닥에 쥐고 형벌의 경중을 논하는 사람
은 그 정신이 청기가 있어 자연히 특별히 두드러진다. 반드시 양인
이 왕하여 편관과 대적할 만한 구조가 되는데, 기세가 출입하는 까
닭이다. 사주에 살이 왕하고 재성이 없고 인수가 있으면서 양인을
용신으로 삼은 경우나, 인수가 없으면서 양인이 있는 경우는 모두
양인과 편관이 청한 경우이다. 기세가 특별한 자는 양인이 왕해서
월령을 잡은 경우이니 반드시 文官으로서 생살의 중임을 감당하게
된다.

　양인이 왕한 자는 봄의 甲木에 卯木을 용신으로 삼거나 乙木이 寅
양인을 용신으로 삼은 경우이거나, 여름의 丙火가 午火 양인을 용신
으로 삼거나 丁火가 巳火 양인을 용신으로 삼은 경우이거나, 가을의
庚金이 酉金 양인을 용신으로 삼거나 辛金이 申金 양인을 용신으로
삼거나, 겨울의 壬水가 子水 양인을 용신으로 삼거나 癸水가 亥水 양
인을 용신으로 삼은 경우인데 음양이 모두 왕하면 양인이 되는 것이
다. 만약 양인이 왕하여 살과 대적할 만하고 사주에는 식신이나 인
수가 없고 재관이 있는 경우라면 기세는 비록 특이하지만 神氣가 맑
지 않아서 武將의 팔자라고 하게 된다.

　만약 양인이 월령을 얻지 못하면 비록 편관과 대적하더라도 능히 병
권을 장악하기 어려울 뿐만 아니라 귀품이 나타나기도 어렵다. 그 사
람은 질병에 시달릴 가능성이 오히려 많은데, 양인이 왕하고 편관이
약해도 마찬가지이다. 반드시 오만하고 교만한 물건이 되는 것이다.

【 강의 】

　이 대목을 보면 늘 생각나는 사람이 있다. 바로 판관 포청천이다. 그의 강직하면서도 올바른 일처리를 보면서 이 대목이 떠올라서 과연 그의 명식은 어떻게 되었는지 궁금해했는데, 여기에서 생살의 권세를 누리면서도 문관으로 청하게 누리는 경우와 무장으로 탁하게 누리는 경우를 구분하는 것도 참 재미있다고 해야 하겠다. 포청천의 경우는 문관이고 그를 돕는 수하들은 무관이라고 하겠는데, 문관은 논리적인 사고 방식을 갖고 있어서 조리정연한 이유를 설명할 수 있겠으나 무장은 논리적이라기보다는 자신의 강직함으로 세상의 일을 처리하는 것으로 봐서 지혜가 많으냐 적으냐로 구분하는 것은 어떨까 싶기도 하다.
　내용을 살펴보면 양인이라고 해서 별도로 대입시키는 것은 아니고 겁재를 그대로 양인으로 보는 것은 신살론에서의 양인과는 좀 다르다고 해야 하겠다. 옥편에는 刃자가 創자와 통하는 것으로 되어 있지만 창은 새로 만들거나 비롯한다는 정도의 의미이므로 그와는 무관한 것으로 생각해서 그냥 양인의 인으로 본다.

```
丙   庚   己   壬
戌   午   酉   寅

丁 丙 乙 甲 癸 壬 辛 庚
巳 辰 卯 寅 丑 子 亥 戌
```

庚日丙時. 支逢生旺. 寅納壬水. 不能制殺. 全賴酉金陽刃當權

爲用. 隔住寅木. 使其不能會局. 此正刃殺神淸氣勢特也. 早登科
甲. 屢掌兵刑生殺之任. 仕至刑部尙書.

경일병시. 지봉생왕. 인납임수. 불능제살. 전뢰유금양인당권
위용. 격주인목. 사기불능회국. 차정인살신청기세특야. 조등과
갑. 누장병형생살지임. 사지형부상서.

➡ 庚金이 丙火시에 나서 지지에 생왕을 만나고 寅木은 壬水를 흡수
하니 살을 제어하기 불가능하여 오로지 월령을 잡은 酉金 양인을 용
신으로 삼고, 인목은 떨어져 있어서 화국으로 가지 않는 것이 다행
이다. 이것이 바로 양인과 편관이 청기로 기세가 특이하다는 것이
니, 일찍이 과거에 급제하여 여러 번 병부와 형부의 생살 중임을 맡
았으며 벼슬이 형부상서에 이르렀다.

【 강의 】

형부상서라면 요즘 같으면 사법부의 판사에 해당하는 자리인 듯싶
은데, 무엇보다도 운이 돕지를 않는데 그렇게 잘 나갔겠느냐는 의혹
이 남는다. 왜냐하면 운의 흐름을 봐서는 신왕해서 편관을 용신으로
삼아야 발전할 수 있는 木火의 운이기 때문이다. 그래서 혹 乙酉시는
아닌가 하는 의심도 해보는데, 을유시만 되어도 신왕하다고 봐서 일
지의 午火를 용신으로 삼을 수가 있겠기에 주체적으로 잘 처리했을
것이기 때문이다. 그렇지 않고서야 형부상서는 고사하고 망나니도
되기 어렵지 않았을까 싶어서 해본 생각이다. 아울러 천간에 丙火가
있었다면 초중운의 壬癸水를 만나서 평탄하게 진행이 되었겠느냐는
생각도 들어서 아무래도 의문이 남는 사주이다. 참고하기 바란다.

```
    壬    丙    壬    庚
    辰    子    午    戌
  庚 己 戊 丁 丙 乙 甲 癸
  寅 丑 子 亥 戌 酉 申 未
```

丙子日元. 月時兩透壬水. 日柱三面受敵. 柱中無木洩水生火. 反有庚金生水洩土. 全賴午火旺刃當權爲用. 更喜戌之燥土, 制水會火. 鄕榜出身. 丙戌運, 仕至按察.

병자일원. 월시량투임수. 일주삼면수적. 주중무목설수생화. 반유경금생수설토. 전뢰오화왕인당권위용. 갱희술지조토, 제수회화. 향방출신. 병술운, 사지안찰.

➜ 丙子일주가 월과 시에 壬水가 투출하고 일주는 삼면에서 적의 공격을 받고 있는데 사주에 목도 없어서 수를 설하여 화를 생조할 수도 없고, 도리어 庚金이 있어 수를 생조하고 토를 설기하니 오로지 午火의 월령을 잡은 양인을 의지하게 된다. 다시 반가운 것은 戌土의 건조함인데 수를 제어하고 화국을 이루니 향시에 급제하여 丙戌대운에서 벼슬이 안찰에 올랐다.

【 강의 】

과연 이 사주는 매우 신약하여 월령의 겁재를 의지하는 수밖에 없다고 해야 할 모양이다. 운이 丙戌로 가면서 안찰의 벼슬을 했다는 것으로 봐서 그후에 진행되는 북방의 운에서는 또 발전을 하지 못하고 그대로 머물러 있게 되지 않았을까 싶기도 하다. 너무 약하고 운도 기대하기 어려워서 특별히 지위라고 논할 사주의 구조도 아닌 것 같은데, 잠깐의 운이 삶에 빛을 주었다고 해야 할 모양이다.

| 戊 | 壬 | 戊 | 乙 |
| 申 | 辰 | 子 | 卯 |

| 庚 | 辛 | 壬 | 癸 | 甲 | 乙 | 丙 | 丁 |
| 辰 | 巳 | 午 | 未 | 申 | 酉 | 戌 | 亥 |

壬辰日元. 天干兩殺. 通根辰支. 年干乙木凋枯. 能洩水而不能制土. 正剋洩交加. 最喜子水當權會局. 殺刃神淸. 至酉運, 生水剋木. 又能化殺. 科甲連登. 甲申癸運. 仕路光亨. 官至按察. 未運, 陽刃受制. 不祿.

임진일원. 천간량살. 통근진지. 연간을목조고. 능설수이불능제토. 정극설교가. 최희자수당권회국. 살인신청. 지유운, 생수극목. 우능화살. 과갑련등. 갑신계운. 사로광형. 관지안찰. 미운, 양인수제. 불록.

➔ 壬辰일주가 천간에 두 개의 살을 보고 (그 살은) 辰土에 통근까지 했는데, 연간의 乙木은 이미 시들어서 수만 설하고 토를 제어하기는 불가능하겠다. 그래서 극설이 교차되는 구조라고 하겠는데, 가장 반가운 것은 子水가 월령을 잡고 수국을 이루는 것이다. 살과 양인이 맑은 정신이 되었으니 酉金의 운에서 수를 생하고 목을 극하며 또 살을 화해서 과거에 연이어 합격하고 甲申과 癸水대운에서는 벼슬길

이 더욱 빛나서 안찰에 이르렀으나, 未土대운에서는 양인이 손상을 받아서 죽었다.

【 강의 】

사주의 구조를 보면 그렇게 마냥 약하다고 할 구조는 아니다. 壬辰으로 통근이 되어 있고 월령에는 다시 子水가 있고 시에는 申金도 있으니, 이 정도면 오히려 왕하다고 해야 하지 않을까 싶다. 金水운에서 발했다고 한다면 연간의 乙木을 용신으로 삼았으리라는 생각도 든다. 천간에 목이 있으므로 천간의 수는 무난하겠고, 지지의 금은 자수가 유통을 시키게 되어 흉하지 않고 오히려 발하는 계기도 될 수 있다고 봐야 하겠기 때문이다. 그리고 을목이 시들었다는 말은 좀 무리라고 하겠다. 乙未만 되어도 혹 말이 된다고 하겠으나 乙卯를 두고 그렇게 말한다면 너무 편견이 작용한 것은 아닌지 의심을 해봐야 하겠다. 관살이 약하므로 상관을 용신으로 삼았다고도 생각해 보자. 희신은 화가 되겠고 중후반에 남방의 운에서 발하게 되었다면 당연히 그렇게 봐야 하겠는데, 未운에서 부담을 느꼈다는 것이 어떻게 해석되어야 할지 약간 난해한 장면이다. 의문만 던지고 넘어간다.

庚	甲	辛	丙
午	申	卯	辰

己	戊	丁	丙	乙	甲	癸	壬
亥	戌	酉	申	未	午	巳	辰

甲申日元. 生於仲春. 官殺竝透通根. 日時臨於死絶. 必用卯之陽刃. 喜其丙火合辛. 不但無混殺之嫌. 抑且卯木不受其制. 刃殺神淸. 且運走南方火地. 科甲出身. 仕至臬憲.

갑신일원. 생어중춘. 관살병투통근. 일시림어사절. 필용묘지양인. 희기병화합신. 부단무혼살지혐. 억차묘목불수기제. 인살신청. 차운주남방화지. 과갑출신. 사지얼헌.

➔ 甲申일주가 卯月에 나서 관살이 모두 투출하고 통근까지 했는데 일시는 사절지가 되니 반드시 월지의 양인을 용신으로 삼아야 할 모양이다. 반가운 것은 丙火가 辛金과 합하는 것인데, 살의 싫어하는 것과 혼잡되지 않았을 뿐만 아니라 卯木이 제어를 받는 것도 면했으니 양인과 살의 정신이 맑다. 더구나 운조차 남방의 화운으로 흐르니 과갑 출신으로 벼슬이 관찰사에 이르렀다.

【 강의 】

신약한 사주이지만 남방의 운에서 발전했다고 한다면 용신이 어디에 있다는 말인지 좀 아리송하다. 남방운에 좋았다면 식신제살을 했다고 봐야 할 것도 같고, 목이 용신이라면 화를 희신으로 극을 받고 있는 금을 제어하기 위해서 화의 운이 반갑다고 해석해야 할 것인지도 생각을 해보았다. 그러나 과연 사주의 구조를 본다면 관찰사에 오를 정도가 되는지 혹은 운의 흐름을 봐도 관찰사의 지위를 누릴 수 있는지 쉽게 이해가 가지 않는다. 여러 가지로 이해되지 않는 부분이 많은 사주가 아닌가 싶어서 그대로 수용하기보다는 보류하는 것이 좋겠다는 말씀을 드리고 넘어간다.

혹 낭월이 이러한 구조에서 청기가 있다는 것을 알아내지 못하여 이렇게 해석하게 되는지는 모르겠으나 여하튼 좀더 생각을 해봐야 할 명식이다. 비난을 받을지도 모른다는 생각을 하면서도 이렇게 의심스러운 말씀을 남기는 것은 다름이 아니라 낭월은 느끼는 그대로 솔직하게 말씀드리는 것으로 그 사명을 다한다고 생각하고 있기 때문이다. 잘 알지도 못하면서 이것도 옳고 저것도 옳다는 의견은 오히려 공부하는 벗님의 안목을 어지럽게만 할 가능성이 있다고 봐서이다. 때로는 비난을 받더라도 자신의 의견을 분명하게 밝히는 것이 당당하다고 생각한다. 벗님도 앞으로 그렇게 해주시기를 바란다.

【滴天髓】

> 分藩司牧財官和. 格局淸純神氣多.
> 분번사목재관화. 격국청순신기다.

○ 자기 영역을 부여받음은 재관의 화목함이고 격국이 청순하니 정신의 기운이 맑음이 많다.

【滴天髓徵義】

方面之任. 以及州縣之官. 雖以財官爲重. 必須格局淸純. 更須日元生旺. 神貫氣足. 然後財官情協. 則精氣神三者足矣. 又加官旺有印. 官衰有財. 財旺無官. 印旺有才. 左右相通. 上下不悖. 根通年月. 氣貫日時. 身殺兩停. 殺重逢印. 殺輕遇財者. 皆是也. 必有利民濟物之心. 反此者, 非所宜也.

방면지임. 이급주현지관. 수이재관위중. 필수격국청순. 갱수일원생왕. 신관기족. 연후재관정협. 즉정기신삼자족의. 우가관왕유인. 관쇠유재. 재왕무관. 인왕유재. 좌우상통. 상하불패. 근통년월. 기관일시. 신살량정. 살중봉인. 살경우재자. 개시야. 필유리민제물지심. 반차자, 비소의야.

➡ 어느 방면의 임무를 부여받는 것은 주나 현의 관리가 되는 것이다. 비록 재관이 중요하기는 하지만 반드시 격국이 청순하고 다시 日元이 생왕하여 정신이 통하고 기세가 넉넉하며 그 다음에 재관이 정으로 협력된다면, 즉 정기신의 세 가지가 갖춰지는 것이다. 거기

다가 관이 왕한데 인성이 있거나 관이 쇠한데 재성이 있거나 재성이 왕한데 관성이 없거나 인성이 왕한데 재성이 있거나 해서 좌우에서도 통함을 얻고 상하도 일그러지지 않으며, 연월에 통근하고 일시에 기도 통하며, 신살이 균형을 이루며, 살이 많으면 인성을 만나거나 살이 약하면 재성을 만나는 것이 모두 이것이다. 반드시 백성과 만물을 이롭게 하겠다는 마음이 있어야 하니 이에 반한다면 옳지 않은 것이다.

【 강의 】

그러니까 관리로서 일이 주어지면 얼마나 충실하게 임하여 목민관으로 백성들의 사랑을 받을 수 있는가에 대해 언급되는 대목이다. 용신이 청하고 희신이 도움을 주고 있으면 마음먹은 대로 맡은 일을 잘 처리할 수가 있다는 의미이므로, 희신이 딴 짓을 하고 있거나 용신이 충을 맞았거나 한다면 결국은 그가 다스리는 방법에서도 지역민들에게 뇌물을 먹는 탐관오리가 될 가능성이 있음을 암암리에 의미하고 있다고 하겠다. 실로 상당한 관리들이 뇌물과 연루되어서 망신을 당하고 기억의 뒤편으로 사라지는 것을 종종 본다. 우선의 달콤함이 그렇게 일생을 괴롭힌다면 역시 그 달콤함은 악마의 속삭임에 불과하다는 생각을 해야 할 모양이다. 그런데 팔자가 비록 망가졌다고 해도 이러한 것은 후천적으로 교육을 통해서 변화시킬 수 있을 것 같은데, 실은 교육을 받을 만큼 받은 관리들이 더 무서운 것을 보면 교육이 사람을 변화시키는 데 얼마나 공헌을 하는지에 대해서도 때로는 의문이 크다. 참으로 淸高한 관리가 요망되는 시대라고 해야 하겠다. 옛날에 고승이나 현철(賢哲)들이 왕의 옆에서 관리를 임용하는 데 조언을 아끼지 않았던 것이 참으로 바람직했다는 생각도 문득 드는데, 어느 여성 경찰관이 어지러운 상납의 연결 고리를 끊고 유흥가를 정화한다는 소식은 가뭄에 단비만큼이나 청량한 기분을 전달해 주니 즐겁다.

壬	癸	乙	丁
子	酉	巳	丑

丁	戊	己	庚	辛	壬	癸	甲
酉	戌	亥	子	丑	寅	卯	辰

癸水生於巳月. 火土雖旺. 妙在支全金局. 財官印三者, 皆得生助. 更喜子時. 劫比幫身. 精神旺足. 尤喜中年運走北方. 異路出身. 仕至郡守. 名利兩全. 七子皆出仕.

계수생어사월. 화토수왕. 묘재지전금국. 재관인삼자, 개득생조. 갱희자시. 겁비방신. 정신왕족. 우희중년운주북방. 이로출신. 사지군수. 명리량전. 칠자개출사.

➡ 癸水가 巳月에 나서 火土가 비록 왕하다고는 하지만 묘하게도 지지에 금국이 되어 있으니 財官印의 세 성분은 다 생조를 얻고 있다. 다시 반가운 것은 子時에 태어난 것이니, 겁재와 비견이 일간을 돕고 있어 정신이 왕하여 넉넉하다. 더욱 기쁜 것은 중년의 운이 북방으로 달리니 옆길로 벼슬길에 들었지만 군수에 이르고 명리가 모두 완전했으며 아들 일곱을 두어 다 출세시켰다.

【 강의 】

 그대로 식신생재격이라고 할 수 있고 흐름이 상당히 청하여 잘될 암시라고 하겠다. 물론 운이 북방이어서 도움이 되었다는 말로 미루어 다소 신약한 것으로 보신 듯한데, 巳月의 癸水이기에 인성을 쓸 만했지 그렇지 않았더라면 별로 약하다고 할 구조도 아니다. 다만 巳酉丑으로 금국이 되어서 좋다는 것은 별로이다. 巳月의 화왕절에 금국이 되기는 매우 어렵다고 봐서 그냥 유정한 정도로 이해하는 것이 더 옳지 않을까 하는 의견도 첨부한다.

```
乙  丁  戊  丙
巳  酉  戌  寅

丙 乙 甲 癸 壬 辛 庚 己
午 巳 辰 卯 寅 丑 子 亥
```

 丁火生於戌月. 局中木火重重. 傷官用財. 格局本佳. 部書出身. 仕至縣令. 惜柱中無水. 戌乃燥土. 不能生金晦火. 木生火旺. 巳酉無拱合之情. 所以妻妾生十子皆剋.
 정화생어술월. 국중목화중중. 상관용재. 격국본가. 부서출신. 사지현령. 석주중무수. 술내조토. 불능생금회화. 목생화왕. 사유무공합지정. 소이처첩생십자개극.

➡ 丁火가 戌月에 태어나 사주에는 木火가 겹쳐 있으니 상관에 재성을 용하는 구조라고 하겠다. 격국이 본래 아름다우니 부서 출신으로

벼슬이 현령에 이르렀는데, 아까운 것은 사주에 수가 없음이다. 戊土는 건조한 토라 금을 생하기도 어렵고 화의 기운을 흡수하기도 불가능하니 목이 화를 생하여 화기운이 더욱 넘쳐 난다. 巳酉합도 별로 의미가 없다고 해야 하겠으니 처와 첩에게서 아들 열을 얻었지만 다 죽었다.

【 강의 】

일반적으로 벼슬이 높으면 자식이 드문 경우가 많은 듯싶은데, 이 사람도 자식 농사가 신통치 않았던 모양이다. 그렇지만 사주의 정세로 봐야지 벼슬과는 무관하다는 것은 당연한 일이다. 워낙 사주에 관살의 성분이 없어서 용신이 아들이 되겠는데, 상관이 용신이라고 본다면 다시 용신이 조열하여 습기가 없는 것이 자식을 기르지 못한 요인으로 작용했다고 볼 수 있다. 더구나 운에서도 초운의 金水운은 그런대로 좋았겠지만 뒤로 가면서 木火의 운을 타게 되니 자식의 인연은 갈수록 약해진다고 해석해야 하겠다.

```
戊  辛  庚  丙
子  巳  寅  子
戊 丁 丙 乙 甲 癸 壬 辛
戌 酉 申 未 午 巳 辰 卯
```

辛金生於寅月. 財旺逢食. 官透遇財. 又逢劫印相扶. 中和純粹. 精神兩足. 初看似乎身弱. 細究之. 木嫩火虛. 印透通根. 日

元足以用官. 中年南方火運. 異路出身. 仕至黃堂.

　신금생어인월. 재왕봉식. 관투우재. 우봉겁인상부. 중화순수. 정신량족. 초간사호신약. 세구지. 목눈화허. 인투통근. 일원족이용관. 중년남방화운. 이로출신. 사지황당.

➡ 辛金이 寅月에 나서 재가 왕하고 식신을 만났으며 관은 투출하여 재성을 만났고, 다시 겁인의 생조를 만나니 중화되고 순수하여 정과 신이 함께 넉넉하다고 하겠다. 처음 보기에는 신약한 것으로 생각되지만 잘 연구해 보면 목은 어리고 화는 허약하며 인성이 투출되어 통근까지 하고 있으니, 일주가 특히 관을 용신으로 삼을 만하다. 중년의 운이 남방의 화운으로 가면서 이로 출신으로 벼슬이 황당에 이르렀다.

【 강의 】

　관살이 상당히 왕한 구조를 하고 있는데, 묘하게도 丙火는 子水에게 견제를 당하고 巳火도 시지의 자수로부터 제어를 당하니 다행이라고 해야 할 모양이다. 월간의 庚金이 무력하기는 한데 구조로 봐서는 다소 신약하다고 하겠고, 약해 보이면서도 관성을 용신으로 하는 것은 오행의 이치와는 다소 벗어난다고 해야 하지 않을까 싶다. 그러니까 오행의 이치에서 약하다고 봤으면 인성이 필요한 것이 당연하다고 해야 할 터이기 때문이다. 다행히도 후반의 운이 좋아서 남방운에서 발했다고 하지만 이것은 시작에 불과하고 뒤의 운이 도움을 줘서 출세한 것으로 이해해야 하겠고, 용신은 인성에 있는 것으로 보는 것이 타당하지 않을까 싶다.

甲	戊	丙	丁
寅	寅	午	亥

戊	己	庚	辛	壬	癸	甲	乙
戌	亥	子	丑	寅	卯	辰	巳

戊土生於午月. 局中偏官雖旺. 印星太重. 木從火勢. 火必焚木. 一點亥水. 不能生木剋火. 交癸運, 剋丁生甲. 連登科甲. 出宰名區. 辛運, 合丙. 仕路順遂. 交丑運, 剋水. 告病致仕.

무토생어오월. 국중편관수왕. 인성태중. 목종화세. 화필분목. 일점해수. 불능생목극화. 교계운, 극정생갑. 연등과갑. 출재명구. 신운, 합병. 사로순수. 교축운, 극수. 고병치사.

➡ 戊土가 午月에 났는데 사주에 편관이 비록 왕하다고는 하지만 인성이 너무 많은 바람에 목은 화의 세력을 따라가 버렸다고 봐야 하겠으니 화가 능히 목을 태우기 때문이다. 연지의 한 점 亥水는 목을 생하고 화를 극하기가 불가능한데, 癸水운이 되면서 丁火를 극하고 甲木을 생조하니 등과하여 지역장이 되었다. 辛金대운에는 丙火와 합하여 벼슬이 순탄했는데 丑土대운으로 바뀌면서 수를 극하니 병을 고하고 벼슬을 돌려 바쳤다.

【 강의 】

'告病致仕'의 의미는 致자가 '돌려 바치다'의 의미가 있어서 해석이 가능하다. 언뜻 생각하기에는 '병을 핑계로 벼슬에 나아갔다' 고 해석해야 할 듯한데, 전후의 상황을 살펴보던 병을 핑계대고 벼슬을 버린 것으로 봐야 하겠다. 설명을 보면 재관을 희용신으로 보고 있는 것 같은데, 여기에서 목을 쓰기보다는 오히려 수를 쓰고 금을 기다리는 것으로 봐야 하지 않을까 싶다. 丑土에 둘러난 것은 亥水를 극해서 그런 것이지 목을 어떻게 해서라고 보기는 어렵겠기 때문이다. 워낙 화세가 강해서 약하다고는 할 수 없겠고 조후의 의미를 생각해서 재성이 용신이 되는 것으로 보는 것이 타당하겠다.

```
辛  甲  戊  己
未  子  辰  巳
庚 辛 壬 癸 甲 乙 丙 丁
申 酉 戌 亥 子 丑 寅 卯
```

甲子日元. 生於季春. 木有餘氣. 坐下印綬. 官星淸透. 且子辰拱印有情. 更妙運走東北水木之地. 名登甲榜. 只嫌子未破印. 仕路未免有阻. 老於敎職.

갑자일원. 생어계춘. 목유여기. 좌하인수. 관성청수. 차자진공인유정. 갱묘운주동북수목지지. 명등갑방. 지혐자미파인. 사로미면유조. 노어교직.

➤ 甲子일주가 辰月에 났으니 목은 여기가 있고, 앉은자리에는 또 인성이다. 관성이 맑게 투출하고 子辰으로 합이 되어 인성과 유정한데, 다시 묘한 것은 운이 동북의 水木으로 가고 있음이다. 수석으로 합격하였으나 다만 싫은 것은 子未로 인성을 꺼는 것이라 벼슬길에

장애가 있었기에 늙을 때까지 교직에만 종사했다.

【 강의 】

재중용인격으로 격이 떨어짐을 느끼겠고, 인성이 가까이 있으니 교육자가 된 것도 잘한 것으로 봐야 하겠다. 다만 子辰의 의미를 좋게만 볼 수가 없는데, 인성의 마음이 오히려 재성에게 끌리고 있어서 탁하다고 해야 하겠다. 그래서 인성의 기운이 관성에까지 미치지 못하고 서로 연결되지 못하여 그대로 훈장으로 세월을 보냈다고 하겠다.

【滴天髓】

> 便是諸司幷首領. 也從淸濁分形影.
> 변시제사병수령. 야종청탁분형영.

◑ 모든 관리도 어느 날 갑자기 수령이 될 수도 있으니 청하고 탁함으로 형상과 그림자를 구분한다.

【滴天髓徵義】

命者, 天地陰陽五行之所鐘也. 淸者, 貴也. 濁者, 賤也. 所以雜職佐貳等官. 亦膺一命之榮. 雖非格正局淸. 眞神得用. 而氣象格局之中. 沖合理氣之內. 必有一點淸氣. 雖淸氣濁氣之形影難辨. 總不外乎天淸地濁之理. 干象天. 支象地. 地支之上升於天干者. 輕淸之氣也. 天干下降於地支者. 重濁之氣也. 天干之氣本淸. 不忌濁也. 地支之氣本濁. 必要淸也. 此命理之貴乎變通也. 天干濁, 地支淸者貴. 地支濁, 天干淸者, 賤也. 地支之氣上升者, 影也. 天干之氣下降者, 形也. 於升降形影沖合制化中. 分其淸濁. 究其輕重. 論其尊卑可也.

명자, 천지음양오행지소종야. 청자, 귀야. 탁자, 천야. 소이잡직좌이등관. 역응일명지영. 수비격정국청. 진신득용. 이기상격국지중. 충합리기지내. 필유일점청기. 수청기탁기지형영난변. 총불외호천청지탁지리. 간상천. 지상지. 지지지상승어천간자. 경청지기야. 천간하강어지지자. 중탁지기야. 천간지기본청. 불기탁야. 지지지기본탁. 필요청야. 차명리지귀호변통야.

천간탁, 지지청자귀. 지지탁, 천간청자, 천야. 지지지기상승자, 영야. 천간지기하강자, 형야. 어승강형영충합제화중. 분기청탁. 구기경중. 논기존비가야.

➜ 팔자라는 것은 천지 우주의 음양오행이 맺힌 결실이라고 보는데, 淸은 귀함을 나타내고 濁은 천함을 의미한다. 그래서 잡다한 지위에 속하는 좌이 등의 (하급) 관리도 한 번쯤 영광스런 자리에 임명이 될 수도 있는 것이다. 비록 격이 바르고 국이 청하지는 않더라도 월령을 잡은 용신을 쓸 수 있거나 격국 중에 뭔가 나름대로의 기상이 보인다면 그 속에 충이나 합의 기운이 있으면서도 일종의 맑은 기운이 반드시 있다고 하겠다.

비록 청기와 탁기가 엉켜 있어서 어느 것이 형상인지 또는 그림자인지 구분하기는 쉽지 않겠지만, 한마디로 하늘은 청을 논하고 지지는 탁을 논하는 것에 지나지 않는다는 것을 헤아리면 되겠다. 천간은 하늘을 상징하고 지지는 땅을 상징하니, 지지에서 기운이 천간으로 올라가는 경우라면 청의 기운이 가볍다고 보면 되고, 천간의 기운이 지지로 하강하는 경우라면 탁의 기운이 크다고 하면 되겠다. 천간의 기는 본래 맑으므로 탁함도 꺼리지 않는데, 지지의 기운은 본래 탁한 성분이기 때문에 반드시 청하게 되어야 좋은 것이니 이것이 명리의 귀함을 보는 변화에 통하는 것이다.

천간이 탁하고 지지가 청하면 귀한 사람이고, 지지가 탁하고 천간이 청하면 천한 사람이며, 지지의 기운이 위로 올라가는 자는 그림자라고 하고, 천간의 기운이 아래로 내려가는 자는 형상이라고 하니 저 '올라감'과 '내려감' 그리고 '형상'과 '그림자'의 의미는 충하고 합하고 제하고 화하는 가운데에서 그 청하고 탁함을 구분하는 것이니 그 가볍고 중함을 연구하여 (그 사람의 삶이) 높은지 또는 낮은지를 알게 되는 것이다.

【 강의 】

논리적으로는 참 대단한 의미를 부여하는데, 현실적으로 얼마나 부합될 것인지에 대해서는 장담하기 어렵겠다. 단지 하나의 형상을 놓고 의미를 부여하기 때문에 이러한 형상을 찾아서 의미를 부여하려다 보면 또 다른 성분이 개입하여 어느 것을 우선해야 할지를 놓고 갈등해야 할 것이다. 그러다 보면 결국은 어느 것이 그림자이고 형상인지 명확하게 구분하는 것이 오히려 일을 복잡하게 만들 가능성이 많기 때문에 효용성에 대해서는 다시 고려해 봐야 하겠다는 생각이 드는 것이다.

비록 대입에서의 난해함은 그렇다고 해도 논리적인 대입은 의미가 있다고 본다. 기본적으로 '탁한 것은 청한 것이 좋고 또 기본적으로 청한 것은 탁해도 상관없다.'는 청탁의 논리가 구석구석에서 발견되는데, 이렇게 의미심장한 내용은 늘 참고하여 살피는 것이 자평명리학의 안목을 도와 주는 좋은 방법이라고 생각된다. 다만 참고를 하는 정도로 두고 중요한 것은 생극제화에 있음을 잊지 않는다면 방향에 혼란이 없을 것이다. 적어도 원문에 나온 내용을 이렇게 증폭시켜서 추가해야 하는 철초 선생의 안목은 오히려 원전의 가치를 더욱 높였다고 이해해도 되겠다. 그리고 백온 선생의 의중을 이렇게 잘 헤아릴 수 있을까 생각하면서 아마도 전생에 자신이 써놓은 글을 해석하러 오신 것은 아닌가 싶은 생각도 문득 해본다. 사주를 보면서 철초 선생의 의향을 살펴보도록 하자.

```
丙 戊 壬 壬
辰 戌 寅 辰
庚 己 戊 丁 丙 乙 甲 癸
戌 酉 申 未 午 巳 辰 卯
```

戊土生於寅月. 木旺土虛. 天干兩壬. 剋丙生寅. 此天干之氣濁. 財星壞印. 所以書香不繼. 寅能納水生火. 日主坐戌之燥土. 使壬水不致沖奔. 其淸處在寅也. 異路出身. 丙運升縣令.

무토생어인월. 목왕토허. 천간량임. 극병생인. 차천간지기탁. 재성괴인. 소이서향불계. 인능납수생화. 일주좌술지조토. 사임수불치충분. 기청처재인야. 이로출신. 병운승현령.

➡ 戊土가 寅月에 나서 목은 왕하고 토는 허한데 천간에는 두 壬水가 투출되어 丙火를 극하고 寅木을 생조하니 이것은 천간의 탁함에 해당하고, 재성이 인성을 깨뜨리니 공부는 하지 못했다. 인목은 능히 수를 흡수하여 불을 생조하는데 일주는 戊土의 건조한 토양에 앉아서 임수로 하여금 날뛰지 못하게 하고 있으니 그 맑은 것은 인목이라고 하겠다. 이로 출신으로 丙火대운에서 현령으로 올라갔다.

【 강의 】

탁함은 기신을 두고 하는 말이고, 청하다는 것은 기신의 활동을 저지하는 성분으로 해석하는 구조이다. 사주에서 용신이 병화이고 희신은 인목이 되어야 하는 구조인데, 아쉬운 점은 지지의 기운이 올라가야 하는데 그렇게 하지 못하는 것이 아닌가 싶다. 만약 인목이 시지에 있어서 병화를 생조한다면 올라간다고 할 만도 하겠다는 생각이 들어서 아쉽다. 다만 병화의 기운은 辰土를 타고 아래로 내려가는데 이것은 병화의 입장에서는 원하는 바가 아니므로 올바른 내려옴이 아니다. 유감이지만, 그래도 운이 도와서 남방의 화운을 활용하게 되었으니 또한 행운이라고 봐야 하겠다.

```
丁  甲  癸  壬
卯  寅  丑  午
辛 庚 己 戊 丁 丙 乙 甲
酉 申 未 午 巳 辰 卯 寅
```

甲木生於丑月. 水土寒凝. 本喜火以敵寒. 更妙日時寅卯氣旺. 宜乎吐秀. 其淸在火也. 所嫌壬癸透干. 丁火必傷. 難遂書香之志. 然地支無水. 干雖濁. 支從午火留淸. 異路出身. 至戊午運. 合癸制壬. 有病得藥. 升知縣.

갑목생어축월. 수토한응. 본희화이적한. 갱묘일시인묘기왕. 의호토수. 기청재화야. 소혐임계투간. 정화필상. 난수서향지지. 연지지무수. 간수탁. 지종오화류청. 이로출신. 지무오운. 합계제임. 유병득약. 승지현.

➡ 甲木이 丑月에 나서 수와 토는 얼어붙었으니 본래는 화의 데워 줌이 가장 반가운데, 다시 묘하게도 일시에 寅卯의 목이 있어 기세가 왕하다. 마땅히 수기를 토하여 그 맑음은 화에 있는데, 싫은 것은 壬

癸水가 투출된 것으로 丁火는 반드시 손상을 입으니 공부의 뜻을 이루기도 어려웠다. 그러나 지지에는 수가 없기 때문에 천간이 비록 탁하다고 해도 지지의 午火는 청하게 된다. 이로 출신으로 戊午대운이 되면서 癸水와 합하고 壬水를 제어하여 병이 있어 약을 얻으니 지현으로 승진했다.

【강의】

이 사주의 丁火는 목의 기운이 상승하는 바람에 더욱 좋다고 하겠다. 壬癸水의 탁함이 있는 것과 午火의 관계는 별로 고려하지 않아도 될 내용인 듯싶고, 사주에 토가 없어서 정화가 머리를 둘 곳이 없어 아쉽다고 할 수도 있겠다. 용신은 물론 상관이겠고, 화토의 운에서 발전한 것은 희용신이 적절하게 와줬다고 이해가 된다.

己	丙	乙	壬
丑	子	巳	辰

癸	壬	辛	庚	己	戊	丁	丙
丑	子	亥	戌	酉	申	未	午

丙火生於巳月. 天地煞印留淸. 所嫌者丑時合去子水. 則壬水失勢. 化助傷官. 則日元洩氣. 一點乙木不能疏土. 異路出身. 雖獲盜有功. 而上台不合. 竟不能升.

병화생어사월. 천지살인류청. 소혐자축시합거자수. 즉임수실세. 화조상관. 즉일원설기. 일점을목불능소토. 이로출신. 수

획도유공. 이상태불합. 경불능승.

→ 丙火가 巳月에 나서 천지에 살과 인성이 머물러 청한데, 싫은 것은 丑時의 子水를 합하는 것이다. 즉 壬水가 세력을 잃고 상관을 돕게 되니 일주의 기운이 다시 약해져서 일점의 乙木으로는 토를 제어하기가 불가능하다. 이로 출신으로 비록 도둑을 잡은 공로는 있었지만 윗사람과의 사이가 좋지 않아서 마침내는 승진을 하지 못했던 것이다.

【 강의 】

 도둑을 잡았으면 포상금이나 줘서 보내는 것이 가장 현명한 일일 텐데 얼마나 골치 아픈 도둑이었으면 잡은 사람에게 벼슬까지 줬을까 싶다. 만약 운이 木火로 흘러 주기만 했더라면 그대로 머물러 있지는 않았겠는데, 윗사람과의 마찰도 하나의 요인이라고 할 수는 있겠지만 운이 좋았다면 원하는 대로 승진이 되었을 것이라는 생각을 해보면서 상사로부터 스트레스를 받는 것도 아마 운이 아닐까 싶기도 하다.

```
丁  癸  丙  乙
巳  酉  戌  酉
戊 己 庚 辛 壬 癸 甲 乙
寅 卯 辰 巳 午 未 申 酉
```

癸酉日元. 生於戌月. 地支官印相生. 淸可知矣. 所嫌者, 天干兩財得地. 兼之乙木助火剋金. 所以書香難遂. 喜秋金有氣. 異路出身. 至巳運, 逢財壞印. 丁艱回籍.

계유일원. 생어술월. 지지관인상생. 청가지의. 소혐자, 천간량재득지. 겸지을목조화극금. 소이서향난수. 희추금유기. 이로출신. 지사운, 봉재괴인. 정간회적.

➔ 癸酉일주가 戌月에 나서 지지에는 관인이 서로 생조하고 있으니 그 청함을 가히 알겠다. 싫은 것은 천간에서 두 재성이 득지를 하였고 더불어 乙木은 화를 생조하여 금을 극하는 것이니 공부를 하기 어려웠고, 반가운 것은 가을의 금이 기운이 있는 것이니 이로 출신으로 巳火대운이 되면서 재가 인성을 깨어 버리니 부모와 가족의 병을 핑계로 고향으로 돌아갔다.

【 강의 】

回籍은 뭔가 핑계를 대어 벼슬을 도로 내놓고 고향으로 돌아가는 것을 의미한다고 하므로 아마도 벼슬하는 것이 재미가 없었던 모양이다. 책에는 回藉로 되어 있는데, 籍의 오자가 분명하므로 바로잡는다. 그리고 앞부분에서도 책에는 '天干丙財得地' 로 나와 있는데 兩財로 고쳐야 타당하겠기에 또한 수정을 한다. 신약용인격에 재성이 인성을 깨고 있으니 탁하다고 할 수 있고, 운을 핑계로 물러간 것은 백번 잘했다고 봐야 하겠다. 아마도 자신의 운명을 미리 예감했던 모양이다. 원래 편인이 그러한 점에 대해서 능력을 발휘하기 때문에 해본 생각이다.

```
 戊    戊    戊    甲
 午    子    辰    申
丙乙甲癸壬辛庚己
子亥戌酉申未午巳
```

戊子日元. 生於辰月午時. 天干三戊. 旺可知矣. 甲木退氣臨絶. 不但無用. 反爲混論. 其精氣在地支之申. 洩其精英. 惜春金不旺. 幸子水冲午. 潤土養金. 雖捐納佐貳. 仕途順遂.

무자일원. 생어진월오시. 천간삼무. 왕가지의. 갑목퇴기림절. 부단무용. 반위혼론. 기정기재지지지신. 설기정영. 석춘금불왕. 행자수충오. 윤토양금. 수연납좌이. 사도순수.

➡ 戊子일주가 辰月의 午時에 났고 천간에는 세 戊土가 있으니 왕함을 가히 알겠다. 甲木은 퇴기에 해당하고 절지에 임하기도 했으니 용신이 될 수 없을 뿐만 아니라 도리어 사주를 혼잡하게 한다. 그 정기는 지지의 申金에 있고 그 빼어난 기운을 설기하는데 아깝게도 봄의 금이 왕하지 않다. 다행히 子水는 午火를 충하고 토를 적셔 주며 금을 길러 주니, 비록 돈을 내고 좌이로 시작했지만 벼슬길이 순탄했다.

【 강의 】

식신이 용신이라는 말은 신선한 감이 든다. 그러니까 비록 멀기는 하지만 시든 갑목보다는 살아 있는 금을 써야 하겠고, 그 금은 월령을 잡고 있으니 좋다고 할 수 있다. 子水가 떨어져 있으니 이 점은 아쉽다고 해야 하겠는데, 운이 金水로 흐르는 바람에 발했다고 보면 되겠다.

庚	壬	甲	癸
戌	子	子	巳

丙	丁	戊	己	庚	辛	壬	癸
辰	巳	午	未	申	酉	戌	亥

壬子日元. 生於仲冬. 天干又透庚癸. 其勢泛濫. 甲木無根. 不能納水. 巳火被衆水所剋. 亦難作用. 故屢次加捐耗財. 不能得缺. 雖時支戌土. 砥定汪洋. 又有庚金之洩. 兼之中運庚申, 辛酉. 洩土生水. 劫刃肆逞. 有志難伸.

임자일원. 생어중동. 천간우투경계. 기세범람. 갑목무근. 불능납수. 사화피중수소극. 역난작용. 고누차가연모재. 불능득결. 수시지술토. 지정왕양. 우유경금지설. 겸지중운경신, 신유. 설토생수. 겁인사령. 유지난신.

➜ 壬子일주가 子月에 나서 천간에는 또 庚金과 癸水가 투출되었으니 그 세력이 범람할 지경인데, 甲木은 뿌리가 없으니 물을 흡수하기는 불가능하고 巳火는 많은 물에게 극을 받아 버렸으니 또한 용신으로 되기는 부족하다. 그래서 여러 차례 돈을 더 내다 보니 재물이 다 날아가 버렸는데 한 번도 결실을 얻지 못하였다. 비록 시지에 戌土가 있어 넘치는 물을 제어한다고는 하지만 또 경금이 설기를 하고, 겸

해서 중간의 운이 庚申과 辛酉로 흘러가면서 토를 설하여 수를 생조하니 겁재와 양인이 미쳐 날뛰어 한 번도 뜻을 펴보지 못했다.

【 강의 】

토를 용신으로 삼기보다는 목으로 의지하여 설하는 것이 마땅하겠는데, 비록 물을 먹었거나 말거나 간에 용신으로 삼아 놓고서 운을 기다리는 것이 옳다고 해야 하겠다. 다음으로 금운에서 일이 되지 못한 것도 역시 토가 용신이라기보다는 목이 용신이기에 더 그랬다고 해야 타당할 것 같다. 다만 희신은 화가 되겠는데 전혀 힘을 실어 주지 못하고 마음대로 되지 못했던 것이다. 戊土는 庚金의 뿌리에 불과하다고 봐야 하겠다.

이렇게 해서 지위에 대해서 언급한 내용을 살펴보았다. 지위의 고하는 사주에 있다고 해도 운에 따라서 각기 그 나타남이 달라지는 것을 보면서 실은 운에 지위가 있다고 해야 하겠고, 기본적인 사주의 높고 낮은 것은 하나의 참고 사항일 뿐이라고 할 수 있다.

제13부 여명소아

제1장 여명(女命)

【滴天髓】

> 論夫論子要安詳. 氣靜平和婦道章.
> 논 부 론 자 요 안 상. 기 정 평 화 부 도 장.
> 三奇二德虛好語. 咸池驛馬半推詳.
> 삼 기 이 덕 허 호 어. 함 지 역 마 반 추 상.

◐ 남편과 자식을 논함에 편안함을 요하고, 기세가 고요하며 화평하면 아내의 길이 빛나며, 삼기니 이덕이니 하는 것은 모두 헛된 말이고, 함지와 역마는 반만 생각해 본다.

【滴天髓徵義】

女命者, 先觀夫星之盛衰. 則知其貴賤. 次察格局之淸濁. 則知其賢愚也. 淫邪嫉妒. 不離四柱之情. 貞靜端莊. 總在五行之理. 是以審察宜精. 二德三奇. 乃好事妄造. 咸池驛馬. 是後人謬言. 不孝翁姑. 只爲財輕劫重. 不敬丈夫. 皆因官弱身强. 官星明顯.

夫主崢嶸. 氣靜和平. 婦道柔順.

　여명자, 선관부성지성쇠. 즉지기귀천. 차찰격국지청탁. 즉지기현우야. 음사질투. 불리사주지정. 정정단장. 총재오행지리. 시이심찰의정. 이덕삼기. 내호사망조. 함지역마. 시후인류언. 불효옹고. 지위재경겁중. 불경장부. 개인관약신강. 관성명현. 부주쟁영. 기정화평. 부도유순.

▶여인의 팔자는 먼저 남편의 성쇠를 봐야 하는데, 즉 (그로 인해서) 귀천을 알 수 있기 때문이다. 다음으로는 격국의 청탁을 봐야 하는데, 즉 (그로 인해서) 착하고 지혜로운지 어리석고 우매한지를 알 수 있기 때문이다. 음란하고 사악하고 시기와 질투를 하는 것이 사주의 뜻을 벗어날 수가 없으며, 정결하고 단정하며 우아한 것도 모두 오행의 이치에 들어 있다. 그래서 이것을 매우 정밀하게 잘 살펴야 하는 것이다.

　두 가지의 덕스러운 살이나 세 가지의 기이한 좋은 암시가 모여 있다는 살은 모두 일을 벌이기 좋아하는 사람들의 거짓말일 뿐이다. 그리고 함지라고도 하는 도화살이나 떠돌아다닌다는 역마살도 역시 뒷사람이 잘못 집어넣은 말이다. 시부모에게 효도를 하지 않는 것은 다만 사주에서 재성이 약하고 겁재가 왕성한 탓일 뿐이고, 남편을 섬기지 않는 것은 다 관성이 약하고 신강하기 때문일 따름이다. 관성이 밝게 투출되어 있으면 남편은 남들과 영광을 다투게 될 것이니 잘 뻗어 나갈 것이고, 기세가 안정되고 화평하다면 아내는 그 남편을 잘 보필하게 될 것이다.

【 강의 】

　아무리 여자의 팔자가 비중이 없다고 해도 그렇지 이렇게 한 덩어리로 뭉뚱그러서 처리해 버리는 것은 너무 성의가 없다고 해야 하겠다. 그리고 공부를 하시는 입장에서는 또 지나치게 길어서 흐름을 잃어버릴까 봐 염려되어 여기에서는 본문의 내용을 간제로 나눠서 중간중간에 끼여들 참이다. 참고해서 진행해 주시면 되겠다.

　과감하게 원문의 오류를 지적하고 뜯어고치고 있는 것에서 강력한 주관을 느낄 수가 있다. 비록 하늘 같은 백온 선생의 주옥 같은 말씀만을 모아 둔 『적천수』라고 한들 그 속에 어찌 티끌이 없을 수가 있겠느냐는 마음으로 관찰해야 할 것이다. 바로 이 부분에서 철초 선생은 어림도 없는 이야기임을 강경하게 말씀하는데, 그 이면에는 다시 확고한 주체성이 초지일관 드러나고 있는 것으로 봐야 하겠다. 그리고 어느 부분에서는 철초 선생 역시 낭월에게 한 방망이(!) 맞으셔야 할 부분이 있다는 것을 생각하면서 혼자 즐거움에 젖는 낭월이다.

　二德은 아마도 천덕(天德)과 월덕(月德)을 말하는 것이 아닌가 싶다. 천덕은 월별로 구분해서 태어난 방향을 따지는 것으로 보인다. 가령 寅月에 태어난 丁火나 巳月의 辛金이나 등등의 월별 일간을 대입해서 천덕이라고 하는데, 이렇게 어느 계절에 태어난 어느 일간이라는 것만으로 천덕이라는 명예스러운 관을 부여하는가 보다. 그러니까 철초 선생의 말씀은 그보다는 관성이나 일간의 동향을 봐서 판단해야 옳다는 것을 강조하고 있는 것이라고 보면 되겠다. 도표가 궁금하신 벗님도 있을까 하여 참고로 보여 드린다.

生月 二德	寅月	卯月	辰月	巳月	午月	未月	申月	酉月	戌月	亥月	子月	丑月
天德	丁	申	壬	辛	亥	甲	癸	寅	丙	乙	巳	庚
月德	丙	甲	壬	庚	丙	甲	壬	庚	丙	甲	壬	庚

표를 보면 寅月에 태어난 丁火는 천덕이 있는 것이고, 丙火는 월덕이 있는 것이다. 그리고 다시 확대 해석을 하면 이 글자가 연간에 있거나 시간에 있어도 역시 같은 의미로 해석하게 되는데, 이러다 보니 웬만하면 천덕과 월덕에 해당할 가능성이 많아진다. 그래서 좋다는 말을 해야 할지도 모르겠지만 결과적으로는 오행의 생극제화의 이치로 미루어 맞지 않으면 모두 버려야 한다는 것을 이러한 자료를 통해서도 읽을 수 있는 것이다. 당연히 그 우선 순위는 용신이냐 아니냐가 된다.

그리고 함지와 역마도 뒷사람이 잘못한 것이라고 잘라서 말을 해야 하는 것이다. 함지는 도화살을 일컫는 말인데, 여자의 사주에 함지가 있으면 음란하다는 설명이 붙어 있다. 그러나 실은 사주에 오행이 잘 구비된 경우에는 따로 음란할 필요도 없고 또 도화살이 없더라도 사주에 오행의 균형이 형편없다면 얼마든지 음란할 수도 있는 것이니 말을 좋아하는 사람들의 말장난이라고 하는 것이 합당하다고 하겠다. 역마살도 이에 준해서 이해하면 되겠는데, 백온 선생이 아무리 절반 정도는 참고하라고 하셨더라도 임상을 해보고 그 절반도 오히려 무시해야겠다는 결론이 나오면 후학은 그렇게 수정해야 하는 것이 선배의 가르침을 계승하여 발전시키는 것이라고 확신한다. 그리고 철초 선생의 주장에 대해서도 후학이 봐서 뭔가 보완할 부분이 있다면 당연히 보완해야 할 것이고, 물론 낭월이 주장하는 것에 대해서도 후에 누군가가 다시 수정해 주실 것으로 생각한다.

　철초 선생은 여자의 팔자에 대해서 우선적으로 관성의 동향을 살펴야 한다고 주장하셨는데, 당시로서는 전혀 문제가 없는 논리였지만 현재에는 이것이 큰 문제를 일으킬 수 있다는 점에서 역시 세월은 많이 변했다는 것을 느낄 수 있겠다. 요즘의 사주에서는 관살이 있어도 결혼을 하지 않는 여성이 오히려 많고 사회에 진출하는 길이 있어서 늘 선택의 갈림길에서 고민하는 상담을 많이 받는다. 그리고 관살이 청하지 못하더라도 당시에는 천박한 요소라고 본 상관을 이용해서 얼마든지 대우받고 살아갈 수도 있다는 것을 이 시대의 철초 선생이 보셨다면 아마도 약간은 수정하셨을 것이라고 생각된다. 당연히 지금으로서는 관살의 동향을 보는 것이 일순위가 아니라는 점을 명심해야겠다는 말씀을 드리고 싶은 것이다.

【滴天髓徵義】

若乃官星太旺. 無比劫. 以印爲夫.
有比劫而無印綬者. 以傷食爲夫.
官星太弱. 有傷官. 以財爲夫.
無財星而比劫旺者. 亦以傷食爲夫.
滿盤比劫而無印無官者. 亦以傷食爲夫.
滿局印綬而無官無傷者. 以財爲夫.
傷官旺. 日主衰. 以印爲夫.
日主旺. 食傷多. 以財爲夫.
官星輕. 印綬重. 亦以財爲夫.

약내관성태왕. 무비겁. 이인위부.
유비겁이무인수자. 이상식위부.
관성태약. 유상관. 이재위부.
무재성이비겁왕자. 역이상식위부.
만반비겁이무인무관자. 역이상식위부.
만국인수이무관무상자. 이재위부.
상관왕. 일주쇠. 이인위부.
일주왕. 식상다. 이재위부.
관성경. 인수중. 역이재위부.

➜ 만약 관성이 태왕하고 비겁이 없으면 인성이 남편이고,
비겁이 있고 인성이 없으면 식상이 남편이고,
관성이 너무 약하고 상관이 있으면 재성이 남편이고,
재성이 없고 비겁이 왕하면 또한 식상이 남편이고,
비겁이 가득한데 인성도 관성도 없으면 또한 식상이 남편이고,
인수가 가득한데 관성도 상관도 없으면 재성이 남편이고,
상관이 왕하고 일주가 쇠약하면 인성이 남편이고,
일주가 왕하고 식상이 많으면 재성이 남편이고,
관성이 약하고 인성이 중해도 또한 재성이 남편이다.

【 강의 】

매우 비중이 있는 내용이라고 하겠다. 사주에서 용신이 남편에 해당한다는 의미는 혁신적이라고 해도 과언이 아니라고 생각되는 까닭이다. 즉 누구나 관살이 남편이라는 말은 하지만 용신이 남편이라

는 것은 감히 생각인들 해봤겠느냐는 것이다. 다만『궁통보감』에서는 남자의 경우에 용신과 희신을 아내와 자식으로 봐야 한다는 주장이 상당히 있는데, 같은 맥락에서 이해할 수가 있겠다는 점에서 뭔가 힌트를 갖고 있었다고 봐야 하겠다. 두 논리가 서로 연결이 있었는지 아니면 별도로 각자 그렇게 생각하게 되었는지는 모르겠지만, 일단 선배님들의 연구정진하시는 그 꾸준한 노력은 충분히 헤아리겠다는 생각이 절로 든다.

다만 아쉬운 점은 비록 논리적으로 획기적인 것은 사실이고 놀라운 통찰력이지만, 그래도 명확히 할 것은 명확히 해야 하므로 낭월의 소견을 언급하게 된다. 별다른 것은 아니고 아마도 절충식이 되지 않을까 싶은데, 다음과 같은 단서를 붙여야 마음이 편하겠기에 드리는 말씀이다.

단, 사주에 관살이 전혀 없을 경우에 한한다. 이것은 앞에서 용신이 남편이라는 주장을 지원하는 말이기는 하지만 사주에서 관살이 전혀 없을 경우에만 그 이론을 대입시켜야 하겠더라는 것이다. 즉 사주의 지장간에라도 관살이 존재한다면 그대로 그 성분을 남편으로 봐야 한다는 반론을 펴는 것이기도 한데, 실제로 임상을 하면서 사주에 관살이 전혀 없다면 용신이 남편인 것으로 봤을 적에 대단히 정확한 해석이 되는 경험을 많이 하였기 때문이다. 아울러 남자의 사주에서도 사주에 재성이 전혀 없을 경우에는 희신이 아내가 되는 것도 같은 의미로 설명을 드리게 되는데, 이러한 궁리의 이면에는 철초 선생의 주장이 그 힌트를 찾아낼 수 있게 해주었으니 결국은 선배님들의 노력이 늘 바탕에 깔리는 셈이다. 그래서 항상 감사를 드리지 않을 수가 없는데, 다만 이렇게라도 멋진 힌트가 있을 경우에 한해서이다. 그런 것도 없이 그냥 세월만 포먹고 있는 선배도 하도 많으니 말이다. 다시 이어지는 대목은 남편과의 관계에 대해서 언급되는 대목이다. 살펴보도록 한다.

【滴天髓徵義】

財乃夫之恩星. 女命身旺無官. 財星得令得局者. 上格也. 若論刑傷. 又有生剋之理存焉.
　官星微. 無財星. 日主强. 傷官重. 必剋夫.
　官星微. 無財星. 比劫旺. 必欺夫.
　官星微. 無財星. 日主旺. 印綬重. 必欺夫剋夫.
　官星弱. 印綬多. 無財星. 必剋夫.
　比劫旺而無官. 印旺無財. 必剋夫.
　官星旺. 印綬輕. 必剋夫.
　比劫旺. 無官星. 有傷官. 印綬重. 必剋夫.
　食神多. 官星微. 有印綬. 遇財星. 必剋夫.
　재내부지은성. 여명신왕무관. 재성득령득국자. 상격야. 약론형상. 우유생극지리존언.
　관성미. 무재성. 일주강. 상관중. 필극부.
　관성미. 무재성. 비겁왕. 필기부.
　관성미. 무재성. 일주왕. 인수중. 필기부극부.
　관성약. 인수다. 무재성. 필극부.
　비겁왕이무관. 인왕무재. 필극부.
　관성왕. 인수경. 필극부.
　비겁왕. 무관성. 유상관. 인수중. 필극부.
　식신다. 관성미. 유인수. 우재성. 필극부.

➜ 재성은 남편에게 은혜를 베푸는 성분인데, 여자의 사주에서 신왕하고 관성이 없을 경우에 재성이 국을 이루고 있다면 상격이 된다. 만약 형충이 되었거나 손상을 받은 것에 대해서 논한다면 또 생극의 이치가 존재하는 것이다.

관성이 미약하고 재성이 없는데 일주가 강하고 상관이 중하다면 반드시 남편을 극한다.

관성이 미약하고 재성이 없는데 비겁이 왕하던 반드시 남편을 속인다.

관성이 미약하고 재성이 없는데 일주가 왕하고 인성이 중하다면 반드시 남편을 속이면서도 극하게 된다.

관성이 약하고 인성은 많은데 재성이 없다면 반드시 남편을 극한다.

비겁이 왕하고 관성이 없는데 인성이 왕하고 재성이 없다면 반드시 남편을 극한다.

관성이 왕하고 인성이 약하면 반드시 남편을 극한다.

비겁이 왕하고 관성이 없는데 상관이 있고 인성이 많다면 반드시 남편을 극한다.

식상이 많고 관성이 미약한데 인성이 있고 다시 재성을 만났다면 반드시 남편을 극한다.

【 강의 】

여기에서는 그대로 관성을 남편으로 놓고서 상황을 설명하고 있다. 다시 말하면 앞의 설명은 용신이 남편이라고 했지만 여기에서는 다시 관성을 남편으로 놓고서 관성이 희용신이 되지 못하고 기신을 만나고 있으면 남편을 극한다는 말을 하게 되는데, 이치적으로 타당하다고 보겠다. 그리고 용신이 남편이라기보다는 관성이 남편이라고 해야 타당하겠고, 남편을 극한다는 말은 부부간의 인연에 마찰이 심하다는 것으로 이해하면 되겠다. 설명으로만 봐서 남편을 못살게 한다는 것보다는 자신이 남편으로부터 고통을 받을 수도 있다는 뜻임을 고려해야 하겠다.

또한 재미있는 표현은 남편을 속인다는 것인데, 과연 관성이 약하고 자신이 강하면 남편을 무시할 수 있겠다. 그 장면을 속인다고 했고, 예전에도 남편을 속이는 사람이 왜 없었겠느냐는 생각이 든다. 그리고 속이면서도 극한다고 한다면 아무래도 남편을 괄세한다는 의미로 봐도 되겠다. 재미있는 설명이어서 한 번쯤은 써먹어야 하겠는데, 기회가 마땅치 않음이 유감이다.

【滴天髓徵義】

凡女命之夫星. 卽是用神. 女命之子星. 卽是喜神. 不可專論官星爲夫. 傷食爲子.
  日主旺. 傷官旺. 無印綬. 有財星. 子多而貴.
  日主旺. 傷官旺. 無財印. 子多而强.
  日主旺. 傷官輕. 有印綬. 財得局. 子多而富.
  日主旺. 無食傷. 官得局. 子多而賢.
  日主旺. 無食傷. 有財星. 無官殺. 子多而能.
  日主弱. 食傷重. 有印綬. 無財星. 必有子.
  日主弱. 食傷輕. 無財星. 必有子.
  日主弱. 財星輕. 官印旺. 必有子.

日主弱. 官星旺. 無財星. 有印綬. 必有子.
日主弱. 無官星. 有傷劫. 必有子.
日主旺. 有印綬. 無財星. 子必少.
日主旺. 比肩多. 無官星. 有印綬. 子必少.
日主旺. 印綬重. 無財星. 必無子.
日主弱. 傷官重. 印綬輕. 必無子.
日主弱. 財星重. 逢印綬. 必無子.
日主弱. 官殺旺. 必無子.
日主弱. 食傷旺. 無印綬. 必無子.
火炎土燥, 無子.
土金濕滯, 無子.
水泛木浮, 無子.
金寒水冷, 無子.
重疊印綬, 無子.
財官太旺, 無子.
滿局食傷, 無子.
以上無子者. 如有子, 必剋夫. 不剋夫, 亦夭.

범여명지부성. 즉시용신. 여명지자성. 즉시희신. 불가전론관성위부. 상식위자.

일주왕. 상관왕. 무인수. 유재성. 자다이귀.
일주왕. 상관왕. 무재인. 자다이강.
일주왕. 상관경. 유인수. 재득국. 자다이부.
일주왕. 무식상. 관득국. 자다이현.
일주왕. 무식상. 유재성. 무관살. 자다이능.
일주약. 식상중. 유인수. 무재성. 필유자.

일주약. 식상경. 무재성. 필유자.
일주약. 재성경. 관인왕. 필유자.
일주약. 관성왕. 무재성. 유인수. 필유자.
일주약. 무관성. 유상겁. 필유자.
일주왕. 유인수. 무재성. 자필소.
일주왕. 비견다. 무관성. 유인수. 자필소.
일주왕. 인수중. 무재성. 필무자.
일주약. 상관중. 인수경. 필무자.
일주약. 재성중. 봉인수. 필무자.
일주약. 관살왕. 필무자.
일주약. 식상왕. 무인수. 필무자.
화염토조, 무자.
토금습체, 무자.
수범목부, 무자.
금한수랭, 무자.
중첩인수, 무자.
재관태왕, 무자.
만국식상, 무자.
이상무자자. 여유자, 필극부. 불극부, 역요.

➡ 대저 여명의 남편은 용신이 되고, 아들은 희신이 되니, 무조건 관성이 남편이고 식상이 아들이라고만 할 것은 아니다.

일주가 왕하고 상관도 왕한데 인성이 없고 재성이 있다면 아들이 많고 귀하다.

일주가 왕하고 상관이 왕하며 재성이나 인성이 없다면 아들이 많고 강하다.

　일주가 왕하고 상관이 약한데 인수가 있고 다시 재성이 국을 이루면 아들이 많고 부자이다.

　일주가 왕하고 식상은 없으며 관성이 국을 이루면 아들이 많고 어질다.

　일주가 왕하고 식상은 없으며 재성이 있고 관살이 없다면 아들이 많고 능력도 있다.

　일주가 약하고 식상이 왕한데 인성이 있고 재성이 없다면 반드시 아들이 있다.

　일주가 약하고 식상은 약한데 재성이 없어도 반드시 아들이 있다.

　일주가 약하고 재성도 약한데 관성과 인성이 왕하다면 반드시 아들이 있다.

　일주가 약하고 관성은 왕한데 재성이 없고 인수가 있다면 반드시 아들이 있다.

　일주가 약하고 관성이 없는데 상관과 겁재가 있다면 반드시 아들이 있다.

　일주가 왕하고 인수가 있는데 재성이 없다면 아들이 반드시 적다.

　일주가 왕하고 비견이 많은데 관성이 없고 인수가 있다면 아들이 반드시 적다.

　일주가 왕하고 인수도 왕한데 재성이 없다면 반드시 아들이 없다.

　일주가 약하고 상관은 많은데 인수가 약하면 반드시 아들이 없다.

　일주가 약하고 재성이 많은데 인성을 만나면 반드시 아들이 없다.

　일주가 약하고 관살이 왕하면 반드시 아들이 없다.

　일주가 약하고 식상이 왕한데 인수가 없으면 반드시 아들이 없다.

　불은 이글거리고 토는 메마르면 아들이 없다.

토가 습하고 금이 막혀 있으면 아들이 없다.
물이 넘쳐서 목이 뜨게 되면 아들이 없다.
금은 차갑고 물이 얼면 아들이 없다.
인수가 중첩되어 있으면 아들이 없다.
재관이 태왕하면 아들이 없다.
식상이 가득하면 아들이 없다.
이상은 아들이 없는 경우인데 만약 아들이 있다면 반드시 남편을 극하였을 것이고, 남편을 극하지 않았다면 또한 요절했을 것이다.

【 강의 】

흐름에 의해서 강제로 나누었다. 여기까지는 아들이 있느냐 없느냐를 두고 설명한 것인데, 대체적으로 오행이 흘러가면 아들이 잘되고 일간이 너무 왕하거나 허약하면 아들이 잘되지 않는 것으로 되어 있다. 그런데 뭔가 빠진 듯싶은 것은 바로 운에 따라서도 변수가 있다는 이야기를 하지 않았다는 것이다. 과연 앞의 설명대로 생긴 사주에서 아들이 없을 암시라고 하더라도 운이 와서 그 결함을 보충해 준다면 당연히 아들을 얻을 수 있다는 것을 생각해야 하겠다. 그러니까 아들의 운이 와도 낳을 수 없는 것인가 하는 질문을 받는다면 절대로 그렇지 않다고 해야 한다는 말씀이다.

설명 중에서 어질다거나 강하거나 부자라는 말은 다 알겠는데 혹 능하다는 말이 이해가 되지 않는다면 이는 수단이 좋은 아들이라는 뜻으로 여기에서 수단이란 반드시 공명정대하다고 할 것은 없고 임기응변이 뛰어나서 스스로 잘 처리하는 능력을 말한다고 이해하면 되겠다. 다음은 음란하거나 천박하다고 분류해 놓은 사주를 설명하고 있다.

【 滴天髓徵義 】

至於淫邪之說. 亦究四柱之神.
日主旺. 官星微. 無財星. 日主足以敵之者.
日主旺. 官星微. 傷食重. 無財星. 日主足以欺之者.
日主旺. 官星弱. 日主之氣, 生助他神而去之者.
日主旺. 官星弱. 官星之氣, 合日主而化者.
日主旺. 官星弱. 官星之氣, 依日主之勢者.
日主旺. 無財星. 有食傷. 逢印綬. 日主自專其主者.
日主旺. 無財星. 官星輕. 食傷重. 官星無依倚者.
日主旺. 官無根. 日主不顧官星. 合財星而去者.
日主弱. 傷食重. 印綬輕者.
日主弱. 食傷重. 無印綬. 有財星者.
食傷當令. 財官失勢者.
官無財滋. 比劫生食傷者.
滿局傷官無財者.
滿局官星無印者.
滿局比劫無食傷者.
滿局印綬無財者.
凡犯上列之忌者. 皆下賤之命也. 總之傷官不宜重. 重必美貌而輕佻. 傷官身弱有印, 身旺有財者. 必聰明美貌而貞潔也.

지어음사지설. 역구사주지신.
일주왕. 관성미. 무재성. 일주족이적지자.

일주왕. 관성미. 상식중. 무재성. 일주족이기지자.
일주왕. 관성약. 일주지기, 생조타신이거지자.
일주왕. 관성약. 관성지기, 합일주이화자.
일주왕. 관성약. 관성지기, 의일주지세자.
일주왕. 무재성. 유식상. 봉인수. 일주자전기주자.
일주왕. 무재성. 관성경. 식상중. 관성무의의자.
일주왕. 관무근. 일주불고관성. 합재성이거자.
일주약. 상식중. 인수경자.
일주약. 식상중. 무인수. 유재성자.
식상당령. 재관실세자.
관무재자. 비겁생식상자.
만국상관무재자.
만국관성무인자.
만국비겁무식상자.
만국인수무재자.

범범상렬지기자. 개하천지명야. 총지상관불의중. 중필미모이경조. 상관신약유인, 신왕유재자. 필총명미모이정결야.

(이하는 『적천수천미』에 추가된 내용)

凡觀女命, 關系匪小, 不可輕斷陰邪, 以瀆神努, 然亦不可一例言命, 或由祖宗遺孼, 或由家門氣數, 或由丈夫不肖, 或由母姑不良, 幼失閨訓, 或由氣習不善, 無謹飭閨門, 任其恣性越禮, 入寺燒香, 游玩看戱聽詞, 男女混雜, 初則階下敷陳, 久則內堂演說, 始而或言賢孝節義之故事, 繼而漸及陰邪苟合之穢詞, 保無觸念動心乎, 所以居家第一件事, 在嚴肅閨門, 閨幃之內, 不出戱言,則刑于之化行矣, 閨帷之中, 不聞喜笑之聲, 則相敬之風著矣, 主家者不可不愼之.

범관여명, 관계비소, 불가경단음사, 이독신노, 연역불가일례언명, 혹유조종유얼, 혹유가문기수, 혹유장부불초, 혹유모고불량, 유실규훈, 혹유기습불선, 무근칙규문, 임기자성월례, 입사소향, 유완간희청사, 남녀혼잡, 초즉계하부진, 구즉내당연설, 시이혹언현효절의지고사, 계이점급음사구합지예사, 보무촉념동심호, 소이거가제일건사, 재엄숙규문, 규위지내, 불출희언, 즉형우지화행의, 규유지중, 불문희소지성, 즉상경지풍저의, 주가자불가불신지.

➜ 음란하고 사악한 부분에 대한 이야기도 사주의 정세를 봐서 연구하게 된다.

　일주가 왕하고 관성이 약한데 재성이 없어서 일주는 족히 (관성에게 대항해서) 싸울 수 있는 자.

　일주가 왕하고 관성이 약한데 식상이 중하며 재성이 없어서 일주는 족히 (관성을) 속일 수 있는 자.

　일주가 왕하고 관성이 약한데 일주의 기운이 다른 글자를 생조하러 가버린 자.

　일주가 왕하고 관성이 약한데 관성의 기운이 일주와 합해서 화하는 자.

　일주가 왕하고 관성이 약한데 관성의 기운이 일주의 세력에 의지하는 자.

　일주가 왕한데 재성은 없고 식상이 있는데 인성을 만나서 일주가 스스로 대단히 왕하여 주인이 되는 자.

일주가 왕하고 재성이 없는데 관성은 약하고 식상은 중하여 관성이 의지할 곳이 없는 자.

일주가 왕하고 관성은 뿌리가 없는데 일주는 관성을 돌보지 않고 재성과 합하여 가버린 자.

일주가 약하고 식상은 중한데 인성이 약한 자.

일주가 약하고 식상이 중한데 인수는 없고 재성이 있는 자.

식상이 월령을 잡고 재관은 세력을 잃은 자.

관이 (약한데) 재성의 도움이 없고 비겁이 식상을 생조하는 자.

사주에 전부 상관인데 재성이 없는 자.

사주에 관성이 가득한데 인성이 없는 자.

사주에 비겁이 가득한데 식상이 없는 자.

사주에 인성이 가득한데 재성이 없는 자.

대저 위의 꺼리는 것을 범한 자는 다 하천한 팔자가 되는데, 한마디로 상관은 너무 왕함을 꺼리니 상관이 중하면 반드시 아름다운 미모를 갖고 있으면서도 경박하게 되기 때문이다. 상관이 많아 신약한 경우에 인성이 있거나, 신왕하고 재성이 있는 경우에는 반드시 총명하면서 용모도 아름답지만 정숙하고 순결하게 된다.

(이하는 『적천수천미』에 추가된 내용)

대저 여자의 팔자를 볼 적에, 관계가 적지 않은데 음란하고 사악함을 경솔하게 판단해서도 안 되고 더럽다고 노할 일도 아니며 또한 한 가지 예로써 팔자의 해석을 해도 안 된다. 혹 조상으로부터 대대로 내려오는 가문의 천한 흐름(첩이나 종의 계통)이거나, 혹은 가문의 기운이 촘촘하거나, 남편이 멍청하거나, 시어머니가 품행이 좋지 않거나, 어려서 가정 교육을 제대로 받지 못하였거나, 혹은 배웠어도 제대로 익히지 못했거나, 부지런히 규방에서 지켜야 할 것을 갖추지 못했거나 하면 그 방자한 성품대로 행하여 예절을 벗어나게 된다. 절에 가서 향을 피우거나 연극 등을 보러 다니면서 남녀가 서로 어울리기도 하며, 처음에는 계단 아래에서 무릎을 꿇고 고분고분한 것처럼 보이다가도 시간이 오래 흐르면 안방에서 연설을 하게 되니 비로소 '말로만 어질고 효녀이고 절개와 의기가 있다.'는 고사가 있다는 것을 생각하게 만들기도 한다. (이러한 행동이) 계속 이어지면서 음란하고 사악하며 구차스러운 말을 하여 더럽히게 되니 (주변 사람이나 남편은) 손인들 대어 보고 싶으랴.

그래서 집안에서 살아가는 제일 큰 일은 엄숙하고 절도가 있어야 하며, 장막 안에서도 웃는 소리가 밖으로 나가지 않아야 하며, 고통스러운 일도 잘 행하는데 안방에서도 웃음 소리를 들을 수 없어야 서로 공경하는 풍모가 발생하는 것이니 가장은 늘 (아내를 공경하여 함부로 하는 행동을) 삼가지 않겠는가.

【 강의 】

이 부분에서는 음란하고 천하다는 암시를 발성시키는 명식에 대해서 살펴보고 있는데, 여인에게 있어서 음란한 것을 천하다고만 하는 것도 어쩌면 당시의 사회 통념상 그렇게 봤기 때문인지도 모르겠다. 여섯번째 항목에서 책에는 '日主弱. 無財星.'으로 되어 있는데 전후의 상황을 봐서 '日主旺. 無財星.'으로 해야 맞을 것으로 생각되어 고쳤다.

대체적으로 보면 용신이 무력하거나 일주가 너무 왕하거나 무력한 경우 등등 균형을 이루지 못한 사주에 대해서 이러한 암시를 설명하고 있는데, 한마디로 요약하면 정결한 것은 사주가 순청해야 하고 그렇지 못하면 혼탁해서 음란하고 사악하다는 말을 하게 되는가 싶다. 실로 여인의 힘으로 많은 현인이 피를 흘린 역사도 없지 않으니 작은 일은 아니라고 해야 하겠다. 혹 주변에 그러한 모델이 있다면 여기에 등장하는 구조와 서로 연결시켜 참고할 점이 있는지 살펴보는 것도 좋겠다.

대체로 매춘업에 종사하는 분들의 이야기를 들어 보면 사창가로 몸을 팔러 다니는 여인의 경우에는 통상 관살이 많고 혼잡되어 있는데 일주는 의지할 곳이 없는 경우가 많고, 또 다른 경우에는 식상이 과다하고 관살이 무력해서 남의 말을 듣지 않고 자신의 주관대로 흘러가는 경우가 많다고 한다. 물론 일리 있는 이야기이니 참고할 만 하겠다. 이런 의미에서 관살혼잡이나 식상과다의 경우에는 안방에서 살림만 하기에는 어울리지 않는 사주로 이해하는 것도 일리가 있다고 보겠다.

그리고 『적천수천미』에서 추가된 내용은 문맥이 어려운 것인지, 낭월이 둔한 탓인지 얼른 이해되지 않는 대목들이 보여서 해석하기가 만만치 않다. 그래도 과연 철초 선생의 글인지는 모르겠지만 추가된 내용도 한 번 정도는 음미할 만하다고 봐서 낙오 선생이 무슨 의미로 삭제했는지 모르겠으나 찾아서 실어 보았다. 참고로 책에는 '或由家門氣數'로 되어 있는데, 氣數보다는 氣衰가 어색하지 않을 듯 하다. 특별한 내용은 아니고 공부하는 과정에서 여인의 마음이 그렇게 나타날 수 있다는 것을 참고하는 정도로 보시면 되겠다. 정확히 해석되었는지는 자신이 없지만 본래의 뜻을 크게 변형시키지는 않앉으리라고 보고 넘어간다. 팔자와 무관한 내용이어서 낙오 선생이 삭제했던 것이 아닌가 싶기도 하다. 그리고 절에 가서 향을 피우고 절하는 것이 잘못되었다는 것도 같은데 앞의 어느 대목에서 돈이 있는 사람이 재물을 베풀더라도 절에 가서 시주는 하지 말라고 한 말과 서로 통한다고 봐서 철초 선생의 주장인 듯도 하다. 여하튼 무슨 연유인지는 모르겠지만 그렇게도 절을 싫어하셨던 모양이다. 이제부터는 그야말로 여성의 사주 29개가 등장한다. 살펴보면서 당시에는 어떻게 해석했는지 생각해 본다.

```
丁  壬  甲  戊
未  寅  寅  申
丙 丁 戊 己 庚 辛 壬 癸
午 未 申 酉 戌 亥 子 丑
```

壬水生於孟春. 土虛木盛. 制煞太過. 寅申逢冲. 本是剋木. 不知木旺金缺. 金反被傷則戊土無根依託. 而日主之壬水. 可任性而行. 見財星有勢. 自然從財而去. 以致傷夫敗業. 棄子從人也.

임수생어맹춘, 토허목성. 제살태과. 인신봉충. 본시극목. 부지목왕금결. 금반피상즉무토무근의탁. 이일주지임수. 가임성이행. 견재성유세. 자연종재이거. 이치상부패업. 기자종인야.

▶ 壬水가 寅月에 나서 토는 허하고 목은 왕성하여 살을 지나치게 제어하고, 寅申충으로 본래는 목이 극을 받지만 목이 왕하니 금이 부서져서 도리어 상처를 받는데 戊土도 뿌리가 없으니 의탁하기 어렵

다. 그래서 일주 임수는 그 마음대로 하려는 성분이 발생하는데, 재성의 세력이 상당하니 자연히 재물을 따라서 종하게 되어 남편이 죽고 가업이 부서지자 아들을 버리고 다른 남자를 따라가 버렸다.

【 강의 】

내용을 보니 철초 선생이 무척이나 못마땅해했을 것이라는 생각이 든다. 과연 이 여인이 재를 따라 종했겠는가 하면 그렇지 않다고 봐야 하겠다. 다만 인겁이 약하므로 재성의 세력에 눌려서 그대로 따라갔다고 할 뿐이고 실제로 용신은 金水에 있는 것으로 볼 수 있다. 뒤쪽으로 가면서 운이 도움을 주지 않아 그 마음이 재물을 따라가는 것을 막지 못했고, 주체성이 없어서 중심을 잡지 못했다고 해석이 된다. 아들을 버리고 가는 것은 목이 아들인데 그 마음이 목을 따르지 않고 재를 따르는 것은 합이 되어서라고 볼 수도 있겠다. 요즘이라고 이러한 상황이 벌어지지 않겠는가. 사람이 있는 곳에서는 언제라도 일어날 수 있는 일이겠다.

```
丁 甲 乙 丁
卯 午 巳 未
癸 壬 辛 庚 己 戊 丁 丙
丑 子 亥 戌 酉 申 未 午
```

甲午日元. 生於巳月. 支類南方. 干透兩丁. 火勢猛烈. 洩氣太過. 局中無水. 只可用劫. 初運又走火地. 是以早刑夫主. 人極聰

明美貌. 而輕佻易常. 不能守節. 至戊申運. 與木火戰爭. 不堪言矣.

　갑오일원. 생어사월. 지류남방. 간투량정. 화세맹렬. 설기태과. 국중무수. 지가용겁. 초운우주화지. 시이조형부주. 인극총명미모. 이경조역상. 불능수절. 지무신운. 여목화전쟁. 불감언의.

➜ 甲午일주가 巳月에 나서 지지에 남방에다 천간에는 丁火가 둘이나 투출되어 있으니 불의 세력은 더욱 맹렬하여 설기가 너무 심하다. 사주에 물은 전혀 없으니 다만 겁재를 용신으로 삼는 것이 상책이겠는데, 초반의 운이 또 火地로 달리니 남편이 일찍 죽었다. 사람이 극히 총명하고 아름다웠지만 정조가 없이 너무 헤퍼서 수절하기는 애초에 어려웠고, 戊申대운이 되면서 大火의 싸움이 발생하니 그 상황은 말로 다 할 수가 없었다.

【강의】

　글쎄…… 무엇을 말로 다 할 수가 없었는지 모를 일이지만 아마도 동네 남정네는 다 품에 안기라도 했던 모양이다. 식상이 많아도 화류계로 나갈 암시가 있다고 했는데, 이 사주를 보면서 과연 그랬을 수도 있겠다는 생각이 든다. 얼굴이 예쁘면 얼굴값을 한다고 한 말은 아마도 꼬리를 흔든다는 의미로 쓰인 것이 아닌가 싶은데, 이 여인을 두고 한 말인 모양이다. 그리고 사주를 통해서 얼굴이 예쁜지 미운지를 말하기도 하지만 이것은 그야말로 잘못된 것이고, 다만 상관이 천간에 뜨면 미모라고 하는 것이 영 엉터리라고 할 수만도 없는 것은 자꾸 가꾸기 때문이라고 생각을 해본다.

```
戊  丙  己  戊
戌  辰  未  戌

辛 壬 癸 甲 乙 丙 丁 戊
亥 子 丑 寅 卯 辰 巳 午
```

滿局傷官. 五行無木. 印星不現. 格成順局. 故其人聰明美貌. 第四柱無金. 土過燥厚. 辛金夫星. 投墓於戌. 是以淫亂不堪. 夫遭凶死. 又隨人走. 不二三年又剋. 至乙卯運. 犯土之旺. 自縊而死.

만국상관. 오행무목. 인성불현. 격성순국. 고기인총명미모. 제사주무금. 토과조후. 신금부성. 투묘어술. 시이음란불감. 부조흉사. 우수인주. 불이삼년우극. 지을묘운. 범토지왕. 자액이사.

➡ 사주에는 상관이 가득한데 오행에 목이 없으니 인성이 보이지 않아서 격은 순국으로 종아격이 되었다. 그래서 사람이 총명하고 용모가 아름다웠다. 다만 사주에 금이 없으니 토는 너무 건조하고 두터우며 辛金의 남편성은 戌土의 화고에 빠졌으니 음란을 참을 수가 없었다. 남편이 흉사한 다음에 또 다른 사람을 따라가서 2,3년도 안 되어 다시 새남편도 죽고 乙卯대운이 되면서 토의 왕함을 범하니 스스로 목을 매고 죽었다.

【 강의 】

　사주의 구조에서 丙辰일이라면 시는 壬辰시나 戊戌시가 되어야 하므로 원문의 戊辰시는 뭔가 잘못되었다고 볼 수 있겠다. 만국식상임을 고려한다면 壬辰시는 아닌 것 같으므로 戊戌시가 맞을 것으로 봐야 하겠다.
　이 경우는 만국식상에 재성이 없는 경우에 해당하는데, 실로 설기가 심하고 결실이 되지 않으니 자꾸만 성적인 욕구가 쌓이게 되었을 수도 있겠다. 성욕에는 사주의 원인도 있고 유전적인 요인도 있으리라고 본다. 여기서 유전적이라고 하는 것은 신체적으로 특별히 성욕의 경락이 발달할 수가 있겠고 유전적으로 가능하겠다는 생각을 하기 때문이다. 물론 상관이 많아서 설기하고자 하는 마음에서 후천적으로 성욕이 발달할 수도 있을 것으로 봐야 하겠다. 여하튼 남편 잡아먹을 여자라는 말을 들었겠는데, 흔히 명이 짧은 남자는 죽어 나가고 명이 긴 남자는 도망을 간다는 말도 전혀 틀린 말은 아닐 것이다. 실제로 저녁마다 성행위를 과하게 요구한다면 어느 남자인들 살아 남겠느냐고 하는데 지나친 말이 아니라고 해야 하겠다. 이 사주에서도 재성이 있었더라면 상황은 많이 달랐을 수도 있을 것이다.

丙	戊	乙	戊
辰	戌	丑	午
丁	戊	己	庚	辛	壬	癸	甲
巳	午	未	申	酉	戌	亥	子

戊土生於丑月. 土旺用事. 木正凋枯. 且丑乃金庫. 辛金伏藏.
不能託根. 辰戌沖去藏官. 又逢印綬生身. 日主足以欺官. 置夫主
於度外. 且中運西方金地. 淫賤不堪.
　무토생어축월. 토왕용사. 목정조고. 차축내금고. 신금복장.
불능탁근. 진술충거장관. 우봉인수생신. 일주족이기관. 치부주
어도외. 차중운서방금지. 음천불감.

▶戊土가 丑月에 나서 왕성한 토가 월령을 잡았는데, 목은 시들고
축은 금고이니 辛金이 그 속에 암장되어서 뿌리를 내리기도 어렵겠
다. 더구나 辰戌충을 만나서 암장된 관성을 제거하고 또 인성을 만
나 일주를 생조하니 일주는 족히 남편인 관성을 속일 만하겠다. 이
여인은 남편을 두고서 바람을 피웠는데, 또 중간의 운이 서방의 금
으로 흐르면서 음란하고 천함을 참지 못하였다.

【 강의 】

　남편을 두고 바람을 피우는 것도 역시 시대를 막론하고 늘 있어
온 일인 모양이다. 하긴 이 문제는 그리 간단치가 않아서 여자에게
만 원인을 덮어씌울 수도 없는 일이다. 남자가 제구실을 못한다면
당연히 그럴 수도 있다고 봐야 올바른 상담이 되지 않을까 싶어서이
다. 그래서 여자의 말도 들어 봐야 하는데, 철초 선생은 너무 품위
있는 여성에게만 후하고 그렇지 않으면 매도하시는 경향이 없지 않
다. 세상에 시달리면서 자신의 몫을 다하려고 노력하는 덜 품위 있
는 여인도 얼마든지 많다는 것을 생각하고 연민의 마음이라도 좀 품
어 주셨으면 더 좋으리라는 생각을 잠시 해본다. 이 사주의 관성을

보면 너무 무력해서 왕성한 토를 도저히 다 제어하지 못하는 형상이 나타나고 있는데, 일간의 마음으로는 무척이나 아쉬운 남편이 되지 않겠느냐는 생각이 든다. 그래서 주변에서 마음에 드는 남자에게 잠시 눈길을 주다가 들통이 났던 모양이다.

```
庚 丁 丙 己
戌 亥 寅 亥

甲 癸 壬 辛 庚 己 戊 丁
戌 酉 申 未 午 巳 辰 卯
```

丁火生於寅月. 木正當權. 火逢相旺. 必以亥水官星爲夫, 明矣. 年支亥水. 合寅化木. 而日支亥水, 必要生扶爲是. 時干庚金隔絶. 無生扶之意. 又逢戌土緊剋之. 則日主之情. 必向庚金矣. 所以淫賤之至也.

정화생어인월. 목정당권. 화봉상왕. 필이해수관성위부, 명의. 연지해수. 합인화목. 이일지해수, 필요생부위시. 시간경금격절. 무생부지의. 우봉술토긴극지. 즉일주지정. 필향경금의. 소이음천지지야.

➔ 丁火가 寅月에 나서 목은 당령을 잡았고 화는 相에 해당하여 왕하니 반드시 亥水 관성은 남편이 되는 형상임이 분명하다. 연지의 해수는 寅木과 합하여 목이 되고, 일지의 해수는 반드시 생화하여 옳다고 하겠다. 시간의 庚金은 멀리 떨어져 있어 생부의 의사가 없으며 또 戌土를 만나 바짝 붙어서 극하니 일주의 마음은 반드시 경금

으로 향한다. 그래서 음천함에 이르렀던 것이다.

【 강의 】

신약용인격으로 인성이 필요한 구조인데 亥水가 용신이라는 말인 듯싶다. 그러나 상황을 보면 별로 왕하지 않은 구조라고 해야 하겠다. 일지에 해수를 놓고 왕하다고 하기 어려운 장면이니 인성이 필요한데 일주가 구태여 庚金으로 향하는 이유를 모르겠다. 그냥 정임합으로 일지에 암합이 생기면서 음란하게 되었다는 설명보다 더 낫다고 하기 어렵고, 실로 이 사주에서는 음란하다고 해야 할 이유가 별로 명확하지 않은 것으로 보인다. 丁火가 경금을 향하는 것과 음란한 것이 무슨 차이가 있는지 이해가 되지 않아서이다. 아마도 가문의 혈통인지 모르겠다는 생각이 든다.

丁	庚	癸	丁
亥	子	丑	未

辛	庚	己	戊	丁	丙	乙	甲
酉	申	未	午	巳	辰	卯	寅

寒金喜火. 嫌其支全亥子丑, 北方水旺. 又月干癸剋丁. 丑未沖去丁火餘氣. 五行無木, 未得生化之情. 時干之丁. 虛脫無根. 焉能剋制庚金. 而日主之情. 不顧丁火可知. 所以水性楊花也.

한금희화. 혐기지전해자축, 북방수왕. 우월간계극정. 축미충거정화여기. 오행무목, 미득생화지정. 시간지정. 허탈무근. 언능극제경금. 이일주지정. 불고정화가지. 소이수성양화야.

➜ 추운 금은 불을 좋아하는데 싫은 것은 亥子丑으로 북방이 된 것이다. 북방의 수가 왕성하고 월간에는 癸水가 투출되어 丁火를 극하며 丑未충으로 정화의 뿌리가 날아가니, 오행에서 목이 없는지라 생화의 정을 얻지 못했다. 시간의 정화는 허탈하여 뿌리가 없으니 어찌 능히 庚金을 제어하랴. 일주의 정은 정화를 돌보지 않음을 알 수가 있고, 그래서 물과 같은 성품에 길가의 꽃과 같고 버드나무와 같이 되었다.

【 강의 】

용신이 허하다는 것이 명확하므로 운이 남방이니 오히려 잘 풀려야 한다고 보겠는데, 어쩐 일인지 화류계로 흘러간 모양이다. 아마도 상관견관의 흉함이 나타난 듯싶은데, 그렇다면 남편의 명령에 복종하기보다는 마음대로 자유스럽게 자신의 능력을 발휘하며 살려고 가정은 포기한 것이 아닐까 생각된다. 예전에야 여인이 할 일은 정해져 있었다고 하지만 요즘 같으면 뭔가 모양 나는 일을 잘할 수도 있었겠다는 생각이 든다. 다만 목이 없어서 결실이 되지 못하는 것은 아쉽다고 해야 하겠다. 설명에는 식상이 과다하면 음란할 가능성이 있다는 뜻으로 보이는데, 다 믿을 것은 아니고 참고만 하면 되겠다. 어쩌면 음란하다기보다는 호기심이 많다고 하면 어떨까 싶다. 물 같은 성품이란 부평초처럼 떠돌아다니면서 안주하지 못했다는 의미로 보인다. 요즘도 몸으로 때우는 여인은 한 곳에 오래 머물지를 못하고 자꾸 떠돌아다닌다고 하는데 세월이 변해도 이러한 것은 변하지 않는 모양이다. 왜 그렇게 떠돌아다니느냐고 물어 보니 오래 있으면 사람들이 찾지를 않아서 피차 그렇게밖에 할 수 없다는 이야기를 들으니 과연 자신의 몸이 물건이라는 생각이 든다. 이것이 현실이라면 현실이다. 다 팔자 소관이라고 해야 할까 보다.

```
乙  庚  癸  丁
酉  子  丑  丑
辛 庚 己 戊 丁 丙 乙 甲
酉 申 未 午 巳 辰 卯 寅
```

庚金生於季冬. 不但寒金喜火. 且時逢陽刃. 印綬當權. 足以用火敵寒. 月干癸水. 通根祿支. 剋絶丁火. 其意足以欺官. 時逢乙木. 喜而合之. 其情必向財矣. 所以背夫而去. 淫穢不堪也.

경금생어계동. 부단한금희화. 차시봉양인. 인수당권. 족이용화적한. 월간계수. 통근록지. 극절정화. 기의족이기관. 시봉을목. 희이합지. 기정필향재의. 소이배부이거. 음예불감야.

➡ 庚金이 丑月에 났으니 다만 추운 금이라 화를 반길 뿐만 아니라 시에 양인도 만나고 인성이 당령을 했으니 족히 화를 용하여 추위에 대적한다고 하겠다. 월간의 癸水는 子水에 통근을 하여 丁火를 극하여 죽이니 그 마음은 족히 (남편인) 관성을 속일 만하겠다. 시간의 乙木은 합이 되어 반가운데 그 마음도 반드시 재물을 향하게 될 것은 당연하니 남편을 배반하고 가버렸는데, 음란하고 더러운 것을 감당하지 못했다더라.

【 강의 】

철초 선생이야 돈을 보고 남편을 버린 여인이 별로 곱게 보이지는 않겠지만 낭월이 보기에는 남편이 오죽했으면 버리고 갔겠느냐는 생각도 든다. 여하튼 양쪽의 말을 다 들어 봐야 한다는 것이다. 실로 남편을 버리고 간 여자가 무슨 할 말이 있을까만 그래도 여인에게 설명할 기회는 줘야 한다는 생각이 들고, 다른 곳에서는 이 여인을 꾸짖고 나무라더라도 우리 명리 연구가는 부디 그러지 말고 진솔하게 그 심경에 귀를 기울이자는 말씀을 드리고 싶은 것이다.

남편보다는 재물에 마음이 있었다는 설명을 보면서 우리 극에 나오는 '이수일과 심순애'의 줄거리가 생각난다. 다이아몬드가 그렇게 좋더냐고 하며 결국은 돈을 따라간 여인을 나무라는 장면이 나오지만 실은 아무 의미 없는 이야기라고 하겠다. 은명의 구조로 본다면 역시 이해를 하고도 남음이 있으니 아마도 이 사주가 심순애의 사주였다면 어찌 그 여인을 나쁘다고 탓할 것이며 과연 그렇게 나무란다고 해서 무슨 답이 나오겠느냐는 생각을 해보기도 한다. 그냥 세상의 만물은 생긴 대로 그렇게 살아간다고 봐야 하겠고, 그래서 팔자도 생긴 대로 설명하면 대체로 부합이 된다고 보는 것이다.

丙	辛	壬	丁
申	巳	子	丑
庚	己	戊	丁	丙	乙	甲	癸
申	未	午	巳	辰	卯	寅	丑

壬水合去丁火之殺. 丙火官星. 得祿於日主. 似乎佳美. 所以出
身舊家. 十八于歸爲士人妻. 逾年, 夫以癆瘵死. 從此汪穢不堪.
身敗名裂. 無所依託. 自縊而死. 此造因多合之故耳.
　夫十干之合. 惟丙辛合. 以官化傷官. 謂貪合忘官. 且巳申合,
亦化傷官. 丁壬合, 則暗化財星. 其意中將丙火置之度外, 明矣.
其情必向丁壬一邊. 況干支皆合. 無往不是意中人也.

　임수합거정화지살. 병화관성. 득록어일주. 사호가미. 소이출
신구가. 십팔우귀위사인처. 유년, 부이로채사. 종차음예불감.
신패명렬. 무소의탁. 자액이사. 차조인다합지고이.

　부십간지합. 유병신합. 이관화상관. 위탐합망관. 차사신합,
역화상관. 정임합, 즉암화재성. 기의중장병화치지도외, 명의.
기정필향정임일변. 황간지개합. 무왕불시의중인야.

➤ 壬水가 丁火의 살과 합하여 가버리고 丙火는 관성인데 일지에 녹
을 얻어 아름다운 것으로 보인다고도 하겠다. 그래서 뼈대 있는 집
안 출신이고 나이 18세에 선비의 아내로 출가했는데 얼마 되지 않아
서 남편이 피로의 원인으로 사망했다. 이로 인해서 음란함을 견디지
못하고 이름과 명예가 다 찢기고 의지할 곳도 없이 되어 스스로 목
을 매고 죽었으니, 이 사주는 합이 많은 연고로 그렇게 되었던 것이
다.

　무릇 十干의 합에서 유독 丙辛의 합은 관이 상관으로 화하는 형상
인데 탐합망관이 되고, 巳申의 합도 되어 또한 상관으로 화하고, 丁
壬합은 또 재성으로 화하려고 하니 그 의중에는 장차 丙火를 두고서
도 달리 생각하는 남자가 있었으리라고 봐야 하겠다. 그 마음에는
늘 정임합의 부근을 배회했을 터인데 하물며 간지가 다 합이 되니

그 마음대로 딴 남자에게 갈 수도 없었을 것이다. (그래서 자살을 하지 않았겠는가 생각한다.)

【 강의 】

『적천수천미』에는 이 자료의 주인공에 대해서 좀더 길게 설명되어 있다. 합이 많은 사주라고 해서 특별히 다룬 것 같아서 혹 공부에 도움이 될 수도 있겠기에 원문은 생략하고 설명을 풀어서 적어 보도록 한다.

임수가 정화의 살과 합거하고 병화 관성은 일지에 녹을 얻으니 아름다운 사주로 보이는데, 그래서 출신은 뼈대 있는 가문에서 태어났고 미모가 뛰어나고 자태가 아름다워서 주변에서는 양귀비가 다시 태어났다고 칭송했을 정도였다. 나이 5세가 되었을 적에 눈썹과 눈이 수려하였으며 나이 13, 4세가 되니 더하여 애교까지 나타나서 그대로 한 폭의 그림과 같았다. 18세에 사대부의 선비와 결혼을 했는데, 그 선비는 원래 사람이 진국이고 소박하며 부지런하고 학문하기를 좋아했지만 아내에게 빠져서 사랑 놀음으로 날이 가는 줄을 모르다가 몇 년 사이에 학문을 집어치우더니 마침내 (성행위를 너무 해서 탈진이 된 증세로) 죽고 말았다.

그후에도 이 여인은 음란함을 견디지 못하다가 몸도 망치고 명예도 찢어져 한 몸을 의지할 곳이 없자 스스로 목을 매어 죽었다. 이 사주는 합이 많아서 그렇게 되었으니 대저 십간에서 오직 丙辛합이 관으로 상관을 만드는 것인데, 그래서 합을 탐하여 관을 잊는다고 하고, 또 巳申합도 있어서……. (이하 위와 같으므로 생략)

살펴보니 대동소이한데 묘사가 훨씬 구체적이어서 실감이 난다. 그러고 보면 미모이면서도 음란하고 정조가 약하다는 말을 해야 하겠는데, 요즘 같으면 그냥 도망 가서 살면 될 일이지만 당시로서는 그렇게 한다는 것이 꿈엔들 생각하기 어려우니 차라리 한 많은 목숨을 스스로 끊어 버린 것인가 보다. 그러니까 제도가 사람을 죽인 것이라고 해도 되겠다. 물론 사주에 합이 많아서 그렇다는 것도 말은 되지만 자축이나 사신은 무효라고 해야 하겠고, 정관이 합되고 일지에도 정관이 합되어서 경쟁이 붙는 셈이기도 하고 상관도 옆에 있으므로 스스로 중심을 잡고 견디기가 어려웠다고 생각된다. 또 상황을 보면 신약한 구조이니 용신은 인성에 있다고 하겠는데, 인성은 암장되고 운은 목운을 달렸으니 과연 어떻게 살아날 수가 있겠느냐는 생각이 든다.

아마도 어떤 사람과 사랑을 했는데 실제로 연결이 될 수가 없어서 자살을 했으므로 마음속에 사람이 있었을 것이라는 글이 보이는데, 그랬는지도 모르겠다. 일지의 남편과 시간의 남자가 있어서 갈등의 요소가 된다고 하겠기 때문이다. 모두 시대를 잘못 타고난 슬픔이라고 해야 할까 보다. 이렇게 아름다운 여인이 마음껏 살아 보지 못한 것은 합으로 인해서가 아니라 운이 나빠서라고 해야 하겠다.

```
戊   癸   戊   戊
午   酉   午   子
庚 辛 壬 癸 甲 乙 丙 丁
戌 亥 子 丑 寅 卯 辰 巳
```

癸水生於午月. 財星竝旺. 坐下印綬. 年支坐祿. 未嘗不中和.
天干三透戊土. 爭合癸水. 則日主之情. 竟無定見. 地支兩午壞
酉. 而財官之勢. 不分強弱. 日主之情. 自然依財勢而去. 只有年
干正官無財. 其力量不敵月時兩干之官. 故將正夫置之不顧矣.
運至乙卯. 木生火旺. 月時兩土. 仍得生扶. 年干之土. 無化而受
剋. 所以夫得疾而死. 後淫穢異常. 尤物禍人. 信哉.

계수생어오월. 재성병왕. 좌하인수. 연지조록. 미상불중화.
천간삼투무토. 쟁합계수. 즉일주지정. 경무정견. 지지량오괴
유. 이재관지세. 불분강약. 일주지정. 자연의재세이거. 지유년
간정관무재. 기력량부적월시량간지관. 고장정부치지불고의.
운지을묘. 목생화왕. 월시량토. 잉득생부. 연간지토. 무화이수
극. 소이부득질이사. 후음예이상. 우물화인. 신재.

➜ 癸水가 午月에 나서 재성이 함께 왕하고 앉은자리에 인성이 있고 연지에는 녹이 있으니 중화는 된 셈이라고 하겠다. 천간에 戊土가 셋이나 나온 것이 계수와 경쟁적으로 합을 하려고 하니, 즉 일주의 마음은 마침내 어느 것을 사랑해야 할지 정할 수가 없다. 지지의 두 午火는 酉金을 극하니 재관의 세력이 되어서 강약이 명확하지 않다. 일주의 정은 자연히 재의 세력을 의지하여 가는데 다만 연간의 정관은 재물이 없어서 그 힘이 다른 두 정관과 겨룰 형편이 아닌 셈이니 이 여인은 남편을 버려 두고 돌보지 않았다. 운이 乙卯가 되면서 木生火해서 화가 왕해지니 월시의 두 토는 오히려 생부를 얻은 셈이지만 연간의 무토는 생부를 얻지 못하고 도리어 극을 받아 버리니 결국 남편은 병으로 죽었고, 뒤에 음란함이 보통이 아니었으니 미인이 사람에게 재앙이 된다는 말은 믿어도 되겠다.

【강의】

사주의 구조를 보면 재살이 태왕해서 일지의 인성을 의지하는 형상인데 인성은 재성에게 파극되어서 아무런 힘도 없으니 흉하다고 하겠고, 운도 화목으로 흘러서 마음대로 되지 않으니 될 대로 되라는 형상이 아닌가 싶다. 그리고 좌우에서 관성이 합으로 달려드니 스스로도 주체성이 약한 나머지 이 사람의 청도 저 사람의 청도 거절하지 못해서 결국은 복잡하게 되었을 가능성도 있겠다는 생각을 해본다.

尤物이라는 말은 처음에는 가장 훌륭한 사람이라는 뜻이었다는데 후에 미인으로 전해진 말이다. 우물과 미인은 잘 연결되지 않지만 그렇다니까 그런가 보다 하면 되겠고, 이 사주의 해석에서 재미있는 것은 천간의 남편을 순서적으로 맨 앞에 부여했다는 것이다. 그리고 그 상황에서 각자의 힘을 저울질해서 이 여인은 힘이 있는 남자를 취하고 힘없는 남편을 버렸다고 해석하는데, 과연 일리가 있다. 실로 똑똑한 여인이라면 잘난 남자와 놀고 싶을 것이라는 생각도 가능하겠다.

요즘 같으면 달리 해석할 수도 있지 않을까 싶다. 즉 처음의 남자는 돈은 없지만 성실한 남자였기에 첫사랑을 했는데, 나중에 돈이 있고 힘센 남자를 보자 마음이 변해서 결별을 선언하고 자신은 그 남자와 어울려 귀족 사회에서 폼을 잡으면서 살아갔다는 말을 만들어도 되겠는데, 앞은 먼저이고 뒤는 나중이라는 논리가 부합이 되는 것으로 본다면 타당성이 있다. 여하튼 미인이 화근이라는 말이야 아직까지도 존재하는 용어인 것을 보면 참 문제는 문제인가 보다. 특히 여포와 초선의 관계를 보면 과연 무리가 아니라고 생각되는데,

그래도 미인이면서 성품도 착하고 현명한 여인도 있을 터이니 한마디로 다 알 수는 없을 것 같다.

```
丙  乙  辛  乙
戌  亥  巳  未

己 戊 丁 丙 乙 甲 癸 壬
丑 子 亥 戌 酉 申 未 午
```

年月日六字觀之. 乙木生於巳月. 傷官當令. 最喜坐下亥印. 沖巳制傷. 不特日主喜其滋扶. 抑且辛金得其衛養. 正所謂傷官佩印. 獨殺留淸. 不但貌美而且才高. 書畫皆精. 所嫌者, 戌時緊剋亥水. 暴陽一透. 辛金受傷. 旣不利於夫子之宮. 兼損壞乎生平之性矣.

연월일류자관지. 을목생어사월. 상관당령. 최희좌하해인. 충사제상. 불특일주희기자부. 억차신금득기위양. 정소위상관패인. 독살류청. 부단모미이차재고. 서화개정. 소혐자, 술시긴극해수. 폭양일투. 신금수상. 기불리어부자지궁. 겸손괴호생평지성의.

▶연월일의 여섯 글자를 본다면 乙木은 巳火를 생하여 상관이 당령을 하고, 가장 반가운 것은 앉은자리의 亥水 인성인데 사화의 상관을 충하여 제어하니 특히 일주를 도울 뿐만 아니라 辛金이 득지를 하여 영양분을 공급받기도 하니 바로 상관패인이라고 할 만하다. 살이 하나 있는 것이 청하게 머무르니 다만 용모가 아름다울 뿐만 아

니라 재주도 뛰어나고 글이나 그림에도 조예가 깊었다. 다만 싫은 것은 戌時에서 해수를 바짝 붙어 극하는 것이고 뜨거운 태양까지 투출되어 버리니 신금은 손상을 받고 이미 부자(夫子)가 함께 불리해지고 아울러 평생의 성품도 무너지게 되었던 것이다.

【 강의 】

결론적으로 시를 잘못 탔다는 의미이다. 乙酉시만 되었더라도 좋겠는데, 이렇게 꼬일 수가 있겠느냐는 생각도 할 만하겠다. 그래도 운명은 운명인 모양이다. 일생 타고난 재능을 발휘하지 못했던 것 같은데 그후에 어떻게 되었다는 말이 없어서 유감이다. 남편과 자식에도 의지가 되지 못했으니 아까운 재능이었다고 해야 하겠다. 신약용인격에 재성이 병이 되는 형상이며, 요즘 같으면 巳亥충으로 사회활동이라도 할 수 있겠지만 당시로서는 안타까운 재능이었다고밖에 말할 수 없다. 더구나 시간의 상관은 그대로 수기가 발산되는 성분인데, 운이 너무 늦었던 것이 아깝다고 봐야 하겠다.

```
乙 癸 戊 丁
卯 丑 申 巳
丙 乙 甲 癸 壬 辛 庚 己
辰 卯 寅 丑 子 亥 戌 酉
```

此造官星食神坐祿. 印綬當令逢生. 財生官旺. 不傷印綬. 印綬當令. 足以扶身. 食神得地. 一氣相生. 五行停勻. 安詳純粹. 夫

榮子貴. 受兩代一品之封.

　차조관성식신좌록. 인수당령봉생. 재생관왕. 불상인수. 인수당령. 족이부신. 식신득지. 일기상생. 오행정균. 안상순수. 부영자귀. 수량대일품지봉.

➔이 사주는 관성과 식신이 녹에 앉았고 인성도 당령을 하여 생을 만났으니 財生官으로 관이 왕하고 인수를 손상시키지 않는다. 인성이 당령하니 족히 일주를 돕는 형상이고, 식신도 득지를 하여 한 가지의 기운이 서로 생조하는 형상에 오행이 균형을 이루고 있으니 편안하면서도 순수하고 좋아 보인다. 남편은 영화롭고 자식은 귀히 되어서 양대에 걸쳐서 일품의 벼슬을 살았다.

【 강의 】

　일반적으로는 귀부인들의 사주를 앞에 싣고 천한 여인의 사주는 뒤에 적는데, 철초 선생은 좀 특이하게 배열하신 셈이다. 다른 뜻이 있는지는 모르겠지만 그의 특성이라고 해야 할 모양이다. 이 사주의 주인공은 신약용인격으로서 월지 인성을 의지하는 모습이다. 초중운의 金水에서 상당히 발하게 되고, 후반에서의 목운은 고통이 따랐을 가능성도 있겠는데 남편이 잘 나가다 보니 자신의 운은 다소 약하더라도 별 문제 없이 잘 진행되었던가 보다.

　그렇다면 앞의 여인들은 남편의 운도 쓸 만하지 못했다는 말이 되는데, 대체로 좌충우돌하는 사주에서는 자신의 운세가 너무 강해서 남편의 운을 수용하지 못하는지도 모를 일이다. 이 사주도 그렇게 청귀하다고 할 수는 없다. 다만 관성과 합이 되면서 식신이 있어서 서로 대립되지는 않았다는 이야기인데, 예전의 귀부인은 주로 말썽만 부리지 않으면 인정을 받았다고 볼 수도 있지 않을까 싶다. 남편이 이혼도 하지 않았으니 비록 바람을 피워도 조용히만 있으면(떠들 주변도 되지 않았으므로) 그냥 덕성 있는 여인으로 추앙받았을 것이다. 물론 그 속이 속이 아니겠지만 남들은 후덕하고 질투도 하지 않는 것으로 보았으리라는 생각을 하면서 이 여인의 중후반의 목운이야말로 그러한 갈등의 세월이 아니었겠느냐는 생각을 넘겨짚었다고만 할 수도 없으리라.

丙	甲	癸	己
寅	辰	酉	亥

辛	庚	己	戊	丁	丙	乙	甲
巳	辰	卯	寅	丑	子	亥	戌

八月官星. 財星助金. 生於寅時. 年時兩支逢生得祿. 丙癸透干. 無相剋之勢. 有生化之情. 財星得地. 四柱通根. 五行不悖. 氣靜和平純粹. 生化有情. 夫榮子貴. 受一品之封.

팔월관성. 재성조금. 생어인시. 연시량지봉생득록. 병계투간. 무상극지세. 유생화지정. 재성득지. 사주통근. 오행불패. 기정화평순수. 생화유정. 부영자귀. 수일품지봉.

➡ 酉月의 관성인데 재성이 금을 돕고, 寅時에 태어나 연과 시의 두 지지에서는 생과 녹을 만난데다 丙癸가 천간에 투출되었지만 상극의 세력이 아니고 오히려 생화의 정이 있다고 하겠다. 재성이 득지

하고 사주가 모두 통근을 한 셈이니 오행이 일그러지지 않아서 기세가 고요하고 화평하며 순수하니 생화유정의 모습이라 남편의 영광과 자식의 귀함으로 일품의 봉을 받게 되었다.

【 강의 】

차분하다는 말이 사실일 것으로 생각된다. 정관에서 인성으로 흐르는 모습에서 관인상생격이라고 하겠다. 일지는 비록 재성이라고 하지만 오히려 甲木의 뿌리가 되고 관성의 뿌리도 되니 유정하다고 하겠고 충돌도 없으니 안정되었다는 느낌도 든다. 그리고 시간의 丙火는 청기를 설하니 재능도 있어서 가족을 편안하게 보살폈을 것이고 특히 식신의 성분으로 세심하게 보살폈다고 하겠다. 더구나 운이 북동으로 흘러서 비록 천간의 구조가 바람직하다고 하기는 어렵지만 그럭저럭 유지되었다고 하겠는데, 천간의 토운을 빼고는 대체로 무난했다고 하겠다.

甲	丁	壬	辛
辰	巳	辰	酉

庚	己	戊	丁	丙	乙	甲	癸
子	亥	戌	酉	申	未	午	巳

傷官雖旺. 合酉化金. 則官星之元神愈厚矣. 巳火拱金. 辰土引之. 則財之元神愈固矣. 時透印綬. 助日主之光輝. 制辰土之傷官. 所謂木不枯. 火不烈. 水不涸. 土不燥. 金不脆. 氣靜和平之

象. 夫榮妻貴. 受一品封.

　상관수왕. 합유화금. 즉관성지원신유후의. 사화공금. 진토인지. 즉재지원신유고의. 시투인수. 조일주지광휘. 제진토지상관. 소위목불고. 화불렬. 수불학. 토부조. 금불취. 기정화평지상. 부영처귀. 수일품봉.

➜ 상관이 비록 왕성하기는 하지만 酉金과 합하여 금이 되었으니 관성의 원신은 더욱 두텁고, 巳火는 금으로 합하고 辰土를 이끌어 생조하니 즉 재성의 원신도 더욱 견고한 모습이다. 시간에 인성이 투출하여 일간의 빛을 도와 주고 진토 상관을 제어하니 이른바 '목은 시들지 않고, 화는 맹렬하지 않으며, 수는 마르지 않고, 토는 건조하지 않으며, 금은 부서지지 않는다.' 는 말에 해당하니 기정화평의 형상이라 남편은 영예롭고 아내는 귀하니 일품의 봉을 받았다.

【 강의 】

　참 좋은 이야기이다. 형상으로는 다소 신약한데, 실로 좋은 사주들은 대체로 다소 신약한 형상이 많다는 점을 눈여겨봐야 하겠다. 그 의미를 생각해 보면 왕성한 사주는 자신이 뭔가를 만들어야 하지만, 신약한 사주는 남들이 도와 주고 이끌어 주니 훨씬 편안하다는 해석이 가능하겠다. 살아오면서 느끼는 바지만 스스로 알아서 길을 간다는 것이 얼마나 고단한 것인지, 그럭저럭 전반의 절반은 길을 찾는 데 다 소모하고 중반이 되어서야 비로소 자신의 문패를 세운다면 성공이라고 하겠다. 그런데 다소 약한 사주가 운을 잘 타면 남들은 기반을 잡을 사이에 귀인의 도움으로 이미 상승 고지에 도달하여 있으니 참 부러운 일이기도 하다.

　오행이 모두 자신의 희망대로 되어 있다는 설명이 보기 좋은데, 실제로 사주를 보면서 과연 그렇겠다는 생각이 든다. 만약 甲辰시가 甲戌시만 되었더라도 완전히 구기는 사주였다고 할 수 있을 것이다. 그렇게 되면 용신인 갑목의 등급이 형편없이 추락하기 때문이다. 즉 木不枯가 木枯로 변하기 때문에 인성이 생동감이 없어지면 그대로 일간도 고갈되어 불은 약해질 수밖에 없는 것이다. 그래서 글자의 배치가 이렇게도 중요하다고 하는 것이다. 단지 글자의 수로만 따져서 오행의 왕약을 본다면 이러한 기미는 전혀 눈치채지 못할 것이니 항상 주의해야 할 점은 구체적으로 각자의 배치가 어디로 향하고 있는지를 잘 살펴야 한다는 것이다.

```
甲  壬  癸  己
辰  辰  酉  巳
辛 庚 己 戊 丁 丙 乙 甲
巳 辰 卯 寅 丑 子 亥 戌
```

　秋水通源. 印星當令. 官煞雖旺. 制化合宜. 更妙時透甲木. 制殺吐秀. 一派純粹之氣. 所以人品端莊. 精於詩書. 喜運途無火. 官不助. 印不傷. 夫星貴顯. 子嗣秀美. 誥封二品之榮.
　추수통원. 인성당령. 관살수왕. 제화합의. 갱묘시투갑목. 제살토수. 일파순수지기. 소이인품단장. 정어시서. 희운도무화. 관부조. 인불상. 부성귀현. 자사수미. 고봉이품지영.

→가을의 물이 근원에 통하여 인성이 당령을 하였으니 관살이 비록 왕하다고는 하지만 제하고 화함이 적당하다. 다시 묘하게도 시간에 甲木이 투출되어 살을 제하고 일간의 빼어난 기운을 토하니 한 무리의 순수한 기운이 된다. 그리하여 이 여인의 인품이 단정하고 가지런했으며 시서에도 조예가 깊었는데, 반갑게도 운에서 화가 없었으니 관성도 돕지 않고 인성도 상하지 않아서 남편의 귀함이 나타나고 자식도 대를 이어서 빼어나게 아름다웠으니 이품의 영광을 받았던 것이다.

【 강의 】

 약하지 않은 사주이니 시간의 甲木을 용신으로 삼아야 하는 형상이다. 관살이 혼잡이라고 하지 않는 것은 이미 철초 선생의 시각이 글자의 색깔에 매이지 않음을 능히 짐작하고도 남겠고, 수목의 운에서 편안하게 지냈던 것은 목이 힘을 받게 되어서라고 하겠다. 辰土는 편관이라고는 하지만 실제로 壬水의 뿌리이고 갑목의 뿌리이니 전혀 부담이 되지 않을 것이므로 신왕한 사주가 되었다고 봐야 하겠다. 설명으로는 인성이 용신인 것으로 보이는데, 그렇게 되면 목운에서 또 곤란했을 것이라는 생각도 해본다.

癸	乙	壬	庚
未	亥	午	辰

甲	乙	丙	丁	戊	己	庚	辛
戌	亥	子	丑	寅	卯	辰	巳

木生午月. 火勢猛而金柔脆之時. 喜壬癸通根制火. 辰土洩火生金. 則火土不燥烈. 水木不枯涸. 接續相生. 淸而純粹. 爲女中才子. 生三子. 夫仕京官. 家道淸寒. 在家敎子讀書. 二子登科. 一子發甲. 夫官郞中. 子官御史. 受兩代榮封.

목생오월. 화세맹이금유취지시. 희임계통근제화. 진토설화생금. 즉화토부조렬. 수목불고학. 접속상생. 청이순수. 위녀중재자. 생삼자. 부사경관. 가도청한. 재가교자독서. 이자등과. 일자발갑. 부관랑중. 자관어사. 수량대영봉.

➡️ 목이 午月에 태어나 화의 세력이 맹렬하니 금은 부서지는 계절이다. 반가운 것은 壬癸의 수가 통근하여 화를 제어하는 것이고 辰土가 화를 설하여 금을 생하는 것이니, 火土는 메마르거나 뜨겁지 않고 水木은 마르거나 증발하지 않고 서로 생조해 주니 맑고도 순수하다. 여인 가운데에서도 재능이 뛰어난 사람이었는데, 아들 셋을 낳고 남편은 경관의 벼슬을 했으니 가도는 맑았지만 매우 가난했다. 자신이 집에서 자식을 가르치고 책을 읽혀서 두 아들이 등과하고 한 아들은 수석으로 뽑혔으며, 남편의 벼슬이 낭중에 올라가고 자식은 어사가 되어 양대의 영예를 받았던 것이다.

【 강의 】

스스로 자식을 가르치는 여인이라는 글을 보니 문득 율곡 선생을 가르치는 사임당 신씨가 떠오른다. 상당히 신왕한 사주에서 월지의 식신을 용신으로 삼아야 하는 구조가 아닌가 싶은데, 식신이 인성에게 제어를 당하고 생재하는 힘이 약해서 물질적으로 넉넉하지 못했던 모양이다. 만약 식신이 시간에 나와 있기만 했어도 얼마나 좋았을까 생각하면서 자꾸 앞의 사주와 비교해 보게 된다. 인성에게 눌린 식신의 설기가 아쉽다.

壬	乙	戊	庚
午	酉	寅	辰

庚	辛	壬	癸	甲	乙	丙	丁
午	未	申	酉	戌	亥	子	丑

　乙木生於春初. 木嫩金堅. 最喜午時制殺衛身. 寒木向陽. 官印雙淸. 財星生官. 不壞印綬. 純粹安和. 夫官二品. 五子二十三孫. 一生無疾. 夫婦齊眉. 壽至八旬外. 無疾而終. 後裔皆顯貴.
　以上皆官星爲夫也.

　을목생어춘초. 목눈금견. 최희오시제살위신. 한목향양. 관인쌍청. 재성생관. 불괴인수. 순수안화. 부관이품. 오자이십삼손. 일생무질. 부부제미. 수지팔순외. 무질이종. 후예개현귀.
　이상개관성위부야.

➜ 乙木이 寅月에 나서 목은 어리고 금은 단단하니 가장 반가운 것은 午時로 금을 제어하고 일간을 보호하는 것이라고 하겠다. 추운 나무가 화로 향하니 관인이 함께 청하고, 재성은 관을 생조하여 인성을 극하지 않아서 순수하고 편안하며 화평하다. 남편의 벼슬은 이품이었는데, 아들 다섯에 23명의 손자를 두었고 일생 동안 병도 없었다. 부부가 함께 서로를 공경하고 수명은 80을 넘겨 살다가 병도 없이

임종을 맞았는데, 그 후예들도 모두 귀하게 잘살았다.

이상은 모두 관성이 남편인 사주이다.

【강의】

설명으로 봐서는 참 행복한 여인이었다고 해야 하겠다. 사주의 구조는 다소 신약하고 인성은 무력하며 식신은 침체되어 그리 좋은 사주로 보이지 않는데 순수하다는 말은 다소 과장된 것이 아니었나 싶다. 일지의 편관으로 인내심이 발달했을 것이고, 시간의 정인으로 직관력이 있었다고 봐서 잘 견딘 것이 아닌가 하는 생각이 든다. 식신이 시지에 있는 것으로는 사주를 데우기에 화력이 부족한 형상이어서 한목향양으로서는 완전히 파격이라고 해야 할 것 같다. 철초선생의 선입견이 작용한 풀이라고 생각된다.

甲	丁	癸	丙
辰	丑	巳	辰
乙	丙	丁	戊	己	庚	辛	壬
酉	戌	亥	子	丑	寅	卯	辰

丁火生於巳月. 癸水夫星淸透. 時干甲木. 印綬獨淸. 是以品格端莊. 持身貞潔. 惜丙火太旺. 生助傷官. 以致鏡破釵分. 然喜巳丑拱金. 財星得用. 身旺以財爲子. 敎子成名. 兩子皆貴. 受三品封.

정화생어사월. 계수부성청투. 시간갑목. 인수독청. 시이품격단장. 지신정결. 석병화태왕. 생조상관. 이치경파차분. 연회사축공금. 재성득용. 신왕이재위자. 교자성명. 양자개귀. 수삼품봉.

→ 丁火가 巳月에 나서 癸水인 남편은 맑게 투출되었는데 시간의 甲木 인성도 홀로 투출되었으니, 이로써 품격이 단정하고 엄숙하며 자신의 몸에 정결함을 지니게 된다. 아까운 것은 丙火가 너무 왕해서 상관을 생조하는 것인데 이로 말미암아 결혼은 실패하게 되었지만, 그래도 반가운 것은 巳丑이 금으로 합하여 재성이 용신을 얻으니 신왕하여 재를 자식으로 삼는다. 아들을 길러 이름을 얻게 하여 두 아들이 다 귀하게 되었고 삼품의 벼슬을 받게 되었다.

【 강의 】

여기서 '鏡破釵分'이란 '거울이 깨어지고 비녀가 나눠졌다.'는 말로서 이혼을 의미한다. 흔히 파경이라고 해서 거울이 깨어지는 것으로 이혼을 뜻하는 것도 여기에서 나온 말이라고 보면 되겠다. 신왕하면 재성이 아들이라는 설명은 혹 남편을 아들로 잘못 적은 것이 아닌가 싶다. 남편이 용신이라고 했으니 그렇다면 용신이 재가 된다는 말인데, 다시 재성을 아들이라고 하면 용신은 관성이 되어야 하겠기 때문이다. 앞의 사주에서 '이상은 모두 관성이 남편인 사주이다.'라는 말을 왜 했는지 납득이 되지 않아서 혹 재성이 남편이라는 것을 아들이라고 잘못 적은 것은 아닌가 생각을 해보는데, 그렇거나 말거나 남편은 丑土 속의 辛金이라고 해야 하겠다. 아무리 미약해도 그 속에 있으면 남편 역할을 하는 것으로 보는 까닭이다.

아들은 축토가 되겠고, 사주는 다소 약한 듯하고 인성이 필요하다고 하고 싶다. 비록 巳月의 화왕절이라고는 해도 丙火는 辰土에게 설기당하고 癸水에게 맞았으며, 巳火는 축토에게 또한 설기되고 정화도 마찬가지여서 시간의 甲木이 아니고서는 답이 나오지 않는 구조로 보이기 때문이다. 대운을 보면 己丑이나 戊子대운은 고통이 많았다고 하겠고, 그후 천간에 목화가 뜨면서 비로소 고생한 보람이 있었을 것으로 생각해 본다.

비록 자식을 길렀다고는 하지만 가정에서 남편의 도움도 없이 홀로 해야 하는 일로 엄청 고통을 받았을 것이고, 비록 아들을 길러서 다행히 영광을 봤다고는 하지만 자신의 사주로 봐서는 고통의 연속이었다고 해석해도 되겠다. 겉으로 나타난 것만 늫고서 그녀가 행복했을 것이라고 보는 것은 너무 밖에서 관찰한 것일 수도 있다. 실로 자신의 세월은 그렇게 자식들로 인해서 힘겨운 나날이 아니었을까 하는 생각에 연민심을 가져야 하지는 않을까…….

戊	癸	辛	丙
午	酉	卯	寅

癸	甲	乙	丙	丁	戊	己	庚
未	申	酉	戌	亥	子	丑	寅

癸水生於仲春. 洩氣之地. 兼之財官竝旺. 日元柔弱. 以印爲夫. 淸而得用. 是以秉性端莊. 勤儉紡織. 至壬運, 洩火拱金. 連生二子. 戊子運, 沖去午火. 不傷酉金. 夫主登科, 發甲. 一交丁亥, 西歸矣. 此造之病. 實在財旺耳. 天干之辛. 丙火合之. 地支

之酉. 午火破之. 更兼寅卯當權生火. 丁亥運, 合寅化木. 助起旺神. 又丁火緊剋辛金. 不祿宜矣.

계수생어중춘. 설기지지. 겸지재관병왕. 일원유약. 이인위부. 청이득용. 시이병성단장. 근검방직. 지축운, 설화공금. 연생이자. 무자운, 충거오화. 불상유금. 부주등과, 발갑. 일교정해, 서귀의. 차조지병. 실재재왕이. 천간지신. 병화합지. 지지지유. 오화파지. 갱겸인묘당권생화. 정해운, 합인화목. 조기왕신. 우정화긴극신금. 불록의의.

➔ 癸水가 卯月에 나서 설기가 되는 땅인데다 재관이 함께 왕성하여 일간의 기운은 많이 쇠약하므로 인성으로써 남편을 삼으니 청하게 용신을 얻었다. 이로써 타고난 품성이 단정하고 부지런하며 절약하고 베를 짜는 알뜰한 여인이었다. 丑土운이 되면서 화를 설하고 금과 합이 되니 연년생으로 두 아들을 얻었고, 戊子운에서는 午火를 충으로 제거하니 酉金이 상하지 않아서 남편이 등과하여 수석으로 급제하였는데, 한번 丁亥로 바뀌면서 극락 세계로 돌아갔다. 이 사주의 병은 실로 재성이 왕한 것에 있는데, 천간의 辛金은 丙火와 합을 하고 지지의 유금은 오화에게 깨어지는데다가 아울러 寅卯는 월령을 잡고 화를 생조하니 丁亥대운에서는 寅과 합하여 목으로 화하면서 왕신을 돕게 되고 丁火는 신금을 바짝 붙어서 극하니 녹을 받지 못하는 것이 마땅하다고 하겠다.

【 강의 】

구구절절이 옳으신 말씀이다. 다만 인성이 남편이라는 것은 옳지 않고 시간의 정관을 남편으로 봐야 하지 않겠느냐는 말씀도 곁들인다. 丁亥대운에서 寅亥합으로 인해서라고 하지만 그보다도 亥卯합이 더 중요하겠는데, 쓸모 없는 육합을 이야기하고 중요한 삼합을 생략하니 낭월이 이러한 점도 다시 챙기게 된다. 참고하시면 되겠다.

```
癸  丙  辛  辛
巳  子  卯  丑
己 戊 丁 丙 乙 甲 癸 壬
亥 戌 酉 申 未 午 巳 辰
```

丙火生於仲春. 火相木旺之時. 正得中和之象. 年月兩透財星. 地支巳丑拱金. 財旺生官. 官星得祿. 以印爲夫. 謂眞神得用. 秉性勤儉. 紡織佐讀. 至甲午運. 幫身衛印. 夫主連登甲榜. 受誥封. 壽至酉運. 會金沖卯. 不祿.

병화생어중춘. 화상목왕지시. 정득중화지상. 연월량투재성. 지지사축공금. 재왕생관. 관성득록. 이인위부. 위진신득용. 병성근검. 방직좌독. 지갑오운. 방신위인. 부주련등갑방. 수고봉. 수지유운. 회금충묘. 불록.

➔丙火가 卯月에 나서 불은 상에 해당하고 목은 왕에 해당하니 바로 중화의 형상을 얻었다고 하겠다. 연월에 재성이 투출되어 지지에 巳丑으로 금국이 되면서 재가 왕하여 관을 생조한즉 관성은 녹을 얻었으니 인성이 남편으로서 진신을 용신으로 삼았다고 하겠는데, 성품이 근면하고 검소하며 베를 짜면서도 옆에는 책을 놓고 읽었다. 甲

누운이 되면서 일주를 돕고 인성도 도와서 남편이 연달아 벼슬이 오르고 직첩과 봉읍지를 받았으며, 수명은 酉대운까지 살았고 금국으로 卯木을 충하는 바람에 녹을 잃었다.

【 강의 】

불록이라고 한 것은 아마도 남편이 벼슬을 하니까 아내도 벼슬을 한 것으로 간주해서 그렇게 말씀하신 것으로 보인다. 역시 남편은 인성이 아니고 시간의 정관이 되겠고, 남편은 약하기는 하지만 청하다고 할 수 있겠다. 그런데 또한 철초 선생의 편견이 약간 작용한다고 해야 하겠다. 비록 인품이야 그렇게 살았다고 해도 사주의 구조로 봐서는 용신이 탐재괴인으로 깨어지는 형상인데 무슨 말씀이신지 얼른 이해가 되지 않는 장면이다. 다만 정관이 가까이에 붙어 있어서 나름대로 인내심을 발휘하였지만 내심 부정하는 심리도 상당했으리라 여겨지고, 다시 정재가 합이 되어 있어서 암암리에 뇌물도 받아먹지 않았을까 싶다. 다만 운이 좋아서 들통나지 않았을 것이라는 생각도 들어서 언급을 해본다. 물론 증거는 없다.

丙	丙	癸	丁
申	辰	卯	酉
辛	庚	己	戊	丁	丙	乙	甲
亥	戌	酉	申	未	午	巳	辰

丙火生於仲春. 官透財藏. 印星秉令. 比劫幇身. 似乎旺相. 第

卯酉逢沖. 癸丁相剋. 木火損而金水存. 雖賴時干丙火之助. 但丙臨申位. 亦自顧不暇. 幸辰中蓄藏餘氣. 一點微苗尚存. 春令猶能輔用. 較之前造更弱. 以印星爲夫. 爲人端莊幽嫺. 知書達理. 丙午運, 破其酉金. 夫主登科. 生二子. 誥封四品. 至四旬外. 運走戊申. 洩火生金. 不祿.

　병화생어중춘. 관투재장. 인성병령. 비겁방신. 사호왕상. 제묘유봉충. 계정상극. 목화손이금수존. 수뢰시간병화지조. 단병림신위. 역자고불가. 행진중축장여기. 일점미묘상존. 춘령유능보용. 교지전조갱약. 이인성위부. 위인단장유한. 지서달리. 병오운, 파기유금. 부주등과. 생이자. 고봉사품. 지사순외. 운주무신. 설화생금. 불록.

▶ 丙火가 卯月에 나서 관성이 투출되고 재성은 숨었는데, 인성이 당령하고 비겁은 도우니 왕상한 것으로 보이지만 卯酉가 충이 되고 癸水는 丁火를 극하니 木火가 손상을 받고 金水는 남아 있는 셈이라 비록 시간의 丙火에게 도움을 요청하지만 병화는 申에 앉아 있는 고로 자신을 돌볼 겨를도 없다. 다행히도 辰土 속에 여기가 약간 남아 있으니 일점의 뿌리가 오히려 그 속에 존재한다고 하겠으며 봄날이니 능히 도움이 된다. 앞의 사주와 비교해 보면 훨씬 신약하니 인성으로 남편을 삼는다. 사람됨이 반듯하고 우아하며 글을 알고 그 속의 이치까지도 뚫고 있었는데, 丙午대운에서 酉金을 깨어 버리니 남편이 등과하고 두 아들을 낳았으며 사품을 받았다. 40이 넘으면서 운이 戊申으로 되면서 화를 설하고 금을 생하니 녹을 잃었다.

【 강의 】

참으로 운이 아쉬운 장면이고, 신약한 구조가 되는 것도 사실이다. 너무 일찍 화운이 지나가면서 장애를 만났다고 해야 하겠는데, 戊申이나 己酉의 강력한 토금의 운은 역시 병화에게 상당한 부담이 되었을 것으로 봐야 하겠다. 너무 일찍 시든 꽃이라고 생각된다. 글을 알아 총명하였다는 것은 丙辰의 식신 성분으로 볼 수 있고 검소한 것은 정관으로 봐야 하겠는데, 수명인 인성이 손상을 받는 바람에 장수를 누리지 못했다고 해석해야 할 모양이다.

```
  己    戊    庚    癸
  未    午    申    丑

戊 丁 丙 乙 甲 癸 壬 辛
辰 卯 寅 丑 子 亥 戌 酉
```

戊土生於孟秋. 柱中劫印重重. 得食神秉令爲夫. 泄其菁英. 更喜癸水潤土養金. 秀氣流行. 是以人品端正. 知大義. 雖出農家, 安貧紡績. 佐夫, 孝事舅姑. 至癸亥運. 夫擧於鄕. 旋登甲榜. 仕至黃堂. 生四子. 皆美秀. 壽至丙運奪食, 不祿.

무토생어맹추. 주중겁인중중. 득식신병령위부. 설기청영. 갱희계수윤토양금. 수기류행. 시이인품단정. 지대의. 수출농가, 안빈방적. 좌부, 효사구고. 지계해운. 부거어향. 선등갑방. 사지황당. 생사자. 개미수. 수지병운탈식, 불록.

➜ 戊土가 申月에 나서 사주에는 겁인이 겹겹인데 식신을 월령에서 얻었으니 남편이 된다. 그 맑은 기운을 설기하고 다시 癸水가 토를 적셔 주고 금을 길러 주는 것이 반갑다. 빼어난 기운이 흘러 다니니 그로 인해서 인품이 단정하고 큰 뜻을 알았으며, 비록 농가에서 태어났지만 편안하게 가난을 지키고 베를 짜서 남편을 도왔고 시부모에게도 공경을 다했다. 癸亥운이 되면서 남편이 고향에서 과거를 봐서 수석으로 등과하여 벼슬이 황당에 이르렀고 아들 넷을 두었는데 다 인물도 수려했으며, 丙火운에서 식신을 빼앗기게 되어 녹을 잃었다.

【 강의 】

책에는 '戊土生於仲秋'라고 했는데, 申月은 처음의 계절이기 때문에 孟秋로 하는 것이 옳다. 이러한 정도라면 未土 속의 乙木 관성이 너무나 무력해서 혹 용신이 남편이라고 할 수도 있겠다. 그런데 임상을 하면서 느끼는 것은 과연 관성이 약하다고 해서 버릴 수가 있느냐는 점이다. 그래서 실은 이 미토 속의 을목이 남편이 될 수도 있다는 점을 고려하고 진행해야 하겠다. 상황을 보면 이미 죽어 있는 나무라고 봐서 그대로 식신을 남편으로 볼 수도 있겠다는 정도로 넘어가도록 한다. 식신이 재성으로 흘러가는 구조가 청하고 아름다운 모습이라고 하겠다. 그런데 丙火가 경금을 극했다고 사망했다는 것은 좀 그렇다. 癸水는 뭘 하고 있었는지 책임을 물어야 한다는 생각이 들어서인데, 혹 세운에서 목화가 다시 들어온다면 계수로서도 어쩌지 못했을 것이라는 생각이 든다.

```
己   戊   庚   癸
未   戌   申   未
戊 丁 丙 乙 甲 癸 壬 辛
辰 卯 寅 丑 子 亥 戌 酉
```

此造與前造只換戌未二支. 其餘皆同. 未丑皆土. 午換以戌. 用金去火爲宜. 大勢觀之. 勝於前造. 今反不及者, 何也. 夫丑乃北方濕土. 能生金晦火. 又能蓄水. 未乃南方燥土. 能脆金助火. 又能暵水. 午雖火. 遇丑土而貪生. 戌雖土. 藏火而愈燥. 幸秋金用事. 所以貴也. 雖出身貧寒. 而人品端謹. 持家勤儉. 夫中鄉榜. 仕縣令. 生二子.

차조여전조지환술미이지. 기여개동. 미축개토. 오환이술. 용금거화위의. 대세관지. 승어전조. 금반불급자, 하야. 부축내북방습토. 능생금회화. 우능축수. 미내남방조토. 능취금조화. 우능한수. 오수화. 우축토이탐생. 술수토. 장화이유조. 행추금용사. 소이귀야. 수출신빈한. 이인품단근. 지가근검. 부중향방. 사현령. 생이자.

➜ 이 사주는 앞의 사주에서 戌土와 未土만 바뀌었고 그 나머지는 모두 같은 모양이다. 未丑은 다 같은 토이고 午火를 戌로 바꾸니 금을 용하고 화를 제거함이 마땅한데, 대세로 보면 앞의 사주보다 더 좋다고 하겠다. 그런데 도리어 그에 미치지 못하는 것은 왜인가? 대저 丑土는 북방의 습토라 능히 금을 생조하고 불을 어둡게 하면서 물도 저장하는데, 未土는 남방의 건조한 토이니 능히 금을 부스러뜨리고

불을 도와 주며 또 능히 물도 말려 버린다. 오화는 비록 화이기는 하지만 축토를 만나니 생을 탐하는데, 술토는 토라고는 하지만 속에 화를 품고 있어 더욱 건조하다. 다행히 가을의 금을 용신으로 하니 귀하게 되는 것이다. 비록 출신은 가난했지만 인품이 단정하고 부지런하여 가정을 잘 가꿨고, 남편은 향방에 합격하여 현령이 되었고 아들 둘을 낳았다.

【 강의 】

戌未와 丑辰의 차이에 대해서 정확하게 설명하셨으니 추가로 언급할 필요는 없겠다. 癸丑과 癸未의 상황이나 戊午와 戊戌의 차이는 분명히 크다고 해야 하겠고, 명리 공부를 하면서 늘 어렵게 느껴지는 것은 토의 복합적인 상황에 있다는 생각을 하게 된다. 그리고 점차 공부가 깊어지면 이렇게 아리송한 부분들이 차차로 밝아지는 느낌이 들면서 참으로 속임수가 통하지 않는 것이 오행의 공부가 아닌가 싶은 생각이 든다.

```
壬  戊  辛  己
戌  辰  未  酉
己 戊 丁 丙 乙 甲 癸 壬
卯 寅 丑 子 亥 戌 酉 申
```

土榮夏令. 逢金吐秀. 更喜無木. 富貴之造也. 所以身出宦家. 通詩書. 達禮敎. 至酉運, 夫星祿旺. 生一子. 夫主登科. 甲戌運,刑冲出丁火. 閨中雪舞. 而家道日落. 青年守節. 苦志敎子成名. 至子運, 子登科. 仕至郡守. 受詰封. 壽至寅運金絶之地.

　토영하령. 봉금토수. 갱희무목. 부귀지조야. 소이신출환가. 통시서. 달례교. 지유운, 부성록왕. 생일자. 부주등과. 갑술운, 형충출정화. 규중설무. 이가도일락. 청년수절. 고지교자성명. 지자운, 자등과. 사지군수. 수힐봉. 수지인운금절지지.

➧여름철의 토가 되어 금을 얻어 수기를 설하는 구조이다. 더욱 반가운 것은 목이 없다는 것인데 부귀의 사주이다. 그래서 벼슬가의 집안에서 태어나 시서에 능통하고 예교에도 밝았다. 酉金운이 되어 남편이 녹왕을 만나 아들 하나를 얻고 남편이 등과하였으며, 甲戌대운에는 형충으로 丁火가 튀어나오니 규중에 흰눈이 펄펄 내린 듯이 남편이 죽고 가세가 기울어지자 젊은 나이에 수절하여 고통스럽게 아이를 길러서 이름을 이루게 했다. 子水운이 되면서 아들이 등과하여 벼슬이 군수에 이르렀고 호봉을 받았으며, 수명은 금의 절지인 寅木운까지 달했다.

【 강의 】

　상관이 용신인 구조에서 남편은 未土 속의 乙木으로 해야 할지 말아야 할지도 고민스러운 장면이다. 甲戌대운에 남편이 사망했다는 설명을 하면서 정화가 튀어나와서 식상을 극하는 바람에 남편인 식상이 죽었다는 것은 전혀 아니라고 하기도 어렵겠고, 다만 참고하는 것이 좋겠다. 현실적으로는 이렇게 약하더라도 미토 속의 을목이 남편인 경우가 많다는 점을 생각하는 까닭이다.

```
甲 癸 壬 丁
寅 丑 子 亥
庚 己 戊 丁 丙 乙 甲 癸
申 未 午 巳 辰 卯 寅 丑
```

癸水生於仲冬. 支全亥子丑北方一氣. 其勢泛濫. 一點丁火無根. 最喜寅時納水而洩其菁華. 甲木夫星坐祿. 故爲人聰明貌美. 端莊幽嫻. 更喜運走東南木火之地. 夫榮子秀. 福澤有餘.

계수생어중동. 지전해자축북방일기. 기세범람. 일점정화무근. 최희인시납수이설기청화. 갑목부성좌록. 고위인총명모미. 단장유한. 갱희운주동남목화지지. 부영자수. 복택유여.

➡ 癸水가 子月에 나서 지지에는 전부 亥子丑의 북방으로만 되어 있으니 그 세력이 범람한다. 일점의 丁火는 뿌리가 없어서 寅時가 물을 흡수해 주고 빼어난 기운이 되는 것이 가장 반갑다. 甲木의 남편이 녹에 앉아 있으니 사람이 총명하고 미모도 갖췄으며 단정하고 우아했다. 다시 반갑게도 운이 동남의 木火지지로 흘러가 남편은 영광을 얻고 자식은 빼어났으며 복의 혜택이 넉넉했다.

【강의】

좋은 이야기라고 하겠다. 이 사주에서도 남편은 일지의 丑土가 되어야 하고 상관은 용신이 되는 구조이니 남편은 한신이다. 남편이 한신인데 어째서 벼슬을 했느냐고 철초 선생이 낭월에게 물으신다면 "그 남편의 사주를 봐야지요."라고 답해야 할 모양이다. 부인의 사주를 통해서 남편을 읽는다는 것은 하나의 힌트는 되겠지만 구체적인 확증이 될 수는 없다. 이것이 낭월의 생각이다. 상관이 있으니 능력이 빼어난 것은 당연하겠고, 요즘의 여인이라면 남편은 백수 비슷하게 놀고 자신이 활동해서 가정을 꾸려 나갈 수도 있겠다는 생각을 해본다.

丁	乙	丙	乙
亥	卯	戌	卯

甲	癸	壬	辛	庚	己	戊	丁
午	巳	辰	卯	寅	丑	子	亥

    乙木生於季秋. 柱中兩坐祿旺. 亥卯又拱木局. 四柱無金. 日元旺矣. 喜其丙丁竝透. 洩木生土. 財星爲夫. 爲人端莊和順. 夫中鄕榜. 出仕琴堂. 生三子. 壽至壬運.
    을목생어계추. 주중량좌록왕. 해묘우공목국. 사주무금. 일원왕의. 희기병정병투. 설목생토. 재성위부. 위인단장화순. 부중향방. 출사금당. 생삼자. 수지임운.

➡ 乙木이 戌月에 나서 사주에는 卯木이 둘이나 있고 亥卯는 또 합이 되어 목국을 이루는데, 사주에는 금이 없어서 일주가 왕하다. 반가운 것은 丙丁의 화가 함께 투출되어 목을 설하고 토를 생조하는 것이니 재성이 남편이 된다. 사람됨이 단정하고 화목하고 유순했으며, 남편은 향방에 합격하여 벼슬이 금당에 올랐다. 아들 셋을 두고 수

명은 壬水대운까지 갔다.

【강의】

책에는 癸丑대운으로 되어 있는데, 癸巳의 잘못임을 확인하면 되겠다. 재성이 남편이라고 하셨지만 그보다는 戌土 속의 辛金을 좀더 고려해야 하지 않을까 하는 의견도 덧붙인다. 상관생재의 구조라고 보면 적당하겠다.

辛	丁	甲	戊
丑	未	寅	寅
丙	丁	戊	己	庚	辛	壬	癸
午	未	申	酉	戌	亥	子	丑

丁火生於春令. 印綬太重. 最喜丑時財庫. 沖去未中比印. 生起財星. 必以辛金爲夫. 丑土爲子也. 初運北方水地. 洩金生木. 出身寒微. 至庚戌, 己酉, 戊申, 三十載, 土金之地. 裕夫發財. 生三子. 皆貴. 受誥封. 所謂棄印就財. 且夫得子賴. 故後嗣榮發也.

정화생어춘령. 인수태중. 최희축시재고. 충거미중비인. 생기재성. 필이신금위부. 축토위자야. 초운북방수지. 설금생목. 출신한미. 지경술, 기유, 무신, 삼십재, 토금지지. 유부발재. 생삼자. 개귀. 수고봉. 소위기인취재. 차부득자조. 고후사영발야.

➨ 丁火가 寅月에 나서 인성이 너무 왕성한데 가장 반가운 것은 丑時

의 재고를 만난 것이다. 未土 속의 인성과 비견을 충으로 제거하고 재성이 생조를 받아 일어나니 반드시 辛金이 남편이 되고 丑土는 자식이 되는 것이다. 초운에서 북방의 수운으로 흐르니 금을 설하고 목을 생하여 가난한 가정에서 태어났지만 庚戌과 己酉대운, 戊申의 30년간 土金의 지지를 만나게 되어 남편이 넉넉하게 돈을 벌었고 아들 셋을 얻어서 다 귀하게 되어 호봉을 받았으니, 이른바 '인성을 버리고 재를 용신으로 삼는 경우에는 또한 남편과 자식의 도움을 얻게 된다.'고 한다. 그래서 후사가 모두 영광스럽게 발전했다.

【 강의 】

식신생재의 구조인데 기인취재라는 말은 월령의 인성을 버렸다는 것으로 설명하는 것이다. 일리가 있는 내용이며 운을 잘 타서 부유하게 살았다고 하겠다. 남편은 丑土 속의 癸水가 있다는 것도 고려해야 한다는 점을 챙겨 두고 넘어간다.

```
癸  辛  己  壬
巳  丑  酉  辰
辛 壬 癸 甲 乙 丙 丁 戊
丑 寅 卯 辰 巳 午 未 申
```

辛金生於仲秋. 支全金局. 五行無木. 火已成金. 必無用官之理. 喜其壬癸竝透. 洩其精英. 爲人聰明端謹. 頗知詩禮. 所惜者, 十九歲運走丁未南方. 火旺生土而熇水. 流年庚戌. 支全剋水. 無子而夭.

　신금생어중추. 지전금국. 오행무목. 화이성금. 필무용관지리. 희기임계병투. 설기정영. 위인총명단근. 과지시례. 소석자, 십구세운주정미남방. 화왕생토이픽수. 유년경술. 지전극수. 무자이요.

➜ 辛金이 酉月에 나서 지지에는 전부 금국이고 오행에서 목이 없으니 화는 이미 금이 되었다. 반드시 관성을 용해야 할 이치가 없고 그 壬癸가 투출되어 그 빼어난 기운을 설하여 반가우니, 사람됨이 총명하고 단정하고 부지런하였으며 시와 예에도 상당히 밝았다. 아까운 것은 19세에 운이 丁未의 남방으로 흘러 화가 왕하여 토를 생조하고 물을 마르게 한 것이고, 세운 庚戌에서 지지에서 완전히 수를 극하여 아들도 없이 요절했다.

【 강의 】

　실로 壬癸水가 있다고도 하지만 목이 없는 것이 무엇보다도 아쉽다고 하겠다. 만약에 癸卯시만 되었더라도 참 좋았겠는데 아쉽고, 丁未대운에서 火土가 강화되니 용신이 무력하여 생기가 끊겼다고 봐도 되겠다.

己	乙	丙	甲
卯	卯	寅	午

戊	己	庚	辛	壬	癸	甲	乙
午	未	申	酉	戌	亥	子	丑

　旺木逢火. 通明之象. 妙在金水全無. 純淸不雜. 爲人端莊. 以丙火爲夫. 惜運走北方水地. 壽亦不永. 生三子留一. 至壬運, 剋丙火而阻矣. 設使兩造運皆順行. 不特壽長. 若男造, 名利皆全. 女造, 則夫榮子貴也.

　왕목봉화. 통명지상. 묘재금수전무. 순청부잡. 위인단장. 이병화위부. 석운주북방수지. 수역불영. 생삼자류일. 지임운, 극병화이조의. 설사량조운개순행. 불특수장. 약남조, 명리개전. 여조, 즉부영자귀야.

➜ 왕성한 乙木이 화를 만났으니 木火通明의 형상이다. 묘하게도 사주에 金水가 전혀 보이지 않아 순수하고 맑아서 혼잡되지 않았으니 사람됨이 단정하였고 남편은 丙火가 된다. 아깝게도 운이 북방의 수지로 흐르니 수명도 길지 못했고 아들 셋을 낳았지만 하나만 살아 남았으며, 壬水대운이 되면서 병화를 극하니 죽었다. 가령 두 사주가 모두 운이 순행으로 갔더라면 수명만 길었을 것인가. 만약 남자였다면 명리도 다 얻었을 것이며 여자였더라도 남편과 자식이 크게 발했을 것을……

【 강의 】

　　상관은 청한데 재성이 따로 떨어져 있어서 유감이다. 참으로 운이 아깝다고 해야 하겠다. 여하튼 아무리 흉운이라도 일단 목숨을 부지하고 살아야 다음에 운이 오더라도 뭔가 해보겠는데 일단 수명이 다하면 아무런 소용이 없으니 연명을 한다는 것도 지혜로운 삶의 한 방법이라고 해야 할까 보다.

```
　己　乙　壬　丁
　卯　卯　寅　未
庚 己 戊 丁 丙 乙 甲 癸
戌 酉 申 未 午 巳 辰 卯
```

　　春木森森. 旺之極矣. 時干己土無根. 以丁火爲夫. 丁壬之合. 去水却妙. 化木不宜. 所以出身貧寒. 喜其運走南方火地. 不但幫夫興家. 而且子息亦多. 壽至申運. 壬水逢生而阻. 此與前造相較. 不及前造. 而此造行運不背, 故勝之. 然則命好不如運好. 男女皆然也.

　　춘목삼삼. 왕지극의. 시간기토무근. 이정화위부. 정임지합. 거수각묘. 화목불의. 소이출신빈한. 희기운주남방화지. 부단방부흥가. 이차자식역다. 수지신운. 임수봉생이조. 차여전조상교. 불급전조. 이차조행운불배, 고승지. 연즉명호불여운호. 남녀개연야.

➡ 봄 나무가 빽빽한 형상이니 극히 왕한데 시간의 己土는 뿌리가 없으니 丁火로써 남편을 삼는다. 丁壬이 합을 하여 물을 제거함이 오히려 묘하다고 하겠고, 목으로 화하는 것은 마땅치 않은 모습이다. 그래서 가난한 집안에 태어나 운이 남방의 화운을 달리면서 남편을 도와 가문을 일으켰을 뿐만 아니라 자식도 많았으며 수명은 申金대운까지 이르렀는데, 壬水가 생조를 만나는 바람에 끊겼다. 이 사주를 앞의 사주와 비교해 보면 훨씬 못 미치지만 운이 어기지를 않았으니 잘되었던 것이다. 그러니 팔자 좋은 것이 운 좋은 것만 못하다는 말은 남녀가 다 마찬가지인 것이다.

【 강의 】

책에는 대운을 역운으로 적었는데 이것은 남자의 운에 해당하니 잘못된 것이 분명하므로 순운으로 고쳐 적는다. 역시 운이 좋아야 한다는 것은 남녀가 다를 이유가 없는데, 다만 한 가지 주의해야 할 것은 여자의 경우에는 자신이 활동을 하느냐 마느냐에 따라서 운의 작용이 다를 수 있다는 점도 고려해야 한다는 것이다.

이렇게 해서「여명」의 장까지 설명을 마쳤는데, 특별히 주의해야 할 것은 용신이 남편이라는 부분에서 여하튼 사주에 아무리 약한 관살이라도 있다면 그 성분을 남편으로 봐야 하겠다는 생각을 하는 것이 좋겠다. 그리고 자신의 운이 좋다고 해서 반드시 남편이 발하는 것은 아니고, 남편은 남편의 운이 있다는 것을 생각하면 되겠다. 그리고 요즘의 여인은 스스로 가장이 되어 독신으로 살아가는 경우도 많으므로 그런 경우에는 역시 사회를 관살로 보고 대입하시는 것이 좋겠다. 중요한 것은 관살이 있더라도 결혼을 하지 않을 수 있는데,

그런 여인은 일단 사회적으로 직업을 갖고 있는 경우가 많다는 점도 참고해야겠다.

  다시 말씀드리면 남자의 경우에도 사주에 재성이 있더라도 결혼을 하지 않을 수도 있다는 것을 암시하며, 오히려 많은 여인과 인연이 되더라도 정작 결혼은 하지 않을 수 있음을 고려하는 것이 좋겠다. 이것을 확대해서 생각해 보면 배우자의 성분이 있더라도 실제로는 인연이 없을 수도 있다는 것이고, 다시 배우자의 인연이 사주에 없는 경우에도 결혼을 잘 한다는 말이 가능하다. 이 경우에 한해서만 용신이 남편이 된다는 말씀을 끝으로 드리고 다음 장으로 넘어간다.

제2장 소아(小兒)

【滴天髓】

> 論財論煞論精神. 四柱和平易養成.
> 논 재 론 살 론 정 신. 사 주 화 평 이 양 성.
> 氣勢攸長無斲喪. 關星雖有不傷身.
> 기 세 유 장 무 착 상. 관 성 수 유 불 상 신.

◐ 재를 논하고 살을 논하고 정신을 논하지만 사주가 화평하면 기르기 쉽다. 기세가 유장하고 꺾인 곳이 없으면 비록 흉한 암시가 있어도 몸을 상하지 못한다.

【滴天髓徵義】

　小兒之命. 每見淸奇可貴者難養. 混濁可憎者易成. 雖關家門之氣數. 亦看根源之淺深. 關於培植者半. 關於家門之興衰者亦半. 故小兒命, 不易看也. 以命而論. 必須四柱和平. 不偏不枯. 無沖無剋. 根通月支. 氣貫生時. 殺旺有印. 印弱有官. 官衰有財.

財輕有食傷. 生化有情. 流通不悖. 或一神得用. 始終相託. 或兩意情通. 互相庇護. 未交運而流年平順. 旣交運而運途安詳. 此謂氣勢攸長. 自然易養成人. 反此則難養矣. 其餘關煞多端. 盡皆謬妄. 有意造作惑人. 不可信也.

소아지명. 매견청기가귀자난양. 혼탁가증자이성. 수관가문지기수. 역간근원지천심. 관어배식자반. 관어가문지흥쇠자역반. 고소아명, 불이간야. 이명이론. 필수사주화평. 불편불고. 무충무극. 근통월지. 기관생시. 살왕유인. 인약유관. 관쇠유재. 재경유식상. 생화유정. 유통불패. 혹일신득용. 시종상탁. 혹량의정통. 호상비호. 미교운이류년평순. 기교운이운도안상. 차위기세유장. 자연이양성인. 반차즉난양의. 기여관살다단. 진개류망. 유의조작혹인. 불가신야.

→어린아이의 운명은 늘 특이하고 귀하게 보이면서도 기르기가 어렵고, 혼탁하고 미워 보이는 경우에는 기르기가 쉬우니 비록 가문의 기운과도 많은 연관이 있다고는 하지만 근원의 깊고 얕음도 봐야 할 것이다. 잘 기르는 경우도 반은 되는 것 같고, 가문의 흥쇠에 따라서 영향을 미치는 것도 역시 반은 되는 모양이다. 그래서 어린아이는 보기가 쉽지 않은 것이다. 팔자로써만 논한다면 반드시 사주가 화평하고 치우치거나 메마르지 않고 충극이 없어야 하겠으며, 다시 월지에 통근을 하고 기운은 생시에도 관통하는 것이 좋다. 살이 왕성하면 인성이 있어야 하고, 인성이 약하던 관성이 있어야 하며, 관성이 쇠약하면 재성이 도와야 하고, 재성이 약하면 다시 식상이 있어야 하니 서로 생하고 화하여 유정하다면 유통이 일그러지지 않는 것이다.

혹 한 글자가 용신이 되고 시종 서로 의지가 되거나, 혹은 두 뜻이 서로 통하여 보호가 되며, 아직 대운에 들어가기 전에서 세운이 편안하거나, 이미 운이 바꿔 들었더라도 운이 편안하면 이러한 것은 기세가 편안하고 길하다고 말하는데 자연히 성인이 되도록 기를 수가 있고, 이에 반한다면 기르기가 어려운 것이다. 그 나머지의 관살이 상당히 많은데 다 잘못된 것으로 사람을 현혹시키는 장난임을 알아야 할 것이니 하나도 믿을 것이 없다.

【 강의 】

관살이라는 것은 아마도 어린아이가 살아가는 데 장애를 주는 살인 모양이다. 그러나 거기엔 전혀 신경 쓰지 말고 오행의 생극제화에 대한 구조를 봐서 기르기가 쉬운지 어려운지를 잘 살피는 것이 좋겠다는 말이다. 물론 당연한 것으로 봐야 하겠고, 그대로 이해하면 되므로 따로 설명을 덧붙일 필요가 없어 줄인다.

```
丁  丙  癸  辛
酉  子  巳  丑

乙 丙 丁 戊 己 庚 辛 壬
酉 戌 亥 子 丑 寅 卯 辰
```

丙火生於巳月. 雖云建祿. 五行無木生助. 天干旣透財官. 地支不宜再見酉子. 更不宜再會金局. 則巳火之祿. 非日干有也. 雖丁火可以幇身. 癸水傷之. 謂財多身弱. 兼之官星又旺. 日主虛弱極

矣. 且初交壬運逢殺. 辛亥年, 天干逢壬癸剋丙丁. 地支亥沖巳火 破祿. 連根拔盡. 得痟疾而亡.

병화생어사월. 수운건록. 오행무목생조. 천간기투재관. 지지 불의재견유자. 갱불의재회금국. 즉사화지록. 비일간유야. 수정 화가이방신. 계수상지. 위재다신약. 겸지관성우왕. 일주허약극 의. 차초교임운봉살. 신해년. 천간봉임계극병정. 지지해충사화 파록. 연근발진. 득감질이망.

▶丙火가 巳月에 나서 비록 건록이라고 말은 하지만 오행에서 목의 생조가 없고 천간에서 이미 재관이 투출하였는데 다시 지지에서 酉 子가 보이는 것은 금국이 되어 마땅하지 않다. 그래서 巳火의 녹은 일간에 있는 것이 아니고 비록 丁火가 일간을 돕는다고는 하지만 癸 水가 극을 하니 '재다신약'이 된 셈이다. 더불어 관성이 또 왕하여 일주는 허약이 극에 달한다. 처음에 壬水대운으로 바뀌면서 편관을 만나고 辛亥년에 천간의 壬癸가 丙丁을 극하고 지지에서는 亥水가 사화를 충하여 녹을 파하니 뿌리가 연달아 뽑혀서 어린아이가 위장 이 나빠지고 몸이 여위며 배가 붓는 병으로 죽었다.

【 강의 】

그렇겠다. 사주의 기운이 많이 흐트러져 있음을 느끼겠는데, 운도 초운이 불리하여 죽었다고 이해가 된다.

辛	丙	己	癸
卯	寅	未	丑

辛 壬 癸 甲 乙 丙 丁 戊
亥 子 丑 寅 卯 辰 巳 午

　前造因財官太旺. 以致夭亡. 此造則日坐長生. 又生夏令. 財官爲用. 傷官爲喜. 傷生財. 財又生官. 似乎生化有情. 殊不知前者財多身弱. 以官作殺. 此則財絶官休. 恐難厚享. 癸水官星生未月. 火土熯乾. 餘氣在丑. 蓄水藏金. 然己土當頭傷癸. 丑未沖去金水根源. 時上辛又臨絶. 雖有若無. 焉能生遠隔之水. 則己土亦不能生隔絶之金. 且運走東南木火之地. 非守業之人也.

　전조인재관태왕, 이치요망. 차조즉일좌장생. 우생하령. 재관위용. 상관위희. 상생재. 재우생관. 사호생화유정. 수부지전자재다신약. 이관작살. 차즉재절관휴. 공난후향. 계수관성생미월. 화토한건. 여기재축. 축수장금. 연기토당두상계. 축미충거금수근원. 시상신우림절. 수유약무. 언능생원격지수. 즉기토역불능생격절지금. 차운주동남목화지지. 비수업지인야.

▶ 앞의 사주는 재관이 너무 많아서 일찍 죽었는데, 이 사주는 일간이 장생에 앉아 있고 또 여름이니 재관이 용신이 되고 상관은 희신이 되며 상관은 재성을 생조하고 재성은 관을 생하니 생화가 유정한 것처럼 보인다. 그러나 앞의 경우에는 재다신약이었으니 관성이 살로 변하였고, 이 사주는 재성이 절지에 해당하고 관성은 휴수가 되니 아마도 편안하게 기르기는 어려울 모양이다. 癸水 관성이 未月에

생조하여 火土는 건조한데 관성의 여기가 丑土에 있어서 물을 머금고 금을 저장한다. 그러나 己土는 천간에 붙어서 계수를 극하고, 丑未는 충이 되어서 금수의 뿌리가 제거되는 상황에서 시간의 辛金은 또 절지에 임하여 있으나 마나가 되니 어찌 멀리 있는 수를 생할 수가 있으랴. 그리고 기토도 멀리 떨어진 금을 생조하지 못하고 또 운이 동남의 木火로 흐르니 업을 지키는 사람이 되지 못한다.

【 강의 】

설명이 상당히 상세하지만 결국은 생동감이 없어서 성장하지 못한다는 내용으로 볼 수 있다. 물론 운이 돕지 않은 것은 두말할 필요도 없고, 용신은 土金으로 가는 것이 좋지 않은가 싶다. 구태여 癸水를 용신으로 삼을 필요는 없다는 생각도 해볼 만하겠다.

己	丙	壬	庚
亥	寅	午	戌

庚	己	戊	丁	丙	乙	甲	癸
寅	丑	子	亥	戌	酉	申	未

丙用壬殺. 身强殺淺. 以殺化權. 更喜財滋弱殺. 定然名利雙全. 惜支全火局. 寅亥又化木而生火. 年月之庚壬無根, 而少生扶. 至丁巳年. 巳亥沖去壬水之祿. 丁火合去壬水之用. 死於痘症.

병용임살. 신강살천. 이살화권. 갱희재자약살. 정연명리쌍

전. 석지전화국. 인해우화목이생화. 연월지경임무근, 이소생부. 지정사년. 사해충거임수지록. 정화합거임수지용. 사어적증.

➡ 丙火가 壬水를 용신으로 삼으니 신강하고 살이 약하여 살로 권세를 삼는 형상이다. 더욱 반가운 것은 재가 약한 살을 도와 준다는 것이니 명리를 다 얻게 되는 것은 당연한데, 아깝게도 지지가 완전히 화국이 되고 寅亥도 목으로 화하여 불을 생조하며 연월의 庚壬은 뿌리가 없으니 생부가 적다고 하겠다. 丁巳년이 되어 나이 여덟 살에 巳亥충이 되면서 임수의 뿌리가 잘려 나가고 丁火는 임수의 용신을 합거하니 간질 증세로 죽었다.

【 강의 】

丁巳년에 죽었다면 화가 병이라고 해야 하겠는데, 어려서의 운도 이런 식으로 작용하는 것으로 보면 되겠다. 희용신이 무력하여 달리 방법이 없다고 하겠지만 그렇다고 해서 죽었다고 단정하기는 어려울 것이다. 죽고 난 다음에 그 죽은 이유를 생각하다 보니 확인이 되었을 것으로 보는 것이 좋겠다.

```
戊   壬   戊   壬
申   申   申   申

丙 乙 甲 癸 壬 辛 庚 己
辰 卯 寅 丑 子 亥 戌 酉
```

壬水生於秋令. 地支皆坐長生. 天干兩戊兩壬. 大勢觀之. 支全一氣. 兩干不雜. 且殺印相生. 爲大貴之格. 不知金多水濁. 母多子病. 四柱無火剋金. 金反不能生水. 戊土之精華. 盡洩於金. 謂偏枯之象. 必然難養. 名利皆虛. 果死於三歲甲戌年.

임수생어추령. 지지개좌장생. 천간량무량임. 대세관지. 지전일기. 양간부잡. 차살인상생. 위대귀지격. 부지금다수탁. 모다자병. 사주무화극금. 금반불능생수. 무토지정화. 진설어금. 위편고지상. 필연난양. 명리개허. 과사어삼세갑술년.

➔ 壬水가 申月에 나서 지지에는 모두 장생인데 천간의 두 戊土와 壬水가 있으니, 대세로 보면 지전일기격에도 해당하고 양간부잡격이나 살인상생격에도 해당하니 크게 귀할 사주라고 하겠으나, 금이 많아 물이 탁해짐을 모르고 있는 것이고 어머니가 너무 많아서 자식이 병드는 형상이다. 사주에서 화가 금을 극하지 못하니 금이 도리어 수를 생조하지 못한다. 무토는 정기를 설하는 것인데 금에게 다 흡수되어 버렸으니 편고한 형상이라 기르기가 쉽지 않으리라고 보며 명리도 다 헛된 것이라고 하겠는데 과연 세 살에 甲戌년에 죽었다.

【 강의 】

용신이 무력하고 화가 없어서 발하지 못했다고 해야 하겠고, 금이 많아서 물이 탁해진다는 설명은 자칫 오해의 소지가 있으므로 사용하지 않는 것이 좋겠다. 일간이 너무 왕함에 비해서 용신이 생동감이 없어서 정기는 넉넉하지만 신기가 부족했다고 해석해야 하겠다.

```
戊  壬  甲  壬
申  申  辰  申

壬 辛 庚 己 戊 丁 丙 乙
子 亥 戌 酉 申 未 午 巳
```

壬水生於季春. 似乎殺印相生. 地支三遇長生. 食神制殺爲權. 定爲貴格. 不知春土氣虛. 月透甲木. 不但辰土受制. 而時干之戊. 亦受其剋. 五行無火. 未得生生之妙. 亦母多子病. 偏枯之象. 必然難養也. 後死於痘症.

임수생어계춘. 사호살인상생. 지지삼우장생. 식신제살위권. 정위귀격. 부지춘토기허. 월투갑목. 부단진토수제. 이시간지무. 역수기극. 오행무화. 미득생생지묘. 역모다자병. 편고지상. 필연난양야. 후사어두증.

➡ 壬水가 辰月에 나서 살인상생으로 보이지만, 지지에 장생을 셋이나 만나고 식신은 살을 제어하여 권세가 되니 귀격이라고 하겠지만 봄의 토가 허하고 월간 甲木이 투출한 것을 모르는 것이다. 다만 辰土가 제어를 받을 뿐만 아니라 시간의 戊土도 제어를 받고 있고, 오행에서 화가 없는 연고로 생하고 또 생하는 이치를 얻지 못하였다. 어머니가 많아서 자식이 병드는 것이니 편고한 형상이다. 반드시 기르기가 어렵겠는데, 후에 천연두로 죽었다.

【 강의 】

　강하다고 보고 월간의 갑목을 용신으로 삼았으면 되었는데, 일찍 죽는 요인은 납득이 되지 않는다. 천연두에 걸렸다면 당시에는 돌림병으로 가차없이 죽게 되었을 것을 고려하여 사주와 무관하게 단체로 병에 걸려서 죽은 것으로 봐야 할 것 같다는 생각이 든다. 왜냐하면 사주에서는 그래도 갑목이 금에게 제어를 당하지 않고 잘 살아 있기 때문이다. 참고하기 바란다.

```
  壬   丁   壬   癸
  寅   亥   戌   丑
 甲 乙 丙 丁 戊 己 庚 辛
 寅 卯 辰 巳 午 未 申 酉
```

　此造以丁火陰柔. 生於深秋. 殺官重疊. 必不能養. 殊不知官殺雖旺. 妙在戌月通根身庫. 足以制水. 更好無金. 時支寅木不傷. 氣貫生時. 足以納水. 不但易養成人. 可遂書香之志. 然官殺一類. 勿以官爲喜. 殺爲憎. 身弱者. 官皆是殺. 身旺者. 殺皆是官. 只要無財有印. 便爲佳造. 如云丁火死寅. 謬之極矣. 寅中甲木. 乃丁之嫡母. 何以爲死. 凡陰干以生地爲死. 死地爲生. 非正論也. 果幼年無疾. 聰慧過人. 甲戌年入泮. 後運走南方火土. 制殺扶身. 未可限量也.

　차조이정화음유. 생어심추. 살관중첩. 필불능양. 수부지관살수왕. 묘재술월통근신고. 족이제수. 갱호두금. 시지인목불상.

기관생시. 족이납수. 부단이양성인. 가수서향지지. 연관살일류. 물이관위희. 살위증. 신약자. 관개시살. 신왕자. 살개시관. 지요무재유인. 변위가조. 여운정화사인. 유지극의. 인중갑목. 내정지적모. 하이위사. 범음간이생지위사. 사지위생. 비정론야. 과유년무질. 총혜과인. 갑술년입반. 후운주남방화토. 제살부신. 미가한량야.

➜ 이 사주는 丁火가 유약하고 깊은 가을에 태어나서 관살이 중첩되어 있으니 반드시 기르기가 어려울 것인데, 달리 관살이 비록 왕하지만 묘하게도 戌月의 신고에 통근되어 있음을 알지 못하겠는가. 족히 수를 제어하고 다시 묘하게 금이 없어 시지의 寅木은 손상되지 않았으니 기운이 시에까지 통하여 물을 흡수하기에 족하다. 다만 성인으로 기르기가 쉬울 뿐만 아니라 공부도 하겠다. 관과 살은 같은 종류이니 관이라고 해서 기뻐하고 살이라고 해서 미워하지 말아야 한다. 신약한 자는 관이 다 살로 변하고 신왕한 자는 살도 다 관이 된즉, 다만 중요한 것은 재가 없고 인성이 있어야 할 것이니 문득 아름다운 사주가 되는 것이다. 만약 이 정화가 寅에서 죽는다고 한다면 엄청나게 빗나갈 것이다. 인목 속의 甲木은 정화의 생모가 되니, 어찌 사지라고 하겠는가. 대저 음간은 생지에서 죽는다고 하고 사지에서는 산다고 하는 것은 올바른 논리가 아니다. 과연 어려서 질병이 없었고 매우 총명하였으며, 甲戌년에 반수에서 공부하고 후의 운이 남방의 火土로 뻗어 나가니 어디까지 발전할지 모르겠다.

【 강의 】

막판에 또 한 번 십이운성의 음장생설에 대해서 일침을 가하는데, 아마도 이 사주에서 寅木이 사지이므로 일찍 죽을 것이라는 말을 누군가 하지 않았나 싶다. 그래서 반격으로 말씀하신 듯싶은데, 벗님도 이 의미를 잘 헤아리면 되겠다.

```
    己  丁  甲  壬
    酉  酉  辰  戌
壬 辛 庚 己 戊 丁 丙 乙
子 亥 戌 酉 申 未 午 巳
```

此造槪云木透月干. 春木足以生火. 年干壬水生木. 日時兩坐長生. 皆作旺論. 惜地支土金太重. 天干水木之根必淺. 水木無氣. 則丁火之蔭不固. 夫甲木生於季春. 退氣之神也. 辰酉合而化金. 則甲木之餘氣已絶. 戌土隔之. 使金不能生水. 戌土足以制之. 壬水受剋. 不能生木. 辰酉化金. 必能剋木. 日主根原不固可知. 如謂酉是丁火長生. 五行顚倒矣. 酉中純辛. 無他氣所雜. 金生水. 無生火之理. 火到酉位死絶之地. 更嫌時干竊去命主元神. 生金洩火. 而水木火三字皆虛矣. 後果夭於癸酉年. 由此論之. 小兒之命. 不易看也.

차조개운목투월간. 춘목족이생화. 연간임수생목. 일시량좌장생. 개작왕론. 석지지토금태중. 천간수목지근필천. 수목무기. 즉정화지음불고. 부갑목생어계춘. 퇴기지신야. 진유합이화금. 즉갑목지여기이절. 술토격지. 사금불능생수. 술토족이제지. 임수수극. 불능생목. 진유화금. 필능극목. 일주근원불고가지. 여위유시정화장생. 오행전도의. 유중순신. 무타기소잡. 금생수. 무생화지리. 화도유위사절지지. 갱혐시간절거명주원신. 생금설화. 이수목화삼자개허의. 후과요어계유년. 유차론지. 소아지명. 불이간야.

➜이 사주는 이미 목이 월간에 투출되어 화를 생조하기가 족하고 연간의 壬水는 목을 생하며 일시의 두 장생이 있으니 왕하다고 하겠다. 그러나 아깝게도 지지에 土金이 너무 왕하고 천간의 水木의 뿌리는 필시 약하여 기운이 없은즉 丁火의 그늘이 단단하지 못하니 대저 甲木이 辰月에 생조하여 퇴기의 글자이기 때문이다. 辰酉로 합이 되어 금으로 화한즉 갑목의 여기는 이미 절지에 달하고, 戌土가 막고 있으니 금으로 하여금 수를 생조하지 못하게 하여 술토가 족히 제어를 하니 임수는 극을 받아 목을 생조하기 어렵다. 진유의 합이 化金으로 변하여 반드시 목을 극하게 되니 일주의 뿌리가 견고하지 못함을 다시 알겠다.

　만약 酉金이 정화의 생지라고 한다면 오행의 이치가 거꾸러질 것이다. 유금은 순전히 辛金뿐이어서 다른 기운이 섞이지를 않는다. 金生水만 존재하니 화를 생하는 이치가 없는 것이다. 화는 유금에 도달하면 사절에 해당하는데, 다시 시간에서 일간의 기운을 훔쳐 가서는 금을 생하고 화를 설하니 水木火의 셋은 다 허약하다. 후에 과연 癸酉년에 죽었는데 이로써 논하건대 어린아이의 명은 보기가 쉽지 않다고 하겠다.

【 강의 】

다시 음장생에 대해서 말이 되지 않음을 언급하시는데, 이미 귓가에 못이 박힐 지경이라고 하실 것이다. 여하튼 이러한 이야기는 다시는 생각도 하지 말라는 것으로 이해하면 되겠다. 이렇게 마지막까지 철초 선생은 잘못된 이치를 바로잡아 보려고 노력하셨다는 것이 중요할 것이다.

다음에 이어서 몇 종류의 도표가 포함되어 있는데 생략해도 되겠다. 철초 선생이 넣은 것으로는 보이지 않아서이다. 그래서 『적천수징의』 본문은 여기에서 모두 마무리하고 낙오 선생의 발문을 살펴보도록 하자.

徐樂吾─발문

昔先叔祖善術數. 案牘之餘. 擧凡五星子平以及太乙奇門六壬之書. 靡不涉獵. 隨宦粤東. 每占輒驗. 惜壯年不祿. 遺書散佚. 嗣後絡續收集. 得精抄本及手批本十餘部. 保存手澤而已. 先叔早年掇巍抖. 秉節重洋. 殘編斷簡. 久束高閣. 民國後閉戶家居. 時予方研習子平之術. 先叔見之喜曰. 子習此 我家有傳人矣. 卽擧以俾予. 予拜而受之. 詳細檢閱. 則此滴天髓徵義在焉. 惜蟲傷鼠蝕. 殘缺不全. 亦不知所自來. 往歲得見, 四明銀行孫衡甫君, 所印滴天髓闡微. 大同小異. 始知此書爲任鐵樵氏稿本. 而名目不同. 內容亦有詳略. 本人所修改歟. 抑傳抄之互異. 要可供參考焉. 友人勸刊以廣流傳. 爰重爲編次. 釐訂校正. 缺者補之. 複者刪之. 名之曰訂正滴天髓徵義. 編訂竟. 誌其原起於右云. 民國二十四年乙亥三月東海樂吾氏識.

　석선숙조선술수. 안독지여. 거범오성자평이급태을기문육임지서. 미불섭렵. 수환오동. 매점첨험. 석장년불록. 유서산일. 사후락속수집. 득정초본급수비본십여부. 보존수택이이. 선숙조년철외두. 병절중양. 잔편단간. 구속고각. 민국후폐호가거. 시여방연습자평지술. 선숙견지희왈. 자습차, 아가유전인의. 즉거이비여. 여배이수지. 상세검열. 즉차적천수징의재언. 석충상서식. 잔결부전. 역부지소자래. 왕세득견, 사명은행손형보군, 소인적천수천미. 대동소이. 시지차서위임철초씨고본. 이명목부동. 내용역유상략. 본인소수개여. 억전초지호이. 요가공참고언. 우인권간이광류전. 원중위편차. 이정교정. 결자보지. 복자산지. 명지왈정정적천수징의. 편정경. 지기원기어우운. 민국이십사년을해삼월동해낙오씨식.

➡ 예전에 집안의 할아버지뻘 되는 분이 오행술을 잘하셨다. 관청의 일을 보시는 틈틈이 오성과 자평명리학이며 태을수, 기문둔갑, 육임학 등의 학문을 두루 거치지 않은 것이 없었는데 벼슬을 따라서 오지로 다니면서도 늘 점을 쳐서 신통하게 잘 맞췄다고 한다. 아깝게도 장년에 돌아가시면서 남긴 글들이 이리저리 흩어져 있었는데, 그 자손이 정리해서 묶어서는 인쇄도 하고 베끼기도 한 것이 10여 권이 되었다. 손에서 손으로 잘 전해지다가 집안의 아저씨가 다시 정리하여 묶고 남은 자료와 죽간들이 있었는데, 오래도록 벽장에 보관하였다가 민국 이후에 화를 방지하기 위해서 봉쇄시켜 버렸다. 그때에 내가 바야흐로 자평명리학을 배운다는 말을 듣고 아저씨가 나를 보

고 반가워하시면서 "자네가 이것을 배운다니 우리 가문의 비법을 전해 받을 사람일세." 하시면서 자료들을 주기에 니가 절을 하고 받아와서는 상세하게 살펴보니 이 『적천수징의』가 그 속에 있었던 것이다. 아깝게도 벌레에 상하고 쥐가 갉아먹어 완전하게 남지는 않아서 언제부터 전해진 것인지는 알 방법이 없었는데, 몇 년 전에 사명은 행의 손형보 군이 펴낸 『적천수천미』라는 책을 보니 대동소이한지라 비로소 이 책이 임철초 씨의 초본임을 알게 되었다. 명목의 이름이 서로 달랐고 내용 또한 상세한 것과 간략한 부분이 있어서 수정을 하고 서로 다른 부분을 참고해 왔는데, 친구가 책으로 내어 널리 보급하라고 권유하기에 다시 목차를 달고 교정을 봐서 빠진 것은 챙겨 넣기도 하고 중복된 것은 삭제하기도 하여 이름을 『訂正滴天髓徵義』라고 하여 편집과 교정을 마치고 여기에 그 원유에 대해서 적어 둔다.

중화민국 24년(서기1935년) 乙亥년 3월 등해 ㄴ오 알림.

보충 설명

책이란 것은 이렇게 마무리가 되면 그 연유에 대해서도 언급이 되어야 뭔가 끝을 낸 기분이 드는데, 낙오 선생의 설명을 보면서 과연 지은이도 없는 책을 발견하고 또 그 속에서 자평명리의 진국이 포함되어 있음을 발견하면서 얼마나 놀라웠겠느냐는 생각을 하게 된다. 그리고 그 자료가 낙오 선생의 손에 들어간 것도 참 우연이 아니라는 생각이 들고, 『적천수천미』와 더불어 철초 선생의 노력이 그대로 살아나게 되었다는 점에서 참으로 다행한 일이라고 해야 하겠다. 이로 인해서 벗님과도 공부의 시간을 갖게 되니 또한 즐거운 일이기만

하다. 그리고 이렇게 낙오 선생의 발문을 마지막으로 『적천수』강의실도 문을 닫게 되는데, 벗님의 공부에 많은 발전이 있으셨기만을 바라는 마음이다.

3권을 마치며

　아마도 욕심이 너무 많지 않았느냐는 생각을 하지 않을 수가 없다. 감히 무엇을 믿고서 이 대단한 자평명리학의 보물인 『적천수징의』를 해석하겠다고 했는지 지금 돌이켜보니 가당찮다는 생각이 절로 든다. 여하튼 겁이 없어야 뭔가 일을 저지른다는 말이 맞는 것 같다. 그래도 대충 얼버무리지 않고 가능하면 좀더 상세하고 정확하게 『적천수징의』에 대한 의미를 전달해 드리려고 나름대로 많은 정성을 기울이기도 했는데, 이것은 벗님이 읽고 그렇게 인정해 주셔야 할 부분이고, 그렇지 않고 오히려 처음의 뜻을 손상시켰다고 해도 달리 변명의 여지가 없음을 잘 헤아리고 있다.

　이제 낭월이 자평명리학에서 얻은 보석에 대해서 공부에 필요하다고 생각하는 내용들은 모두 언급해 드린 셈이다. 물론 또 틈틈이 생각나는 장면이 있어서 정리하고 있는 것은 후에 『낭월한담』으로 서점에서 다시 뵙도록 하자. 수필집의 형태를 띠고 간간이 음양오행의 틈 사이로 비쳐지는 자연에 대한 상념들을 모아 볼 생각이지만 정리가 되면 책으로 펴드리도록 할 계획이다. 그리고 성급하신 벗님들은 낭월명리학당 인터넷사이트(www.gamlo.com)로 찾아 주시면 낭월한담이 기다리고 있다. 날이 갈수록 인터넷의 환경은 좋아지고 있으며 아마도 수년 사이에 산골에서도 ADSL급의 고속 통신을 즐길 수 있으리라고 하니까 기대를 해봐야 하겠다. 현재는 ISDN으로 접속을 하고 있는데, 그나마도 고맙다고 해야 할 산골의 환경이어서 때로는 통신만 생각하면 도시로 나가고 싶은 마음도 문득 드는 것이 솔직한 중생의 욕심이다.

벗님도 가능하면 최소한의 노력으로 최대의 효과를 누리는 공부가 되시기 바란다. 시간은 그렇게 흘러가고 인생도 흘러간다. 누구에게나 주어진 시간은 같은데 그 시간을 어떻게 쓸 것인가는 순전히 자신의 책임이라는 것을 잊으면 안 되겠다. 흔히 주변에서 오래도록 자평명리학을 연구하신 선배님들이 자랑스럽게 말하는 '나는 자평명리학을 30년 연구했는데도 다 모르겠는데, 낭월이란 놈은 몇 년 하지도 않고서 까부는가 보더구먼.'이라는 말을 전해 들을 적마다 참 답답하다는 생각이 절로 든다. 그렇다면 어째서 자신의 머리가 둔하거나 방법이 잘못되었다는 생각은 한 번쯤 하지 않는지 묻고 싶다. 물론 일부 선배님들은 낭월의 주장에 대해서 강력한 거부 반응도 보이시는 것으로 알고 있지만 낭월은 결코 강요하지 않을 것이다. 시간이 흐르면 모든 것은 밝혀질 것이고 그후에 자신의 길이 미련했음을 깨닫는다고 해도 그렇게 지나가 버린 세월은 환불받을 수가 없다는 것을 깨닫게 되면 얼마나 허탈할 것인가를 생각하면서 연민의 마음이 들기도 한다.

그렇다고 낭월이 주장하는 것이 모두 옳다고 할 수도 없다. 아직도 실험을 더 거쳐야 확실해질 내용도 상당 부분 있음을 알고 있기 때문에 앞으로 더욱 많은 시간을 궁리하면서 수정이 필요하다면 언제든지 수정할 것이다. 다만 변경된다고 해서 골격 자체가 바뀔 것은 아니라고 생각하고 있는데, 또 모를 일이다. 다만 중요한 것은 벗님이 스스로 그 진가를 발견해 주시고 있다는 것은 명확하다는 점이다. 그렇지 않고서야 여기까지 동행하셨을 리가 없다고 생각되기 때문이다.

이제 선생과 학생으로서의 인연은 이쯤에서 마무리하고 앞으로는 도반(道伴)으로 서로 만나기를 희망한다. 그리고 낭월의 디딤돌을 의지해서 높이 그리고 멀리 도약하시고 또한 낭월에게도 가르침을 아끼지 말라는 당부의 말씀은 꼭 드리게 된다. 벗님은 낭월의 희망이기 때문이다.

혹자는 책값이 너무 비싸다는 불평의 말씀도 있음을 듣는다. 물론 그냥이라도 드리고 싶은 것이 낭월의 마음이다. 다만 겨우 기어 들어가는 소리로 할 수 있는 것은 "그래도 그만한 가치가 있다고 판단되신다면 구입하시고요, 그만한 가치가 없다고 생각되신다면 도로 내려놓으시기 바랍니다."라는 말이다. 멍청해서인지는 모르지만 자신의 글이 벗님의 삶에 어떤 형태로든 도움을 드릴 수 있을 것이라는 생각을 하다 보니 갖게 되는 나름대로의 자부심인지도 모르겠다.

이 원고의 초고가 완성되었을 적에는 벚꽃이 지고 초여름으로 접어들던 계절이었는데, 교정을 보고 수정을 하는 사이에 어느덧 가을의 냉풍에 옷깃을 여미는 계절이 깊어 가고 있나 보다. 실로 공부를 하는 길목에서야 봄이면 어떻고 여름이면 어떠랴만 그래도 가을은 왠지 『적천수강의』를 한번 정독할 기분이 들 만도 한 계절이라고 하겠다. 이 풍요로운 계절에 벗님의 책상에 이 책을 올려 드릴 수 있음이 무척이나 기쁘다. 뭔가 자신의 연구를 마무리하는 과정에서 느끼는 기분은 절반은 해탈(解脫)이라도 하는 듯한 심정인가 보다. 물론 언젠가 거추장스러운 옷을 벗을 적에도 이렇게 홀가분하고 상쾌한 기분이 되기를 은연중에 기원해 보고 있는 낭월이다.

그리고 이번에 최종적으로 교정을 도와 준 원주의 桃花 선생과 감로사 낭월명리학당의 곽동옥, 최규용, 유재미, 이영애 선생들의 밤새운 교정 작업으로 벗님들의 고생을 다소나마 줄였다고 봐야 하겠기에 지면을 빌려서나마 감사의 마음을 전해 드린다. 낭월은 천성이 正財가 없어서인지 꼼꼼하게 살피는 것에는 도무지 소질이 없어서 늘 교정하시는 벗님의 도움을 받게 되는 것이 또한 불행중 다행(!)이라고 해야 하겠다. 늘 필요한 그곳에 귀인이 있어 도움을 받는다는 것이 얼마나 행복한 일인지……. 그래도 혹 수정해야 할 곳이 발견된다면 언제라도 연락을 주시기 바란다. 다음에 수정할 적에 바로 잡아 드리도록 하겠다.

끝으로 늘 옆에서 지켜보면서 염려와 즐거움을 함께 나눠 주는 사랑하는 연지님께도 늘 함께 있어 줌에 감사하는 마음을 전한다.

"모두 좋은 인연입니다. 성불(成佛)하십시오!"

계룡산 감로사에서
朗月 두손 모음

강해·낭월 박주현

스님이자 명리 연구가이다.
지은 책으로는 명리학 총론이라고 할 수 있는
『왕초보 사주학』(입문·연구·심리편)과
각론인 『알기 쉬운 음양오행』 『천간지지』 『합충변화』 『용신분석』,
명리학 최고의 경전인 『적천수』를 정리한 『적천수 강의』(❶❷❸),
사이버공간에서 명리애호가들과 주고받은 문답을 엮은 『사주문답』(❶❷❸),
사주용어를 체계적으로 해설한 『낭월 사주용어사전』 등이 있다.
현재 충남 논산 감로사 주지스님이다.
http://www.nangwol.com

적천수 강의 3

글쓴이 | 박주현
펴낸이 | 유재영
펴낸곳 | 동학사

1판 1쇄 | 2000년 10월 17일
1판 7쇄 | 2014년 9월 25일
출판등록 | 1987년 11월 27일 제10-149

주소 | 121-884 서울 마포구 토정로 53(합정동)
전화 | 324-6130, 324-6131 · 팩스 | 324-6135 .
E-메일 | dhsbook@hanmail.net
홈페이지 | www.donghaksa.co.kr
www.green-home.co.kr

ⓒ 박주현, 2000

ISBN 89-7190-066-0 03150
ISBN 89-7190-063-6(세트)

* 잘못된 책은 바꾸어 드립니다.
* 저자와의 협의에 의해 인지를 생략합니다.